U0095067

未名社科·媒介与社会丛书（翻译版）

主编　高丙中　杨伯溆

Die Schweigespirale

Öffentliche Meinung—unsere soziale Haut

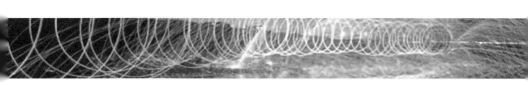

沉默的螺旋

舆论——我们的社会皮肤

〔德〕伊丽莎白·诺尔-诺依曼 著　　董璐 译

北京大学出版社

PEKING UNIVERSITY PRESS

著作权合同登记号　图字:01-2009-1106

图书在版编目(CIP)数据

沉默的螺旋:舆论——我们的社会皮肤/(德)诺尔-诺依曼(Neumann,E. N.)著;董璐译. —北京:北京大学出版社,2013.2
(未名社科·媒介与社会丛书:翻译版)
ISBN 978-7-301-20034-6

Ⅰ.①沉… Ⅱ.①诺… ②董… Ⅲ.①舆论—传播学—文集 Ⅳ.①G206—53

中国版本图书馆 CIP 数据核字(2011)第 281185 号

Title of the original edition:Die Schweigespirale:Öffentliche Meinung-unsere soziale Haut

Autour:Elisabeth Noelle Neumann

© 2001 by LangenMüller in der F. A. Herbig Verlagsbuchhandlung GmbH,München
Chinese language edition arranged through HERCULES Business & Culture GmbH,Germany

The translation of this work was supported by a grant from the Goethe-Institut which is funded by the
German Ministry of Foreign Affairs.

书　　　　名:沉默的螺旋:舆论——我们的社会皮肤
著 作 责 任 者:〔德〕伊丽莎白·诺尔-诺依曼 著　董璐 译
责 任 编 辑:谢佳丽(xiejiali. com@hotmail. com)
标 准 书 号:ISBN 978-7-301-20034-6/G・3293
出 版 发 行:北京大学出版社
地　　　　址:北京市海淀区成府路 205 号　100871
网　　　　址:http://www. pup. cn
新浪官方微博:@北京大学出版社
　　　　　　 @未名社科—北大图书
电 子 信 箱:ss@pup. pku. edu. cn
电　　　　话:邮购部 010—62752015　发行部 010—62750672　编辑部 010—62765016
　　　　　　 出版部 010—62754962
印　　刷　者:大厂回族自治县彩虹印刷有限公司
经　销　者:新华书店
　　　　　　 650 毫米×980 毫米　16 开本　21.5 印张　311 千字
　　　　　　 2013 年 2 月第 1 版　2023 年 1 月第 13 次印刷
定　　　　价:66.00 元

总　序

　　媒介是神奇的,社会也是神奇的,媒介与社会的耦合生产出无限的神奇。从涂尔干《宗教生活的基本形式》关于"社会"与唤起社会意识的符号与仪式共生的理论来看,媒介使社会显得神奇的过程也造就了自身的神奇。

　　人类在现代大众传播成为现实之前对于"神奇"的感知是经由巫师及其巫术的转化来实现的。澳洲土著在图腾舞蹈的狂热中感受到超个人的社会力量的存在。满身披挂的萨满用舞蹈和神歌请灵降神,让已经消逝的显露原形,让凡人通常不可见的显现真身,让千山万水之遥的即刻大驾光临。借助巫术,时间和空间的障碍可以暂时克服,过去的、未来的都可以在现实中出现,墓室中的、仙山上的都可以召唤到面前。

　　这些神奇经验在现当代越来越彻底地被大众媒介所造就,电视、网络等图像传输技术在其中发挥着关键作用。大人物像变戏法一样总跑到百姓居室内高谈阔论,历史的亡灵在荧屏上招之即来、挥之即去。媒介使常人具有千里眼、顺风耳,看见那原本遥不可见的,听清那从前根本就听不到的。媒介是神奇的,它在社会中的运行有如巫术。几百年的现代化对世界"祛魅",结果我们看到人类社会所集聚的全部的"魅"都汇聚于媒介,并被媒介无限放大。

　　长期耳濡目染,媒介的神奇人们已经习以为常了,就像前现代的人对巫术习以为常一样。但是,这个过程一直都是知识界探讨的课题。现代大众媒介的各种新形式从一开始出现的时候就会被知识界作为新事物加以关注。从较早的照相、无线电广播到电影、电视,再到近年的新媒介传播,关于大众传媒研究、文化研究、虚拟社会研究的知识生产就一直紧随媒介发展的步伐。媒介研究在发达国家已经形成庞大的群体和细密的分工,这个群体既能够追逐传播领域的新事物,也能够通过专业的眼光让人们习以为常的许多方面显出怪异来,从而引发众人的注意和分析的兴趣。我们国内的媒介研究在这两个方向上都需要培育自己的能力。

依靠现代大众媒介运行的社会是一种机制极其不同的社会,中国社会正在越来越深地涉入其中。

高科技媒介的威力以不断增强的方式发挥出来,世界虽然还成为不了地球村,但是人与人之间的联系方式、人与各种层次的共同体的联结机制都发生着变化。

社会因媒介成为可能,因新媒介而成为新的可能。社会是个人之间相互挂念、相互意识到而成为可能的。在短暂的一天和有限的一生里,个人在多大范围里意识到多少他人的存在、记挂多大范围的他人,这是靠媒介运作的结果。基于集体意识和共同想象而形成内在联系的社会,是存在于媒介(运作)中的。在中国境外的许多城市,华人移民在本地新闻中看到唐人街的春节表演而确证自己与华人群体的认同,全世界的中国人因为春节文化的展演而想象自己属于一个十多亿人口的共同体。网络新媒介创造了新的人际联系方式,虚拟社区借助新媒介产生出来,人们之间隔空互动,与传统真实意义上的面对面交流的主要差别只是不能"臭味相投"而已。

媒介见证社会实体的存在。人类共同体因为联合国的新闻、国际救灾行动的画面而被呈现;国家共同体因为制造媒介事件的奇观(spectacle)而被世人记住;地方共同体因为地方风物、特产或节庆被传播而知名;行业罢工、同性恋群体因为游行的极端表演而受注意。优势的存在是在媒介中具有正面形象的实体。

媒介见证社会力量的博弈。各种社会力量要竞争,最好的方式是围绕媒介、借助媒介展开能见度高的竞争,展开正面形象的竞争。国际政治的软实力、国内政治的亲民形象、商业竞争的名牌效应、文体明星的商业价值……都是靠媒介的舞台定位的。社会力量竞争的王牌是通过媒介制造"奇观",造成举世瞩目的效果。制造"9·11"事件的组织选择纽约世贸大厦为目标,是因为他们不仅要使行动成为媒介事件,而且还要使媒介事件具有奇观效应(spectacularity);美国占领伊拉克,对媒介画面进行筛选,突出精确打击的画面,限制伊拉克平民死伤的画面,既在避免负面效果,也在凸现战争奇观。强势的社会力量是媒介中的主动力量。

媒介毕竟是社会的媒介,媒介为社会中的人所运用。人具有神性和魔性。社会既是温情的港湾,也是邪恶的渊薮;社会既以公正相标榜,也以不平等为现实。运行于社会中的媒介也兼具人性和社会的两副面孔。媒介制造人间奇迹:新闻报道能够让尼克松总统下台,能够让孙志刚事件改变弊端连连的城市收容制度，能够让绝望中的重症患者借助社会力量得到救治……媒介也产生遗憾和问题，媒介暴力、媒介色情、媒介偏见一直层出不穷。

媒介是社会的舞台、社会的缩影，媒介本身就是社会。媒介被政党看作一个特殊的战线，一个意识形态斗争的领域。主导的力量会设法控制舆论的导向和社会议题的设置，其他的社会力量或附和、追随，或批评、抵制。弱者有弱者的媒介武器和媒介阐释策略。沉默或参与，是一次选择。参与而主动解码，借题发挥，进而用反讽来消遣权势，则潜藏着无数持续的选择。大众媒介在社会的运行中产生着层出不穷的问题。

媒介不仅是信息、思想、政治，也是经济。从事媒介行业的人也是经济动物，媒介也是经济利益的集散地。媒介造就百万富翁、亿万富翁，造就中产阶级，造就报童、报摊，当然也造就自己的消费者群体。这是一个不断膨胀的产业。新媒介成为新的产业，往往使原有的一切产业具备新的形式和运作机制。媒介产业是其他产业发展的助推器。世界是人的天地，也是产品的库房。产品世界的秩序是由媒介按照品牌进行编码和排列的，从而形成"物的体系"，以此支撑着人的世界成为一个多样而有序的"消费社会"。

媒介是一种信息产业，是一个经济领域的范畴。媒介又是现代文化，因此媒介作为经济就应该更加准确地被称为文化经济（文化工业）。媒介卷入的是共同体集体利益和共同体内部的利益、地位、声望的分配问题，因此媒介涉及的问题是政治经济学的问题。这些问题在社会博弈过程中消长，媒介成为社会进步的助力，有时也为社会制造解决问题的障碍。媒介与社会，纠结着人类伟大的成就和太多的问题。凡此种种，我们就让有心人、术业有专攻的人去一一论说其中的究竟吧。

是为序。

高丙中、杨伯溆

2007 年 8 月，北京大学

译者序

"这是一篇工作坊报告",作者在本书的"1991 年后记"中这样写道。作为在过去近两年时间里一直沉浸其中,一直追随着诺依曼在纵横交错的历史和枝蔓相连的各种学科间探索有关沉默的螺旋的译者,我认为这句话精练地概括出这是一本什么书。这不仅是一本讲述了重要传播概念的理论书,也是一本一步一步地引导人们开展社会科学研究的书,并且在研究总体思路上给予了指导,因此,这也是一本关于方法论和方法学的书。

沉默的螺旋理论对于传播学和社会学的研究者、学习者来说是一个非常基础的理论,人们往往可以用百字左右的语言和那幅著名的由螺旋与箭头构成的简图对它进行描述,那么诺依曼为什么要用德语写了 400 页呢?

诺依曼是从多个学科角度论述沉默的螺旋的形成原因及其表现的,其中涉及心理学(如米尔格兰姆的实验、奥许的实验等)、社会学(如斯宾塞的"社会控制"、卢曼的《公众舆论》等)、人类学(如特恩布尔的"非洲部落和太平洋部落中的舆论"、米德的《原始人群中的公共舆论机制》等)、社会心理学(如塔尔德的"模仿律"、高夫的嘲笑研究等)、政治学(如休谟和麦迪逊的"统治是以舆论为基础的"、卢梭的"公共意见"、托克维尔的"舆论作为暴政"等)、法学(如洛克将法律分为三种类型、戴西的《19 世纪英国法律与公共舆论的关系》等)、哲学(如黑格尔对公众舆论的观察、亚里士多德的《政治学》、柏拉图的"不成文的法律"、蒙田的《尝试集》等)、新闻学(如李普曼的《公众舆论》等)、宗教(如马丁·路德和闵采尔面对舆论的不同方式等)、社会哲学(如格兰威尔的"意见气候"等)、传播学(如勒温的"守门人"等)、行为学(如劳伦斯的《所谓的坏人》、戈夫曼的《公共场合的行为》等),甚至是动物学研究(如齐门的《狼》、乌克斯魁尔等对穴乌的研究等)和文学作品分析(如拉克洛的《危险的关系》、荷马的《伊利亚特》等)。其中的目的,是正如她在书中所提到的:"从所有的角度观察公共舆论的现象。"因此,她的"报告有些跳跃……并不是按时间顺序的"。

而且,她所考证的时段从公元前一直到 20 世纪末。这样的上下求索,找寻"舆论"这个概念从第一次出现的时间和之后的演变过程以及其后出现的场合,在作者看来是非常必要的,因为"为了了解公共舆论的含义,重要的就是弄清楚这个概念首先是如何产生的、在什么样的环境下、通过哪些观察而得出的。这就像我们要更多地了解某种植物,一定会去研究它的生长一样"。

而这些研究思路对我们应该具有非凡的启迪意义。

社会科学的研究对象是围绕着人展开的,研究者和研究对象的主观性、复杂性,使得研究的过程"横看成岭侧成峰",不仅没有一条直达之路,而且途中有着众多令人困惑的岔口,让研究者"如同在迷雾中前行"。《沉默的螺旋:舆论——我们的社会皮肤》这本书恰又是在探寻"人类和人类社会永恒的特性",这是对一个极其本质而又非常微妙复杂问题的探索,也因而可以作为我们展开社会科学研究的完美典范。诺依曼在这项对人类的社会本性的研究中采用了二手资料分析法、问卷调查法、实验法、民意测验法、量表法、内容分析法、影像分析法等多种调查研究工具。

这些方法也都是在教科书上用几百字就可以概述的,但是实验的刺激如何设计、问卷调查问什么、内容分析的对象有哪些,却必须是以对研究课题不断深入的理解和通过大量研究实践而积累的深厚的研究经验为基础的。而且因为研究的对象是人的行为和背后的动机、态度及实质,因此显而易见不可能通过若干直接发问而得到答案。比如在探查人们对被孤立的恐惧时,如果开门见山地问人们"您害怕被孤立吗",显然如同缘木求鱼,因此在使用这些工具的时候,还需要严格而又有创新的设计。例如,诺依曼和她的同事们设计了"坐火车测试",提出了多个具体问题或模拟了一些现实情境,或观察米尔格兰姆所提出的用作孤立威胁的声音符号,如嘲笑或嘘声等,从而努力将不可见的现象变得清晰可见、可以观察。

这一点非常重要,但是无法轻易实现。

对此,诺依曼首先将复杂的理论假设先分解为若干独立、具体的子假设,然后再通过对概念的操作化定义确定可测的、关于所研究事物的特征的指标。

在研究的过程中,作者还向我们展示了不同研究方法在这项研究中的作用和局限,例如实验室实验和实地实验的优缺点、民意调查在研究沉默的螺旋中的局限性以及问卷调查在研究舆论上的不适合性等。她的研究团队通过对实验中实验组和控制组的设计,设置多重实验情境,对多种人群(包括记者)进行问卷调查,设计不同于传统问卷调查的问题,用内容分析法对相关图书进行研究,对大众传媒中的图像符号语言展开解码,进行富有特色的自我实验;并且通过对几十年纵贯研究结果的追踪和对比,来尽可能地规避每种方法的局限性;通过三角测量,完成多种方法对结论的相互验证。

而在所有方法的使用和对调查研究过程的设计中,诺依曼的焦点都一直集中在个体的社会性本质上,从而使得研究过程虽然曲折但直指目标。对此,她指出"通过使用某些工具或测量手段所得出的结果,在这里显然被人们等同于研究对象了,而不是只把它当作进一步理解公共舆论的资料……"这对我们在开展研究工作时也是一个非常重大的提醒。

因此,这本书也详细地向我们展示了,在社会科学的研究中"如何在满足科学研究的可重复性和可检验性以及独立于观察者主观印象的要求下,测量这些过程"。

所以,这本书是一篇工作坊报告,我们在更深刻而全面地理解舆论和沉默的螺旋,并在把握其背后的人类的社会性本质的同时,也从作者多维度、多层次、多种方法的研究中,体验假设、探寻和论证这样充满新奇的学术之旅的乐趣。

最后,感谢周丽锦编辑、谢佳丽编辑和北京大学出版社为我提供了这样一个愉快的研究过程,以及冯晓春先生在翻译工作中的大量帮助。

董璐博士
2012 年冬于国际关系学院

2001 版前言

"如果图书真的是人类记忆的集中体现，"德语文学专家沃尔夫冈·福瑞瓦尔德（Wolfgang Frühwald）在 1999 年 12 月写道："那么在对 20 世纪 80 年代的文学作品与这个世纪末的作品进行比较的过程中，我们可以发现一个令人惊讶的事实：在 80 年代的作品中充斥着世界末日和大量的大难临头的情节。而现在，一个世纪将要结束时，我们读到、看到、听到的都是拯救的故事。"一个月之后，2000 年 1 月，我为《法兰克福汇报》（*Frankfurter Allgemeine Zeitung*）写的新年文章用了这样的标题——《诺亚方舟的世纪》（Das Jahrhundert der Arche Noah），但是在这篇文章发表之后，我才突然意识到：诺亚方舟在人类历史上并不是象征着拯救。

2001 年发生了一件举世瞩目的大事件——丹尼斯·提托（Dennis Tito）成为世界上第一位太空游客。这位美国的大富豪为这次为期一周的前往国际空间站的旅行支付了巨额费用，目的是为了体验在太空中的生活。

有关太空中的生活，早在 1954 年的时候，《阿伦斯巴赫档案》（Allensbach Archiv）中就涉及了关于这个话题的问题："您认为，在其他的星球上也有人或其他有思想的生命吗，或者您认为我们人类是宇宙中唯一的会思考的物种吗？"那个时候有 42％的人认为："当然，还有其他的有思想的物种。"只有 1/3 的民众表示地球上的人类是宇宙中独特的生命体。在 2000 年当这个问题被重提的时候，人们的观点发生了很大的变化：现在只有 23％的人相信"宇宙中还有其他的类人的生命"；而 43％的人指出："我们是唯一的。"与此同时，也有大量的消息报道说，有很多人希望去那个红色的行星——火星上看一看。我们人类已经准备好了离开地球吗？

关于宇宙中生命的问题，从 20 世纪中期对不明飞行物（UFO）的介绍开始，就被不断地提起，多数时候人们由此产生受威胁感。一些文章报道了那些目击者的经历，比如夜里不明生命体走进了他们的卧室，并且将他们绑架。几年前,美国著名高校哈佛大学的心理学教授约翰·E.马克(John E. Mack)就因为撰写有关灵异和外星人绑架方面的报告而享有一定的名望。他的基本思路是,外星人的这些行为是在试图警告人类地球要毁灭了,或是努力帮助人类在灾难后存活下来。而在这个时候,许多国家都竞相建造海底旅馆,并且将它们作为独特蜜月的新选择。也许这意味着当有一天陆地不再适合居住时,人类从此要生活在海底? 也许在时代领潮者跳跃式的表达中,已经大跨度地连接了世界末日的降临和救赎方式的浮现。

那么,什么样的桥梁可以通往"沉默的螺旋"呢?

"沉默的螺旋"是一个包含了两重人性的学说:一方面是指我们的个性本质,而另一方面则体现了人的社会性本质,而在这方面我们直到今天都不愿加以认识。因为,"随大流"是一个贬义词。

英国哲学家约翰·洛克(John Locke)①敏锐地体察到这一方面,凭着直觉捕捉了人类的社会性本质。科学家中真正的创新者对人类的两方面特性都有体验,因为在知识进步中的探险正如同迷雾中的前行,并且不断地被忽略或被嘲笑。我们可以想想乔治·赫伯特·米德(George Herbert Mead,1863—1931)和欧文·戈夫曼(Erving Goffman,1922—1982)。当乔治·赫伯特·米德在一次大会上发表了他的观点后,他震惊于同事们的冰冷反应,而他之后从未就这个观点再写过论文或著作。而我们今天所知道的米德的经典著作《心灵、自我与社会》(*Mind, Self and Society*)则是他的芝加哥大学的学生根据课堂笔记整理完成的。在加州大学伯克利分校做教授的欧文·戈夫曼则是更换了所任教的高等院校,也更换了他的科研题目。他的全部雄心抱负都在于获得同事们的承认,直到最后他当选为美国社会学学会主席,并且在此后的第二年——他60岁的时候去世了。

但是即便今天当我们站在"人类的社会性本质"这一研究分支的起点上的时候,我们也无法像在私家花园里随心所欲地散步那样,完全独占这个研究题目。我还记得20世纪90年代中期的时候与在加州大学伯克利分校任教的美国著名传播学教授珀西·唐纳鲍姆(Percy Tannenbaum)的

---

① 约翰·洛克(1632—1704),他与大卫·休谟、乔治·贝克莱在知识论上被列为英国经验主义的代表人物;他的思想极大地影响了后代政治哲学的发展,被认作是启蒙时代最具影响力的思想家和自由主义者,其理论反映在美国的《独立宣言》中。——译者注

一次谈话。我向他讲述了我们在德国美因茨大学新的研究成果，并且提到了人们的社会性本质。"人类的社会性本质……"珀西·唐纳鲍姆重复道，然后他问："这究竟是什么意思？"

在新的世纪，未来对我们人类意味着什么？人们可以假设，今后从经验社会学中发展出来的分支会为我们带来很大的进步。人们也可以希望，这些知识和以前所发展出来的知识，如实用物理学、化学和医学一样对我们人类有很大的帮助。

但是，我们不应该忽视政治家们、立法者们、法官们对人类错误的假定——由于缺乏对人们社会性本质的认识，而做出了错误的决定——从而给每个个体和整个社会所带来的危害。

正是社会科学的知识所起的作用，使得人们可以更好地与社会问题做斗争。例如从 20 世纪 30 年代初学者玛丽·雅霍达（Marie Jahoda）①、保罗·F. 拉扎斯菲尔德（Paul F. Lazarsfeld）②和汉斯·蔡塞尔（Hans Zeisel）共同完成的开创性著作《马林塔尔失业研究》（*Die Arbeitslosen von Marienthal*）开始，经过 80 年代中期的阿伦斯巴赫的研究项目，以及阿伦斯巴赫研究所后续进行的大量问卷调查，直至今天的有效验证，都是集中于失业问题的。在全球化的时代里，科学进步对世界的改变显然是远远大于从前的。

沉默的螺旋这个理论是如何产生的？又是如何在全球得以传播，以至今天《沉默的螺旋》这本书除德语版本之外，又不断出现英语、日语、韩语、中文、俄文、西班牙语、土耳其语和保加利亚语版本？

因为沉默的螺旋描写了人类和人类社会永恒的特性，它适合于任何人种，它描绘了在全球都可以观察到的现象。德国前总理赫尔穆特·科尔（Helmut Kohl）在当选后不久访问了日本，他问刚刚在大选中失利的日本首相："什么地方出了偏差？"这个日本人回答道："唉，你知道吗，沉默的螺旋对我们不利……"

显然广泛传播这一理论是重要的，而我从 1978 年在芝加哥大学做访问学者时就已经致力于这项工作了。因此，这本书于 1980 年在德国出版

---

① 玛丽·雅霍达（1907—2001），英国社会心理学家，她的主要著作有《工作与失业》《现代绝对精神健康的概念》《人类关系研究方法》《弗洛伊德和心理学的困境》等。——译者注

② 保罗·F. 拉扎斯菲尔德（1901—1975），美国实证社会学家，哥伦比亚大学应用社会研究所的创办人，他的代表著作有《人民的选择》《社会科学中的数学思想》和《社会研究的语言》等。——译者注

后仅四年，即 1984 年，芝加哥大学出版社就出版了这本书的英语版本。

在芝加哥我发现，沉默的螺旋是一个随处可见的现象。我记得去看姜·卡罗·梅诺帝(Gian Carlo Menotti)[①]所作曲的芭蕾舞表演，那是一个星期天在海德公园第 59 街道国际厅的演出。芝加哥大学美国文学专业的博士生克莉丝·米勒(Chris Miller)和我谈起这个演出，她是在每日的会话课上——我为了提高自己的英语水平而参加的——遇到我的。她和一位朋友一起排练过这出芭蕾舞剧，此外她还参加了该剧的合唱，并且担任其中一位舞者的角色。这部剧要上演，我自然要去看。那是 1980 年的早春，是我第二次去芝加哥大学做政治学的访问学者。

直到在我看演出之前，我并没有想到这部芭蕾舞剧居然就是舆论的经典体现。而且的确如此，甚至更淋漓尽致。日后大学生报纸《芝加哥放逐者》(Chicago Maroon) 评论了这场演出，一位评论者写道，观看演出时，他的眼里充满了泪水。我不得不承认，我也是如此。但是我应该先讲述这个芭蕾舞剧的故事情节，以便让读者们知道我的想法。

在意大利的某个地方有一个小城镇，那里居住着忠厚诚恳的老百姓、伯爵及伯爵夫人，他们世世代代都居住在那里。而在城镇外山上的古堡里住着一个古怪的人，他常常做出让城镇居民感到不可思议的事情，或者更准确地说，是这些出格的想法和做法令城里人生气，因而他们在任何情况下都与这个怪人保持一定的距离。

一个星期天，这个怪人出现在城里，赶着一头独角兽。人们看到后，纷纷对他摇头。过了一会儿，人们又看到伯爵和伯爵夫人，他们也赶着一头独角兽。这却成了一个信号，那就是全城的人都应该有一头独角兽。

之后的又一个星期天，古堡里的那个怪人突然和一个蛇发女怪出现在城里。人们问他，他把独角兽放在哪里了。他说，很遗憾，他把独角兽抹上胡椒粉给烤了。所有的人都被吓坏了。而当伯爵和伯爵夫人也带着蛇发女怪出现的时候，这种行为又成了潮流并迅速地流传开来，那些能够拥有蛇发女怪的人都成为人们羡慕的对象。

到了第三个星期天，这个古堡里来的特别的人又带着人头狮身龙尾的怪兽出现了，并且告诉众人，蛇发女怪被杀掉了。这又让公众很反感。但是和以前一样，当伯爵和伯爵夫人也偷偷地将蛇发女怪处理掉之后，人头狮身龙尾的怪兽又成为最大的时尚了。

---

① 姜·卡罗·梅诺帝(1911—2007)，意大利裔美国作曲家。——译者注

之后过了一段时间，古堡里的怪人再没有出现。人们一致猜测，人头狮身龙尾兽也要被怪人杀掉了。于是，他们组织了市民行动，以终止古堡中的屠杀。人们向古堡进发。当他们冲进古堡的时候，被眼前的景象吓住了，他们看到那个怪人躺在地上即将死去，而旁边围坐着三只动物——独角兽、蛇发女怪和人头狮身龙尾怪兽，这三只动物陪伴着那个怪人。独角兽是他年轻时的梦想，蛇发女怪代表着他的中年，而人头狮身龙尾怪兽是他的老年。城里来的人明白了他的想法，并且很快让这种情结成为流行的模式。对于古堡中的那个怪人来说，这三个动物是他生命中的核心。姜·卡罗·梅诺帝将这部芭蕾舞剧起名为《独角兽、蛇发女怪和人头狮身龙尾怪兽，或一位诗人的三个星期天》。我要解释的是，为什么这部芭蕾舞剧也可以叫作"公众舆论"。

我们先站在芭蕾舞剧中诗人的这一边来分析。就连《芝加哥放逐者》的批评家也为之落泪了。这位诗人正如我们所期望的那样，是一个强大、独立、有思想，并且被自己想象的图景所引导的人。而伯爵和伯爵夫人尽管人们没有意识到，但他们是肤浅却重要的人物，他们没有自己的想法，却无处不在地引领潮流。我们尤其厌恶那些愚蠢的人，也就是那些随大流的、竞相模仿的人，他们先是嘲笑那些跟自己不同的人，然后又争相跟随每一个潮流，而最后却要摆出道德上的优越感。所有特立独行的人，无论是艺术家还是科学家，在任何时候都能感受到上面所描写的境况。

现在我要站在伯爵和伯爵夫人，以及城里居民的立场上了。我说过，我们厌恶我们的社会性本质。我们从不愿意考虑，当生活在一个群体里，我们要付出多大的努力才能保证这个共同体的聚拢。我们似乎一直对此做足了工作，以拥有用历史和文化维系的共同体，以及通过法律保护的机构，似乎这些都不是通过日常的不断调试而形成的。但是，其实是生活中的"顺从"使社会保持行为能力和决策能力。

约翰·洛克谈到了来自意见、名望、时尚中的规则，这些要比任何一条宗教戒律或国家法规更为个人所遵循，因为违反流行的行为模式，人们会立即遭到报复，马上会失去来自周围环境的认可和承认。但是，为什么过去的百年间很少有人关注这种在社会生活中如此至关重要的行为；取而代之的是我们所有人都将那些与时尚有关的行为冠以负面的字词：狂热、时髦狂、盲从、Schicki-Micki①。带着独角兽、蛇发女妖、人头狮身龙尾怪兽散步，只是时髦流行罢了。

今天已经证明了，即便人们清楚地看到某件事是错误的，但是如果把自己的想法说出来会让自己陷入孤立的话，那么人们就会陷入沉默；相反，所谓的舆论——那些人们可以公开表达而不至于使自己陷入孤立境地的想法和行为方式——则成为代表好品味和正确的道德观的普遍性的共识。

我站在伯爵和伯爵夫人的一边，因为没有他们，诗人的想法就不能广为传播。他们正是所谓的播报员：伯爵和伯爵夫人是社会中不可缺少的意见领袖，他们接受了诗人、艺术家的独特想法，并且通过传媒、记者而进行广泛的散播。那么那些市民、跟随者、城镇居民呢？有关他们的感觉、他们的眼泪我们知道多少？有关他们内心想法的转变我们知道多少？但是我们知道，他们不愿意在公共场合被孤立起来。约翰·洛克支持，万人中我们也很难找到一个人，能毫无知觉地面对周围环境对其的蔑视。当没有人再带着独角兽散步的时候，怎么还会有人和独角兽走在一起？我们可以想象一下，如果社会完全由特立独行的人组成，每个人都是来自古堡的怪人。这时，我们马上就可以看到，没有一个社会是由不具备社会性特质的人组成的，不被孤立所恐惧的社会是不存在的。我们可以对人类的社会性特质不表示同情，但是我们应该理解这种特性，这样才能不对跟随者有误解和敌意。

在芭蕾舞剧上演后的一天的课堂上，在讲述"舆论"的时候，我试着对芝加哥大学的学生们分析芭蕾舞剧中的舆论。是否能够不带任何轻视的态度接受人类的社会性本质，可能因文化环境的差异而有不同：在日本人看来跟随众人的意见并不是弱点，因为他们在生活中更愿意细致深入地观察周围的环境；而阿伦斯巴赫舆论调查机构在对德国人的多年的调查研究中发现，大部分德国人都会说："我并不在乎周围人的看法……"这是明确地表示对于人的社会性本质拒绝承认。

但是，总的来说，公众意见在生活中承担着举足轻重的作用，这一点

---

① Schicki-Micki 是指很在意潮流，只穿昂贵的名牌的衣服、鞋子，佩戴出自名家之手的闪亮的配饰的人。与之相对应的是德国人中的，尤其是年轻的高校学生中的"麦片族"，他们穿尽可能不显眼的衣服，如黑色、米色或褐色的棉制品衣服，不讲究装束的品牌，注重自然、简单。——译者注

超越了时代和地域的差异,在不同时空中都得以体现。

这本书于1980年首次在德国出版,其后的版本保留了第一版的绝大部分内容,只是补充了新的结论章节,以阐述研究中的新进展。

实际上,我不断地在书后增补的章节里提出新视角。逐渐地我们越来越清晰地发现,有些重要的观点藏在书中,没有得到更深入、透彻的分析。例如,关于舆论发挥影响的基本规则这部分。

有关舆论的界限这个问题在早期的版本中只是几笔带过。这个错误现在在新版本中的题为《2001年补遗》的增补章节中得以改正。这一章是我的朋友托马斯·彼得森(Thomas Petersen)撰写的,他与我合作完成过另一本书和许多文章。科学研究需要几代人共同完成;而每个人只能在他的有生之年在通往知识之路上完成小小的一段。

舆论和强权力量的作用在于解决冲突、支持政府,并且当个人有所违反的时候向他们施加压力,直到他们"被排挤出社会生活";舆论的效力总是不断地在新的场合中被发现:无论是在《圣经》还是在《荷马史诗》的讲述中,或是在远古时代没有文字记载的法律条文里、神话故事里,以及尼伯龙根(Nibelungen)①谚语中都可以找到。

这本书最重要的事情是去阐明舆论超出常规的力量。而当人们对这种力量有所理解后,就不会那么惧怕它了,人们也不再热衷于幻想自己是独立于舆论压力之外的"成熟"的人。而且,当人们遇到那些在不同场合下根据不同舆论而调整自己行为的人时,也不再会表现得那么高高在上了。

于博登湖畔的阿伦斯巴赫

2001年6月

伊丽莎白·诺尔-诺依曼

---

① 《尼伯龙根之歌》是中世纪中高地德语的著名叙事诗,讲述的是古代勃艮第国王的故事。这个故事大约创作于公元791—792年,作者不详。故事取材于许多异教的故事题材和来自5世纪英雄的口头传说。后来这首叙事诗散佚,现在的版本是在大约1190—1200年间由某个奥地利作家重新编撰的,大体内容与原诗相同。《尼伯龙根之歌》被人们称为德语的《伊利亚特》,是体现日耳曼民族品格的伟大诗作。——译者注

目　录

第 ① 章
提出沉默的螺旋假设

　　1965 年的那个星期日的夜晚,为了庆祝大选,德国第二电视台(ZDF)想到了一个新节目:在波恩(Bonn)的贝多芬厅(Beethovenhalle)举行"大选派对"。舞台上在表演时事讽刺剧,几个为舞蹈伴奏的管弦乐手和派对客人坐在长桌前,大厅几乎要被挤爆了。大厅的右前方,紧挨着舞台,有一个小型演讲台和一块写字板,六点钟之后,诺塔·丹尼尔斯(Notar Daniels)将要打开两天前他从阿伦斯巴赫民意调查研究所和艾姆尼德(Emnid)民意调查机构所收到的有关大选结果预测的来信。在写字板上已经把图表框事先画好了,研究所的负责人将在其中清晰地填上他们的预测。大厅里人声鼎沸,满是吃饭、喝酒和椅子挪动的声音,我在写字板上写道:"初步选举投票给基督教民主联盟(CDU)和基督教社会联盟(CSU)的占49.5％;社会民主党(SPD)是 38％……"在这一刻我身后几百人突然一起尖叫起来,然后是喧闹的躁动。我像是被麻醉了而听不到这些声音一般继续写下去:"自由民主党(FDP)占 8％,其他政党占 4％。"大厅里像炸了锅一样,充满着愤怒的情绪。《时代》(ZEIT)杂志的创办人戈德·巴修里斯(Gerd Bucerius)①大声对我说:"伊丽莎白,现在我怎么才能保护你呢?"

　　是阿伦斯巴赫民意调查研究所狡诈地欺骗了公众吗? 还是两个党派几个月来是在假装肩并肩地冲刺? 仅仅两天前《时代》杂志刚刚发表了对我的采访报道,大标题就是《社会民主党如果获胜,我一点都不吃惊……》(Ich würde mich gar nicht wundern, wenn die SPD gewänne……)[1]而在这之后的大选星期日的夜晚,当实际的选举结果越来越接近阿伦斯巴赫民意调查研究的预测时,一位基督教民主联盟党的政治家正在电视里笑得像顽童一样开心,人们对此的理解是,他对真实情况自然是心知肚明,只是应对得很机

---

① 戈德·巴修里斯(1906—1995),德国著名的法学家和出版商。——译者注

智,这是"一个小伎俩"。

《时代》杂志的引述也是真实的,我的确那么说过,但是这个访谈两个多星期以前就已经装在编辑的抽屉里了。在 9 月初开始的大选,一切看上去完全是难分胜负的比赛。众人在贝多芬厅所看到的,和我们在选举前三天在阿伦斯巴赫民意调查研究所写字台上所看到的是一样令人目瞪口呆的数据,那时这份放在写字台上的预测因为可能会对选举产生重大影响而不能公开,这就是舆论现象。这种现象早在几百年前就被命名了,但是人们却很难琢磨、理解它,这里我们要来识别这种现象。舆论的压力影响着成千上万的人,尤其是一百多万的选民——被我们后来称为所谓的"最后一分钟的动摇"的人,他们在选举最后一刻表现出随大流效果:选民们让基督教民主联盟和基督教社会联盟的"行情"不断高涨,直到它从本来势均力敌的两大党派中脱颖而出,使其在正式的最后选举中比初步选举获得的支持率高出了 8 个多百分点(请见图 1)。

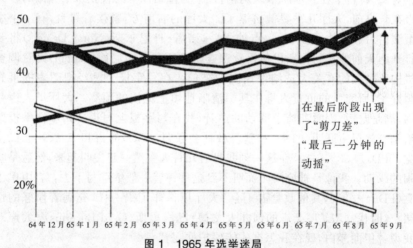

在最后阶段出现了"剪刀差"
"最后一分钟的动摇"

64 年 12 月 65 年 1 月 65 年 2 月 65 年 3 月 65 年 4 月 65 年 5 月 65 年 6 月 65 年 7 月 65 年 8 月 65 年 9 月

图 1 1965 年选举迷局

选举意愿在四个多月里几乎一直没有变化,基督教民主联盟和基督教社会联盟与社会民主党在肩并肩地冲刺。与此同时,关于基督教民主联盟和基督教社会联盟会赢得大选的观点也在流传。

事态会如何发展呢?

最后,随大流效果出现在预测中会获胜的那一方了。

选举意愿:基督教民主联盟和基督教社会联盟 ████ 社会民主党 ▭▭

预测:谁会赢得选举?

基督教民主联盟和基督教社会联盟会获胜 ████ 社会民主党获胜 ▭▭

来源:阿伦斯巴赫档案,IfD 问卷调查 1095,1097,1098,2000,2001,2002,2003,2004,2005 和 2006

"我们所测量出来的远远多于我们所理解的"

我们在 1965 年已经掌握了引人注目的选民态度变化的关键,但是那个时候我们并没有意识到。纽约哥伦比亚大学研究传播和新闻业的 W. 菲利普斯·戴维森(W. Phillips Davison)教授 1968 年在《国际社会学百科全书》中发表了一篇关于公众舆论的文章,题目就是《我们所测量出来的远远多于我们所理解的》[2]。

而我们在 1965 年的情况正如文章所描述的:我们所测量出的远远多于我们能够理解的。特别是从 1964 年 12 月开始,几乎直到 1965 年 9 月的选举日,这两大党派一直不屈不挠地在支持者人数上齐头并进;而且《明星》周刊(STERN)从 4 月到 8 月底也定期公布这些数据,此外还有另一个完全独立于这些数据而不断变动的系列数据。"显然没有人能确切地预先知道结果,但是你认为谁最后能赢呢?"这是那个时候人们所热衷的一个问题。12 月时,基督教民主联盟和基督教社会联盟与社会民主党这两个党派所争取到的支持者在数量上大致相当,而且社会民主党有微弱的领先优势。

然后事态开始向着结果运行,对基督教民主联盟和基督教社会联盟的获胜预期不可遏制地不断升高,而社会民主党的却在持续下滑。在 1965 年 7 月的时候,基督教民主联盟和基督教社会联盟就已经展现出明显的优势了;而 8 月时,它几乎已经达到 50% 的支持率了。尽管一直对选举意愿和获胜预测这两方面的数据进行测量,但是两类数据来自不同的样本群。然后在几乎接近尾声的时候,出现了随大流效果。在这种潮流的影响下,有 3%—4% 的选民转向了选举预测中的强势一方。

每项研究都开始于一个谜

在选举意愿几乎相同的情况下,获胜预期是如何发生了翻天覆地的变化,这对我们来说是个谜。我们之后又选择了 1972 年的提前了的联邦大选进行研究,这次竞选运动缩短在几个星期进行,这不利于用原先的观察法进行研究,因此我们采用了民意调查中的观察机制,其中预先设有多个问题程序,以提供更多的信息,并会用上 1972 年夏天在东京举行的心理学大会的演讲中所提出的假设[3]。

实际上，1972年的竞选活动与1965年的如出一辙。在选举意愿上，两大党派同样势均力敌。有所不同的是，在这期间对于社会民主党获胜的预期一周一周地不断提高，最后完全打破了开始的格局——"最后一分钟的动摇"使跟随者效果再次出现在获胜预期逐渐占优势的一方，这一次是社会民主党了（请见图2）。

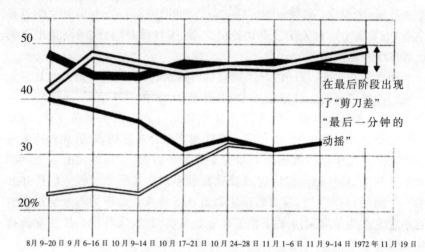

在最后阶段出现了"剪刀差""最后一分钟的动摇"

8月9—20日 9月6—16日 10月9—14日 10月17—21日 10月24—28日 11月1—6日 11月9—14日 1972年11月19日

图2　1965年大选中的现象在1972年再次出现

相同的选举意愿：基督教民主联盟和基督教社会联盟与社会民主党肩并肩地冲刺；但是意见气候发生了变化：基督教民主联盟和基督教社会联盟获胜的选举预期降低了，而社会民主党的提高了。

最后随大流效果使获胜预期较强的那一方更加有优势。

选举意愿：基督教民主联盟和基督教社会联盟 ■■■　社会民主党 ▭

预测：谁会赢得选举？

基督教民主联盟和基督教社会联盟会获胜 ■■■　社会民主党会获胜 ▭

来源：《阿伦斯巴赫档案》，IfD问卷调查 2084，2085，2086/Ⅰ，2086/Ⅱ，2087/Ⅰ，2087/Ⅱ和2088

谈论和沉默决定了意见气候

这个假设是我先前受20世纪60年代末和70年代初的学生运动的启发而想到的，可能与某一个女生有关。有一天我在讲堂的前厅遇到她，她在外套的领子上别着一枚基督教民主联盟的徽章，于是我对她说："我还真不知道，你是基督教民主联盟成员。"她回答说："我也不是的。我有时别上这个徽章,只是想找找有什么感觉……"中午的时候,我又遇到她了。她没有戴徽章,因此我问她为什么不带了。她说:"是的,我把它摘下来了,我觉得它太傻了。"

受到这个强烈的刺激,就不难突然明白,在当时西欧国家为新的东方政策而争论不休时,社会民主党与基督教民主联盟和基督教社会联盟的支持者两方势力相当,但是他们所表现出的热情,以及与之相伴的说服力却是完全不同的。人们在公共场合只看到社会民主党的徽章,因此普通老百姓对两大党派的力量关系的估计出现偏差,就毫不奇怪了。现在一切都变成完全动态的。那些被新的东方政策所说服的人,感觉自己所想的都是合理的。因此他们就会大声而且非常自信地说出自己的想法,表达自己的观点;而那些拒绝新的东方政策的人,感到自己被孤立了,因此会退缩,而陷入沉默。这种行为推动了这个现象的出现:显现出来的支持新政策的势力强于实际状况,而反对派的势力则表现得比实际情况更弱。这样的现象不断自我循环,一方大声地表明自己的观点,而另一方可能"吞"下自己的观点,保持沉默,从而进入螺旋循环——优势意见占明显的主导地位,其他的意见从公共图景中完全消失,并且"缄口不言"。这就是被人们称为"沉默的螺旋"的过程。

最初,这仅仅是一个假设。而1965年所观察到的现象能够很好地解释这个假设。在那个选举年的夏天,对于公众而言,路德维希·艾哈德(Ludwig Erhard)①和英国女王的联合,使联邦政府的声望高涨:受大众欢迎的艾哈德为他总理任内的首次联邦议会选战做好了准备,而英国女王在美好季节的到访,在德国各地都由艾哈德热情接待。当此前基督教民主联盟和基督教社会联盟与社会民主党的选票几乎相当的时候,这也就足以表明是支持基督教民主联盟和基督教社会联盟的时候了。对这两大党联盟的支持意见在所有公众场合随处可见,对这个联盟赢得大选的预期因而节节上升,这正是意见气候的反映。

---

① 路德维希·艾哈德(1897—1977),德国政治家、经济学家,被称为"社会市场经济之父"。他从1949年到1963年任德意志联邦共和国经济和劳动部部长,从1963年到1966年任联邦总理。——译者注

最后一刻的跟风者

无论是 1965 年还是 1972 年，选举意愿都不是左右摇摆的。在这两种情况中，都是几乎直到大选日之前，选举意愿都没有受到意见气候上下起伏的影响。选举意愿不像风向标那样随风而动，而是大体上保持稳定，人们应该将它看作是一个好现象。美籍奥地利裔社会心理学家、竞选研究者保罗·F.拉扎斯菲尔德（Paul F. Lazarsfeld）曾经谈论过"稳定的等级"[4]，而选举意愿正是在这个等级序列中的最顶端，它特别稳定，只是缓慢地追随着新的经验、观察、信息和意愿。但是，到了最后意见气候发挥了影响，可以观察到，偏向意见气候方向的"最后一分钟的动摇者"能为意见气候中强势的一方增加 3%—4% 的支持率。拉扎斯菲尔德已经对美国 1940 年的总统大选进行了观察，并且将它称为"乐队花车效应"[5]，人们追随着车头上扎着彩带的花车。它解释了这样的现象，即每个人都希望站在胜利者的那一边，属于胜利的一方。

站在胜利者那一边？也许大多数人对自己没有这么高的要求。他们几乎不会像统治阶层那样期待职位和权力。但是却有很多忠厚谨慎的人，他们努力表现得和其他人一样，而不是被孤立起来。因此，没有人想像那位在 1972 年佩戴基督教民主联盟徽章的女生那样显得孤零零的；也没有人希望像这样的孤单——在楼道遇到邻居时，邻居们转过头去视而不见，或者没有同事愿意坐在自己的旁边……我们现在收集的是许多对人们来说意味着自己不被认同的表现，这些表现就像是在他们的身边画了一个隔离圈一样。

在民意调查中常常会出现这样的语句："我几乎没有什么熟人。"这往往就是那些感觉到自己被孤立的人，他们最容易成为"最后一分钟的突然转向者"，这一点在 1972 年的选举研究中，通过在选举前和选举后重复调查同一个受访对象而体现出来了。那些自我意识弱以及对政治缺乏兴趣的人最容易在最后几分钟发生突变。希望站在胜利者一边、希望登上乐队花车、希望一起吹着喇叭，这样的意向一定能使追随者远离弱势。"与狼共舞"能够让追随者的境遇更好一些，或者换言之，让强势方的境地更好些。因此，当他感觉到别人要远离他的时候，他觉得非常痛苦，因此强势方很容易抓住他这样的敏感性，就像抓住控制他的缰绳一样。

对于被孤立的恐惧表现为一种驱动力，它促使沉默的螺旋启动起来。

"与狼共舞"是一种较为幸福的境地,但是当人们由于无法认同在公众中被广泛传播的意见,而无法说服自己人云亦云时,只能将永远沉默的做法作为使自己能够接受的第二选择。英国社会哲学家托马斯·霍布斯(Thomas Hobbes)①在他1650年出版的《法的要素》(*The Elements of Law*)一书中描绘了"沉默",他说"沉默"可以作为人们表示赞同的符号,因为如果人们不同意的话,很容易说"不"。说"不"是容易的,这一点霍布斯一定是弄错了,但是他在书中所说的沉默很容易被解释为同意,这一点却是正确的。

真相显现

当假设中的沉默的螺旋的过程出现在眼前的时候,有两种方法可以检验它的真实性和有效性。如果这样的过程是真实存在的,也就是某种观点被贯彻或销声匿迹了,那么几百年前的许多学者应该注意到这一点。那些感觉敏锐、善于思考的哲学家、法学家、历史学家在描述我们人类和这个世界的时候,完全没有可能回避这一点。在我开始对过去进行探寻时,我发现了非常乐观的迹象,那就是我从亚历克西·德·托克维尔(Alexis de Tocqueville)②在1856年发表的关于法国大革命历史的文章中,找到了对沉默的螺旋的动力学的精确描述。托克维尔描述了法国教堂在18世纪的没落,以及那时对宗教的轻视是如何成为法国人普遍和占主导的情绪的。其中一个主要的原因就是法国教堂"变得沉默":"那些仍然固守原来信仰的人害怕成为唯一保持忠诚的人,比起犯错他们更害怕被孤立,因此他们毫不犹豫地与多数人为伍。那些还只是一个民族中某些人的观点,通过这种方式似乎就成为所有人的观点,并且那些将这样的观点变成主流的人,也因此显得权威了。"

追溯回去,会发现到处都是这样令人印象深刻的观察和评述。在让·

---

① 托马斯·霍布斯(1588—1697),英国哲学家、政治学家,英国理性主义传统奠基人。他在1651年所著的《利维坦》为以后的西方政治哲学的发展奠定了基础。——译者注

② 亚历克西·德·托克维尔(1805—1859),法国著名的政治思想家和历史学家,代表作有《论美国的民主》《旧制度与大革命》等。——译者注

雅克·卢梭(Jean-Jacques Rousseau)①和大卫·休谟(David Hume)②、约翰·洛克、马丁·路德（Martin Luther）③、马基雅弗利（Niccolò Machiavelli)④、约翰内斯·胡斯(Johannes Hus)⑤的论说中，甚至是在古代的文章中。这一主题并没有出现在专门的章节中，而是存在于边角注释。这样的寻找令人想起了文献检索。但是沉默的螺旋的真实情况却在逐渐清晰。第二种检验这个理论假设真实性的方式，是通过实证调查研究。如果存在像沉默的螺旋这样的现象，它就应该是能够检验的。总之，今天人们可以运用从 20 世纪 50 年代发展起来的已经可以成熟运用的具有代表性的调查研究工具,这样社会心理学的现象就不再只是通过观察获得了。接下来的一章将描述为了让沉默的螺旋的过程真相显现，我们可以考虑运用哪些类型的研究工具。

① 让-雅克·卢梭(1712—1778),法国著名的启蒙思想家、哲学家、文学家和教育学家,被认为是 18 世纪法国大革命的思想先驱和启蒙运动的代表人物。他的主要著作有《论人类不平等的起源和基础》《社会契约论》《爱弥儿》和《忏悔录》等。——译者注

② 大卫·休谟(1711—1776),苏格兰哲学家、经济学家和历史学家,他是苏格兰启蒙运动和西方哲学史上的重要人物,自然主义和怀疑主义是其哲学思想的中心。他的著作有《英格兰史》《人性论》《道德和政治论文集》《大不列颠史》和《人类理解论》等。——译者注

③ 马丁·路德(1483—1546),新宗教改革运动的发起人,极具写作和演说天赋。他的改革终止了中世纪天主教会在欧洲的独一无二的地位,他翻译的路德圣经至今为止仍然是最重要的德语圣经翻译。他在宗教改革方面著名的文章和著作有《致德意志基督教贵族的公开信》《教会被掳于巴比伦》《基督教徒的自由》等。——译者注

④ 尼柯罗·马基雅弗利(1469—1527),意大利著名的政治思想家、外交家、历史学家,被西方人誉为"政治学之父"。他的著名著作《君主论》是政治学必读书目,也是文艺复兴时期的经典作品。——译者注

⑤ 约翰内斯·胡斯(1370—1415),德国宗教思想家和改革者。——译者注

第 **2** 章
用民意调查研究的工具进行检验

"工具"听上去显得有点奇怪,人们往往会想起那些可见的机械,从精细的小部件到太阳能发电镜面的庞大结构。其实那些出现在问卷上的通常看上去像个游戏的问题,就是观察工具。对于问题的有代表性的反应,体现了动机的存在和行为方式,也反映出诸如沉默的螺旋这样的过程,应该是建立在什么基础之上的。

人们在观察自身所处的环境时,通常会仔细揣摩大部分其他人是怎么想的,以及舆论趋势是什么,哪些观点得到的支持在增多,哪些被认同。而沉默的螺旋这一理论假设是可以证明的吗?

"我怎么能知道?"

1971 年 1 月,民意调查机构阿伦斯巴赫(Allensbach)的问卷调查已经开始尝试捕捉沉默的螺旋这一现象了。最初的问卷包括这样三个问题:

一个是针对东德居民的:如果要您必须做个选择的话,您是否会承认联邦德国和民主德国是两个国家? 现在先说说您自己的想法。

您认为,大部分生活在联邦德国的人是赞成还是反对承认东德是一个独立的国家?

您认为,对东德是否是一个独立的国家的态度将如何发展,在一年内会有什么变化:是会有比今天更多的人承认东德是第二个德国,还是更少的人?

对于这些问题,如果大多数被访问者认为:"我怎么能知道大部分人是怎么想的以及将来会有什么样的发展变化? 我又不是先知。"这样的话,就算作并没有对这些问题给予回答。好在,在对 16 岁以上居民的抽样调查中,有 80%—90% 的被调查者给出了自己对周围其他人的意见的估计(请见表 1)。

表 1　对于意见气候的状况监测

大部分人相信在争论中多数人所站的那一边的判断是正确的。

1971 年到 1979 年之间进行了多次典型性民意调查——每次调查是由 1000 或 2000 次访问所组成的,在这个基础上又进行了大约 50 次测试,下表就展示了从这些测试中所得到的部分数据。

比如,对于第一题目的调查问题是:"现在请谈一谈您对如下问题的看法:您认为大部分生活在联邦德国的人,是赞成还是反对承认民主德国是一个独立的国家?"其他话题下的问题也是用类似的方式提出的。

在访问中,请被调查者估计"大多数人对此如何看待"的话题	被调查者中有多少人说出了自己的估计(%)
承认东德是另一个德国?(1971 年 1 月)	86
有些反对散布大麻和摇头丸?(1971 年 1 月)	95
赞同应该在净化空气和水资源的问题上有更严格的立法?(1971 年 3 月)	75
对堕胎问题的看法?(1972 年 4 月)	83
对死刑看法?(1972 年 6 月)	90
弗朗茨·约瑟夫·施特劳斯(Franz Josef Strauss)应有更多的政治影响?(1972 年 10 月—11 月)	80
对囚犯的强制性进食的看法?(1975 年 2 月)	84
德意志共产党(DKP)党员可以担任法官吗?(1976 年 4 月)	82
对基督教民主联盟和基督教社会联盟有好感吗?(1976 年 8 月)	62
对社会民主党有好感吗?(1976 年 8 月)	65
对制造新的核能武器的看法?(1977 年 9 月)	85
可以在不吸烟的人面前抽烟吗?(1979 年 3 月)	88
在 55 个话题中,对每个话题做出明确的估计的比例平均为	82

资料来源:阿伦斯巴赫档案,IfD 问卷调查 2068,2069,2081,2083,2087,3011,3028,3032/Ⅱ,3032/Ⅰ,3047,3065

对未来的预测是更加不确定的。但是,这类问题并不是没有得到回应。在 1971 年 1 月,足有 3/5 的被调查者发表了自己对人们的态度将如何发展的估计,而且他们所给出的预测是非常明确的:45％的人认为将有更多的人承认民主德国是另一个德国;16％的人预测承认民主德国的人会减少(请见表 2)。这个调查结果让我们想起了 1965 年的研究。那时提出的问题是:"您认为谁会在选举中获胜。"虽然每月公布的民意调查的数据显示出当时竞选双方是齐头并进的状况,这也足以让人们以此为依据非常明智地回避这个问题,但是大多数人没有做出"我不知道"这样的回答。

相反的,其实预期是随着时间推移越来越清晰地表现出来了,而且不断影响着在最后一刻所表现出来的大众的普遍态度。将 1965 年的观察置换到 1971 年所讨论的问题上,可以看到正是沉默的螺旋在发挥推动作用,可以预测东德将被公众所承认。

表 2　表达对意见气候变化的预测

这里测试了人们是否愿意发表自己对各种意见发展趋势的预测,比如在 1971 年 1 月所问到的关于承认民主德国的问题。

具体的问题是:"您认为,关于这个问题人们的态度将如何发展,一年之后会是什么样? 是会有比今天更多的人承认东德是第二个德国,还是更少的人?"

	16 岁以上的居民(％)
一年后将有更多的人承认东德	45
一年后将有更少的人承认东德	16
不清楚	39
	100
	样本总数:1979

资料来源:阿伦斯巴赫档案,IfD 问卷调查 2068

发现人类的一项新能力:感觉意见气候的能力

我们一直在管中窥豹一般地观察沉默的螺旋这一假设在多大范围内得到实证支持。在 1971 年 1 月的第一次调查研究后,紧跟着有大量类似的问卷调查,这些问卷都致力于研究公众所表现出来的对多数人意见的感知。和 1965 年的情况完全一样——人们能够认知多数与少数意见、赞成与反对意见，而且的确完全独立于是否有民意调查数据被公布出来，以及公布了哪些数据（请见表 3）。

表 3　对未来意见气候的预期

哪个阵营将变得强大？哪个阵营会变得弱小？

大部分人相信在争论中变得更强势的那一方的判断是正确的。

同样以 1971—1979 年之间进行的多次典型性民意调查——每次调查是由 1000 或 2000 次访问所组成的——为基础，开展了大约 25 次测试，下表就展示了从这些测试中所得到的部分数据。在这些测试中，问题是这样设计的："您认为，有关以下问题将会有比今天更多的人，还是更少的人持赞同态度……？对于这些问题人们的态度将如何发展，一年之后会是什么样？"

在访问中，请被调查者估计对于以下话题人们的态度将会如何发展变化	在被调查者中，对近期（一年之内）人们的态度将如何发展作出了评估的比例（%）
承认东德是另一个德国？（1971 年 1 月）	61
同意或者反对成就取向社会？（1972 年 8 月）	68
有关年轻情侣的未婚同居？（1973 年 2 月）	79
弗朗茨·约瑟夫·施特劳斯（Franz Josef Strauss）应有更多的政治影响？（1975 年 3—4 月）	72
同意或者反对死刑？（1977 年 7—8 月）	87
赞成还是反对建造新的核能武器？（1979 年 3 月）	81
在 27 个话题领域内，对每个话题做出明确的回答的比例平均为	75

资料来源：阿伦斯巴赫档案，IfD 问卷调查 2068，2084，2090，3013，3046，3065

在 1976 年这个大选年中，对两个问题进行了系统的比较，它们是分别于 1965 年和 1971 年开始用于测量对各种意见的磁场强度的感知的，即"谁会赢得大选"和"大部分人对谁会赢得大选，这个问题有什么看法"，两个测量工具表现相当。但是"您是否认为，大部分人对基督教民主联盟和基督教社会联盟有好感……，或您有相反的看法"这个问题被证明更敏锐，因而是更好的测量工具。因为通过这个问题，能够同时表现出公众对于党派优势估计中起起落落的左右摇摆，而且是更显著地加以展现（请见图3）。

图3　谁会赢得大选？

从十多年前以来，在有关大选的研究中，就一直会向被调查者提出"谁会赢得大选"这个问题，用来测量意见气候。另外一个意见气候的指标是："大部分人觉得基督教民主联盟和基督教社会联盟不错吗……？"用同样的，但是更精细的方法测量，因此发现了更强烈的摇摆。

指标1：在即将到来的大选中基督教民主联盟和基督教社会联盟会获胜 ▬▬▬

指标2：大部分人觉得基督教民主联盟和基督教社会联盟不错 ▭▭▭

资料来源：阿伦斯巴赫档案，IfD 问卷调查 3023，3025，3030，3031，3032 和 3035

　　在公众对有关各个党派的意见气候的估计中，可以看到令人惊讶的变动，因此我们就更渴望知道，公众的观察是否准确。

　　1974 年 12 月开始了对这个问题的系统观察。居民的投票意愿根据"稳定的等级"定律几乎没有发生变化，在 15 个月的观察期中，只显示出微不足道的却是保持不变的趋势。在对基督教民主联盟和基督教社会联盟的最高和最低支持率中只相差六个百分点，而在社会民主党方面只差四个百分点。但是在公众感知的意见气候方面，在同一时间段里相比对政党的支持率，意见气候却产生了强烈的波动——摇摆幅度达 24% 就说明了这一点。但是这并不是随意的躁动，相反，显然它是由选民们投票中几个百分点的变化所导致的相应的重新定位而引起的（请见图4、图5）。因此，令人费解的问题就是：公众是如何感知到选举意愿总体上所出现的微弱的增加和减少的？我们对此的观察一直在继续。

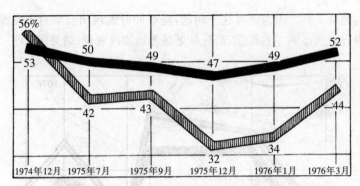

图4 政党支持者数量的变化幅度要小于

意见气候的变化幅度,意见气候的变化被非常多的人所感知

选举意愿:基督教民主联盟和基督教社会联盟 ▬▬▬

对意见气候的观察:"我认为,大部分人觉得基督教民主联盟和基督教社会联盟不错。" ▯▯▯▯▯

资料来源:阿伦斯巴赫档案,IfD 问卷调查 3010,3017,3019,3022,3023 和 3025

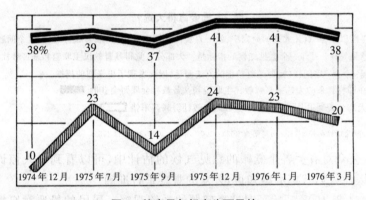

图5 使意见气候变为可见的

传统的询问选举意愿的问题无法显示这些意愿究竟有多大的变化。

例如:社会民主党 1974—1976 年的情况

选举意愿:社会民主党 ▭▭

对意见气候的观察:"我认为,大部分人觉得社会民主党不错。" ▯▯▯▯▯

资料来源:阿伦斯巴赫档案,IfD 问卷调查 3010,3017,3019,3022,3023 和 3025

　　从联邦德国选取对几个州的观察情况,例如,通过下萨克森州 (Niedersachsen)或莱茵兰-法耳次州(Rheinland-Pfalz),就能够看到完整的大趋势(请见图6)。盖洛普(Gallup)在英国的调查研究公司也准备好探测英国公众对意见气候的感知能力。在英国,公众的选举意愿并不像在联邦德国那样几近稳定不变,但是英国人同样具有对意见气候的感知能力(请见图7)。

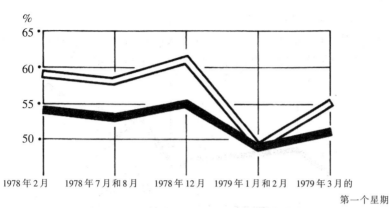

图6 在莱茵兰–法耳次州州大选日之前的舆论气候突变

选举意愿:基督教民主联盟 ■■■

对意见气候的观察:"我认为,莱茵兰–法耳次州的大部分居民觉得基督教民主联盟不错。"▭▭

资料来源:阿伦斯巴赫档案,IfD问卷调查 3114,3141,3153/I,3156,3158

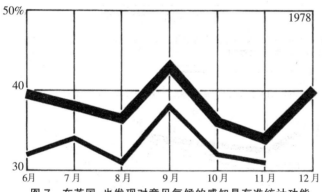

图7 在英国,也发现对意见气候的感知具有准统计功能

问题:

"如果明天要进行国会大选,您将支持哪一个党派?"

"无论您支持哪一个党派,您是否相信,大部分英国人站在保守党的一边?"

打算支持保守党 ■■■

相信大部分人支持保守党 ■■■

资料来源:盖洛普政治指标

在哪些问题上需要涉及意见气候的感知能力呢?为此必须将上百个题目纳入持续的观察中来。从1971年3月开始,我们就开始观察公众对死刑的态度和对于意见气候的看法,并将两者进行比较,可以通过对它们的观察在实证上检验沉默的螺旋。但是从1972年到1975年这段时间,对这些现象的测量停止了,因为那时有更紧迫的问题。

　　不过,从 1971 年到 1979 年,通过六次测量所得到的数据可以证明,意见的实际变化情况能在对意见气候的感知中得到可靠的反映(请见图 8、图 9)。

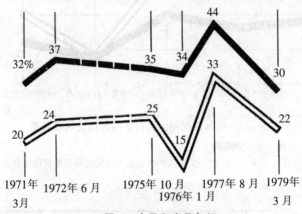

图 8　意见和意见气候

人们从哪里得到对某一种意见的支持度提高了或降低了一致的认识?
意见:"我赞成施行死刑。"　▰▰▰
意见气候:"大部分人赞成施行死刑。"　▭▭▭

资料来源:阿伦斯巴赫档案,IfD 问卷调查 2069,2083,3020,3023,3046 和 3065

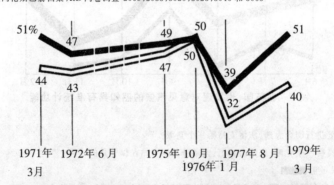

图 9 反向探测:对于死刑反对者数量增加和减少的感知的准统计

意见:"我反对施行死刑。"　▰▰▰
意见气候:"大部分人反对施行死刑。"　▭▭▭

资料来源:阿伦斯巴赫档案,IfD 问卷调查 2069,2083,3020,3023,3046 和 3065

有时这种感知会受到干扰,但是由于总的来说它都能很好地发挥作用,因此每一次被扭曲的感知都特别引人注意。在发生变形的情况下,无论公众所发出的意见被扭曲成什么样子,都会在意见气候的感知上得到反映。但是,如果我们一直对这些意见信号知之甚少,那么也无法轻易地解释这些扭曲。这个问题将在以后的一章中得以阐释。[1]

"坐火车测试"

无论如何,我们所坚持的导致意见扭曲的一个原因,追溯起来是早在 1965 年就已被找出来的。根据当时对选举意愿的测量,两个党派阵营势均力敌。但是通过"谁会赢得大选"这样的意见气候问题的测量,可以发现一个党派阵营变得强势,而且越来越强势。按照沉默的螺旋的理论假设,可以将这种现象解释为两个阵营在公开场合有不同的表达意愿,而公开场合是每个人可以接收信号的地方。对于人们是否真正地留心观察周围环境的意见态度,以使自己的行为举止与党派阵营的强势或劣势相符的检测,就是第二个可以进行实证研究的假设。

1972 年 1 月在阿伦斯巴赫的一次访问中,提出了一个古怪的问题,这样奇特的问法似乎从来没有被采用过。这是在对家庭主妇进行的访问中问到的一个关于儿童教育的问题。访问员先展示了一幅图画,画面上是两位女士在聊天,对此所提到的问题是:"这里有两位母亲在谈论如果孩子特别没规矩的话,是否应该打他。您赞同哪一位母亲的意见,上面的那位还是下面的?"(请见图 10)

在画面中的一位女士说:"打孩子是完全错误的做法,每个孩子在成长的过程中都不应该挨打。"

在 1972 年 1 月所进行的对家庭主妇的有代表性的横截面式的调查显示,40% 的被调查者赞同这个观点。

另一位女士的意见是:"打孩子也是教育的一部分,不会对孩子有伤害。"47% 的被调查者持有这样的观点,而 13% 的人没有明确的态度。

在民意调查中用来表明两种意见的图画

"打孩子是完全错误的做法，每个孩子都不应该在成长的过程中挨打。"

上面的女士

"打孩子也是教育的一部分，不会对孩子有伤害。"

下面的女士

图 10　测试对于教育理念这样有争议的问题的谈论意愿和沉默的可能性

　　紧接着的测试问题是："假设您将要坐 5 个小时的火车，在您的火车包厢里有一位女士，她认为……"这里插入了不同的问题：如果被访问的主妇认为，打孩子根本就不对，则测试问题是："……有一位女士，她认为打孩子也是教育的一部分。"而对持相反观点的主妇，也就是同意打孩子的被访问者，问题就设计为："……有一位女士，她认为打孩子根本就不对。"

　　被访问的家庭主妇将和一同坐火车旅行的女士对质，因为她们各自持有相悖的观点。最后的问题是一样的,即"您是否愿意和这位女士聊天,以使你们的立场相近,或者您认为没有必要这样做?"

研究者用不同的话题反复进行了"坐火车测试",一次谈话是关于对基督教民主联盟或社会民主党的态度的;另一次是关于南非的种族隔离的;还有一次是关于青年人的未婚同居的话题;还有关于核武器、外籍劳工、法律条款 218 条、毒品危害、公共服务中的激进主义。

被检验的假设是:在争辩中,不同的阵营对于公开表达自己的观点有不同的意愿。表现出更愿意表达自己观点的那一阵营往往更强势,并且以此来影响他人,使他人追随更强势的或不断壮大的大部队。人们可以观察这些现象,但是如何满足科学研究的可重复性和可检验性,同时独立于观察者主观印象来测量这些过程? 对此,人们必须尝试模拟现实状况,并且这样的模拟应该是可测量的。例如在对现实状况的模拟中,民意测验必须保持一致性,也就是问题应该以固定的顺序提出,而且用固定不变的措辞读出,这样才能保证上百名访问员在处理五百、一千或二千名受访样本时,不会将访问员的个人影响带到访问结果中去。但是,这样事先设计好的访问情节,往往无法适用于现实情况中不同的生活状态、经验和感受。

模拟公共环境

首要的任务是在民意测验中模仿公共场合,以测量被访者在公众场合表明自己的某种态度的潜在意愿。为了将他人可观察到的态度明确地表现出来,人们要对所在阵营的强弱态势进行分析并得出结论,而不只靠在家庭圈子里交谈这种情况。几乎没有熟人、处于孤立的状态下的人们,会感受那些在"最后一分钟的动摇"中所分析过的各种迹象。而一旦出现了意见气候的巨变,赞成或是反对某个党派、某个人或某种观点,那么这种变化几乎会在同一时刻被所有的人感知到——所有的年龄群、所有的职业群的居民群体(请见图 11—13)。当然这必须在信号是完全开放和公开的情况下才有可能。无论在家庭和其他初级社会群体中所表现的行为举止,与公众场合下的行为举止是完全一样还是不一样的,都不可避免地出现沉默的螺旋。

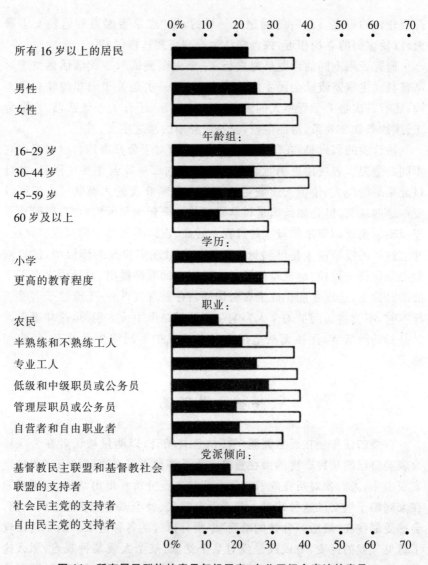

图 11 所有居民群体的意见气候巨变：在公开场合表达的意见

案例："联邦德国应该承认民主德国是一个国家"；

测量时间：1968 年 9 月—1970 年 9 月及 1971 年 1 月

意见气候巨变前：1968 年 9 月 ▮▮▮▮

意见气候巨变后：1970 年 9 月和 1971 年 1 月 ▭▭▭

资料来源：阿伦斯巴赫档案，IfD 问卷调查 2044 和 2065/2068A

在我们的实验中,我们在访谈里描绘了一种场景,请受访者解释在这样的情境下,自己为什么愿意交谈或者打算保持沉默,从中我们很快地发现了上述这一点。我们告诉受访者,他将被邀请在相当多客人——其中一部分人是他不认识的——面前介绍自己的观点。他的演讲是关于某个有争议的话题的,图 11—13 中列出了具体的问题。

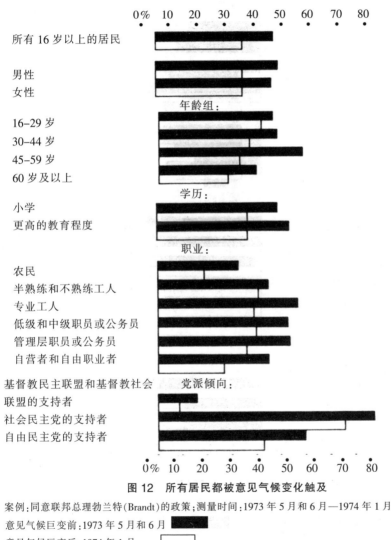

图 12　所有居民都被意见气候变化触及

案例:同意联邦总理勃兰特(Brandt)的政策;测量时间:1973 年 5 月和 6 月—1974 年 1 月
意见气候巨变前:1973 年 5 月和 6 月
意见气候巨变后:1974 年 1 月

资料来源:阿伦斯巴赫档案,IfD 问卷调查 2035 和 3001

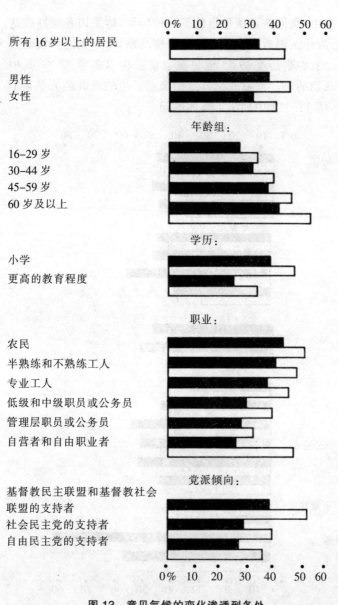

所有 16 岁以上的居民

男性
女性

年龄组：

16–29 岁
30–44 岁
45–59 岁
60 岁及以上

学历：

小学
更高的教育程度

职业：

农民
半熟练和不熟练工人
专业工人
低级和中级职员或公务员
管理层职员或公务员
自营者和自由职业者

党派倾向：

基督教民主联盟和基督教社会
联盟的支持者
社会民主党的支持者
自由民主党的支持者

图 13 意见气候的变化渗透到各处

案例：同意施行死刑处罚；测量时间：1975 年秋冬、1976 年秋冬—1977 年夏

意见气候巨变前：1975 年秋冬、1976 年秋冬 ■

意见气候巨变后：1977 年夏 □

资料来源：阿伦斯巴赫档案，IfD 问卷调查 3020/3023 和 3046

这些所设计的问题并没有"奏效",所设计的场景的公共性不够,受访者的反应是非常礼貌地对待那些无论是表示同意还是表示反对的主人和客人们。之后,我们又试验了"坐火车测试"。这是一个类似"公共便道"的公共场景,在那里有一个入口,聚集着一些受访者不知道他们的姓名和观点的人们。这既是一个"小"公众场合,但也是即便一个比较害羞的人如果自己愿意的话也能参与谈话的地方。然而,这会是受访者在真正的公共场合自然真实的行为举止吗?比如街道上、市场里、牛奶店中、演出舞台上或是在面对面的访谈中——甚至还有其他的家庭成员在一旁旁听谈话,他们还会像在经过简单设计的场景里那样表现吗,还是这样的冲动已经减弱了?

证明了第二个假设:有获胜保障的那一方滔滔不绝,而可能失败的一方趋于沉默

在对 1972 年、1973 年、1974 年一次又一次的"坐火车测试"的研究分析中,可以发现:对某一个话题持不同观点者究竟是乐于交谈还是趋于沉默,是可以预测的。恰好 1972 年的大选为这些测试提供了理想的话题。当时对诺贝尔和平奖获得者、德国总理威利·勃兰特(Willy Brandt)的追崇达到了高潮,但是勃兰特所倡导的新东方政策在公众中引起了很大的分歧。无论是这个政策的支持者还是反对者,都不需要特别的感知能力,就能看出来哪一派别在公众中更强势。1972 年 5 月的调查问题是:"你认为,联邦德国的大部分人赞成还是反对收回民主德国的政策?"

51%的人回答"大部分人是赞成的",8%的人认为"大部分反对",27%的人说"一半对一半",14%的人回避了这个问题,说"无法回答"。

在 1972 年 10 月竞选已经开始了,"坐火车测试"方法被用在调查研究中:"假设您将坐五个小时的火车,在您的包厢有个人开始大谈对勃兰特的支持(在第二个访谈中是'大谈对勃兰特的反对')。您是否愿意和这个人交谈以进一步了解他的观点,或者您觉得这样做没意思?"勃兰特的支持者中——从数量上来说比他的反对者多一倍——有 50%的人回答"愿意交谈",而反对者中这个比例是 35%。42%的支持者和 56%的反对者"觉得这样做没有意义"(请见表 4)。这也意味着,勃兰特的支持者不仅在实际数量上比反对者强势,而且这种强势还通过更强烈的交谈和表达意愿而得以额外的增殖。

表 4 "坐火车测试"

在"小型公共场合"对于联邦总理勃兰特的交谈意愿和沉默倾向 (1972 年 10 月)

	多数:赞同勃兰特的人(%)	少数:反对勃兰特的人(%)
在火车旅途中,愿意与同行者谈论勃兰特的人	50	35
觉得这样做没有意义的人	42	56
没有决定的人	8	9
	100 样本总数=1011	100 样本总数=502

资料来源:阿伦斯巴赫档案,IfD 问卷调查 2086/I+II

徽章也是一种表达

表达和沉默必须与更广泛的含义联系起来进行阐释。戴着一枚徽章、贴着一张汽车贴纸都是一种表达,而即便有自己的信念却什么都不做,就是沉默;在公众场合阅读有一定导向的报纸,诸如《法兰克福评论报》(*Frankfurter Rundschau*)是一种表达,而将这样的报纸放在书包里或是将不那么中规中矩的几页藏起来(当然不是真的藏起来,而是将它们卷起来),这就是沉默;散发传单是一种表达;同样的张贴海报、在海报上涂画或是撕掉,以及将象征着相互竞争的政党的汽车轮子从海报上剪下来,都是一种表达。在 20 世纪 60 年代,男子们留着披肩发或在东方某个国家穿上牛仔裤也同样是一种表达。

即便我们在 1972 年大选年里不采用"坐火车测试",也足以获得足够的经验证明,在一场争论中,面对公众明显很活跃的一方,愿意交谈;而相对立的一方,尽管从数量上并不处于弱势,有时甚至人数更多,却保持沉默。美国前副总统阿格纽①曾经抱怨的"沉默的多数"在法律界很有名,即"沉默的多数"发现许多人都能感知到的真相,但他们以自己都没有真

---

① 斯皮罗·阿格纽(Spiro Theodore Agnew),共和党人,自 1969 年 1 月—1973 年 10 月担任美国副总统,当时的总统是理查德·尼克松。——译者注

正意识到的方式对真相产生了影响,也就是他们不将真相说出来。

在 1972 年联邦德国大选之后,焦点问题集中在,竞争双方在首领的号召力和支持者的人数等实际方面都势均力敌的情况下,是什么导致他们在力量上的不平衡,而且这种不均衡又如何在公众中变得显而易见的。1972 年 12 月提出的第一个问题是:"不同的政党都有自己的海报、徽章,以及汽车上的招贴画。在您的印象里,您最常看到的是哪个政党的招贴画、海报、佩戴的徽章?"53％的被访者回答说"更多地看到的是社会民主党的";9％的被访者"更多地看到基督教民主联盟和基督教社会联盟"。第二个问题用以检验另一个方面的事实:"一个党派在竞选中的成败,很大程度上取决于这个党派的支持者在竞选中所投入的实力。在您的印象中,哪个党派的支持者在竞选中个性化的投入最多并表现出最强的理想主义色彩?"在对居民的抽样调查中,44％的被调查者回答是"社会民主党的支持者",回答是"基督教民主联盟和基督教社会联盟"的占 8％。通过对调查结果的比较分析,就可以看到在 1972 年秋天,打算通过胸前徽章和汽车招贴画表明自己的立场的基督教民主联盟的支持者,发现其他支持者陷入沉默,并且影响到像他这样愿意表明自己的观点和通过佩戴徽章来表示支持的人,他因此感到其实自己被孤立了。沉默的螺旋的过程启动后几乎不可能逆转。

这些现象对努力将意见气候变得显而易见的那些做法产生了古怪的影响。佩戴一枚徽章、贴一张车贴难道不只是一个审美品味的问题吗?有的时候是,有的时候不是。更爱争论的人收敛些是不是不好?或者在"坐火车测试"中,的确存在有人在旅途中喜欢聊天,有些人不喜欢的情况。那么,是否能把"坐火车测试"真的看作沉默的螺旋这一过程的反应?

愿意谈论的那一方所拥有的优势

的确如此,而且民意调查也显示了这一点——无论讨论的是什么题目,无论谈论的是哪些主张,总是会有持不同意见的人陷入沉默,这在所有的人群中都适用。在某个公开场合,也包括某个"小规模的公共场合",男人比女人、年轻人比年长的人、来自较高社会阶层的人比平民百姓阶层的人,更愿意参与到对有争议的话题的讨论中去(请见表 5)。

表 5　不同居民群体的讨论意愿

	愿意讨论有争议性的问题 * %	不愿意讨论 %	没决定是否愿意讨论 % %	样本总数
所有 16 岁以上的居民	36	51	13 ＝100	9966
男性	45	45	10 ＝100	4631
女性	29	56	15 ＝100	5335
学历：				
小学	32	54	14 ＝100	7517
更高的教育程度	50	42	8 ＝100	2435
年龄组：				
16－29 岁	42	47	11 ＝100	2584
30－44 岁	39	50	11 ＝100	2830
45－59 岁	35	52	13 ＝100	2268
60 岁及以上	27	56	17 ＝100	2264
职业：				
农民	19	63	18 ＝100	621
半熟练和不熟练工人	28	54	18 ＝100	2289
专业工人	37	51	12 ＝100	2430
低级和中级职员或公务员，及中、低级服务业工作人员	41	49	10 ＝100	2628
管理层职员或公务员	47	44	9 ＝100	1051
自营者和自由职业者	40	49	11 ＝100	927
家庭主要收入人每月的净收入：				
800 马克	26	56	18 ＝100	1448
800－1000 马克	32	53	15 ＝100	1875
1000－1250 马克	35	52	13 ＝100	2789
1250－2000 马克	42	48	10 ＝100	2979
2000 马克或以上	48	43	9 ＝100	866
城市和乡村：				
村庄	32	52	16 ＝100	1836
小城市	37	52	11 －100	3164
中等城市	36	51	13 ＝100	1797
大城市	38	49	14 ＝100	3160

党派倾向：				
基督教民主联盟和基督教社会联盟的支持者	34	55	11　＝100	3041
社会民主党的支持者	43	47	10　＝100	4162
自由民主党的支持者	48	44	8　＝100	538

＊ 在"坐火车测试"中，询问受试者是否愿意与同行者讨论的问题包括：实现社会主义；关于禁止德意志共产党；关于联邦总理勃兰特；关于是否允许未婚同居。（阿伦斯巴赫档案，IfD问卷调查 2084/2085/2086/Ⅰ＋Ⅱ/2089/2090—1972/1973）

这样所产生的结果就是立场的清晰可见。在任何阵营中，那些赢得了大量年轻人或受过高等教育的人支持的观点，将会有更大的可能性在整个社会得以贯彻。但这只是故事的一半，还有两个因素影响着谈论的意愿：个人所确信的与其感觉的之间是否统一；时代思潮和那些受追捧的、明智的或只是比自己更强的人的观点及其发展趋势是什么（请见表6）。

表6　谈论意愿可以作为社会气候和不同群体中人们的自我意识的指示器

从1972年到1978年的纵贯比较，显示了公众总体上来说不断增强的谈论意愿，在基督教民主联盟或基督教社会联盟的拥护者那里体现得尤其显著。			
	在坐火车旅行中愿意与同行者聊天的比例		
	1972/73 ％	1975/76 ％	1977/78 ％
所有16岁以上的居民：	36	37	44
男性	45	43	52
女性	29	32	37
年龄组：			
16—29 岁	42	41	51
30—44 岁	39	41	49
45—59 岁	35	35	42
60 岁及以上	27	30	33
学历：			
小学	32	34	39
更高的受教育程度	50	46	53

	在坐火车旅行中愿意与同行者聊天的比例		
	1972/73 %	1975/76 %	1977/78 %
职业：			
农民	19	30	29
半熟练和不熟练工人	28	29	35
专业工人	37	37	44
低级和中级职员或公务员，及中、低级服务业工作人员	41	41	48
管理层职员或公务员	47	46	54
自营者和自由职业者	40	40	47
城市和乡村：			
村庄（居民人数在 2000 以下；1977/78：在 5000 以下）	32	37	41
小城市（2000 到 20000；1977/78：5000 到 20000）	37	36	46
中等城市	36	38	45
大城市	38	37	44
党派倾向：			
基督教民主联盟和基督教社会联盟的支持者	34	38	44
社会民主党的支持者	43	40	47
自由民主党的支持者	48	38	49

资料来源：

1972/73：阿伦斯巴赫档案，IfD 问卷调查 2084、2085、2086/Ⅰ＋Ⅱ、2089、2090（从 1972 年 8 月到 1973 年 2 月）。在火车上讨论的题目是：社会主义的实现；禁止德意志共产党；德国总理勃兰特；未婚同居。一共访问了 9966 人。

1975/76：阿伦斯巴赫档案，IfD 问卷调查 3011、3012、3013、3020、3031、3033/I、3035 和 3037（从 1975 年 2 月到 1976 年 12 月）。在火车上讨论的题目是：死刑；弗朗茨·约瑟夫·施特劳斯对政治有更多的影响；对西班牙的国家管理状况的赞同观点；支持基督教民主联盟和基督教社会联盟；未婚同居；在不吸烟的人面前吸烟。一共访问了 14504 人。

1977/78：阿伦斯巴赫档案，IfD 问卷调查 3046、3047、3048、3049 和 3060（从 1977 年 8 月到 1978 年 10 月）。在火车上讨论的题目是：对恐怖分子施以死刑；同情恐怖分子；统一欧洲，但不包括俄罗斯和东欧的国家。一共访问了 10113 人。

为了和时代精神保持一致，而默不作声

在 1972 年，威利·勃兰特的支持者比起勃兰特的反对者更愿意在公众场合参加关于勃兰特的谈话，无论年龄、性别或是受教育程度上是否有差异（请见表 7）。"坐火车测试"反映了这一点。在未来几年里通过这种方式继续进行的系列研究中能够看得很清楚：在一场谈话中，哪一边愿意交谈，而哪一边更喜欢沉默。社会民主党的支持者中有 54％愿意在旅途中参加有关社会民主党的讨论，而基督教民主联盟和基督教社会联盟的支持者中，有 44％愿意参与有关基督教民主联盟的谈话（1974）[2]。在联邦政府换届选举之后，赫尔穆特·施密特（Helmut Schmidt）的支持者中有 47％愿意谈论他，而他的反对者中只有 28％愿意公开谈及他（1974）[3]。有关强迫参加绝食活动的监狱犯人进食的问题，46％的赞成者和 33％的反对者愿意对此加以谈论（1975）[4]。

举例讲解如何阅读此表：赞同勃兰特的政策的（勃兰特的支持者）男性人口中有 57％愿意在火车上与同行者谈论勃兰特。

表 7　在各种人口分类中，那些赞同占优势意见的人比那些来自少数意见的人更愿意交谈

例子：在 1972 年，支持和反对联邦总理勃兰特的政策的人		
	在坐火车旅行中愿意与同行者聊天的比例	
	占优势意见的代言人：勃兰特的支持者（％）	占劣势意见的代言人：勃兰特的反对者（％）
总共：	49	35
男性	57	44
女性	42	27
年龄组：		
16—29 岁	53	43
30—44 岁	47	37
45—59 岁	55	30
60 岁及以上	42	34
学历：		
小学	45	29
更高的教育程度	61	51

职业：		
农民	39	13
半熟练和不熟练工人	40	24
专业工人	45	30
低级和中级职员或公务员，及中、低级服务业工作人员	57	43
管理层职员或公务员	62	47
自营者和自由职业者	55	49
城市和乡村：		
村庄（居民人数在 5000 以下）	46	28
小城市（5000 到 2 万以下）	46	42
中等城市（2 万到 10 万以下）	48	40
大城市（10 万及以上）	54	36
党派倾向：		
基督教民主联盟或基督教社会联盟的支持者	46	36
社会民主党的支持者	52	35

资料来源：阿伦斯巴赫档案，IfD 问卷调查 2086/Ⅰ＋Ⅱ，1972 年 10 月。被调查的支持勃兰特的人数为 1011；被调查的反对勃兰特的人数为 502。

将潮流的变化作为研究的机会

我们正站在所谓的潮流变化的门槛上。截止到目前，还无法解释左派支持者和左派政治领袖对外表达意愿之强烈。这可能与对他们有利的意见气候有关，但也可能左派本来就更愿意说出想法。

在接下来的时间里的两个观察所得到的结论，与上面第二个假设相悖。首先，从 1974 年到 1976 年，社会民主党的追随者谈论这个党派的意愿在下降，这个所谓的"潮流变化"阶段，可以从 1974 年的 54％的追随者愿意谈论，到 1976 年这一比例变为 48％中间识别出来。与此同时，总体的发现却不那么引人注目。显著的是突然对环境变得敏感:无论是对"坐火车测试"中同行者的措辞,还是在有关社会民主党的谈话中,对社会民主党或友好或轻蔑的态度,被观察者都表现出对此很敏感。在1974年,社会民主党的追随者对"坐火车测试"中同行者在谈话中所表现出来的观点,还是相当无动于衷的:当同行者赞扬社会民主党时,56％的被测试者对此没有在意;而当同行者对这一党派表示批判时,52％的追随者没有反应。到了1976年,60％的社会民主党的追随者表示,自己对与持相同意见者谈话有兴趣;而当同行者是持反对社会民主党的观点时,与之聊天的意愿下降到32％。这种情况在基督教民主联盟和基督教社会联盟那里恰恰相反。在1974年,这一党派的追随者敏感度很高,参与谈话的意愿完全因同一火车包厢的同行者对基督教民主联盟是友好或敌对的态度,而大不相同;而到了1976年,却没有了差别[5]。

根据1972年和1973年的经验,我们在"坐火车测试"中,已经交替将引起谈话的人设定为针对某一特定想法、趋势或个人的反对者和追随者,以此来比较当这些人持有赞成或反对的态度时,会如何影响被测试者的谈话意愿或沉默倾向。

而当时的结果没有显示赞成或反对的态度使得谈话倾向有不同的表现。直到1975年到1976年间我们才发现,在后来的测试中我们放弃了"赞成"和"反对"这个态度变量是多么草率。正如我们已经描述过的那样,沉默的螺旋实际上直到最后才能完全显现出来,而在这个过程中,沉默的螺旋有的部分是完全公开可见的,而有的部分却是完全被遏制的,因此不管周围的环境在当时表现出友好还是敌对的气氛,在那时无论是展开谈话还是保持沉默都显得有着坚实的理由。但是,在这些明确的态度之外,还有公开的争执、含糊不清的分析,可能这样的矛盾并没有被说出来,而是隐藏下来了。所有这些情况,都预示稍后的研究应该能够在很大程度上展现出对火车谈话实验所体现的沉默的螺旋的基本要旨的响应性。

有关革新派对意见气候的反应较弱的猜测被驳斥

第二个发现,是推翻了有关公众中倾向革新的那部分人一般有更强的谈话意愿的假设。这个证明的过程——我们询问了类似于以前提出的问题:"你认为谁会赢得大选?"在其中又一次出现了明显的"乐队花车效应",这种现象十多年前就引起选举研究者的注意了。当一方面趋势变得可以识别的时候，一部分选民就会转向预期能获得胜利的候选人那边；因此在另一方面就会出现这样的趋势，即在大选后，说自己投票给获胜一方的人数，要比实际投票给这个政党的票数多。这个现象也可以又一次证明这样的尝试，即便人们曾经是赞同另一方的，也还是愿意再站在胜利一方的那边。

让我们通过阿伦斯巴赫档案回溯到 1949 年以及最初的几次联邦总理选举，以考察这些事实真相。一个简单的规则是：在每次大选后都有比实际赞同票数要多的人，声称自己投了胜利的那方一票，而我们无法证明他们的确是这么做了。口头上声称投了某个党派的票与实际的选举结果大部分是吻合的（请见图 14、图 15）。但是在 1965 年，无论是对声称投票给失利一方的社会民主党，还是给获胜一方的基督教民主联盟和基督教社会联盟的人数，都少于实际投票数；在 1969 年和 1972 年，声称投票给社会民主党的人又多于实际投票数。当我们仔细研究如何通过所谓的小样本多次访问进行问卷调查，即总是询问同一群被调查者时，我们发现了两个值得注意的地方。第一个值得注意之处是，当人们在被访问过程中①改变了他们的投票决定——在选举刚要开始或刚刚结束时提出要将或已将选票投向另一个党派的时候，往往这个被改变的决定并不总是指向于有望获胜的社会民主党，而是偏向于被访问者所属的群体中大多数人的意见。比如，年轻一些的人的投票有利于社会民主党，而年长一些的人则倾向于基督教民主联盟和基督教社会联盟；雇员倾向于社会民主党，企业主倾向于基督教民主联盟和基督教社会联盟。这种现象意味着，比起站到胜利一方，人们更倾向于努力使自己不被所属群体孤立。由于在1972 年公众群体中的多数人都做出了有利于社会民主党的投票决定，因此在回答过去的投票决定时，所得的数据与实际投票情况相比的余额，显著地体现了对投票给社会民主党的夸大。

---

① 是指在小样本多次访问研究的一系列访问中。——译者注

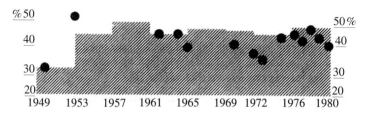

图 14　对意见气候的测量

某一党派的高气压表明,声称自己投了这个党派的人数比这一党派所实际得到的选票数要多。某一党派的低气压则表明,声称自己投了这个党派的人数比这一党派所实际得到的选票数要少。

例如在基督教民主联盟和基督教社会联盟中,低谷出现在阿登纳(Adenauer)时期结束后。

斜线方块表明在依次进行的联邦总理选举中,投票给基督教民主联盟和基督教社会联盟的比例

圆点表明在大选后,声称自己在刚结束的这次大选中投票给基督教民主联盟和基督教社会联盟的比例

说明:理论上来说,黑色圆点应该正好在斜线方块的高度上。高出斜线方块高度的黑色圆点表明夸大了对基督教民主联盟和基督教社会联盟的投票情况,而低于这个高度,则说明没有说出自己投了基督教民主联盟和基督教社会联盟的票。

资料来源:联邦德国年度统计手册;问卷数据来自阿伦斯巴赫档案和 IfD 问卷调查

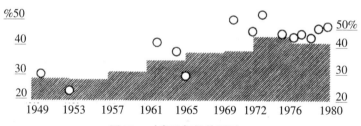

图 15　对意见气候的测量

社会民主党在20世纪60年代和70年代的高气压表明对投票情况夸大的趋势越来越稳固——更多的人声称在刚结束的联邦大选中选择了社会民主党。

斜线方块表明在依次进行的联邦总理选举中,投票给社会民主党的比例

圆点表明在大选后,声称自己在刚结束的这次大选中投票给社会民主党的比例

资料来源:联邦德国年度统计手册;问卷数据来自阿伦斯巴赫档案和 IfD 问卷调查

测量周围意见压力的新工具

　　第二个引人注意之处是，自称投票给社会民主党的夸大现象在大选后随着时间的变化也不是一成不变的，而且对于投票给基督教民主联盟和基督教社会联盟的情况也不再总那么"曝光不足"。看上去，好像这两个值得注意之处，体现了对意见气候变化的敏锐反应。首先在1972年到1973年间，关于在最近的联邦总理大选中投票给社会民主党的声称还是非常"泛滥"的，而对于选举了基督教民主联盟和基督教社会联盟的声音却少得失真；并且与此同时，人们对投了社会民主党或基督教民主联盟和基督教社会联盟的记忆，正以"慢动作"的速度逐渐接近实际的情况。图16就显示了在这一系列的观察中的一个片段。

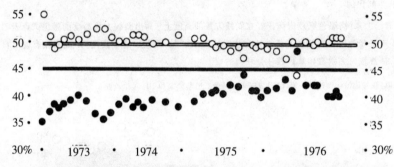

图16　夸大或缩小对某一政党的投票实情可以作为意见气候的指示器

这个图展示了，在1973年到1976年间，声称自己选择了社会民主党的人数，在多大程度上超过了官方统计的实际投票给社会民主党的投票结果（图上用 ＝＝＝ 标示的49%）；也展示了声称自己投票给基督教民主联盟和基督教社会联盟的人数，在多大程度上低于实际的选举结果（图上用 ━━━ 标示的45%）。这里也体现了基督教民主联盟和基督教社会联盟的支持者不断增强的勇气。

在访问中声称自己投票给基督教民主联盟和基督教社会联盟的选民 ●●●

在访问中声称自己投票给社会民主党的选民 ○○○

资料来源：阿伦斯巴赫档案，IfD问卷调查 2089－3004、3006、3008－3010、3012－3023、3025

　　伴随着这样缓慢的趋近，直到1976年这种变化还没有停止。例如在大选年1976年，随着选举日的临近，投票给基督教民主联盟和基督教社会联盟的人群中原本被压抑的、说出自己投票打算的意愿又重新显现出来（请见图17）。

回答自己在1976年大选年最后一次所选政党情况的失真

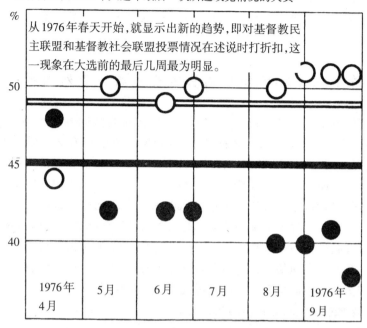

图17　在争夺选民的斗争中不断增强的意见压力

该图表明,从1976年4月到9月之间,声称自己选择了社会民主党的人数在多大程度上超过了官方统计的实际投票给社会民主党的投票结果(图上用 ▅▅▅ 标示的49%);也展示了声称自己投票给基督教民主联盟和基督教社会联盟的人数在多大程度上低于实际的选举结果(图上用 ▅▅▅ 标示的45%)。

在访问中声称自己在1972年联邦大选时,投票给基督教民主联盟和基督教社会联盟的选民 ●● ●

投票给社会民主党的选民○○○

资料来源:阿伦斯巴赫档案,IfD 问卷调查 3028－3035

　　逐月观察在回答投票决定时,对投票给社会民主党的夸大、对投票给基督教民主联盟和基督教社会联盟的缩小,这项工作在今天已经成为任何一家民意调查机构的常规工作,以测量争论的尖锐程度、趋势的强度和两极分化的程度。我们再回来研究这类失真情况意味着什么。首先,我们从"慢动作"图像中截取 1974 年到 1976 年那部分,也就是"趋势变化"的时间——在这段时间里,愿意表达或保持沉默并不一定与偏左或偏右的政治态度紧密联系。

　　对于"表达"和"沉默"我们理解为表现在 1972 年对投票给某一政党

的情况的夸大或对投票给另一党派的情况打了折扣。没有这样的解释作为辅助，在这里对促使人们开口交谈或缄口沉默的、变化着的意见气候压力的测量就无法进行。

关于在公众场合意见表达意愿的一系列问题

此外，在这些年里一直有新的测量工具和测量问卷被开发出来。1975 年，我们第一次加入一大批问题，以观察公开表白对某一党派的支持的情况。问题是这样的："现在是一个针对您最支持的党派的问题。当有人问您，您愿意为这个政党做什么，比如这张卡片上列出的一些事情或其他任何事情时，您觉得什么事情是您能为这个政党做的最好的事情？"在卡片上列有 11 种支持某一政党的行为供被访问者选择；主持访问的人告诉被访问者，并不是所有的事情都必须公开，因为有的人在公众面前会害羞，但却又愿意向某个党派表明自己的忠心，诸如此类的事情也可以存在，比如为这个党派捐款。其他的可选择的建议包括：

· 我愿意佩戴政党标志的胸针或徽章。
· 我愿意在汽车上贴海报。
· 我愿意敲开陌生人的门，和他们谈论对这个政党有利的话题。
· 我愿意在家里或窗户上贴这个政党的宣传画。
· 我愿意为这个政党去外面贴海报。
· 我愿意参加人们在街头巷尾的讨论，并且为这个政党说话。
· 我愿意参加这个政党的集会。
· 我愿意在政党的集会或讨论中说些什么，以表明这个政党对我来说很重要。
· 我愿意在其他政党的大会中也代表这个政党的立场。
· 我愿意帮助分发宣传材料。

在这些测试问题中会跳出来相对简单，但对分析来说过于宽泛的测量值，也就是得到了这样的回答："这其中没有我打算为我所喜欢的政党去做的事情。"因此这些测量题目的适用性体现为每个题目是否能够测量出偏移，是否会错过细微的变化，是像称信件的秤可以明显地区分 18 克和 21 克，还是如同称土豆的秤完全显示不出来一封信是 10 克还是 30 克。

这一批测量抛头露面的意愿的问题，被证明可以作为精巧的测量工具。对某一党派支持的低气压，比如在 1979 年莱茵兰-法耳次州

(Rheinland-Pfalz)州议会选举时,将对联邦党委会高层的抱怨看作是选举方向的体现,这种低气压就能够立即体现出来。在领导权争执爆发之前,莱茵兰-法耳次州的基督教民主联盟的支持者中有 39% 愿意为自己所倾向的政党做些事情(1978 年 12 月)。而在大选即将开始的时候,48% 的基督教民主联盟的追随者气恼地说:"其中没有我要做的事情。"与此同时,基督教民主联盟的对手——社会民主党的支持率却在 1978 年 12 月到 1979 年 2、3 月之间没有发生变化,一直有 30% 不积极的人,"从建议清单中没有找到愿意为社会民主党做的事情"6。即便选举结果预期值只有少许变化,即根据抽样调查原理变化并不显著时,心理方面的力量关系却也发生了变动,现实最终还是导致选举中的失利。

设定具体的情境,只是用来描述社会学研究者如何尝试着将不可见的现象变得清晰可见。当然,他们也可以直接提问,某人是否真的愿意佩戴胸章,或驾驶贴有宣传画的汽车。从测量技术上来说,设置情境的好处是,人们能够确定真实情况甚至能够加以观察,而不用面对可能是有问题的有关行动打算的解释。而缺陷在于,真正愿意佩戴徽章和使用汽车招贴画的人中,已形成了积极行动者的坚实核心,这些人的反应要不敏感得多,因为这样的反应在统计可测量的界限之下,因此意见气候中的不平静就无法被观察得到。

在检验是否左派倾向的人们更愿意谈论他们的观点,并且在公众场合公开表示他们的支持态度时,我们也经历了进退两难的境地:好的方面是,这种检验体现了对意见气候的超出寻常的感知能力;它也区分了愿意说服公众和被迫保持沉默这两个部分。但是,有谁会告诉我们是否愿意交谈是出于什么样的动机呢?这种动机是否如同沉默的螺旋所假设的,的确是对被孤立的担心和恐惧推动的整个过程吗?下一章我们将描述对这个问题的研究。

第 3 章
作为动机的孤立恐惧

20 世纪 50 年代初,美国报道了社会心理学家所罗门·奥许(Solomon Asch)进行的五十多次心理实验[1]。在实验中,受试者的任务是从不同线段中找出与模本线等长的线段。在每次所给出的三条线段中,有一条的长度正好与所给定线段相等。这是一项简单的任务,人们几乎一眼望去就能轻易地识别,哪两条线等长。实验是这样进行的:每次都有 8—9 人参加实验,在模本线旁边挂出三条对比线后,就让每个受试者按照从左到右的顺序说出他们认为这三条线中有哪一条和模本线等长。每次实验要进行 12 次这样的比较过程,即反复 12 次。

具体的程序是这样的,在前两次比较过程中,所有的参加者都一致识别出等长的线段。此后,实验指导者改变情境。实验指导者安排一批清楚实验用意的助手扮演成受试者,让他们一致将那条短于模本线的线段说成是与模本线等长。一个毫不知情的受试者,也是唯一一个对实验目的毫不知情的人,他(她)被安排坐在一排受试者中的最后一个;实验者因此可以观察到,他(她)将如何对待另一种占上风的意见带来的压力。他(她)自己会动摇吗?他(她)是否会同意那个与自己的判断相抵触的多数人的判断呢?还是他(她)将坚守自己的判断?

模本线   1   2   3

对比线

图 18　奥许实验

测试出于害怕被孤立而作出的妥协,对受试者提出的问题是:在三条对比线
条中哪一条与模本线条等长?

资料来源:Solomon E. Asch,1952:"Group Forces in the Modification and Distortion of Judgments." Social Psychology . New York:Prentice – Hall, Inc. ,S.452

所罗门·奥许的经典心理学
实验室实验动摇了人类的正面形象

　　结果是:每十位受试者中有两位没有对自己的判断表示怀疑;有两位受试者只是在 10 次测试中有一到两次同意大多数人的意见;有六位给出多数人所持的显然是错误的意见的次数,多于坚持自己意见的次数。这意味着,即便是对于没有伤害的问题,即便是在一个对于受试者来说是完全无关紧要、不会涉及他们实际利益的环境下,大部分人还是会赞同占主导地位的意见,哪怕他们深信不疑这样的意见是错误的。这正如托克维尔所描绘的那样:"人们对于被隔离的恐惧要大于对犯错误的恐惧,因此他们会和多数人为伍,而并没有思考多数人是如何成为多数的……"[2]

　　当我们将所罗门·奥许的实验方法与"坐火车测试"这样的实验进行比较时,可以看到后者是以民意测验中的问题的形式出现的,而奥许的实验方法则是使用了完全不同的刺激,因此有完全不同的说服力。奥许使用的是所谓的"实验室实验法",他在特定的条件下安排实验,能够保证对其中的每个环节加以控制,如:座椅如何摆放、实验中"知情的参与者"应该如何表现、多大程度上可以看出进行比较的线段之间是等长或不等长的。在"实验室"环境下,奥许的实验空间可以创造出一个非常清晰的情境。而民意测验是一种更容易被"污染"的研究方法,因为它会被各种各样的因素所干扰。在民意测验中,我们并不清楚,有多少被访问者没有完全理解问题的意思;有多少访问员在应当按照固定的顺序和固定的措辞朗读问题,而不能自己随意进行改动时,出现了差错。他们可能在被访者对问题有疑问时,进行了自由发挥,加入了主观阐释。在访问中,诸如"假设你正要进行五个小时的火车旅行,有一个人在你的火车包厢里开始谈起……"这类的问题,要引起普通老百姓多少无关的想象呢?在这样的访谈中所施加的"同体压力"如此弱小,一切都有赖于对问题的阅读和对答案的记录,还有日常"絮絮叨叨的谈话"中所带有的随意性,都可能影响实验结果。相反,在奥许所创造的实验环境里,能产生"恰当的情境",在其中可以让受试者产生与生活实际类似的印象。比如当看到其他所有人的看法都与自己的不一样时,他们会感觉自己像个傻瓜。

模仿源于两种动机:学习和孤立恐惧

托克维尔认为"人们对于被隔离的恐惧要大于对犯错误的恐惧……"[2]。在 19 世纪末,他的法国同乡,社会学家加布里埃尔·塔尔德(Gabriel Tarde)①也用他的一部著作中的很大篇幅,论述了人们模仿的倾向和能力,阐释了人们保持与公众一致的需要[3]。从那之后,"模仿"成为社会科学研究的对象。在 1968 年出版的《国际社会科学百科全书》(International Encyclopedia of the Social Science)中,也有一篇文章详细地阐发了这个主题[4]。但是在这篇文章中,"模仿"还没有被解释为是对被隔离的恐惧,而是被看作学习的一种形式。人们观察其他人的行为举止,得知还可能有这样的行为方式,然后在某些特定的机会里亲自尝试。

我们的目标是确定"孤立恐惧"所起的作用,但这却是件错综复杂的事情:当观察到模仿行为时,这些行为可能是出于害怕被孤立,但也可能是为了学习,尤其是在民主社会中,数量上的多数与更好的判断往往是相提并论的。

奥许所采用的"实验室试验法"的高妙之处正是在于,将出于学习而模仿的可能性排除在外了。受试者亲眼看到,那条被多数人认为是等长

---

① 加布里埃尔·塔尔德(1843—1904),法国社会学创始人之一,在社会学、社会心理学、统计学和犯罪学等方面产生了对后世有深远影响的研究,著名作品有《模仿的定律》《比较犯罪学》《社会逻辑》和《社会规律》等。——译者注

的两条线段并不等长。因此实验者可以确定，受试者在这里并没有学习的打算，而一定是出于对被孤立的恐惧。

正如"跟风者"或"随大流者"这样的标签中已经包含了轻蔑的味道一样，人们的模仿倾向损害了人类的正面形象——人们愿意打成一片，以便在必要时得到"他人"的承认。

奥许在实验中也提出了这个问题，即这样的妥协是否是美国人的特点。斯坦利·米尔格兰姆（Stanley Milgram）[①]在两个欧洲国家用略微改动的形式重新进行了这项研究[5]。其中一个国家是法国，它的国民被看作是强调个性的；而另一个国家——挪威，则正好相反，拥有强烈的社会关联和高度的内聚力[6]。尽管在米尔格兰姆的实验设计中，受试者看不到与之不一致的多数，而只是能听到，但从中也足以形成这样的印象，即自己完全孤立地持有某个观点。实验表明在这两个欧洲国家也同样有很高的比例——挪威 80%、法国 60%——的人时而或是一直赞同多数意见。后来，这个实验还衍生出了其他形式。例如，从中可以测试出受试个体需要多少观点上的伙伴——也就是说坐在受试者前面的人中，有多少人在哪两条线段最相似这个问题上与受试者一致，并且也将这两条线标出来——受试者才能决定不与多数人保持一致，而说出自己的真实看法。

我们不需要追随这个实验随后的衍生实验，因为对我们的研究问题而言，奥许实验的最初版本已经可以带来重要的贡献了。我们猜测，普通人的孤立恐惧是沉默的螺旋形成的原因，而奥许的实验指出，对被孤立的恐惧的确是相当可观的。

当通过民意调查的方法对此进行论证的时候，也一定会发现很显著的对被孤立的恐惧。

只有当我们假设有非常强烈的孤立恐惧时，我们才能解释人们在群体环境中所表现出来的超常行为：人们能够不通过任何民意调查这样的辅助手段，就能有很大的把握说出，哪些意见被接纳、哪些被拒绝。据此，人们将合理地分配注意力。比起突然失去自己同伴的好感、突然被孤立的结果，人们用于观察周围环境的努力，就显得并不那么辛苦了。

[①]　斯坦利·米尔格兰姆(1933—1984)，美国著名心理学家，创造了六度分隔理论，也就是说，每个人和任何一个陌生人之间所间隔的人不会超过六个，即最多通过六个人我们就能够认识任何一个陌生人。在他的实验中他发现人们比想象的更愿意服从。——译者注

可以否认人的社会性本质吗？

让人的社会性本质在实验中具有可见性，这样的研究工作和实验要面临一个难点。在大量的、将"模仿"实际上只看作学习动机的研究中，也发现其中存在着明显的趋势，即对人的社会性本质存在的错误认识——否认人的随大流的特性。人的社会性本质促使人们害怕被孤立，愿意被其他人注意和喜爱。也许我们应该认识到，正是这种社会性极大地促进了人类集体生活的成功。但是其中的冲突是显而易见的。因此我们才有意识地赞扬独立和成熟的思考，以及对通过自己思考所作出的判断的不容动摇的坚持。

心理分析学家艾瑞克·弗洛姆（Erich Fromm）①系统地探索了现代人在哪些不同的领域会遭遇意识和无意识之间的极大冲突，这有些类似于弗洛伊德已经发现的在性的领域中意识与无意识的冲突。

弗洛姆将现代人所遭遇的冲突列举如下[7]：

自由意识	没有意识到的不自由
正直意识	没有意识到的欺骗
个性意识	没有意识到的易受影响
力量意识	没有意识到的无助
信仰意识	没有意识到的玩世不恭和信仰缺失

自由、正直、个性……所有这些都是属于意识层面的，是每个人对自己所接受的价值观的表达，人们不认为自己会出现沉默的螺旋所描述的那种行为方式。因此，我们无法期待在民意测验的访谈中会有人承认自己对被孤立的恐惧。

但是，正如我们的访问模拟了公共场所以测试交谈的意愿和沉默的倾向一样，我们也可以在访谈中模拟被孤立的威胁，从而观察被访者是否对此作出反应，从而检验我们在沉默的螺旋理论中的研究预设。

---

① 艾瑞克·弗洛姆（1900—1980），著名的人本主义哲学家和精神分析学家，被称为"精神分析社会学"的奠基人之一，也是新弗洛伊德主义的最重要的理论家，法兰克福学派的重要成员。他的主要著作有《爱的艺术》《逃避自由》《寻找自我》等。——译者注

用民意调查的现场实验方法模拟孤立威胁

下面所描述的过程在专业术语里被称作"实地实验"。"实地"意味着与"实验室"的区别：受试者仍然处在自然的人际关系中；不把他们带入生疏的实验室环境，而是安排访问者来到他们的家中进行民意测验，尽管这样可能也会有些脱离日常现实，但是这毕竟接近于两个人惯常的交谈。

这种研究工具像民意测验访谈一样，只在必要的时候给予轻微的刺激，为什么研究人员如此热衷于这种稍纵即逝的实验环境呢？因为其中拥有一个优势，是关键词"实地"所带来的优势，即所有情境的自然性，这就使观察有代表性的人口截面成为可能，而不只是观察能被请到实验室里的那些人——这些人往往成为支持通过实验法进行社会研究的典型群体，比如学生群体、大学生、士兵和病人等。实验室实验的优点在于，对所有环境中可能影响结果的变量，能够进行仔细的控制和有计划的改变；但是这也成为这种方法的弱点：人们在实验室中无法知道，那些被研究的现实生活中的关键要素，究竟对人们的行为举止有多大的影响。

在不吸烟者在场时吸烟：威胁测试

第一次模拟孤立威胁的民意调查式的实地实验出现在 1976 年，采用的题目是"在不吸烟者在场时吸烟"[8]。由于能够将意见形成过程纳入其中，因此这个题目看上去能够非常平衡地发挥其长处。在访谈中受试者首先读到一段对话——对此 44％的受试者的观点是："当和不吸烟者在一起时，任何人都应该放弃吸烟。否则就是自私的，而且也让不吸烟的人感到非常不舒服，因为他们必须吸二手烟。"恰好同样多的受试者，也是44％的人做出了相反的解释："当有不吸烟者在场的时候，人们不能要求其他人完全放弃吸烟。不吸烟者也不能做这么让人讨厌的事。"

在交谈意愿或沉默倾向的测试中，有 45％的受访者表示，对于不吸烟者批评吸烟者这个话题，他们愿意参加火车上的讨论；而 43％的人站在对立面：当谈论的话题是捍卫吸烟者权利的时候，他们愿意参加讨论[9]。

现在开始模拟具有被孤立的危险的情境：在向有代表性的 2000 人组成的横截面群体进行提问时，一系列问题的核心都来自"坐火车测试"：

（1）通过刚刚介绍的两种看法，弄清受试者自己对于"在不吸烟的人面前吸烟"这一问题的观点。

(2) 估计大部分人对此怎么看："现在先不考虑您自己的观点。您认为，联邦德国大部分人是认为在和不吸烟者一起时，吸烟者应该放弃吸烟呢，还是继续吸下去？"（总体结论是 31％的被访者说："大部分人觉得，吸烟的人在和不吸烟的人在一起时，应该放弃吸烟。"28％的人回答说："大部分人认为，他们可以继续吸下去。"31％的人说："持两种观点的人一半对一半。"10％的人回答说："没法说。"）

(3) 测验交谈或沉默的倾向："假设您将要坐五个小时火车，您的包厢里有一个人开始交谈，他说：'在和不吸烟的人在一起时，每个人都应该停止吸烟。'您愿意和这个人聊天吗，或者您不愿意？"在下一个访谈中，包厢中的同行者的观点是相反的："人们不能要求其他人停止抽烟，即便不吸烟的人在一旁时。"

(4) 确定受访者是否吸烟。

为了模拟被孤立的威胁，要将 2000 名受访者分为两个代表性群体，每组 1000 人。对其中的"实验组"施加实验要素——"被孤立的威胁"，他们会看到一张图片，上面有两个人在交谈。其中一个人毫不含糊地说："我觉得，当吸烟者强迫其他人一同吸二手烟时，是非常自私的。"另一个人对此回答说："哦，我……"提问模式仿照诊断心理学中的句子完形填空测试（请见图 19）。问题是这样的："有两个人正在聊天。您可以看到站在上方的人正在说什么，而站在下方的人说的话中断了，这句已经开头的话完整的内容是什么呢？"这时，受试者被置于一个完全被动的听众的位置。而上面那个人谈话的内容对于受试者是一个弱刺激，但是要求受试者将句子补充完整则强化了这个刺激。实验结果显示，88％的受访者填完了图片上那个开了头的句子。

第二个由 1000 人组成的横截面小组是"控制组"：他们也听到了与实验组成员一样的对吸烟者的批评，只是在孤立威胁上有一个差别——控制组没有完形填空测试。根据对控制性实验的逻辑，由于在句子的完形填空测试之前，两个小组的所有实验情境都是一样的，因此通过这种方式能够确认，通过促使受试者将有了开头的句子补充完整，而使他们更强烈地体验到这个情境。最后将测量出，语言上的威胁是否影响吸烟者的交谈意愿或沉默倾向。

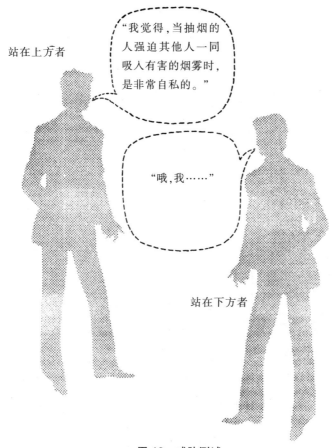

站在上方者

"我觉得,当抽烟的人强迫其他人一同吸入有害的烟雾时,是非常自私的。"

"哦,我……"

站在下方者

图 19　威胁测试

在民意测验式访谈中使用将句子完形填空的图片,在图片的情境里,模拟的真实情况是吸烟者被批评。通过促使受试者将有了开头的句子补充完整,而使他们更强烈地体验到这个情境。最后将测量语言上的威胁是否影响吸烟者的交谈意愿或沉默倾向。

　　在实验结果中,实验组与控制组之间的总体差别可以归因于"威胁测试"。

　　实验结果证明了预测:在受到语言上的威胁之后,原本捍卫与不吸烟的人在一起时拥有吸烟权利的吸烟者,对于参与火车包厢里关于这个话题的交谈意愿大大减弱(请见表8)。

表 8　在激活被孤立的危险的条件下检验沉默假设

在访谈中模拟有挑衅意味的意见气候。在威胁测试后,吸烟者对这个问题的交谈意愿变弱。		
	自己即便与不吸烟者在一起时,也要求自己有吸烟权利的吸烟者	
	被孤立的威胁没有明确表示 %	被孤立的威胁被明确表示 %
在一次坐火车旅行中,是否愿意参与有关吸烟者面对不吸烟者这个话题的谈话的比例		
参加	49	40
不参加	41	45
没有表态	10	15
	100	100
n=	225	253

资料来源:阿伦斯巴赫档案,IfD 问卷调查 3037,1976 年 12 月

当模拟了双重被孤立的威胁时,尤其会对这些吸烟者产生影响,这双重威胁是:首先是句子的完形填空,上下语境是与一个强烈反对在不吸烟的人面前吸烟的人的谈话;然后是面对火车包厢里的同行者,他的谈话是以"与不吸烟的人在一起时,任何人都应该停止吸烟"开场的。在这样的情境下,吸烟者参与谈话的兴趣下降了 23%。

而在另一方面,沉默的螺旋也可以通过经验观察到。显见的是,不吸烟者的自我意识较弱,因而较少地表明自己的立场。但当给他们看了句子完形填空测试,显示他们不是唯一一个持有这样观点的人的时候,他们的谈话意愿将大大增强(请见表 9)。

表 9　检验沉默假设所设置的环境为：
通过获得支持,不吸烟者谈论自己的观点的意愿增强

	要求吸烟者与不吸烟者在一起时,应该停止吸烟的非吸烟者	
	没有得到一位盛气凌人的持同样观点的人撑腰 %	在得到一位盛气凌人的持同样观点的人撑腰后 %
在一次坐火车旅行中,是否愿意参与有关吸烟者面对不吸烟者这个话题的谈话的比例		
参加	37	48
不参加	51	37
没有表态	12	15
	100	100
n=	330	297

资料来源:阿伦斯巴赫档案,IfD问卷调查 3037,1976 年 12 月

曾经胆怯的不吸烟者听到火车包厢里的同行者发自肺腑地说出自己的想法,即人们在和不吸烟的人在一起时,应该停止抽烟时,其交谈意愿达到最高点。在这样的情境下,只有 23% 的吸烟者愿意交谈,而在不吸烟者中这个比例是 56%。从中可以看到,在经过沉默的螺旋这样的过程之后,"在不吸烟者在场时吸烟是自私的"这样的观点占据了主导地位,在公开场合,吸烟者不再可能公开地维护自己吸烟的权利了。这明显有一个累积的效果,一步一步通过感受周围环境的敌对反应,而变得怯于说出自己的看法。仅仅通过"威胁测试",原本自我意识强的吸烟者还不会产生反应。当他们被置于火车包厢的环境中,在那里有人表达了自己的观点:"与不吸烟者在一起时,吸烟没关系"时,吸烟者会忘记先前的威胁测试。经过威胁测试的人(54%)和没经过威胁测试的人(55%)在谈话意愿上是相同的。

但是当在威胁测试后,又继续经历了不确定性的体验——包厢里的同行者也恰恰大声反对面对不吸烟者吸烟的行为,那么吸烟者宁愿保持沉默(请见表 10)。

表 10　在自我意识强的吸烟者中测试沉默的螺旋

当火车包厢里有持有同一意见的人时,吸烟者愿意谈论自己的看法,即便此前他们受到过威胁。

	自己即便与不吸烟者在一起时,也要求自己吸烟权利的吸烟者	
	被孤立的威胁没有明确表示 %	被孤立的威胁被明确表示 %
在一次坐火车旅行中,当包厢里的同行者表明自己与吸烟者的观点相同,即"有不吸烟者在场时,人们也不能要求别人不吸烟"的时候,是否愿意参与有关吸烟者面对不吸烟者这个话题的谈话的比例		
参加	55	54
不参加	33	30
没有表态	12	16
	100	100
$n=$	119	135

在不友好的谈话环境中,吸烟者也会变得胆怯,特别是当他们此前已经受到威胁时。

在一次坐火车旅行中,当包厢里的同行者表明自己的观点是"当与非吸烟者在一起时,任何人都应该完全停止抽烟"的时候,是否愿意参与有关吸烟者面对非吸烟者这个话题的谈话的比例		

参加	41	23
不参加	51	63
没有表态	8	14
	100	100
n=	106	118

资料来源:阿伦斯巴赫档案,IfD问卷调查3037,1976年12月

相反,对于自我意识较弱的人,只要轻微的被孤立威胁就足够了。例如,女性的或较低社会阶层的吸烟者,仅对威胁测试就已经产生了反应,而无视与他们持有同样观点的包厢里的同行者的鼓励(请见表11)。

表11 对自我意识较弱的吸烟者——女性,测试沉默的螺旋

在经过双重语言上的威胁后,这些吸烟的女士几乎全部陷入了沉默。		
	自己即便与不吸烟者在一起时,也要求自己吸烟权利的女性吸烟者	
女性	被孤立的威胁没有明确表示 %	被孤立的威胁被明确表示 %
在一次坐火车旅行中,当包厢里的同行者表明自己的观点是"当与不吸烟者在一起时,任何人都应该完全停止抽烟"的时候,是否愿意参与有关吸烟者面对不吸烟者这个话题的谈话的比例		
参加	42	10
不参加	54	74
没有表态	4	16
	100	100
n=	48	49

资料来源:阿伦斯巴赫档案,IfD问卷调查3037,1976年12月

民意调查访问中的反应与现实中的反应近似

威胁测试的结果不仅在沉默的螺旋过程中可以看到,而且它们在其他情况下也会出现。因此可以猜想人们有足够的想象力,从而能够生动地想象出在访谈中被简单描述的情境,并且像对真实发生的事情那样对此作出反应。因此,我们不需要为了研究的目的而将火车改为神秘的实验室,然后在那里将研究者假扮为同行旅客,以设置一个测试交谈意愿和沉默倾向的实验。而且在民意测验的访谈中所使用的工具也在不断发展,总是为人们带来惊喜。

我们打算继续向前,尝试观察是否某些观点"先天"地带有缺陷,因此持有这样观点的人就会被孤立。因此在 1976 年,阿伦斯巴赫问卷调查中加入了新的测试,在这些测试中,一开始就将孤立表现了出来。即人们首先看到,在桌子的一端有一群人无拘无束、相互挨着坐在一起,而在桌子的另一端,有一个人独自坐在那里。另一个版本也使用了类似的设计,也有一群人相互挨着站在一起,在另一边只有孤零零的一个人。通过对话框将表明,这群人和那个被孤立的人正在议论什么。这个测试要求访谈中的受访者将某种看法分配给被孤立的人。即被孤立者的观点是什么,例如,对于德意志共产党(Deutsche Kommunistische Partei)党员可以被任命为法官,他是赞成还是反对?

问题是这样提出的:"现在回到这个问题上,某人如果是德意志共产党党员的话,他是否可以被任命为法官……现在您看到一些人正在谈论这个话题。他们中间有两派意见,一方同意德意志共产党党员可以被任命为法官,另一方反对。您觉得,那个单独坐在桌子一边的人说了些什么?他是同意,还是反对任命共产党员做法官呢?"(请见图 20、图 21)

问题:单独坐在桌子左端的那个人持有什么样的意见?设计这个测试是为了评估,是否某些意见带有某种名声,而使持有它的人因此被孤立。

图20 孤立测试Ⅰ

第二个版本:一群人不是坐在桌子前,而是站着。这个测试可能会引起一些误解,那个单独站着的人可能会被理解为领导者。

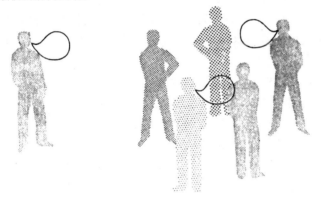

图21 孤立测试Ⅱ

一个不成功的测试

　　用第一幅测试图画(人们坐在桌边)所进行的测试没有得到任何线索。极为可观的一部分人——33%——回答了"我不知道",这意味着这个问题超出了受访者的想象能力。至于那个显然是被孤立在桌子一端的客人说出了哪个立场,在调查中也没有明显的多数意见和少数意见之分。在"德意志共产党党员能被允许做我们的法官吗"这个问题中,尽管反对者在这个测试进行的那段时间里占压倒性的大多数——60%的人反对共

· 51 ·

产党员成为法官,18%的人同意(1976 年 4 月),而且尽管公众很清楚,大多数人的观点是什么、持有什么样观点的人会被孤立(80%的人认为大部分人都不愿意让德意志共产党党员做法官;2%的人认为,大部分人对此不会反对),但是在测试中认为单独坐在一边的客人同意德意志共产党党员做法官的(33%)和拒绝的(34%)比例几乎完全相同。根据对有效的、公众真正所估计的意见图景进行分析,大部分人应该是认为那个被孤立的人是持同意意见("即便是德意志共产党党员也应该可以成为法官")的。难道是桌边的场景太私密,不够开放?难道那样坐在桌子的一端并不意味着被孤立?

无论如何,第二幅测试图画(这幅图里的人们不再是坐着的,而是站着的)则被证明是更合适的。针对这幅测试图画只有 21%的人没有想法,而几乎每两个人中就有一个(46%)猜想,被孤立的人应该持有与普遍意见相反的观点,即"即便是德意志共产党党员也应该被允许当法官";但是还是有 33%的人做出相反的猜测。对于"人们应该允许让德意志共产党党员做法官"这个观点的被孤立态势,那些自己就持有这种观点的人对此具有更敏锐的感觉。这些人中有 65%将那个被孤立的人看作是观点上的同道中人(请见表 12)。

但是,这个测试也并不令人满意,因为它本身所呈现的情境是,某一派意见显然是多数意见,因此可能无法带来清晰的调查结果。在另一项采用同样图片的测试中,所提出的两派观点不像这次这么对立:"您希望谁是下一任联邦总理?"被试者中 44%的人认为是赫尔穆特·施密特;35%的人认为是赫尔穆特·科尔(Helmut Kohl)(1976 年 4 月),这项测试导致了意外的结果:两个群体中——支持施密特的群体和支持科尔的群体,都倾向于认为那个单独站着的人的意见与自己的相同。

这个测试因此一开始就被放弃了,后来我们将它用于新的,但完全不同的判断任务中[10]。不过,通过这个图片测试来检验公众是否知道持有哪种观点的人会被孤立,这个方法并没有完全被放弃。公众这样的认知足以形成沉默的螺旋的行为了,哪怕这些认知只是停留在无意识的层面中。按照弗洛姆总结出来的倾向,每个个体会有意识地将自己知觉为一个独立的个体、一个"成熟的公民",而如果我们疏于认识我们的这种社会性本质,便不利于这类有意识的观察。而且在少量的民意测验式访谈中,这一点也显而易见,也就是人们知道,当个人持有哪一种观点时,在特定的州、特定的时间里会被孤立。

表 12　孤立测试:德意志共产党党员能成为法官吗?

在公众中是否有某些特定的观点,使得持有它的人陷入孤立呢? 问题是这样提出的:"现在回到这个问题上,某人如果是德意志共产党党员的话,他是否可以被任命为法官……现在您看到一些人正在谈论这个话题。他们中间有两派意见,一方同意德意志共产党党员可以被任命为法官,另一方反对。您觉得,那个单独站在一边的人(每隔一个的访问在这里改成:那个单独坐在桌子一边的人)说了些什么? 他是同意,还是反对任命共产党员做法官呢?"

公众中的总体情况	图片上有	
	坐着的人 %	站着的人 %
单独的那个人赞同任命德意志共产党党员		
为法官	33	46
反对	34	33
没有看法	33	21
	100	100
n=	466	516

少数意见,即认为德意志共产党党员应该可以被任命为法官。这一意见的赞同者比其他公众更清楚,持有这样看法的人会被其他人孤立。

单独的那个人赞同任命德意志共产党党员		
为法官	45	65
反对	29	21
没有看法	26	14
	100	100
n=	83	79

资料来源:阿伦斯巴赫档案,IfD 问卷调查 3028,1976 年 4 月

　　但是,无论如何我们需要将测试问题变得更尖锐,以使这些问题能用在极端的情境中,让那些无动于衷的人们也能清晰地感觉到被孤立的威胁。

谁会被排除在外?

　　1976 年 9 月联邦总理大选前,在阿伦斯巴赫的访谈中出现了两个这

样的问题。其中一个是:"在这里画着一辆汽车,其中的一只轮胎被卸掉了。在车后玻璃上贴着一张党派宣传单,但是已经看不清楚了。这张宣传单是哪个政党的? 您认为,贴哪个党派的宣传单最容易被人卸掉车轮胎?"(请见表13)。大约有一半的公众——45%,没有回答这个问题。

表13　开发进一步的测试,以测量意见气候:当持有哪种观点时,人们会被孤立?

问题:"在这里画着一辆汽车,其中的一只轮胎被卸掉了。在车后玻璃上贴着一张党派宣传单,但是已经看不清楚了。这张宣传单是哪个政党的? 您认为,贴哪个党派的宣传单最容易被人卸掉车轮胎?"

	1976 年 9 月			
	公 众 总体情况	基督教民主联盟和基督教社会联盟的支持者	社 会 民 主党 的 支持者	自 由 民 主党 的 支持者
基督教民主联盟和基督教社会联盟	21	28	12	21
社会民主党	9	7	11	13
自由民主党	1	2	x	4
德国国家民主党(NPD)	11	10	12	10
德国共产党(KPD)	9	5	14	13
德意志共产党(DKP)	8	9	8	2
没有给出具体答案	45	42	46	43
	104	103	103	106
$n=$	556	263	238	45

资料来源:阿伦斯巴赫档案,IfD问卷调查2189;$x=$小于0.5%

尽管如此,调查结果还是很清楚,回答将联邦议院的三个党派分出了清晰的层次:21%的公众指认基督教民主联盟和基督教社会联盟;9%指认社会民主党;1%指认自由民主党。表13展示了完整的调查结果。基督教民主联盟和基督教社会联盟的支持者感觉到最大的威胁,自由民主党的支持者感觉到自身的威胁很小,而能意识到基督教民主联盟和基督教社会联盟的支持者面对着相当强的威胁。社会民主党的支持者没有感觉到特别的威胁,但是和基督教民主联盟和基督教社会联盟的支持者一样,感觉到自身所面对的威胁比其他党派支持者面对的威胁要高一个等级。

这套测试中的第二个测试问题在设计上有所不同。首先考虑到应该导致更少的弃权;而且最好允许用符合实际的语言符号,如"受欢迎的—不受欢迎的""被爱戴的—不被爱戴的"来代替第一个问题里出现汽车轮胎的财产损失。这种情境比他们遭受损失的情境要更有利于表达。结果发现在所有情况下,社会民主党的支持者和自由民主党的支持者,都能够更开诚布公地表达他们的想法。第二个问题是这样的:"现在我向您讲述一种情况,然后问您对此的看法。有一个人来到一座陌生的城市,一直没有找到停车场。最后他下车,问一位路人:'请问哪里有停车场?'这位行人回答说:'您问别的人吧!'然后就转身离开了。要补充一点的是,这个开车的人的外套上别着某个政党的卡片。您觉得,这张卡片是哪个党派的,您的猜测是什么?"(请见表14)

表14　测试意见气候的问题:持有哪些观点的人会被孤立?

问题:"现在我向您讲述一种情况,然后问您对此的看法。有一个人来到一座陌生的城市,一直没有找到停车场。最后他下车,问一位路人:'请问哪里有停车场?'这位行人回答说:'您问别的人吧!'然后就转身离开了。要补充一点的是,这个开车的人的外套上别着某个政党的卡片。您觉得,这张卡片是哪个党派的,您的猜测是什么?"				
	1976 年 9 月			
	公 众 总 体 情况	基督教民主联盟和基督教社会联盟的支持者	社 会 民 主党 的 支持者	自 由 民 主党 的 支持者
基督教民主联盟和基督教社会联盟	23	21	25	28
社会民主党	14	19	12	8
自由民主党	2	4	1	x
德国国家民主党(NPD)	8	7	10	7

德国共产党(KPD)	13	12	13	12
德意志共产党(DKP)	9	9	9	9
没有给出具体答案	35	34	35	40
	104	106	105	104
$n=$	546	223	264	50

资料来源:阿伦斯巴赫档案,IfD 问卷调查 2189

25％的社会民主党的支持者、28％的自由民主党的支持者猜测是"基督教民主联盟",这比他们中认为卡片是社会民主党的人数总和超出一倍还多。基督教民主联盟和基督教社会联盟的支持者本身则表现出不愿意承认他们的不受欢迎(请见表14)。我们在 1976 年 9 月发现了这样的趋势——在最后一次选举中声称投票给基督教民主联盟和基督教社会联盟的声音陷入了沉默,之后经过了一段时间逐渐恢复正常,最后如同我们前面讲到过的,达到了高潮。

尽管如此,1976 年时基督教民主联盟和基督教社会联盟的支持者的心理状况相比四年前,即 1972 年的联邦总统大选时,要少了很多被威胁的感觉。关于这一点,我们可以从对一个问题——这个问题涉及在所有公众场合的象征性的被孤立的威胁——的回答结果中看到。这个问题用在 1972 年到 1976 年间的大选后的研究,具体的问题是:"在竞选过程中,总是会有选举宣传海报被撕破和乱涂乱画。您觉得,在各处的海报中,您会看到宣传哪个党派的海报最容易被弄坏?"在 1972 年,提到基督教民主联盟和基督教社会联盟的人数远多于提到其他政党的,31％的被访问者说基督教民主联盟和基督教社会联盟的海报首当其冲被破坏,排在第二位的回答是社会民主党,只有 7％。在 1976 年,基督教民主联盟和基督教社会联盟仍然在被提及频率上遥遥领先,但是已经不到 31％,而只有23％了(请见表15)。

被卸掉的轮胎、被涂鸦或撕破的宣传海报、被拒绝的陌生人的求助,这些类型的测试问题向我们展示,当意见气候与某人的观点相悖时,这个人就行动在危险地带了。当人们努力避免被孤立时,就不是在处理小问题了,而是关系到生存的问题,这的确是真正的威胁。社会要求其成员在那些不断变化、随着时间而不断调整的领域里与其保持一致。社会必须

表 15　撕破或涂鸦宣传海报：一种孤立威胁的象征

问题：“在竞选过程中，总会有宣传海报被撕破和乱涂乱画，您觉得，在各种海报中，您会看到宣传哪个党派的最容易被破坏？”

	大选后的调查	
	1972 年 %	1976 年 %
宣传海报首当其冲被破坏的是：		
基督教民主联盟和基督教社会联盟	31	23
社会民主党	7	12
自由民主党	1	2
都一样	27	22
不知道	35	41
	101	100
n＝	912	990

实现围绕自身的高度协调和一体化。拒绝这样做所导致的偏差会受到惩罚——如同德国法学家鲁道夫·冯·耶林（*Rudolph von Ihering*）[①]在他1883 年的著作《法的目的论》（*Der Zweck im Recht*）中所写到的，不赞同“一个错误的结论、一道不正确的计算例题、一件不成功的艺术品”并不是出于理性思考的行为，而是（或这正说明了）“出于使自身利益不受伤害的、合乎实际的有意识或无意识的**反应**，是以保护自身安全为目的的防御”。

---

① 　鲁道夫·冯·耶林(1818—1892)，德国法学家、新功利主义法学派的创始人、缔约过失责任理论的创始人，主要著作有《罗马法在各阶段之精神》《为权利而斗争》《权利的目的》《无效或未完成契约之缔约过失责任或损害赔偿》等。——译者注

第 **4** 章
什么是公共意见？

"现在我仍然对什么是公共意见一无所知"，在一次会议结束后，一位与会者在离开大讲堂去午休的时候这样说。这是在 1961 年的巴登-巴登市（Baden-Baden）新闻学研究学会所举办的一次会议。并不只是这位参会者有这样的困惑，已经有好几代的哲学家、法学家、历史学家、政治学家和新闻学研究者为了清晰地定义"公共意见"而绞尽脑汁。

50 种定义

对此人们并没有获得进步，相反关于"公共意见"生发出越来越多的定义，多到超出了实际需要。美国学者哈伍德·切尔德斯（Harwood Childs）经过他的辛勤工作，在 1965 年将近 50 种定义收集在一起，列在他的专题文献中[1]。到了五六十年代，放弃对"公共意见"下定义的要求开始变得强烈了。公共意见似乎只是一个虚构的概念，充其量属于概念的历史博物馆，好像只有些历史价值。但是奇怪的是，这些要求并没有起到任何作用。

研究新闻学的学者艾米尔·杜尉发（Emil Dovifat）[①]在他 1962 年出版的著名教科书《报纸学》[2]（*Zeitungslehre*）中声明"这个概念并不能简单地一棍子打死"。尤尔根·哈贝马斯（Juergen Habermas）[②]在他发表于 1962

[①] 杜尉发是本书作者的博士导师。——译者注

[②] 哈贝马斯（1929— ），德国当代最重要的哲学家、社会理论家之一，也是西方马克思主义法兰克福学派第二代的中坚人物。他的著作有《公共领域的结构转型》《认识与兴趣》《技术和科学作为意识形态》《理论与实践》《晚期资本主义的合法性危机》《论社会科学的逻辑》等。——译者注

年的经典之作《公共领域的结构转型：对市民社会的类别的研究》（*Strukturwandel der Oeffentlichkeit. Untersuchungen zu einer Kategorie der buergerlichen Gesellschaft*）中解释道："……像'公共意见'……这样传统的概念，不仅在日常口语中对此拿捏不准，即便是科学家，尤其是法学家、政治学家、社会学家也无法对它进行准确的定义。"[3]

在哥伦比亚大学担任新闻学教授的 W. 菲利普斯·戴维森（W. Phillips Davison）[①]发表了题为《公共舆论》（"Public Opinion"）的文章，在这篇刊登在 1968 年出版的《国际社会科学百科全书》中的论文里有这样一句话："对于公共意见还没有被普遍接受的定义。但是对这个概念的应用却在不断增多……而尝试着确切定义这个概念却总是导向令人感到挫败的结果。"写到这里他引用了对"儿童"的大约 50 种定义，并且接着说："这就好像公共意见并不表示某件事物，而是代表某些事物（这里的某些事物即英语中的'somethings'）的一个总类。"[4]

仍然是这样无迹可寻，这和德国历史学家赫尔曼·欧恩肯（Hermann Oncken）在 1904 年发表的一篇文章中所表述的一样，他说："想要掌握和确定它（指'公共意见'这个概念）的人很快就会发现，它既是非常显而易见，又是相当朦胧的；既是令人眩晕，又是惊讶的；它如同普罗透斯（Proteus）[②]一样，表现出无数的变化，而总是当我们认为我们把握住的时候，它却一而再，再而三地溜走了……摇摆和流动的事物无法通过将其限定在框架中而被把握住……最终所有被问到什么是公共意见的人，却都能确切地知道它的含义。"[5]

这真是很奇怪，就连像欧恩肯这样拥有强大的洞察力和表达能力的科学家，也开始回避这个问题了——"最终所有的人……都能确切地知道……"而通过采用必不可少的科学研究工具以定义某个概念的工作，也被贬低为"将其限定在框架中"。

沉默的螺旋是公共意见形成及广泛传播的过程

20 世纪 60 年代初，为了解释 1965 年的谜一般的发现——在联邦总理大选中，民众投票给两个党派的选举意愿相同，但是其中某一派的获胜

---

① 戴维森是美国传播学家，提出了在信息传播过程中的第三者效果。——译者注
② 普罗透斯是希腊神话中变幻无常的海神。——译者注

期望却在不断攀升。为此我提出了沉默的螺旋假设。我也开始自问，也许在社会这个庞然大物中，有其中的一部分掌握了"公共意见"。欧恩肯写道："……表现出无数的变化，……它却一而再，再而三地溜走了"。[6]沉默的螺旋可能是一种表现形式，它能够展现出一个过程：在这个过程中，新的、刚发展出来的公共意见形成了，或者旧有的公共意见所发生的变化被传播开来。定义公共意见的努力终归是必不可少的，才不至于不会出现这样的说辞："沉默的螺旋是对某种不可定义的事物的扩散的过程……"

在这个概念中，有两个组成部分引发了学者们的争论，即"意见"和"公共的"。

对"意见"和"舆论"有不同的理解

对于"意见"（Meinung）这个概念的调查研究，要回溯到苏格拉底（Sokrates）在港口城市皮瑞斯港（Piraeus）①的狂欢盛会旁与格劳孔（Glaukon）②及其他朋友的一次讨论，其主题是政府似乎传播某些可疑的意见：

> 我想问问，你是否觉得意见比知识要隐晦一些，又比无知更积极些吗？
> 他回答说，的确如此。
> 意见是在有知与无知之间吗？
> 是的。
> 也就是说意见正处在有知与无知的正中间？
> 完全正确。［柏拉图（Platon）:《理想国》（Der Staat），公元前478年］[7]

尽管苏格拉底并不认为"意见"是毫无价值的，并给予它以中立的位置，但是许多其他的声音认为比起知识、信仰、信念来说，意见是负面的。康德（Immanuel Kant）③将"意见"的特点描述为"既在主观上不足以'认

---

① 皮瑞斯港在希腊的雅典附近。——译者注
② 格劳孔和阿德曼陀斯都是柏拉图的兄长，他们及其他一些人都是围绕在苏格拉底周围的人。——译者注
③ 伊曼努尔·康德（1724—1804），德国哲学家、德国古典哲学创始人、现代欧洲最具影响力的思想家之一，著名著作有《纯粹理性批判》《实践理性批判》和《判断力批判》等。——译者注

为之真',也在客观的不足以'认为之真'"。[8] 相比起来,盎格鲁-萨克森和法语语言中对"舆论"(Opinion)的解释要复杂得多,"舆论"是包含着判断的,可以明确表示某一意见的恰当或不恰当,是对某一公众群体——某个特定的公众圈子——一致性态度的引述。英国哲学家大卫·休谟在他1739年出版的作品中提到了"舆论"这个概念。一致同意、共同基础这些含义是包含在英语和法语的"舆论"这个概念之中的。

意见一致需要以承认为基础

如果我们从对沉默的螺旋的观察中出发,会比讨论"意见"的价值和缺点更有意义。

个体之间是否达成意见上的一致性,可以从对环境的观察中得到,并且可以通过个体的态度行为加以确认。但是,采取一致性的行为举止并不一定是以一致性的意见为基础的,比如佩戴或不佩戴某个徽章、在公共交通工具上为老人让座还是坐着不动。因此,从这个角度上来看,人们是否因为某种意见还是某种行为举止而被孤立,其间区别并不会影响到沉默的螺旋的进程。出于这样的考虑,我们在寻找对"意见"的定义的过程中,将"意见"理解为某种措辞的同义词,即用来表达人们认为是正确的事物的措辞;而这种措辞包含着在英语和法语中表示"一致性"的要素。

"公共的"所代表的三种含义

对"公共的"的理解与对"意见"这一概念的解释至少展现出同样的重要性。许多学者都致力于研究"公共的"这个概念,哈贝马斯下结论说,"在对'公共的'(öffentlich)及'公共'(Öffentlichkeit)的使用习惯中就体现了对这个概念的五花八门的解释"[3]。"公共的"是以"开放、公开"(Öffene)为词根的,强调了"任何人都可以走近、进去"这样的意思,如公共的便道、公开的法庭审判,是将它与私人领域——拉丁语中的 privare 所代表的含义——划分开来,可以奉为公众使用的含义。"公共的"这个概念在法律、国家研究和政治学等方面的含义中,包含了"允许、许与某个额定值以满足公众利益"这样的意思;例如"记者的公共责任"就体现了上述含义。而"集体的"(gemeint)这个概念所表示的是所有相关者的利益,如政治集团其公共福利为基础处理问题、解决困难。因此,合法的权利是被认可的,每个个体也有使用脱离国家机构的权利的可能性,法律和法规能够通过"公共权利"加以贯彻执行。但是"公共的"出现在"公共意见"这个概念中时必须发生变化,而拥有其他含义。一些法学家,如鲁道夫·冯·耶林(Rudolf von Ihering)[①]和冯·赫岑多夫(Franz von Holtzendorff)[②]都分析了公共意见、法规、规范、伦理不需要法律制定者、政府官员或法官的努力便能在个体中相互贯彻的奇妙力量。因此美国社会学家爱德华·A. 罗斯(Edward A. Ross)[③]在 1898 年[10]对此夸赞说"非常便捷"。对"公共意见"的解释在一定程度上与"支配意见"的解释是一样的,都是在多种多样的定义中抓住关键,即公共意见能和某种行为建立内在联系,使它能够形成这样的局面——即使个体在违背自己的意愿的情况下也会转向这种行为。

社会皮肤

"公共的"这个概念除了包含法律以及政治学含义,还具有社会心理学方面的意味。个体除了具有思维和感觉活动的内部精神空间,还有指向外部的实际存在空间,这个空间并不只是完全面向个体自身的,而是更公开地暴露在其他人面前的。根据斐迪南·滕尼斯(Ferdinand Tönnies)[④]所提出的著名的差异观点,在"共同生活体"(Gemeinschaft)中,这种暴露感至少会因为个体之间的亲密和熟悉而得以缓解,例如滕尼斯认为共同的宗教信仰起到团结作用,但是在广泛的文明范围里,公开暴露的程度就扩展到社会领域[11]。是什么使得个体一直关注他暴露于其中的社会环境呢?是他对被孤立、被轻视和不受欢迎的恐惧;是他想要得到周围环境承认的需求。这使他的注意力密切地专注于外在环境,这样他

---

① 鲁道夫·冯·耶林(1818—1892),德国 19 世纪著名的法学家,缔约过失责任理论的创始人。他的主要著作有《罗马法各阶段之精神》《权利的目的》《为权利而斗争》以及《无效或未完成契约之缔约过失责任或损害赔偿》。——译者注

② 弗朗兹·冯·赫岑多夫(1829—1889),德国法理学家,主要研究监禁和惩罚方式,代表著作如《流放作为处罚手段》《古罗马帝国的流放处罚》《爱尔兰的监狱体系》等。——译者注

③ 爱德华·A. 罗斯(1866—1951),美国 19 世纪末社会学家、美国社会学奠基人之一,是社会控制论的创始人,1901 年出版了经典著作《社会控制》。——译者注

④ 斐迪南·滕尼斯(1855—1936),德国著名的哲学家和社会学家,是德国现代社会学的奠基人之一,致力于集体心理学的研究,经典著作为《共同体与社会:纯粹社会学的基本概念》。——译者注

才能将公众态度作为自己的意识加以表述。普通的个体总是能够知晓，自己的认识是否符合公众的态度，还是应该隐藏到公众的观察之外，然后采取相应的行动。但是，公众的认识对每个人产生什么样的影响，在个体之间却有很大的差异。个体密切关注公众意见，将其作为判断的权威，这种不知名的权威能够区别受欢迎还是不受欢迎、被重视还是被轻视。

在独立自主人格的完美模式中，令人迷惑的是在"公共意见"这个概念中的"公共的"被赋予了众多含义。对于公共意见的内容而言，公共意见涉及有关公众的重要问题，也是有关共同生活团体的问题。公共意见的持有者，是指那些在某个共同生活团体中准备并能够可靠负责地表达公众问题的人们，而且他们不在政府的名义下履行政府的批评和控制的职能。恰恰是"公共的"这个概念在社会心理学上的含义，在 20 世纪对"公共舆论"的众多定义中实际上不再被提到，而它意味着人性的弱点使人们依赖于自身对周围世界的判断权能，也就是人们的敏感的社会皮肤，即为他们的社会性本质。

人们能够公开表达而不至于陷入孤立的意见

我们在对周围环境的观察中实际可见的，是哪些想法被提倡或逐渐消退，以及对此相应的反应——自信的谈话或小心翼翼的沉默，后者即可作为人们对被多数人所孤立的恐惧。因此，这些可以推导出对"公共意见"的定义：公共意见是指在有争议的领域中人们**能够**公开表达而不至于使自己陷于孤立的意见。这样的定义将作为后续研究的基础。

这个关于"公共意见"的理解和解释当然还要加以完善，以显现出这种可以通过经验观察到的沉默螺旋的现象起源于何处——起源于相互竞争的多种意见，起源于留下印记的、新出现的主张或已存的、正流传的观点。斐迪南·滕尼斯在他 1922 年发表的《评论公共意见》（*Kritik der öffentliche Meinung*）中指出，公共意见存在于不同的集合状态下：这种状态是稳固的、流动的和"空气一样的"[12]。如果按照滕尼斯所打的比方，那么沉默的螺旋应该是在流动的集合状态下形成的。在某种观点、态度稳固地占据主导地位的地方，或成为道德伦理和传统的地方，那些有争论的声音就听不见了，尽管每个阵营都有自己的说辞，但是沉默的螺旋的进程也很容易从经常出现的这样或那样的迹象中识别出来。有争议的意见是可能导致被孤立状态的前提条件，只有在逐渐固定下来的公共意见、传统和道德伦理遭到破坏时,才会在冲撞中显现出来。弗朗兹·冯·赫岑多夫在 1879 年[13]提到了公共意见起到"道德判断法庭"的作用,耶林称公共意见为"道德的坚守者",并且它排除了所有的性因素[14]。他的意思与他提到过的,有意识或无意识地"不让自己的利益受到损害的反应,或以保证自身安全为目的的防御"是一致的[15]。对于"公共意见"的定义因此应该这样加以补充:在传统、道德伦理,尤其是规范,这些稳固的领域里,人们如果不想陷于被孤立的境地,就必须公开表达或采纳公共意见中的观点和行为态度。一方面是个体被孤立的恐惧及其具有被接受的需求;另一方面是公众态度成为一种判断权威,从而使个体产生了去适应已经确立的、普遍认可的观点和行为的需要,这种需要又保护已经存在的规则和"价值天空"(熊彼得[①]语)。

公共意见表示赞同或不赞同

在许多书籍中是将"公共意见"作为对政治意义的论说,是统治、控制行为的相关物,而我们在这里丢弃这些图书中对"公共意见"的理解,那么是否会误用这个概念? 在这里,我们对"公共意见"的特征的理解是,公共意见出现在传播和保护已经确立和固定了的意见的范畴内,其主题没有被限制和划分,因此"公共意见"只是某种谈论,在其中体现了在公众环境下对可感知的言论和行为的赞同或不赞同;公共意见使得每个个体清楚地注意到环境中的赞同或不赞同的态度。沉默的螺旋就是对可感知的赞成或不赞成态度的反应,这其中的赞成或不赞成是通过对变化的"价值天空"的描述而变得众所周知的。至于公共意见的持有者这个问题,是像公共意见所涉及的题目一样开放而没有限定,在我们的理解中,公共意见与职业种类、是否具有批判能力、是否"满足政治领域的公开宣传"(哈贝马斯)[16]的需要没有关系,且所有人都参与其中。

从过去启程:马基雅弗利和莎士比亚

从沉默的螺旋中阐发出来的对于"公共意见"的理解是否有道理? 为

---

① 约瑟夫·熊彼得(Joseph Alois Schumpeter)(1883—1950),有深远影响的奥地利经济学家,提出了著名的"景气循环"(也称"商业周期")的概念,著名著作有《经济发展理论》《景气循环理论》和《经济发展史》等。——译者注

了找到这个问题的答案,我们后退二百年,来到最初出现"公共意见"这个概念的那个世纪和那个国家,也就是 18 世纪的法国。在让-雅克•卢梭开始使用"公共意见"这个概念的大约四十年后,从肖戴洛•德•拉克洛(Choderlos de Laclos)①1782 年出版的著名小说《危险的关系》(*Les liaisons dangereuses*)中,我们发现"公共意见"这个概念非常顺畅地被作为日常用语使用。这个词在小说中出现在一位社交名媛与一位年轻女子的书信往来中。这位声名显赫的女士就如何与名声不好的男士打交道表达了自己的想法:"如果您认为他有能力变好,那我们就更多地谈论变好的他,我们将这样的奇迹当作的确发生的事实来看待,那么公共意见还将继续对他不利吗? 而且这难道不足以使您对他的态度根据公共意见进行调整吗?"[17]

我们在这里发现公共意见作为判断权威完全出现在与政治无关的领域,而且不是出自那些优秀的人物甚至这种判断只凭借着经验。这位写信的女士相信,这种假想的建议,像公共意见所暗示的匿名的判断一样,会对收信那位女子产生足够的影响,从而使得她的行为随公共意见而重新调整。在我们探寻过去的路上,我们还可以继续回溯,退回创造"公共意见"这个说法之前的某个时间,那时也会遇到同样的不知名的判断权能,只是它被用其他词语表达出来,不过其中一定包含几乎完全一样的冲突。莎士比亚描述了国王海因里希四世和他的儿子——也就是后来的国王海因里希五世之间的对话。海因里希四世批评他的儿子,指出他应该经常深入了解社会糟糕的一面,他应该更多地关注人们的意见,这些意见是最重要的,而他自己就是被人们的意见推上王位的:"舆论的确帮助了我获得王冠。"(Henri Ⅳ,Teil 1,3. Akt)[18]尽管莎士比亚在 16 世纪末将"舆论"(opinion)这种说法带到了舞台上,但是"公共舆论"(public opinion)这种措辞最早在法国而不是在英国被使用,却并不令人奇怪。因为在英语中单是"舆论"(opinion)一词显然足以包含"人人尽知"这一要素,也包括了决定名望的判断权能,因此它完全不再需要用"公共的"(public)来补充了。

---

① 肖戴洛•德•拉克洛(1741—1803),法国作家、职业军官,他一生中大部分时间在军界度过。令拉克洛名声远扬的是他在 1782 年出版的书信体小说《危险的关系》,书中通过 175 封信件对男女主人公的心理进行了细致深刻的描绘,并且揭露了人性的黑暗面。由于这本小说影射了当时法国贵族社会的某些人物,且挑战了当时的道德思想,而使小说一度被禁,拉克洛也被关入监狱。——译者注

而在位的统治者或未来的国王必须关注外界环境和社会公众的意见，这样的思想对于莎士比亚来说肯定不是陌生的或新奇的。在他所生活的那个世纪里，人们在 1514 年从马基雅弗利撰写的《君主论》(*Der Fürst*)一书中就知道了这个概念，其中几个重要部分为君主们提供了应对公共意见的指导[19]。马基雅弗利说，统治者只靠被"感觉"到是远远不够的，翻译过来就是，所有的人都要直接**看到**统治者们，统治者应该表现出具有强大的力量和品行高尚的光芒，这是"因为群氓总是只看外表……对于君主来说并不需要具备所有人们所期待的美德（善良、忠实、博爱、正直、虔诚等），但是绝对必要的是，他必须给人们留下这样的印象，即他具备这些品质"。马基雅弗利谈到，君主必须避免那些可能使自己受到憎恨或轻视的行为。他必须努力做到让人们对他满意[20]。

海因里希四世用来劝诫他儿子的理论在马基雅弗利的《论蒂托·李维〈罗马史〉的最初十年》(*Unterhaltungen über die erste Dekade der römischen Geschichte des Livius*)中就提到了："没有什么比通过一个人的交际更适合作为了解他的品行的线索了。如果一个人周围都是正直的人，那么他自己也能顺理成章地赢得好的名声。因为在这个人的朋友和他之间，是不可能没有品行和生活习惯上的相似之处的。"[21]

我们几乎没有感觉到自己已置身于 16 世纪前半叶，置身于一个人们并不对好名声和权威的公共意见像今天的人们这样敏感的时代中。

但是我们通过马基雅弗利和莎士比亚获得了新的认识，即公共意见不仅让小人物感到敬畏，让他们为自己的好名声而担忧；公共意见同样征服了国王、君主和统治者。马基雅弗利告诫他想辅佐的君主说："为了成为君主，从而进行统治，必须从根本上认识百姓的天性。"[22]属下的权力是他们规划国家（在君主的统治下）结构和实施新的国家机制的力量[23]。

经过在前面几章对经验研究的描述，以及受到对过去的非正式观察的鼓舞，我们在后面的章节里将信心满怀地寻找历史的证据，以此让我们对公共意见有更好的理解。

第 5 章

约翰·洛克的意见法则

约翰·洛克在他的著作《人类理解论》(*Über den menschlichen Verstand*)[1] 中写道,他会定期约五六个朋友到他在伦敦的住所去聊天。这样的碰面是为了对话,每次谈话都会锁定在某个主题上,但是他后来发现,他们的谈话对这些主题根本没有什么推动作用。因此他想到,可能他们走错路了,应该有其他的方式获得新知。朋友们非常认同这一点,并且敦促他在下一次谈话前对上次谈话做简单的记录。为了满足朋友们的要求,约翰·洛克总是对每次谈话做详细的整理,逐渐就形成了这本书。1670 年前后的伦敦一定是个很活跃的城市,到处充满了讨论——在议会里、在报纸的社论上、在咖啡馆或家庭聚会中。当时年近 40 岁的约翰·洛克大声发表了自己的新见解——他说他的表达有些语无伦次,并没有得到大学者的认同,但是却有着初夏般的清新。

但是当这部著作出版的时候,各种抱怨使约翰·洛克非常痛苦:"对新见解的责难发展到了可怕的地步,人们对事物的评价与评论发型一样。换言之,评价的标准是根据样式是否流行,而不是依据它的正确性。"真理在它最初出现时几乎总是得不到赞同:新的见解别无二致地都是因为它们还不是司空见惯的,因此总被猜疑,并常常被反对。但是真理如同金子,"并不因为它刚刚从矿中发掘出来,就不是黄金"[2]。

洛克说,我们可以把法律分为三种类型。首先是神授的法律;其次是世俗社会的官方法律;最后是判断美德和罪恶的定则,是关于舆论和声望的法律——洛克还用了不同的名称表示它,即关于风尚和个人评判的法律。对于第三种法律,洛克这样说:"为了理解它,我们必须考虑到,在人们聚合成为国民群体的时候,他们确实需要去支配所共同拥有的权力和力量,将之转化为众所周知的,以使他们能够按照国家法律允许的方式使用权力。因此他们同时具有权衡利弊的能力,从而允许或不允许他们的某些生活方式和交往方式。"[3]

声望、风尚:广场上的风向标

"的确,当我们仔细研究时,我们会发现,根据允许或拒绝、表扬或指责的标准加以确定的,通过不同社会的隐秘而无声的共识所形成的什么是美德、什么是罪恶……设置了这个世界:根据这些标准,以及从中形成的相应的观点、原理、各种场所的风俗习惯将推崇或拒绝某些行为举止。"[3]"没有人能够在破坏了他所处环境中的伦理道德和公认的主张后,逃避过批判或惩罚。也没有人能够在自己所属的圈子里总是遭到拒绝且不受欢迎时,还仍然保持自我。在成千上万人中也找不到一个这样强硬、迟钝的人来。在自己身处的紧密的小圈子里,到处遭遇轻视而不惧孤独,是一定需要培养出倔强的特性作为补偿的。但是当他们根本不按与他人类似的方式行事时,他们就无法为在某个圈子中生活做好准备,在这样的圈子中他们与他们的同伴,即他们的熟人和他们与之交谈的人,总是没有共鸣,也总遭遇到轻视。这样的负担太重了,是一个人不可承受之重。"[4]

因此,我们已经可以完整地描述出,人们是如何因为担心被具有评判权威作用的公众态度所孤立而被迫迎合的过程。约翰·洛克没有同侪。在敌对者的追击下,他在他的著作的第三版中改变了立场,将它从相互紧密连接的语句中替换了出来。

洛克被诟病,用糟糕的方式调和了"好的"与"坏的":在他看来,神授法律所提出的是如何与普通公民保持一致的问题、是如何将道德伦理降等为社会风气的事项。他并不太清楚,一项法律如何才能使之归于人所皆知的、对于普通公民有一定之规的权威,也就是强制遵守这项法律的权威和权力。

约翰·洛克说:"对此我要进行反驳:有人认为得到表扬或遭到指责,不会成为他顺从或反抗同时代人们的观点和规则的动因,这从人类的特性和历史角度来看显然并不那么可信。

正如我们所见的,大部分人都会调整自己适合于社会风尚,即便不是完全适合;要做到这一点,他就需要在他所属的共同体中获得一个好名声,而不用过多地考虑神授法律和官方法律。

有些人或许是大部分人,很少认真严肃地考虑违犯了神授法律会带来什么样的惩罚。即便已违犯了神授法律,他们也会用将来赎罪的想法来安慰自己。

对于违反世俗社会的行为,人们也往往会存在侥幸心理,期望违法行为不被发现,因而免于惩罚。但是当他们违背了自己客观和主观上所归属的共同体中的风尚和立场时,没有人能逃脱周围环境的叱责和冷落这样的惩罚。"[4]

洛克将人们的行为态度设计为三个层次:在谈到神授法律的时候,是责任和罪恶;对于世俗法律,则是守法的和违法的;而对于关于意见态度的法则,用的是美名或恶名。并且他解释说,不同的尺度带来不同的结果,比如决斗:"人们把挑战和击剑称为'决斗',人们会把神授的法律与决斗的规则联系起来,因此决斗被命名为'罪恶'。如果人们将它与道德伦理联系起来,在某些国家它就被称为'勇敢'和'美德'。如果是将它与某些政府的官方法律联系到一起,人们就会称它为'刑事犯罪'。"[5]

通过在20世纪新发展出来的社会调查研究工具——其对周围环境的意见态度有更敏锐的感知能力——的观察,使得我们可以毫不费力地理解约翰·洛克。他不断跟随着变化来描写人类的社会性本质。"我们赞同某一种意见态度的基础是他人的意见。这些态度意见来自日本的荒野、土耳其的穆罕默德信徒和西班牙的教宗……那些所谓的'我们的态度意见'其实并不属于我们,也不源于我们,而只是他人的意见态度的反射。"[6]

这些意见态度中所涉及的内容在洛克看来没有界限,他指出,这些意见态度有评判的作用,表达出表扬或指责。并且,他描述了这些意见态度所固有的"协调一致"的特性,即"秘密的和沉默无声的赞同"[3];这种一致性是在谈话的过程中形成的,即使不通过记录的方式,也能提升到有意识的层面。这个过程中的一些不可思议的东西,即便我们在20世纪也还有待证明。

在描述中还有一些其他引人入胜的地方:约翰·洛克说,这些可以作为评判标准的意见态度要"出现在广场上"[7]。个体所遵从的那些观念、意义和共识,是短暂易变的,因此,是在特定的时间里存在在特定的地方的。某种态度意见的变化意味着,持有这种态度意见的个体脱离了特定地域,迁移到了远方,或经年累月时间流转。约翰·洛克没有想到"公共意见"这个词,尽管如此,他还是用两种方式呈现出这个概念:一是在"一致赞同"中,这只能用"共同体"和"公共性"来表示;另外就是"在广场上",一种想法在广场上被流传意味着最大可能的公开。与后来出现的"公共意见"这个概念相比，洛克的描述更尖锐而不留情，他用的是"舆论或声望的法律"，他所想表达的正是这样强烈的含义。

洛克使用了"法律"这样的措辞并不是轻率、随意的，也不是从自然科学家的角度来谈论自然法则。他所说的"法律"是在法学意义领域里的，并且他解释说：在行为之后必须跟随着表扬或批评，它们并不存在于行为本身之中[9]。此外就是他对这种法律的命名，对我们来说也很有启发。当洛克说到"意见或名望的法则"时，也指明了在他的思想里"意见"这个概念几乎完全被"名望"所填满了，这两个概念几乎是同样的含义。

在约翰·洛克的文章中有一个特别之处，初看上去仿佛是一个玩笑，而实际上是一个标志，尤其清晰地展现了他的开创性。他谈到人们评价事物的偏好方式时，用了"风尚""流行"这样的词语[10]。人们对其他事物的评价如同评论发型。态度意见的外在性、飞快的易逝性、与时间和地点的密切联系性，还有在它占主导阶段时的强制性，洛克都通过描述"风尚"的特点而强有力地表现出来了。被洛克称为"舆论或声望的法律"的态度意见，并不是政治智慧的源头，但它的价值人所皆知，真正的知识需要人们从其他的路径去探寻。

约翰·洛克对诸如"名望"这样的概念感兴趣，这是社会心理学的概念，表明了人们对周围环境、对许多人、对其他人的完全的依赖性。人们开始时会对新的意见态度感到不信任，这只是因为它们是新出现的，还不是流行的，因此人们不会去拥护它们的正确性。对此，约翰·洛克寻找古代的权威，来为他的观点提供有力的支持。他引用了西塞罗（Marcus Tullius Cicero）①的名言："这个世界上没有比正直、赞扬、尊敬和荣誉更美好的事物了。"对此，洛克补充说，西塞罗非常清楚地意识到，这一切名词都表示同样的事物[11]。

表示同样的事物？表示哪些事物呢？

根据我们的理解，这是指个体从公共领域中所得到的所有的审视和检验。

---

① 马库斯·图利乌斯·西塞罗(前106年—前43年)，古罗马著名的哲学家、政治家、法学家和演说家、散文家，被誉为"拉丁语雄辩家"，也被认为是三权分立学说的古代先驱。他的代表作品有《论共和国》《论演说家》《论修辞学的发明》和《论至善和至恶》等。——译者注

第 6 章

统治是以舆论为基础的：
大卫·休谟和詹姆斯·麦迪逊

在约翰·洛克去世后的第七年，大卫·休谟出生了。在他的著作《人性论》(*Ein Traktat über die menschliche Natur*)[1] 中，他将洛克的思想发展成关于国家的理论。尽管随着国家的建立，人们使用权力的能力被减弱了，但是他们发表允许和反对意见的能力却没有因此而削弱，且人们仍具有与生俱来的对意见态度的判断力和倾向于自己周围的意见态度的调适力。正因为上述两点，所以意见态度对国家来说很重要。普通公民中的一致性意见能够产生强大的共识力量，并且构成了政府的真正的基础。休谟所提出的基本原则是："唯有……在舆论的基础上，政府才能建立。"[2]所有的统治都是建立在意见态度的基础上的。

"从政治哲学的角度来看，没有什么比多数人被少数人所统治更令人吃惊的了；并且人们愿意将自己的知觉和愿望放在次于政府期望的位置上，也令人惊讶。当我们试图分析，政府通过什么方式产生了这样不可思议的统治力量时，我们发现统治者……依靠的只是一致性的意见态度。政府是建立在舆论基础之上的无论是最专制和最军事化的统治，还是最自由的和最受欢迎的统治都一律如此。"[2]

大卫·休谟将视角从"舆论"这个题目挪开，而转向意见态度对个体所产生的压力，以及舆论对统治者的影响——这是马基雅弗利为君主们所打开的视野。约翰·洛克关注的是意见和名望法则对人们日常生存所产生的普遍的影响：人们害怕被反对，当一个人到处都遭到轻视的时候，千百万人中也没有一个能保持镇静。洛克在论述对人类的理解中，研究了人类的基本天性；休谟则对统治感兴趣。他的研究领域是政治场合和政治的使命。由于害怕意见态度或名望法则中遭受威胁的那种惩罚,他非常小心地以匿名的方式出版了他的第一部作品《人性论》。但是,综合他对上层生活的热爱,因此他更多地听到了赞扬而不是指责,根据意见法则所产生的期望也是更多地发现赞同和承认。

对名望的热爱:舆论阳光的那一面

在休谟论述公共意见的那一章里(这花了他十多年的时间,直到卢梭在1744年第一次将这个概念记录下来),他用了"对名望的热爱"这个标题[3]。之后,他描述到,如同美德、优雅、财富和权力,以及具有物质优势的环境使人感到自豪一样,也如同贫穷和奴役使人感到压迫,"他人的意见态度除了直接让人感到自豪和压迫外,也同样间接触及我们的思想,并用相同的方式对我们的精神活动产生影响。我们的名声、我们的阶级、我们的姓名,这些都是引起我们自豪之感的重要原因;而在他人的意见态度和舆论没有对个人起到鼓励作用时,美德、优雅和财富等其他原因的作用并不大……即便是非常有判断力且聪慧的人们,当遭到来自自己的朋友和朝夕相处的伙伴的反对时,也同样难以坚持自己的理性或偏好。"[4]

休谟被纳入上层生活领域(他非常喜欢描写在上层社会体现着哪些财富和权力优势),在这样的立场上他的阐述——似乎使用了一个新的现代社会学概念——首先是关于参照群体的好的看法的;在他的表达里较少地强调了公共性、"广场上广而告之的"允许和反对。但是,他看到了当个人不愿意与他所处的环境相对立时,受外界影响的深度与范围。他说:"从原理上来看,我们必须回到一个国家的国民在感知和思维方式上的一致性。"[5] 他在《道德原理探究》(*Untersuchung über die Prinzipien der Moral*)一书中,明确地承认了人们以周围环境为导向,对此绝对不能看作是人们的弱点:"追求他人对自己的颂扬、尊重和好评并不应该被非议,因为它与美德、天赋、才干及坦荡而高贵的气质有着密不可分的联系。社会期望什么、喜爱什么,即便是微不足道的小事也应该好好地处理,而且没有人会因为你在社交中穿着优雅、在交谈中和蔼可亲而感到不可思议。"[6]

非常明显,休谟没有停留在被社会所排挤在外的这个侧面,而是努力划出对名望的热爱的界限:"到哪里才会出现**虚荣**,也就是在那个界限上人们对名誉的热爱应该被恰当地看作是错误或缺陷?显然,首先在过分地强调自己的优势、声望和功绩时，或迫切且永不满足地追求被表扬和被赞叹，而让他人感到不舒服时……就应该是虚荣了。"6 休谟清楚，他的考虑应该首先放到实际的环境里去。他写道："在普遍提倡的品质中，我们赞赏谦虚的表现。"6

休谟的探寻集中在洛克所说的个人空间和公共领域即"在广场上"之间，但是这以另一种方式阐释并进一步接近了"公共"这个概念，这与哈贝马斯描写希腊人的自我理解的情况类似7。"在对'公共'这个概念的解释中，首先体现的是所有的人都可以看到所有的事情。在市民的对话中，这些事情可以相互谈论，并且形成框架；在匹敌的对手相互之间的争论中，最好的会脱颖而出，并且他们的特性会赢得不朽的名望……这样古希腊的城邦才能成为为正直的荣誉而存在的自由领地：在那里市民与市民的交往是平等的……但是每个人都努力使自己超越众人……按照亚里士多德所整理的、归属于美德一类的行为，在公共领域中保持了它们的独一无二性，在公众中得到了承认。"8

但是，那些描述公共意见的与休谟同时代的 18 世纪的作者们或者他的后继者们，并没有追随休谟的公共领域是荣誉领地的高调。

大卫·休谟的名言"政府是建立在舆论基础上的"却成为美国的开国元勋们的基本信条。舆论的分量在政治领域已经得到了承认，但是与此同时，个体的角色也通过约翰·洛克的眼睛被注意到。

人是胆怯和小心翼翼的

作为美国宪法创立者之一，詹姆斯·麦迪逊（James Madison）①在《联邦党人文集》（Federalists）中进行了严谨全面的研究：《联邦党人文集》是一本论说文集，美国的开国元勋们在其中阐述了 1787 年和 1788 年的宪法问题，美国的宪法遵循了"所有的政府是建立在舆论基础上的"这个基本原则，这条教义屹立在那里，并成为美国式民主的基石。但是另一方面，人类的天性有多么脆弱和敏感，也体现在这本基本教义里，麦迪逊说：

---

① 詹姆斯·麦迪逊（1751—1836），美国第四任总统，美国宪法的奠基人、美国杰出的政治哲学家。麦迪逊的人权主张和三权分立学说至今仍然是美国宪法的指导原则，他与杰斐逊共同创立和领导了民主共和党，使美国开始形成两党政治。他与约翰·杰伊及亚历山大·汉密尔顿共同编写了《联邦党人文集》。——译者注

"当所有统治、管理通过公共意见获得合法性、得到支持的时候,它就是正确的。同样正确的是,每个个体的想法、观点和评价的力量有多大,他的观点是否能够贯彻到他的**实际**行动中、影响他的行为,很大程度上取决于他相信的是什么、有多少人也这样想。人们的理智使得当人们感到自己被孤零零地留在一边时,就会变得胆怯和小心翼翼;而当他相信有许多人也和他想的一样的时候,他又会在很大程度上变得更加充满力量和自信。"[9]

在这里我们找到了另一些关于人类本性的评价及其在政治理论之中的运用。我们在 20 世纪的下半叶再次追溯这些,是因为在民意调查工具的推动下,在一系列观察中我们发现了许多古怪的现象并要寻求对此的解释。

不是名望,而只是威胁使沉默的螺旋发挥作用

当我们将约翰·洛克或詹姆斯·麦迪逊放在一边,而将大卫·休谟放在另一边,就"个人和公共空间"这个问题进行比较时,我们看到了与先前理解"随大流效应"时的相似的区别。对"随大流效应"的一个解释就是:"愿意站在胜利者的一边。"另一个解释就是"不愿意被孤立"。公共空间是一个被标记为"令人迷惑的领域",公共空间被看作是一种威胁,在那里可能让人们丢脸、受到他人的影响。为什么我们将沉默的螺旋和公共意见联系起来时,没有将公共空间看作是一个会使人失去名望的地方,而是把公共空间看作是一种威胁、一种可怕的判断权威呢?因为正如麦迪逊谨慎细密地描写的那样,当个体发现自己是孤单的,从而产生被威胁感和恐惧感,还有我们在"坐火车测试"中和在其他研究中所发现的沉默的表现,能够解释这样的沉默在形成公共意见时的强有力的影响。

重大变革时期锐化了将公共空间看作是威胁的感知能力

将公共空间看作是威胁的感知能力,无论是对于约翰·洛克还是对于詹姆斯·麦迪逊,是否都会通过他们各自所经历过的革命时代而变得更加敏锐呢?密切地关注公共空间以使自己不被孤立,这种注意力在剧烈变革时期是首先必要的。在稳固的秩序下,大部分人只要不去违逆已有的规矩,就不会让公共意见的飓风刮到,他们也不会被卷入沉默的螺旋的漩

涡之中。人们公开做什么、说什么,以及在公共场合不能做什么都是不言自明的,人们如同处在大气的气压下——在其中生活而没有意识到气压的存在一样,人们也生活在对公共领域的适应性压力之中。但是在大革命前和大革命时期,人们却是生活在双重压力下:一方面是政府如何吸引公共意见的支持并最终支持他们;另一方面个体脱离过去的安全感——那些带来赞许和批评的规则,而寻找与新的意见态度的联系,以便在这样动荡不安的时期把握公共意见的运行方式,以表达合适的措辞。

格兰威尔在 1661 年形成"意见气候"这个概念

人们想象不到,在风平浪静的时期出现了由大量的赞许或批评所组成的意见或名望的法则。同样想象不到的是,英国社会哲学家约瑟夫·格兰威尔(Joseph Glanvill)①在这样平静的时代创造了那样有力的表达——1661 年他在关于虚荣的独断论者的论述中发明了"意见气候"这个概念,并且在文章中用斜体强调了这个新概念。他认为:"独断者认为只有他自己才是正确的,而且他从来都是如此,否定其他可能。只有当人们感受到不同的意见气候,才能消除这样的虚荣。"10

我们会不加考虑地把"意见气候"这个词当作一个现代词来对待,仿佛它产生在我们这个时代。"意见气候"建立在我们对变化的态度行为、不确定的规则的感知能力的基础上,这与约瑟夫·格兰威尔所说的敏感性是一样的。

如果没有变化,显然"气候"这个词就变得抽象了,但是根据我们在自己所处的时代的经验,我们可以很好地描述,为什么"意见气候"这个措辞显得这么引人注意:气候完全包裹在个体之外,人们不会时刻意识到它;但它同时又是内在的,对健康舒适有着最强烈的影响。沉默的螺旋是对"意见气候"的变化的反应。"意见气候"这个概念比"公共意见"这种措辞更体现了在公共空间中相互矛盾的趋势之间的强弱关系。在变革时代——包括我们自己身处的时期,通过观察探究意见气候是值得的。

---

① 约瑟夫·格兰威尔(1636—1680),英国作家、哲学家和牧师。——译者注

笛卡儿通过直觉识别了沉默的螺旋

　　法国哲学家笛卡儿(Rence Descartes)①所处的情境,与格兰威尔在英国所体验到的并在他的著作里所感到惊叹的完全不同。在革命时期,公共空间比起在一切都按部就班的时代,的确更让人感到威胁,而不能用本来的、固定的领域来表示它,因此笛卡儿对此进行了解释。他以直觉识别并证明了沉默的螺旋是一个过程,在其中形成新的公共意见。如同人们今天说的那样,哲学家笛卡儿通过提升自己的名望以提升自己。他将自己的著作《哲学原理》(*Meditationes de prima philosophia*)在 1640 年转寄给了那些"巴黎索本神学院(Sorbonne)里非常智慧和尊贵显赫的先生们",并且随书附了一封信。在信中,他暗示这些先生们拥有很大的名声,在公共领域占一席之地,因此他请求他们成为他思想的"公开的证书"。他说,这样的请求,给他带来的不仅是"那些见解丰富和富有学识的大脑所给出的赞同的评价",而且首先也让"那些有不同想法的人失去了反对的勇气,是的,他们尽管也许自认为有理,但是在观察到所有聪明人都认同这样的论证时,他们就不会让自己看上去那么愚蠢了。"11

---

　　① 勒奈·笛卡儿(1596—1650),法国著名的哲学家、数学家、物理学家,代表著作有《方法谈》《几何学》《哲学原理》和《屈光学》等。——译者注

第 7 章

让-雅克·卢梭传播了
"公共意见"这个概念

是什么样的情境启发了让-雅克·卢梭(Jean-Jacques Rousseau)第一次将"公共意见"(I'opinion publique)这个概念写了下来呢[1]?

威尼斯,1744 年。那个时候的卢梭三十出头,是法国大使的秘书。这一年也是扣人心弦的一年,这一年,身处奥地利王位继承战争中的玛丽亚·特蕾西亚(Maria Theresia)①向法国宣战。卢梭在 1744 年 5 月 2 日写信给法国外交部长阿姆洛特(Amelot)表示歉意,因为他曾明确地告诫威尼斯的贵族埃里佐骑士(Chevalier Erizzo),他在"公共意见"中被视为是站在奥地利的支持者一方的……(Depeches de Venise XCI)[2]。他保证,他的这种说法显然不会有任何有害的后果产生,未来他也不会再犯这样的错误。卢梭在这里使用了"公共意见",和后来在《危险的关系》中一位社交名媛告诫一位不太注重自己名声的年轻女子时所用的措辞一样:"公共意见"作为一种判断权威,通过它人们可以得到保护而不被反对。

是谁把"公共意见"这个说法用在政治批判、判断与政府的联系上,从而自 19 世纪开始让这个词越来越司空见惯地被使用,对此并没有太多的支持性论据指向卢梭。通过对他的作品的考察,历史学家和政治学家发现其中很少涉及"公共意见"这个题目。

直到 1978 年,在一位美因茨人 1975 年[4] 所撰写的一篇硕士论文的启

① 玛丽亚·特蕾西亚(1717—1780),神圣罗马帝国皇帝查理六世的长女,1740 年成为哈布斯堡德意志神圣罗马帝国的女皇,同时是匈牙利的女王和奥地利大公;是哈布斯堡王朝最杰出的政治家,开创了奥地利的文艺黄金时期。也由于在她与她的儿子约瑟夫二世皇帝在位期间实行"开明君主专制",为奥地利成为现代国家奠定了基础。——译者注

发下，在法国开始了多方面系统的研究工作，这些研究的焦点，是关于"公共意见"这个概念是否被卢梭作为论点提到过（Colette Ganochaud：L'opinion publique chez Jean-Jacques Rousseau。Universite de Paris V，Rene Descartes，Sciences Humanines ，Sorbonne 1977—1978，Tomes Ⅰ＋Ⅱ）³。

有关这个概念被卢梭广为传播的推测，由于可以从他的出版作品中找到醒目的联系，因此并没有落空。"公共意见的作用"从 1750 年开始，一直被作为一个主题贯穿在卢梭的作品里，但是当时他自己并没有对此进行整理，这必须需要一定的技术才能得到一幅相互关联的图景。美因茨的新闻学硕士研究生克莉丝汀·基伯（Christine Gerber）的毕业论文⁴是用这样的方式展开的：她在卢梭的六部主要著作上画上网格，然后研究出现了"意见""公开的""公共的"和"公共意见"的每一处。通过这样的圈画分析，即所谓的内容分析方法，她耐心而努力地分析了卢梭 1750 年到 1755 年间文化批评方面的作品——《新爱洛伊丝》（*Julie oder Die neue Heloise*）、《社会契约论》（*Contrat Social*）、《爱弥儿》（*Emile oder Über die Erziehung*）、《忏悔录》（*Die Bekenntnisse*）以及后来他在 1758 年写给达朗贝①的信。基伯在其中找到了 16 处"公共意见"这个概念；大约 100 处没有"公共"，而是与其他形容词或实词联系在一起的"意见"这个概念；106 处使用了"公开的"或"公共的"这样的词语；出现最多的（与"公共意见"相似）组合是"公众的尊敬"。

公共性意味着人人可见

我们从基伯的这项工作中知道了最终的结果，即卢梭将公共性非常敏感地感知为一种威胁，从这个角度收集经验："我不认为也不承认有什么比公开把我说成是小偷、骗子和诽谤者更可怕的了。"⁵"所有的一切都阻止不了这样的情况——我不知道是通过谁，被煽动的人们逐渐挑起了对我的怒火，在光天化日之下公开地侮辱我，不只是在旷野和小路上，而是甚至在大马路的中心……"⁶

---

① 让·利朗得·达朗贝（Jean Le Rond d'Alembert）（1717—1783），法国力学家、数学家和哲学家，法兰西科学院、巴黎皇家科学院、普鲁士皇家文学科学院和波洛尼亚学院院士。他的主要著作有《数学手册》（8 卷）、《动力学》和《文集》（23 卷）等。——译者注

"在光天化日之下""而不只是在小路上",这种没有安全感的透明度和公开性强化了糟糕的感受。应用相对频繁的词组"公众的尊敬",对卢梭而言已经暗指了依照马基雅弗利或洛克或休谟的习惯所使用的"公众对名望的意见"。但是这种表达方法在他的作品里占据了无法比拟的更大的篇幅。他来来回回被相互矛盾的感觉所牵扯。从社会交往的角度,得到公共态度的支持在他看来是件庆幸的事:这种支持是形成相互联系的基础,也是非常保守谨慎的,从而它促使个体去适应当下通用的道德伦理和传统习惯,并且保护这样的道德伦理不会崩塌。公共态度的优势和价值并不在它的智慧性上,而是在它的道德力上。

舆论是道德伦理的守护人

卢梭认为人类在很久以前凭借着纯良的本性,在"未被开发"状态下的生活是理想的社会构造,被这样的信念所感染,他看到了——正如我们所理解的那样,公共意见的强有力的铸造成形作用:伦理道德和风俗习惯是一种财富,通过它们能够确保将公民的最好的优点集中起来。就像约翰·洛克将公共意见比作不成文的法律一样。之后,卢梭将与国家有关的法律分为三种类型:公法、刑法和民法,并且他解释说:"在这三类法律之外还有第四种类型,而它是所有法律类型中最重要的。它没有刻在青铜器或大理石上,而是深埋在每个公民的心里,因此它才真正构成了国家宪法的核心,并日复一日地赢得新的力量;在其他法律过时或被废止的时候,它仍然生气勃勃或起到替代作用,它使国民获得精神支柱,并且在不知不觉中用习惯的力量代替法律的权力。我所说的是道德伦理、风俗习惯以及占据主导的公共意见,它们都是政治策略的一部分,政治家对如何维护它一无所知,尽管所有其他类型的法律的成功都有赖于它……"[7]

正处于英国革命世纪中心的约翰·洛克强调了相关性:态度意见或名声的法则所要求的以及什么是被支持或被反对的,取决于"广场上"的态度主张[8]。对于正被18世纪中期法国宫廷的权力和浮华虚饰所包围着的卢梭而言,第四种法律深植于每位市民的心中,必须保护这种类型的法律不被破坏或荒废,这样的压倒其他的感知是恒定不变的。卢梭在《社会契约论》中创造了一个特别的官方权威,即"督查官制",这是一个以前从没有出现的制度。卢梭设立这个权威的目的,就是为了强化公共意见作为道德伦理的守护人的作用。综合这些,卢梭形成了他对"公共意见"的独

特的定义,即克莉丝汀·基伯从卢梭的作品里所找到的:

"公共意见是一种法律类型,督查官是它的工具,只允许根据统治者的示范在特殊的情况下使用它。"[9] 为什么督查官是它的工具呢? 卢梭是这样解释的:"督查官制维持已有的道德伦理……公共意见的清廉纯真是通过维护这类法律实现的,以这样的方式保证它不至于败坏,并且当公共意见出现起伏的时候,督查官时不时地为它提供一个确定的方向。"[10]

道德伦理的信条里的一致性,在卢梭看来是社会形成的基础,在有关道德的意见上形成了共同的立场就是"公共性","公众人物通常以政治的化身的名义出现,形成的政治实体被他们的跟随者称为国家……"[11] 因此,从这个角度来看,卢梭认为政党里存在地下小群体并不是好事,因为这样一来,在这个政党中仅有的共识,会因为派别间的私利而受到威胁。卢梭认为,当个人成为公众的对立面的时候,就埋下了敌对行为的祸根——它在 20 世纪的新马克思主义中最为活跃。

卢梭仔细谨慎地指出,当意见态度出现"起伏的时候",督查官给予它"一个确定的方向"[10]。按照卢梭对督查官机构的解释,也只有在"特殊的情况下"这个机构才能出现。在我们今天看来,卢梭认为,督查官通过谈论、介绍以及"令人意识到"的方式,强调了广大老百姓共同信仰中的最好的部分。一旦督查官一方面要做到独立,并且同时要宣布一些其实并没有达成共识的公共意见或一致性的认识的时候,那么所有的解释都将是空洞无力的,他们得不到任何共鸣[9]。在这种意义上,督查官就是"工具",他只是传声筒。这样的效力应该如何小心翼翼地得以发挥,这在卢梭的 20 世纪的后继者那里完全是另一种状况。督查官不能依赖任何强迫,而只允许强调道德伦理的基本原则。如同卢梭所表述的那样,督查官必须与统治者保持一致。但是,即便统治者也没有相应的权力工具从而颁布这样的法律——"正如我们所观察到的,"卢梭说,"这种类型的立法权力是在公民手中,而且也只属于他们。"[12] 但是,立法的创制权来自统治者。为了履行这样的职能,君主们需要强大的观察力量,对意见图景进行观察,而所谓意见图景则是"伟大的立法者总是不为人知地私下所考虑的"[7]。督查官通过观察活动支持他的工作。他必须观察哪些规范在公民中间是至关重要的。因为法律只能建立在共识、共同的精神信仰的基础上,这是一个政体得以建立的真正的基础。"如同建筑师在开始建造一幢大房子时,首先要观测土地,并且通过检查以获知这片土地是否能够承受这样大的重量一样,立法者要事先考察他为之确定法律的老百姓,是否有能力去支持这样的法典。"[13]

卢梭使公众的愿望(是将大众愿望中的以个人为中心的那一面剥离开)和公众的意见之间保持了一种平衡状态。"共同的愿望将通过法律得以表达,而发布公众的评价则是由督查官来完成。"[14]公众的愿望也许可以被看作是公共意见的缩影,而与此同时公众的愿望自身又是诸多法律的凝缩。法律不是其他的,而是"共同愿望的正式的声明"[15]。公共意见所拥有的合法化的力量是——正如大卫·休谟在 1741 年的基本原理中所捕捉到的——"唯有……在舆论的基础上,政府才能建立"[16];对此,卢梭的观点也是如此。"公共意见是地球上的女王,在任何情况下都不会居于国王的权力的下风;相反,国王的权力本身就是意见女王的首当其冲的奴隶。"[17]

卢梭在他写给达朗贝的信中具体谈论了这一点,以使他能够理解法国的这类督查机构。卢梭认为,"所有由法律所赋予的权利都属于人民",因此人们将他看作是彻底的民主政体论者,但是让这些人感到惊讶的是,卢梭建议,督查官的角色可以通过法国高级军官的荣誉庭让公众知晓[18]。他赋予这个政府部门最高的威信,他完全清楚"公众的尊敬"作为人们行为的影响因素的分量;并且,他也看到,如果不想让公众的尊敬立即被破坏的话,在这一点上不允许出现任何不和谐;他要求,在政府公开宣布有关公共意见的问题时,在政府公开表明支持和反对时,即便是它自身也是处于督查官制、法庭和法国最高军官的荣誉庭之下。在这里我们发现,公共意见被确立为道德权威。因而当海因里希·伯尔(Heinrich Böll)①看到公共意见是联邦政府的意见,并有一次谈到这种恶劣的状况时,可能是这样的想法让他踌躇了。督查官机构没有被掌握在正确的"手"上。

离开一个公民群体里所共同构建的关于什么是好的、什么是坏的这种想法,卢梭创造了一个新概念,而这个概念直到 20 世纪才开始被认识——"公民宗教"(Staatsbürgerliche Religion)[19]。随着对形而上学的宗教的依赖性逐渐衰退,使得关于"公民宗教"的认识流传开了。因此可以猜想,人们发现自己身处在对基本原则的完全指挥之下,这些基本原则是

---

① 海因里希·伯尔(1917—1885),德国作家,他 1949 年发表的成名作《火车正点》成为联邦德国战后文学的代表作。他在 20 世纪 70 年代创作的《以一个妇女为中心的群像》《丧失了名誉的卡塔琳娜》等引起强烈反响,也由此被公认为当代德国的歌德和国际文坛巨擘。1972 年因他在文坛上的贡献,伯尔被授予诺贝尔文学奖。——译者注

人们所不能公开反对的,而且连同公共意见的形象也不容破坏,除非不顾自己被孤立的威胁。

舆论是团体的守护者和个体的敌人

公共意见作为共同生活团体的道德伦理的守护者表现得非常成功。而在卢梭看来,另一方面,公共意见对个体的影响却是灾难性的。个体出于被孤立的恐惧而如此将公共意见尊为道德伦理的守护人,以使自己不至于被丢弃在非难之下。卢梭出于对自己的苦难的记忆,对这样的情形并没有加以反对。"评判道德伦理的人和评价声誉的人,都是从(大众的)观点态度那里得到指南的。"[20]

这种关系是从人们的需要中孕育产生的,人们需要表达"对名望的热爱",大卫·休谟论述的第 11 章的题目就是如此;或更为谨慎地说,只是人类的被承认的需要,人们需要从他人那里获得积极的社会评价和名声。这样的需求也使人类社会的堕落开始了,卢梭在他的那篇 1755 年获奖,从而使他名声大震的论文——《论人类不平等的起源和基础》中提到了这一点。"最后产生了强烈的、希望自己的财富不断增加的殷切的热望,而这样的热切更多的是出于高于他人而不是真正的需要——所有的人都有向对手施加伤害这种阴暗的倾向。"[21]"我要弄清楚,这种对名声、荣誉和荣耀的能量巨大的追逐——它使我们所有人都为之憔悴——是如何动用各种手段和力量的,并如何衡量它;它又是如何使所有的人都相互竞争、敌对,并产生更多的敌人的。"[22]

"原始的天性"从这种令人憔悴的对名望的热望中释放出来,"原始的天性自生自灭"[23],但是从一开始就与动物不同的是,人类通过自由的意志,能够开发出同情他人的能力和自我发展的能力。但这之后,在人类社会化的过程中,按照卢梭的说法:"公众的尊敬发挥了作用"[24],这改变了人们的本性,并且人们必须毫不违逆地接受它:"人类作为社会动物一直是定位于外界的:他所获得的生活的感觉,首先是以感觉他人如何看待自己为基础的。"[25]

根据卢梭的看法,人分裂为两种特性:在一种特性中,他的天性的确是按照"真实的需求"、偏好和兴趣的;在第二种特性中,自我是在公共态度的奴役下形成的。他通过科学家的例子来明确这种区别。"我们不断地在区分来自天性的倾向和从舆论中形成的倾向。有一种求知欲望只是被那个'成为知识渊博的人而被尊重'的愿望所支撑的;但是另一方面也有生来就具有的人类天生的求知欲,对一切事物——无论在身边还是在天边都感兴趣的人。"[26]

卢梭定义了由公共意见所刺激出的强迫性消费:"一旦他要某样东西,只是因为它昂贵,那么他的心里就已经受制于奢侈的想法以及公众态度中所有的虚妄,因此这样的品味显然不是出自他自己的内心。"[27]

"正直、荣耀、尊敬,没有什么比这些更好的了",这是约翰·洛克引用西塞罗的话,并且所有这些都可以追溯到一个根源,即享受周围环境中的有利评价。卢梭通过分析人类真实的本性和通过舆论形成的特性之间的对立,尝试着建立起对"荣耀"的定义——他认为荣耀是起源于自尊,而不是他人的尊重:"我将人们所说的'荣耀'区别于通过公共意见所产生的'荣耀',荣耀应被看作是自我尊敬的结果。它首先是产生在毫无偏见之上的,可偏见比翻滚的波涛还要多变……"[28]

现在卢梭这种对公共意见的矛盾情感不再会轻易被看穿,因为他总是说到"公众的意见",他在其他场合下谈到公共意见时,总是说它能够保护道德伦理中最持久的和最有价值的那部分。卢梭在这里的矛盾很容易被发现。我们曾经读到:"正是公众的尊敬能够区分罪大恶极的和正直诚实的人。"[29]卢梭赞叹斯巴达人所擅长的技巧:"曾经有一个德行不好的人提出了一个好的建议,但是五人监督院对此不加理会,却让一个德高望重的公民提出了同样的建议。虽然在这里没有对两个人中的一个进行表扬或批评,但是对一方的荣誉和对另一方的羞辱已经不言自明了。"[19]从中可以看出卢梭对公众的尊敬的高度评价是不容置疑的。但是,我们又会在《爱弥儿》中读到:"当全世界都严责我们时,接下来怎么办?我们不应该追求公众的承认,自己心安理得就足够了。"[30]

妥协是应对舆论的必要方式

通过这种相互矛盾的表达,卢梭的确比其他先于他的前辈更好地透过现象认识到了本质,我们也借此最终识别了公共意见的面貌:它体现了在社会共识和个体的倾向及信仰之间的妥协。个人被迫寻找一条中间路线、被迫受"舆论的支配",这都是因其易受攻击的天性,即他依赖于别人的评价,这种天性使他无法在被隔离、被孤立的状态下生活。卢梭在《爱弥儿》中写道:"由于人们同时依赖于自己的本心和他人的意见,因此他们必须学会,将两种因素平衡起来、相互适合,并且当两者发生矛盾时,必须让一方有对另一方的优先权。"[31]换言之,即当无法妥协的时候再做出决定。

"我必须学会忍受嘲笑和责怪"

无法妥协的情形各种各样。按照大卫·休谟的说法,可能正是出现在人们为了脱颖而出于公众场合或社交所选择的外衣下,接近公共意见的时候;也可能出现在卢梭决定展示他自己的个性的时候。路德维希十五世(Ludwigs XV)作为观众出现在坐落于枫丹白露皇家剧院的大包厢里,观看一场歌剧的首场演出,而受邀在场的卢梭穿得"乱七八糟的":戴着梳得很糟糕的、没有扑粉的假发,没有穿节日盛装,也没有带锦缎绶带。"我穿得和平时没有什么两样,没有更好,也没有更糟。我的外表朴素、随意,但是并不脏或不整洁;胡子本身没问题,因为它是大自然所赋予我们的,有时在不同时间和风气下,它甚至成了装饰。人们可能会笑话我,或觉得我粗野无礼,但是我应该被这些扰乱心绪吗?我必须学会忍受嘲笑和责怪。"[32]这里隐藏的危险在卢梭看来是过于不妥协。在《新爱洛伊丝》中这意味着:"让我感到焦虑的是,一个人对美德的无所畏惧的热爱可能赋予他力量,从而蔑视公共意见;并将他推到另一个极端,误导他,使他对那些关于正当行为、高雅礼仪的神圣的法律说出不敬之词。"[33]

因此他用以下的方式强调了社会契约应该解决的问题:"人们如何找到这样的社会形态呢,它完全能够用共同的力量保护个人和每位社会成员的财产,并且保障、支持那些个体,他们尽管一方面与所有人团结在一起,但是与此同时只听从自己的声音,愿意一如既往地保有自由?这是一个根本问题……"[34]

第 8 章

舆论作为暴政：亚历克西·德·托克维尔

如果我们研究历史的目的，是考察历史上人们对公共意见是如何理解的、这个概念表达了什么，那么我们现在可以确定：当我们将"公共意见"描述为公开的舆论传播的过程，它从根本上触及了个人的害怕孤立的恐惧时，我们在沉默的螺旋里并没有不恰当地使用这个概念。

我们也可以预料，社会能够根据害怕孤立的恐惧的不同程度，来区分其成员，但是如同斯坦利·米尔格兰姆通过它在挪威和法国的实验所发现的那样，到处都存在着顺从压力和对被孤立的恐惧，并且米尔格兰姆成功地发现，对于后者挪威人表现得更强烈些，而法国人相对弱一些[1]。米尔格兰姆之所以将他的实验带到欧洲，是因为他一开始怀疑，所罗门·奥许所证明的顺从行为可能只是美国人的个别特性。

事实上，美国人托斯丹·凡勃伦（Thorstein Veblen）①在 20 世纪初他的题目为《有闲阶级论》（*The Theory of the Leisure Class*）[2] 的书中所描写的美国人讲究排场的行为，正是卢梭所表示反感的强迫性消费。公共意见与个人本性——卢梭所用的这对对比概念——之间的妥协，反映在美国的情况是：在非常广泛的范围里都会有公共意见的反袭，而个体则尤其多地被期待为处于受支配的下风，这是卢梭的同乡托克维尔在他 1835 年到 1840 年间的游记《论美国的民主》（*Über die Demokratie in Amerika*）中所描述和解释的[3]。

---

① 托斯丹·凡勃伦（1857—1929），美国经济学巨匠，制度经济学的鼻祖，代表著作有《有闲阶级论》《营利企业论》《德帝国与产业革命》等。——译者注

托克维尔不仅第一个将沉默螺旋的过程通过法国教会在大革命前衰落的例子表现出来，而且他还有我目前所看到的富有洞见的描述；他不仅利用一切现成的机会，将交谈与沉默的意味与公共意见联系在一起去理解[4]，而且他对公共意见的观察方式也非常接近我们今天的实证式观察方法的设计，从而观察到其核心是对被孤立的恐惧和沉默的倾向。托克维尔没有写过一本关于公共意见的书，甚至也没有一个章节使用了这样的标题。我们通过托克维尔在他的著作《论美国的民主》中，对公共意见所产生效果的描述、评价、解释和分析，可涉及他对公共意见的理解。对他而言，公共意见并非只是美国的现象，他也看到了公共意见在欧洲以同样方式起作用；但是他认为，公共意见在美国更先进一些。在托克维尔看来，公共意见在美国是一个沉重的压力、负担、对顺从的强迫，或者按卢梭的话来说，是个人所受到的来自社会的束缚和支配："在贵族政体时代，个人通常还有特别的分量和实力。当他们发现大多数同时代人反对他们的时候，就会退回来，找到自己的立足处和慰藉。在民主政治时代，公民们是另一种做法。在那里公众的喜爱显得像人们所呼吸的空气一样必不可少，因而如果不能和大众协调一致，就意味着无法生存。要打败持有异见者并不需要动用法律，不赞成就足够了。感到自己被孤立和软弱无力的感觉就能迅速打败他们，掠走他们的所有希望。"[5] "我不知道还有哪个国家总的来说比美国拥有更少的精神上的独立性和更少的真正的自由。"[5]

"在立宪政体的国家里，没有一种宗教或政治的教义不允许传播……因为欧洲不是一块完全被某个单独的权威所统治的领地，使想要说出真理的人得不到任何帮助，从而不能保护他的特立独行所带来的成果。如果这个敢说真话的人不幸地生活在专制统治之下，那么人民往往都会站在他这一边；如果他居住在一个自由的国家，那么在必要的时候，他能够寻求国王式的权威作为挡箭牌；在欧洲的部分国家中，社会当中的贵族政体的那部分会给予他支持；而在其他国家中，则有民主力量支持他。但在像美国那样组织的民主政体的社会中，他只能找到一种权力、唯一的力量，除此之外别无其他。"[4] 这样的权力按照托克维尔的理解就是公共意见。为什么它有这么大的力量呢？

平等解释了舆论的力量

"当我在美国时,新的现象引起了我的注意,"托克维尔在他的关于美国的这本书的导言里写道:"没有什么比社会关系中的平等能更强烈地抓住我的目光的了。我不费吹灰之力就发现了它令人惊讶的影响——它作用于社会的发展;它赋予舆论以一定方向、给予法律以一定的基准。"[6]

他试图找到是什么原因驱使了这种对平等性孜孜不倦的追求,因此,他关注全世界发展变化的趋势[7]:"我们从 11 世纪开始,研究法国在每 50 年里发生了什么,我们无法避开这样的现实,即在每个这样的时间间隔里,这个社会都发生一次双向大变革:贵族在社会阶梯中下降,平民在社会阶梯中上升。一个走下来,一个登上去。因此,在半个世纪的时间里,两者不断接近,几乎可以相遇。这种现象并不只局限于法国。我们目光所及的地方,在整个基督教世界都能观察到同样的变化……社会关系中的平等性的逐步发展也是一种天意。它所具备的主要特征是普遍而持久的,它时刻都能够摆脱人们的阻挠,一切事和人都致力于它的发展。"[8]——"放在您面前的这本书,完全是怀着一种宗教式的畏惧而写成的。作者在面对这种不可阻挡的变革时之所以这样想,是因为看到这样的革命从几百年以来就一直在冲破所有的障碍,而且我们今天还在它所造成的废墟上前进。上帝自己并不用开口,而我们显然已经看到他意愿的指示。"[8]

为什么社会关系中的平等成为公共意见中的支配性因素,托克维尔做了如下的解释:"当生活状况不平等,并且人们之间互有不同,就总会有一些非常有见识、非常博学、精神上非常有控制力的个体和一群非常无知、非常目光短浅的大众。在贵族政治时代生活的人们,自然而然地倾向于由具有卓越不群的判断力的某个人或某个阶层来选择思想和行为的规范和标准,因为他们不愿承认大众是一贯正确的。而在今天这样平等的时代一切恰恰相反。公民之间越是平等和相似,人们盲目地相信某个人或某个阶级的意愿就越小。相信群众的意愿不断增强,最后引导人们的就成了公共意见……在平等时代,人们由于他们的相似性而不会轻信他人,但是也正是这样的相似性,使人们对公共意见倾注了几乎是无限的信任。真理不在多数人的那一边,这对他们而言几乎是不可能的,因为所有人的解释都是一样的。"[9]如我们所见的,托克维尔在公共性的意义上对

"舆论"的理解就是数量上的优势。

尽管托克维尔呼吁，应该按照上帝的意志行事，这是人们所不可违逆的，但是，对这种社会里个体命运的同情感也使他无能为力，他因这种精神上的冲击而陷入了深深的悲伤，并且对此感到愤愤不平。

他描写了个体的命运："当一个人生活在民主社会里的时候，如果作为个体他与周围的所有人都一样时，他会感到十足的骄傲，因为他一切都与他们一致；但是一旦他与同伴的共同点出现在他眼前，他看到自己身边是一个庞大的群落的时候，他会感到被自身的微不足道和软弱无力所压倒。而正是使他能够独立于他的同伴们的这种平等，为他带来了由于面对巨大数量所产生的孤立和不受保护的感觉。"[10]

"只要社会关系是平等的，那么公众的态度就会给每个个体的精神带来无比沉重的负担；舆论包裹着每个人，引导着、压制着每个人：一种社会形态其本身的影响力要远大于它的政治、法律。人们之间越是相似，就越是感觉到面对他人时的软弱。他不再捍卫那些能让他从众人中脱颖而出的、使他与众不同的那些东西了，因为一旦众人与他对抗时，他感到危险；他不仅怀疑自己的力量，而且开始对自己的力量产生怀疑，因此一旦多数人反对他，他便准备立即承认自己的错误。"[11]

托克维尔写道，公共舆论的压力不仅施加给个人，而且对政府起作用。他选择了总统大选时美国总统的行为举止作为例子。在这段时期内，他不仅决定着一个国家的繁荣昌盛，而且决定着自己是否再次当选[12]。"他爱它们(公众舆论)所爱，恨它们所恨；他抢先满足它们的愿望，预测它们的不满，实现它们最细微的期望。"[13]

托克维尔承认，一个社会中的平等也有令人愉快的作用。它能够通过废黜权威，而打开每个人精神领域的新视界。但是同样也会出现这样的效果，即个体可能最喜欢什么都不重要："公共意见并不是因为它的见解主张而让人们信服，而是通过将强有力的精神上的压力施加于个人的理性，从而束缚人们、为人们的思想打上烙印……在美国，多数人群承担了推动个人接受大量现成的想法的任务，从而免去了个人塑造自我的义务。"[10]

托克维尔忧郁地感到，民主国家的公民会被公共意见的力量所征服，从而使"个人判断力的提高受到极大的阻碍或延迟"；个人精神上的自由也失去了轨道。如果"存在某些法则的权威"，也就是托克维尔所指的数量上的大多数所代表的权威，"那么，精神的自由也被遏制……这种弊病会以其他形式表现出来；人们并没有找到独立生活的中心；他们只是……发现了受奴役生活的新的种类。"[14]

托克维尔说："我不得不反复重申：因为这里有一个深刻的问题，其关键在于要把精神自由看作是神圣的，不仅要憎恨暴君，而且要憎恨独裁。如果我感觉到权力之手压在我的大脑上，我不会过多地去想以弄清楚是谁在压迫我；我也不会因此就愿意屈服于奴役，因为成千上万只胳膊在背后支撑着我。"[15]

托克维尔因此锁定了大约 50 年后美国的一本关于公共意见的经典图书中的一个主题，这就是詹姆斯·布赖斯（James Bryce）①在他的著作《美利坚共和国》（*The American Commonwealth*）（1888 年）中的第四部分所提到的"多数人的暴政"[16]。这个第四部分的标题赫然就是：公共意见。作者明确表示遵循学术上的纯理性对此进行探讨，但是并没有显著成效。而公共意见似乎是非常不理性的。也因此，许多强调以学术理性来处理公共意见的著作，往往都不成功。这其中也包括德国在 20 世纪初出版的、后被引为标准的威廉姆·鲍尔（Willhelm Bauer）所写的《舆论及其历史简介》（*Die öffentliche Meinung und ihre geschichtlichen Grundlagen*）（1914）[17] 和斐迪南·滕尼斯的《评论公共意见》（1922）[18]。

"没有人能指责布赖斯，他通过自己对公共意见的研究确定了独特的体系"，50 年后弗朗西斯·G. 威尔森（Francis G. Wilson）在回顾这本名著时作出了这样的评价[19]。事实上我们可以发现，在书中布赖斯用了将近 100 页谈论这个题目，集纳了不同作者关于舆论都写了些什么，并且在其中也加入了自己对特别有趣的现象的观察，比如他讲述了"多数的宿命"[20]，他是第一位这样加以描述的，后来这一现象被称为"沉默的大多数"。

① 詹姆斯·布赖斯（1838—1922），英国著名政治家、历史学家、外交官，其代表作有《现代民治政体》《美利坚共和国》《神圣罗马帝国》。——译者注

第 9 章

"社会控制"的概念流传开来,而 "舆论"概念遭到挫败:爱德华·罗斯

带着一句引言——"应该从已有的历史的论述中理解公共意见,它是对全国人都关注的问题的意见,这种意见能够自由而公开地被政府之外的人表达;这种意见要求具有影响和确定人们的行为举止、个人决定和统治结构的权利",我们走进 20 世纪。这句话是汉斯·斯佩耶(Hans Speier)在 1950 年的《美国社会学刊》上发表的《舆论的历史发展》一文中写到的。

舆论这个概念似乎是为学者们和记者们量身定制的

"公共意见"这个概念在几百年里所拥有的含义,发生了什么样的变化? 在公共领域可以说出对政府产生影响的意见,斯佩耶定义的这部分是我们所了解的,但是另一些就是新的内容了:它必须是有关对全国都重要的问题的态度意见;而且必须是那些评价能够被遵从的人们的意见。这是一个根本上的限定,与此同时也是本质上的改变。现在这个概念,不是关于苏格拉底所说的知识和不学无术之间的交叉,而是在政府之外确立一个明确的意见表达,这样的表达是主张平等但非深思熟虑的判断。

这样的变化一定是非常有趣的。从什么时候开始"舆论"失去了"名声"这方面的含义了呢? 当我提出这样的问题时,我的感觉和那些丢了钱包、原路寻找的人是一样的。那是在 20 世纪 60 年代初,差不多在同一时间,我发现了相互分离的两条曲线非常引人注目,也就是投票意愿完全不能解释对谁能赢得大选的期望。但是,到了七年之后我才注意到这两个

问题之间的相互联系。

对公共意见的含义发生了转变这一问题的兴趣，使得我们可以设想，这是出现在有了"所有的统治都是建立在舆论基础之上的"这个教条的时候，并且由此政府的授权可以通过公共意见表达出来。那个雄伟的广场、卢梭所说在国家中被承认的公共意见、在美国公共意见中的高于一切的权力、托克维尔的描述，所有这些都应该是公共意见的代表。但公共意见的王位地位，直到 19 世纪中期在有关舆论的论著里还没有被提及。现在有大量的重量级的著作出版了，在其中公共意见被系统分析，并且确定哪些类型的公共意见对国家有最大的作用，之后对此进行定义。哲学家、其他学者、作家和新闻记者对塑造公共意见的影响，应该是为它找到了合适的位置。在杰里明·边沁（Jeremy Bentham）①（1838—1843）[2] 或詹姆斯·布赖斯的论述中（1888）[3] 都是可以找到社会心理学慎虑周全的观察，但是他们没有通过标准规范的方法抓住公共意见的特点及其起到的作用。也有人从这些有代表性的公共意见的概念发展得更远，比如后来在斯佩耶[4]或威廉·海尼斯（Wilhelm Hennis）（1957）[5] 或尤尔根·哈贝马斯（1962）[6]的著作中所提到的，舆论只是批判性的政治判断。

舆论如同清扫人行道上的积雪

决定性的阶段几乎是在 19 世纪的最后几年，是在美国社会学家爱德华·A. 罗斯在 1896 年到 1898 年之间的《美国社会学刊》上所发表的一系列文章中，这些文章后来在 1901 年被结集出书。罗斯的书里似乎抛弃了对"公共意见"这个概念在几百年来被作为"顺从的压力"的理解，而只是将它缩归于政府的重要控制权限[7]。它和以前的定义还总是保持着关联。例如，社会心理学家弗洛伊德·H. 奥尔波特（Floyd H. Allport）②1937 年在后来变得很出名的《舆论季刊》（*Public Opinion Quarterly*）杂志的第一年出版的第一期上，发表了题为《迈向舆论科学》（*Toward a Science of Public Opinion*）的文章。在这篇论文中，他举例说公共意见的作用就像

---

① 杰里明·边沁(1748—1832)，英国功利主义哲学家、经济学家、法学家，他是英国法律改革运动的先驱和领袖，其代表作有《政府论断片》《赏惩原理》《道德和立法原则概述》等。——译者注

② 弗洛伊德·H. 奥尔波特(1890—1978)，美国社会心理学家、实验心理学的创始人之一，代表作有《社会心理学》《知觉理论与结构概念》等。——译者注

清扫每户人家门前的积雪；对于公共意见这种本质，他用了这样的语言将之形象化："人们所研究的被标示为'舆论'的现象，实质上是一种行为方式……这样的行为，通常是伴随着这样的想法，即其他人也正是这样做的。"[8] 但是这种看法尤其在当时欧洲学者的眼里，是被当作错误的、不恰当的。

直到个性化被从社会中完全驱除

在爱德华·A.罗斯后来集纳在图书中发表的那些论文里，对公共意见的理解上产生了什么样根本性的变化？最初，罗斯所述的如同第二个约翰·洛克，不过人们奇怪，他从来没有提到过洛克。罗斯说："强大有力的人对社会的排斥置之不理。受过教育和培养的人通过躲在其他的时空或逃到另外的圈子，而远离他邻居的疏远。但是对于大众人群来说，周围环境的表扬或批评则是他们生活的主宰。"[9]——不是因为想到"强悍的公众会对自己做什么"让现代美国人变得完全没有防卫能力；而更多的是因为，"当现代美国人在被充满敌意的评价所包围的时候，他们变得完全无能为力、无法动弹，这种无能感使他们在生活中无法承受周围环境的道德判断和感情"[10]。——"只有罪犯或道德英雄才能不受他人如何看待他的干扰。"[11]

这句话出自罗斯书中标题为《公共意见》的章目下。但是他将公共意见看作是复杂表象之下的一个侧面，而对于这种表象他用了一个出自赫伯特·斯宾塞（Herbert Spencer）①的概念[12]——"社会控制"，并且这个名词也成为他的著作的名称——《社会控制》(Soziale Kontrolle)。社会控制在人类社会里是通过不同方式加以实施的，罗斯说道，可以以完全清晰可见的制度化方式进行社会控制，比如通过法律，也可以通过宗教、民族节日和教育等方式。此外，社会控制还能以公共意见的形式来发挥作用，尽管这并不是制度化的方式，但是它仍然具有制裁力。理查德·T.勒皮尔（Richard T. LaPiere）②(1954)将制裁分为三种类型[13]：身体上的制裁、

---

① 赫伯特·斯宾塞(1820—1903)，英国哲学家、"社会达尔文主义之父"，代表著作有《政府的适当权力范围》《心理学原理》《人口理论》《社会静态论》《第一项原则》等。——译者注

② 理查德·T.勒皮尔(1899—1986)，美国现代社会心理学家，代表作有《弗洛伊德主义伦理学》《社会控制理论》《集群行为》《社会学》《社会心理学》(合著)等。——译者注

经济上的制裁和最为重要的——心理上的制裁。心理上的制裁可能始于不向某人打招呼，而止于如同爱德华·A.罗斯所说的[14]这个个体"从社会生活中消亡了"。

罗斯强调了社会控制更倾向于通过公共意见来实现。他认为公共意见比起司法要"灵活"和"便宜"[15]。罗斯所用的表现方式——鲜明生动的描绘，本身就是更大的成功。"社会控制"这个概念是一个充满着新颖魅力的措辞，罗斯将约翰·洛克谈论意见或名望的法则的所有内容填充到这个概念上，因此所产生的结果是，许多社会学家都接受了"社会控制"这个概念，而不再谈论"公共意见"。其实，公共意见是一种整合性的力量，具有两面性——它不仅迫使个人，也强迫政府尊重社会的共识。公共意见逐渐被遗忘，在个体身上产生的效果现在被称作"社会控制"；而在政府那里继续起着可以称作是"舆论"的作用，而且作为智识构建被接受，并很快就转化、具备了规范性特征。这两种作用方式的相互关系被分裂了。

第 10 章

狼群的齐声嚎叫

为什么追踪的路线不断增多,人们如此费力地穿越茂密的丛林要探寻公共意见究竟意味着什么?用老式的概念名称所表示的公共意见究竟能实现哪些功能?对于一个出自"传统的概念宝库"的"经典概念","人们既不能简单地丢弃它,也不能郑重其事地采用其最初的含义内容",这是社会学家尼克拉斯·卢曼(Niklas Luthmann)①在他 1970 年发表的《公众舆论》(öffentliche Meinung)[1] 中所写到的。这正如另一位作者——沃尔特·李普曼(Walter Lippmann)②在他 1922 年出版的《公众舆论》(öffentliche Meinung)[2] 一书中所提到的,李普曼发现了新的,还没被描述出来的公众舆论的特征,并且他在后来的章节里阐述了公众舆论与大众传媒之间的关系[3]。但是,无论是李普曼还是卢曼,两个人都对模糊历史的踪迹有"贡献"。卢曼写道:"那些对理性的信任和由此产生的对批判的控制力的信仰,使得公共舆论变化着的潜能无法把握支配力量,这是回顾人类精神历史所看到的……"[4] 但是,是谁唤醒了这样的信仰?既不是洛克,也不是休谟,既不是卢梭,也不是托克维尔。

如果没有 1964 年初夏一个周日早上在柏林的经历,我从现代关于公共舆论的著作中,还找不到对这些起源的追溯。那时候,我在柏林过周末,以便为我周一在柏林自由大学的课程准备好复印资料。这时已经有了些离愁别绪了,因为我将在秋天转到美因茨大学担任新闻学教授。在这个周日早上,我还没有吃早饭,突然我的脑海里闪现了一个类似图书标

---

① 尼克拉斯·卢曼(1927—1998),德国社会学家,社会系统理论的创始人之一,主要著作有《社会的社会》《社会的艺术》《信任:一个社会复杂性的简化机制》等。——译者注

② 沃尔特·李普曼(1889—1974),美国著名的政论家、专栏作家、传播学史上著名的学者,曾于 1958 年获得普利策奖,代表作为《公众意见》《新闻与自由》等。——译者注

题的东西,它和复印资料没有关系,与这些日子正在做的课题也没有关系,完全没有明显可辨的线索。我立即跑到桌子旁,在一张纸上写下"公众舆论和社会控制"。与此同时,我意识到这个题目意味着什么——半年后,我在美因茨大学正式的就职讲座就叫这个名字[5]。

这张写着一个简短标题的纸片,促使我回到公共舆论这个题目上来,并且开始了对历史足迹的追寻。对这个题目的研究,如同几百年以来一直理解的那样,是对人类敏感的社会性本质的研究,即人们对来自周遭环境的赞同和非难的依赖,那么究竟为什么这个题目过时了呢?是因为它不适合现代人的自我意识,是因为它与从解放、从责任中生发出来的自我意识的伟大的胜利相矛盾?如果是这样,那么当人们接着把人类社会与动物社会进行比较时,所显现出的忧虑就是不难想象的。

在人类社会中显而易见回避将之作为研究题目的是"被孤立的恐惧",而在对动物行为的研究中,对此却恰恰可以毫无畏惧地详细展开。动物行为研究者积极反对频繁地预想动物与人类相比较的结果,而主张应该测量人与动物之间保留了多少相似之处。

埃瑞克·齐门(Erik Zimen)[①]在他的著作《狼》中写道:"显然,当我们将人类的行为与动物的行为进行比较时,我们必须非常小心谨慎。一些外在表现相似的行为方式可能有完全不同的作用;而同时在另一方面,从形式上完全不相像的、完全从不同的历史中发源的行为,却可能有着同样的功能……因此对人类与动物的对比观察,可能带给我们新的想法和思考诱因,而后我们必须通过细致的观察或实验来进行检验:尤其是当我们对像狼与人这样两个在社会组织上如此类似的物种进行研究的时候。"[6]

无论如何,这样的说法足够公正,并且它帮助我们毫无困难地理解"群狼共嚎叫"是什么含义。同样,我们说"群狗共吠","合唱般的齐声嚎叫"在狗群里与狼群里是完全一样的,当然在黑猩猩群体中也会有齐声嚎叫[7]。

赞同采取相同的行为

埃瑞克·齐门解释说,狼群喜欢在夜晚追击前嚎叫,也喜欢在开启早

---

① 埃瑞克·齐门(1941—2003),瑞典人类学和动物学研究者,专注于对狼群的社会行为的研究,代表作品有《狼》《狗》等。——译者注

晨的活动阶段嗥叫。"对于狼而言,其他狼的嗥叫是自己开始嗥叫的强大扳机……但单独的嗥叫不一定必然引来合唱。例如,如果最先嗥叫的狼地位比较低,那么往往不能像高地位的狼那样成为合唱的诱因。"[8] 所有被压制的、被从狼群中赶出去的狼或者被淘汰的狼都不参加这样的嗥叫。被压制的、被放逐的狼的处境与地位低下的狼处境相似,这使它们意识到,不被孤立是多么重要,并且要做到像狼的美国研究者阿道夫·穆里(Adolph Murie)[①]所说的那样"友好地团结在一起"[9],以便能被允许参加齐声嗥叫。被赶出去的狼所遭遇的切实的弱势是,它们要为食物而筋疲力尽[10]。

这样的嗥叫有什么作用呢? 埃瑞克·齐门说:"这种限定在一个较为紧密的小圈子的行为使我们猜想,在那里会采用某种行为方式,从而增强这个群体的凝聚力。可以说众狼之间相互确证了友好的合作氛围。我们也可以进一步猜测,嗥叫出现的那个时点,也起到表示同步的群体仪式和表示行动阶段的统一性的作用。凭借这种方式,狼群在睡醒后也立即进入类似的情绪氛围,从而使得共同开始行动成为可能。"[11]

一致的群体行为

对于同步行为、共同的处理方式,托尔·冯·乌克斯魁尔(Thure von Uexküll)[②]和康纳德·劳伦斯(Konrad Lorenz)[③]通过观察穴乌用声音信号管理群体行为,已经在他们的报告中指出来了。"穴乌群白天到田野里寻找食物,晚上回到森林里栖息,它们通过分散在不同地方的鸟的叫声,表决确定一致的行动方向,从而重新形成一个整体共同行动。在白天或晚上的出发或返回时间里,当鸟与鸟之间在方向上产生了分歧,人们就可

---

① 阿道夫·穆里(1899—1974),第一位在狼的自然栖居地研究狼的科学家,是自然观察者、作家、野生动物生物学家。他的代表作品有《麦金利山的狼》《阿拉斯加的自然观察者》等。——译者注

② 托尔·冯·乌克斯魁尔(1908—2004),德国身心医学和生物符号学方面的领军人物,他的主要著作有《生命的意义》《身心医学》《人类医学原理》(合著)等。——译者注

③ 康纳德·劳伦斯(1903—1989),奥地利动物学家、现代行为学的创始人之一,提出了比较动物学的研究方法,并于1973年与K.弗里希、N.廷伯根共同获得诺贝尔生物学奖。他的主要著作有《鸟类的社会行为》《所罗门王的戒指》《人与狗》《攻击的秘密》和《动物与人类行为的研究》等。——译者注

以观察到,鸟群会一直飞来飞去,直到'djak'的叫声大过了'djok'的声音,这群穴鸟就会最终飞往森林的方向,或者相反。这样的过程一直反复进行着,一直到突然所有的鸟都发出了同样的叫声,而后鸟群才作为一个整体或飞往森林或飞向田野。因为鸟群已经确定了通过表决而采取或是寻找食物或是找寻栖居地的具体行动。这时,在鸟群中有共同的情绪,或者某种如同共同感觉的东西占据了优势地位。穴乌群因此也是一个通过民意表决的共和国。"[12]

康纳德·劳伦斯在他的著作《所谓的坏人》①(*Das sogenannte Böse*)中有一章取名为《匿名群体》,这一章里就描述了鱼群的群体行为[13]。"'社会'这个词,从最广义的角度来看,其最原始的形态就是匿名的群体构成,对于这一点,广阔海洋里的鱼给了我们最典型的例证。在群集中没有后来越来越完备的结构、没有领导者和被领导者,只有由每个平等的成员所组成的一个有权力的集合。成员之间相互有着某种影响,个体之间有着某种最简单的'共识'的形式,这些使得群集聚合在一起。当有一条鱼感觉到危险并逃走的时候,它会用同样的情绪感染其他鱼,使它们也感觉到它的恐惧……从某种意义上说,这个物种深受一致性意见这种以数量优势为特征的民主的影响,这样所带来的结果是,当鱼群中所包含的个体的数量越多,并且个体的群体性本能越强时,鱼群做出决议就越困难。因此当一条鱼出于某种原因开始向某个特定的方向游去时,它不能很快逃脱群体而自由地邀游,并且与此同时,由于不能远游,它仍然受到所有那些要将它努力拽回鱼群的刺激的影响。"[14]

被孤立,从而失去与群集的联系,这对个体立刻意味着生存威胁。群体行为一定显示出它的功用,因为它无论对群体还是个体的生存都有优势。

那么,如果个体没有识别出被孤立的危险,会发生什么呢?康纳德·劳伦斯描述了他对鲤鱼——选自鲤科鱼类的鱼的实验,实验是由埃瑞克·冯·霍尔斯特(Erich von Holst)②执行的。劳伦斯写道:"霍尔斯特分别将这个种类的几条鱼的前脑切掉,在前脑里,至少是这个种类的鱼里,藏有所有结群的反应。失去前脑的鲤鱼无论从外表表现、吃食和游水都

---

① 又译做《攻击的秘密》《攻击与人性》。——译者注

② 埃瑞克·冯·霍尔斯特(1908—1962),德国行为生理学家,20世纪50年代创办了马克斯·普朗克研究所行为生理学分所;他与康纳德·劳伦斯共同合作研究行为生理学。——译者注

和正常的鲤鱼没有区别，唯一能够区别于正常鲤鱼的行为特征是，被鱼群驱逐出来、没有同伴跟着游在它后面的时候，它没有受到影响。在这种情况下，它没有出现正常的鱼所表现的犹豫不决，而正常的鱼即便在很强烈地想游往某个方向的时候，也会在行动前环顾周围鱼群里的同伴，对它们施加影响，看看是否有鱼跟着它、有多少……当失去前脑的鱼看到食物或出于某种原因想去某个地方的时候，它就毅然地游向那个方向，并且看到整个鱼群都跟在它后面。"劳伦斯对此评论说："被做了手术的动物……正是因为它的缺陷而毫不含糊地成了领导者"。[15]

根据现代大脑研究者的说法，在人类的大脑中也有这么一个特定的区域，时刻监视着"自我"与"外界环境"之间的关系[16]；但这也意味着，存在着会被攻击和伤害的区域。人类群体关系分析家郝斯特·E. 瑞希特（Horst E. Richter）①曾经说过："我们比我们所认为的……要更加脆弱。"他认为，我们人类因为周围环境给予我们的评价和周遭对待我们的方式而受伤害。人们是否的确应该将他们的社会本性小心地藏起来呢？

"人们的理性是，在他感到陷于孤立的时候，就完全变得害怕和小心翼翼；而当他在集群中，并且认为这个群体中许多人和他想法一样时，他会更有力和更胆大……"这是詹姆斯·麦迪逊所描述的[18]。法国社会学家阿尔弗勒德·埃斯皮纳斯（Alfred Espinas）②在他 1877 年出版的著作《社会性动物》（*Les sociétésanimales*）中也有非常相似的描写，他以生物学家A. 福勒尔（Auguste-Henri Forel）③的研究报告作为自己的论据："每只蚂蚁的胆量是随着同伴和朋友的数量的增加而变大的，同样是随着同伴和朋友疏远它而变小的，这之间有着精确的数量关系。一只来自拥有众多蚁众的蚁群中的蚂蚁，比来自小部落的蚂蚁要更加胆大妄为。因此，当工蚁被它的同伴所围绕的时候，具有将生死置之度外的胆量。而当它哪怕离开巢穴只有 20 米、单独待着的时候，就会表现出极度的恐惧并且躲开

---

① 郝斯特·E. 瑞希特（1923—　），德国心理分析家，研究家庭心理诊疗和文化心理学，1982 年他所领导的预防核战争世界医生组织被授予诺贝尔和平奖，他的著述丰厚，主要著作有《父母、孩子和神经衰弱症》《病人家庭：婚姻和家庭中冲突的起源、结构和理论》《群体》等。——译者注

② 阿尔弗勒德·埃斯皮纳斯（1844—1922），法国社会学家、经济史学家和哲学家，"人类行为学"这个概念是由他最早提出的，他的代表作有《社会性动物》《技术的起源》等。——译者注

③ 奥古斯德·亨利·福勒尔（1848—1931），瑞士神经解剖学家、精神病学家和昆虫学家，主要著作有《蚂蚁的社会世界》等。——译者注

任何微小的危险。黄蜂也是类似的情况。"[19]

我们是否还应该继续展开对具有批判功能的"公共意见"的假设,因为它的确具有将人类社会联系在一起的力量?还是不要再被我们的"自我的理想形象"所迷惑?

第11章
非洲部落和太平洋部落中的舆论

人类学家科林·M.特恩布尔（Colin M. Turnbull）[1]在他的著作《森林人》（*The Forest People*）[1]中，描绘了生活在刚果的丛林人群俾格米人（Pygmäen）的生活。这本书将我们带入欢快的野营生活，在那里人们晚上被集中在一起共同歌唱，早上年轻人用叫喊和欢呼唤醒熟睡的人们。在开始狩猎之前，他们往往要一起跳舞，男人们和女人们围成一个圆圈，围绕着整个营地一起唱狩猎歌曲、拍手、向左右环视并且高高地跳起，从而模仿他们希望捕猎到的动物。

在这种田园牧歌式生活的背景前面存在着戏剧化的冲突。那个最开始受到尊重，却在狩猎途中一直遭遇不顺的五个家庭的首领赛福（Cephu），往往会被排除在共同行动之外，会遭遇到团结一致的对抗，并且疲于应对丛林里的驱赶，追赶的人是妇女和孩子——这个人的交际网络从其他人的网络中被解除了。这一天的晚上，没有人和他说话，在男人集会中也没有留给他的位置，当他要求年轻的小伙子给他让出一块地方时，没有人理会他，而其他人对他唱嘲笑他的歌曲，好像他不是一个人，而是一头动物。失魂落魄的赛福把他捕到的猎物拿出来给别人瓜分。

这些猎物很快被分光，所有的人都拿走些，除了那些被他的家人看管下的没有被动过；人们搜寻每一个角落，拿走所有他们发现的能吃的东西，包括那些已经放在锅里在火上炖熟的肉块。之后，在晚上的晚些时候，一个更远房一些的亲戚端着一锅盛得满满的、浇着蘑菇调味汁的肉送回给赛福和他的家人。最后，再晚一些的夜里，人们看到赛福又回到男人

---

① 科林·M.特恩布尔(1924—1994)，美国人类学家，他的代表作品有《山区中的人》和《森林人》等。——译者注

们的圈子里，围坐在静静燃烧的篝火旁，一起唱歌——他又重新属于他们了[2]。

人不能独自生存

一个年轻男子在与他的表妹乱伦而被抓到时，则是另一番遭遇。他被同龄伙伴拿着大刀和长矛追逐，没有人愿意收留他到自己的茅舍以保护他，他只能逃到森林里。特恩布尔引述了部落里的一个成员告诉他的这个传闻："他被驱赶到森林，在那里必须独自生活。在他做了这件事情之后，没有人再会把他吸收进自己的群体。之后他会死掉，因为没有人能独自在丛林里生活。森林会杀死它。"特恩布尔说，然后，按照典型的俾格米人的做法，权威人物忍住笑突然开口了，他拍着巴掌，告诉人们说："这件事情已经发生几个月了。他被抓住太傻了……"[3] 显然，被抓住的愚蠢比乱伦本身要付出更大的代价。

就在这天夜里，这个年轻人家的茅舍着火了，两个家庭之间爆发了争吵，通常争论不是关于乱伦的。但是到了第二天上午，人们看到蒙受耻辱的女孩子的妈妈热情地帮助修复违规者的茅舍。三天后，年轻男子在晚上悄悄地遛回营地，并且又坐回单身汉的圈子里。最开始没有人和他说话，但是后来一个女人让一个小女孩送来一碗吃的给他，事情也就过去了[4]。

在外面世界的糟糕经历：被轻视、被嘲笑

在特恩布尔所描述的每种情况中，冲突都被调停了，但是整个营地在这之前都在讨论这件事。他说，那里没有法官、没有法院、没有誓言。那里也没有正式的程序、没有作出决议的市镇议会、没有酋长。每个事件的处理方式都不使群体的团结受到威胁。一个由猎人通过关系网组成的社群首先必须保持合作能力。社会的每个个体通过两种方式坚守原则，也就是通过俾格米人比所有其他人更害怕的两种恐惧——被轻视和被嘲笑。这让人想起爱德华·罗斯将公众舆论描绘为社会控制：在各个角落都比法庭更彻底。

玛格丽特·米德:舆论生成的三种方式

美国人类学家玛格丽特·米德(Margaret Mead)①在她的题为《原始人群中的公众舆论机制》("Public Opinion Mechanisms among Primitive Peoples")的文章中,描写了20世纪30年代原始民族的三种类型的舆论形成过程⁵。

当有人违反了法规,或是出现了规则中所展现的危险,或是当爆发冲突,或是要对未来的行为和未来的策略作出决定时,公共意见就会起作用。对于这些情况,必须经过确定措施这样的步骤,以便达成共识。米德认为,公众舆论机制是必需的,以确保共同行为的能力。

米德所描述的第一种类型⁶与俾格米人的方式一致,她说这种类型的公共意见只在相对小的居住群体中发挥作用,群体的人数大约在200人左右,最多不超过400人。她对此举了生活在新几内亚的阿拉佩什(Arapesh)部族的例子。稳固的规则持续的时间非常短,许多规定都是短暂的,它们出现,然后马上就变成过去式。这样的栖居共同体几乎在无系统的状态下存在,那里几乎没有固定的权威地位,也没有政治机构、没有法官、没有法院、没有神职人员、没有医生、没有世袭的统治阶级。

共进一顿猪肉餐

米德描述了阿拉佩什人的一个真实事件中的冲突解决方式:一个人看到一只别人家的猪钻进他的庭院,他并没有随意而为,而是完全相反——他非常小心翼翼地处理这件事。在各种情况下,可以确信的是,他会杀掉这只猪,这是被普遍坚守的风俗。不过,正当猪钻进来的时候或此后它被杀掉、从刚被矛刺伤的伤口中流出鲜血的时候,庭院的主人会叫来几个朋友或同龄伙伴、兄弟、连襟,与他们商量。第一种可能的做法是,将被杀死的猪送回给猪的主人,这样猪的主人无论怎样都得到了猪肉,并且支付赔偿;第二种可选的做法是,留下猪肉并吃掉,从而作为对愤怒和他

---

① 玛格丽特·米德(1901—1978),美国人类学家,对现代人类学的形成有重要的贡献,在其1978年逝世后随即被追授总统自由勋章,主要著作有《萨摩亚人的成年人》《三个原始部落的性别与气质》《文化与承诺》和《代沟》等。——译者注

庭院里的损害的补偿。当地位平等的朋友们建议采取较为宽容的方法，即把猪肉送回给猪的主人时，他就会这么做。如果他们主张的是比较冒险的做法，就会将下一轮的建议者——长辈们，如父亲、叔叔请出来。如果他们也认为可以把猪肉留下来，那么庭院的主人会最后问一下一位特别有威望的人。如果这个有威望的人也同意，就会将猪肉吃掉。实际上，他们的一致同意是一种象征，表示如果后来遇到了麻烦，他们会团结起来共同捍卫这个决定，并且准备共同承担不好的结果，比如猪的主人和他同伴的巫术及憎恨。

个人必须关注数量不多的或变化着的规则

弄清采取什么样的做法才不会被孤立，需要非常尽心尽力和小心翼翼，因为并没有明确的规则。总是会出现新的情况，在其中个体要做出赞成或反对某些事物的决定。当他确定下来时，他的同党会热烈地支持。但是，另一方面，这样的联盟也是短暂的，很快会出现不满，然后在下一次的冲突中会有新的派别出现。

在这里如果要谈论公共舆论的形成过程，毫无疑问已经具备了所有的组成成分：争端、两派阵营、试着采取某种处理方法以不被孤立、觉察到的影响、站在有道理的这一边、所有的人都参与进来了。不过，我们也可以怀疑，是否这真是有关"公共的"意见的，是否"公共的"这个元素真的出现了。显然，在这里的"公共"和我们在现代大众社会中的理解是不一样的，今天"公共"对个体意味着：匿名性、每个人都可以加入进来、个体发现自己在一个由其他人所构成的不受控制的集群中、人们无法知晓集群中其他人的名字和想法。而阿拉佩什人认识他所在的部族群体中的其他成员。另外对他来说，公共意味着"所有人"、意味着那种全面的归属感——在任何情况下，他都不愿意从这样的所属中分离出来、被驱逐、被孤立。

对偶系统或不同阵营的态度

米德以雅特穆尔人（Iatmul）[7]——新几内亚猎取人头的蛮族部落为例描述了第二种贯彻公共意见的过程。他们与阿拉佩什部族一样，没有首领、没有中央集权，尽管如此，他们也同样有决策能力和行动能力。但是在解决冲突时，个体并不是谨慎地追寻多数人的意见。雅特穆尔人发展出一个"对偶"系统,部族会按照正规的标准分为两个阵营,然后在两个阵营或派别之间,对各种争论的问题作出决定。米德认为,这样的做法在更大的团体中,如雅特穆尔部落有1000人左右,是必要的。个人不能因为他是这样想的,就采用自己对事情的某种态度,而是要支持他所在的群体的意见。群体是如何构成的,个人被分在了哪一边,则完全是任意的。因此,两个相对的派别分别是由冬天出生的人和夏天出生的人所组成;或是分别由居住在墓地北边和墓地南边的人所组成;或者是分别由其母系家族不允许吃鹰,和按照其母亲家族的规定禁止吃鹦鹉的人所组成;或者是按其父亲家族分别属于部族A和部族B的人所组成;或者分别属于两个相邻的年龄组。这样的体系只有在小组之间时常会有重叠的时候才能起作用,这样的话,今天在某事上是相互对立的人们,明天可能在另外一件事情上又结成同盟站在一边了。这样的方式不会将栖居共同体分裂,尽管到处都是双重对偶的。并且这意味着,这种被设置的对应着"赞同"和"反对"的轻微分裂性的模式具有公共意见形成过程的特征。

在这里,决定不是通过多数人的判断而做出的。在出现问题时,由对此最感兴趣的人们寻找解决方法,并且他们所在的正式群体的成员通过口头传播的呐喊表示跟随。米德认为,在现代社会很多问题就是通过类似的对偶组织进行决策的,党派、团体、宗教群体的支持者热烈地为这一派或那一派意见争论着,但是事实上,他们并不是因为观点而争执,而是因为这是他们所在的阵营所代表的立场。最后的解决方案是估计支持者的力度所决定的。现代政治术语揭示了公众舆论机制与普通民众的直接关系。关键词"两极化"意味着对偶的构造,以便得到关于某个决议的相互对立的选择;而现代的流行语"阵营态度"则是展示了玛格丽特·米德所描写的雅特穆尔人的例子。

单独的个体是无力的,以及巴厘岛的形式主义

对于第三种使一个社会团结一致的典型,玛格丽特·米德以南部海域岛屿的居民巴厘人(Balinese)①为例子进行了阐释[8]。

在巴厘人那里,我们会看到固定的如仪式般的秩序。对于争端问题

① 巴厘人是东南亚印度尼西亚民族之一,所使用的巴厘语属于南岛语系印度尼西亚语族。——译者注

是以司法的敏锐判断加以解决的。所有健康的成年男子都是市镇议会的委员，并且随着年龄的增长，他们不断登上更高的位置；当他们成为"执事人员"，就要负责仔细谨慎地解释代代相传的法规，而且必须要提出论据。比如，一对情侣结婚了，但是有人怀疑这桩婚姻是否合法，是否应该归为乱伦之类。这两个人是一级血亲中的哥哥与妹妹，但是他们又属于不同代际——从家谱谱系来看，这位女子是这位年轻男子的祖母。在一级血亲中的兄妹结婚是被禁止的。那么在这个案例中问题的关键，究竟是一级血亲的亲戚关系，还是代际的距离？整整一天人们都沉浸在极大的紧张中。议会集中在一起，领袖考察了一系列观点，没有律师代表所涉及的家庭，人们也没有尝试找出"压倒性的意见"。最后，专家为议会做出判决：一级血亲就是第一等级，因此这样的婚姻应该被判为违法。那么违反这样法规的人就会很明显地被孤立起来，这两家人的房子会被所有的老百姓一起推翻，被排挤到村庄的界限外面，而安置在村子南边的惩罚区域。结婚的这两个人被驱赶在外，不允许参加当地的除了葬礼之外的任何活动。

像巴厘人解决冲突这样的处理方式，是否真的依赖公众舆论机制了呢？这是通往另一种形式的社会控制的平顺过渡。

爱德华·罗斯并不是将"社会控制"这个概念与公众舆论联系起来，他也明确地指出了通过法律的途径。巴厘人的做法让人们想到了法律形式，即便在那里没有成文的法律，也没有诉讼程序。如果遵守约翰·洛克的三分法，即神授戒律、正式的法律和意见的法则，这三者汇聚在一起，从而使得个体实际上不再有任何自由空间，只能通过小心谨慎及与同伴群体聚集在一起来摆脱被孤立的命运。

玛格丽特·米德证实了通过原始部族研究公众意见的价值：在原始部族那里，人们还可以研究质朴简单的文化，这在现代社会中已经相互交织在一起了。阿拉佩什人、雅特穆尔人和巴厘人处理的方式不同，但是其中的个人能做的或者说必须做到的都是实现并保持一致性。在阿拉佩什部族，个人必须将最大的关注力放在法规上，法规是变动着的，因此今天正确的，明天可能就是错误的了，人们可能马上就发现自己被排除在外。在雅特穆尔人的体系中，每个个人总是作为两个党派中的一方的支持者发挥作用。在巴厘人那里，他们的法规是最稳固的，个人对此完全没有影响力。阿拉佩什人所发展出来的高度的敏感性，在巴厘人那里却完全是毁灭性的。对周围环境进行估计的准统计感官，在那样的环境下会逐渐萎缩。

由邻居来控制

玛格丽特·米德流畅地描述了苏尼人[①]公共舆论的组合模型[9]。在那里,每个人都时刻处在邻居的观察和评判之下。

公共意见一直是被当作负面的惩罚。因此,它就起到限制所有的活动和取消许多行为的作用。当我们在现代社会寻找相对应的现象时,我们显然发现,在今天邻人的监控不仅起到限制作用,而且还有唤起某些行为的用途,比如早晨在窗户外面将被褥晒出来,让大家都能看见,就是一种遵守卫生标准的表示。在苏尼人这里这种类型的成熟的公众舆论机制,在其他文化中有多敏锐,可以从某些风俗规矩中加以识别,比如在有的地方,人们晚上不可以把窗帘拉上,这样人们就能从外面看到亮堂堂的房间里。或者有的地方,庭院之间的栅栏或篱笆是对邻居责难的象征性的防御,而办公室或家里关上的门也具有同样的意味。

---

① 苏尼人是美国新墨西哥州西部的印第安人。——译者注

第 12 章

进攻巴士底、舆论和大众心理

来自新几内亚或巴厘岛的故事,很容易被当作富有异国情调的游记而被误读。玛格丽特·米德因此寻找当代的相对应的现象,以展示公共意见形成过程中的共通之处。米德选择了处私刑的暴徒群[1]为例子,作为与阿拉佩什人经历的现代配对现象,从而拉近与她的美国读者的距离。她认为,在这两个案例中,个体们都从当时的情况出发,出于本能做看上去正确的事,而没有经过某个派别的表决同意,并且从中实现政治影响。

如果玛格丽特·米德没有注意到遥远的阿拉佩什人的小心谨慎的情境——一只别人的猪钻进了某人的庭院,也没有观察处私刑的暴徒群中的个体参加者,那才是不可思议的呢。阿拉佩什人不会让自己因为按照自认为是正确的自发方式——"从他自己对问题的感觉出发"[1]——行事,而感到恐惧。正如米德的描述,阿拉佩什人特别慎重地处理问题,他处在所谓的社会控制之下,而且有充足的理由去通过他自己的行为,确保得到有影响力的他人的支持以及其他事物,例如他通过让他们一起吃猪肉餐,当然他们甚至可能迫使他这样做。

有形的大众群体:个体生活在共同的基础之上, 并从被周围的观察中解脱

对于那些参加私刑的个体来说,正好体现了相反的一面:他们小心翼翼尽一切努力躲避被注意,也就是让自己避免成为他人锐利的观察下的一员,不让他人赞同或反对他的行为,而是完全走进匿名的大众群体,并且通过这种方式从社会控制中解脱,而所谓的社会控制是他在作为个体的时候亦步亦趋地伴随左右的,哪怕他只是最低程度地活动在公共视野

或听觉范围内。

米德选择了人们自发或显而易见的大众群体，也被称作"有形的大众群体"（L. von Wiese）[2]作为详细阐述的、最新的例子。所谓有形的大众群体，是指集群中的人们有身体的接触或者至少是可以相互看得见的，他们短暂地聚在一起，像一个实体一样共同行动。这显然与阿拉佩什人并不相像；尽管在解决那只别人的猪这个问题上，由一个足够审慎的团体达成了共识，但是每个参与者仍然是一个独立的人、扮演着自己的某种角色。而处私刑的暴徒群体行为，这种人类集群行为的变种，自从法国大革命和攻占巴士底狱以来就一直令学者和有学识的公众感到困惑。19世纪和20世纪的大量关于大众心理学的论文和书籍，都是关于这些谜一样的人类本性的爆发的。但是这些论述可能并没有使理解公共舆论的过程变得容易，反而是更加困难了。如果不像玛格丽特·米德那样确定集群暴动与公共舆论之间的同一性，而是只感知到一个松散的联系，那么这样的理解反而模糊了17、18世纪的作家们曾经完全梳理清楚的公共舆论这种社会心理现象的典型轮廓。

公共舆论与集群性心理的爆发相互之间有什么关系呢？在开始这个探索之初，把巴士底狱的攻陷作为一个例子来研究看起来是有益的，法国历史学家丹纳（Hippolyte Adolphe Taine）[①]这样描述这个事件：

"每一个地区，包括市中心和皇宫都聚集着大量的人群。请愿者、控告者、代表团从一地到另一地，他们的后面跟随着推动或支持他们的人群，只有他们自己的偏好和奔走中的偶遇才是主导的力量。一大群人聚集在这里或那里，而他们的策略就是攻击和被攻击。他们只在能够进入的地方才能获得成功。他们在失去战斗力时还能进攻，是因为得到了卫队士兵们的帮助。在巴士底狱，人们从上午10点到下午5点一直向40英尺高、30英尺厚的围墙射击，但只是偶然间子弹射中了城堡的薄弱处……人们像对待孩子一样关照集群，尽力使他们受到最小的伤害：根据最开始的要求，典狱长将大炮从射击点撤了下来，并且请首要代表共进早餐；他保证如果群众不进攻，守备军就不会射击……在他最后允许射击的时候，只是因为在非常紧急的情况下、在知道遭到攻击而为了保护第二座

---

① 依波利特·阿道夫·丹纳（1828—1893），法国历史学家、思想家、文艺评论家，19世纪法国实证主义代表人物，也是巴黎政治学院的奠基人之一。丹纳的代表作有《19世界的法国哲学家》《艺术哲学》《论知识》和《当代法国的由来》等。——译者注

桥梁的情况下，才允许手下开枪的。简言之，他的克制力、他的耐心是非同寻常的，完全符合那个时代的人性的典范。——人们因为由攻击和抵抗而导致的不可名状的感触、因为火药的气味、因为暴行的令人震颤的力量而变得盲目地固执，他们除了要推倒这座石头大山之外，什么都不知道了，他们的权宜之计是经过深思熟虑的……一些人认为，抓住典狱长的女儿，威胁要烧死她，就会迫使她父亲投降。另一些人在城墙突出的地方塞满了稻草点着了火，这样就封锁了道路。'巴士底狱不是通过武力攻陷的'，勇敢的埃里这样说，他是一名斗士，'在守备军真正被攻击前，他们就屈服了。'

在无人会受到伤害的承诺下，达成了有条件的投降。守备军并无心射中一个鲜活生命的心脏，与此同时他们自己掩护得很好，并且另一方面在他们看到庞大的群体时，他们已经心慌意乱了。只有 800—900 人发动进攻……但是在巴士底前面的广场和周围的街道上站满了好奇的围观者，他们想看个究竟。在他们中间，正如目击者所言：'有一些优雅的、漂亮的女士，她们将她们的车停在远一些的地方。'在防卫墙的高度可以看到大约 120 名守备军的人，好像整个巴黎都涌向他们……他们放下吊桥，让敌人进来，所有的人——被包围的人和包围的人一样——似乎都失去了头脑，后者更有甚之，因为他们陶醉在胜利之中。还没有攻占城堡，他们就开始破坏一切，后来的人射杀前面的人，一切完全都是意外。每个人都开枪，完全不在意射向什么地方、射向谁。突然具有杀死他人的无限的力量和自由，对于人们的天性来说是更强烈的酒精，他们陷入眩晕，每个人都杀红了眼，最后陷入狂热。

……法国的皇家卫队知道战争法，努力遵守法令。但是他们后面的群众并不知道他们会遇到谁，只是到处逢人就打。他们放了向他们射击的瑞士守军，因为这些人把蓝色的制服翻过来穿了，从而被当成犯人。这使得他们转而进攻向他们打开巴士底狱的守军。人们抓住了阻止典狱长爆破城堡的守卫，举起军刀砍掉了他的手腕、用两只长剑刺穿了他，他那双曾经挽救四分之一巴黎的双手，也被在庆祝胜利的游街中展示……"[3]

在这样的集众场景之外，让人感到非常新奇的，就是今天我们根据经验的和历史的分析而确认的公众舆论：即在特点的时间、在特定的地点存在于有情绪感染力的观点和行为方式中，如果不想被孤立的话，人们必须在观点确立的地区公开表达这些看法；如果在观点产生动摇或出现新观点的紧张地带公开表达这些看法，也不会让自己陷入孤立。

集群暴动和公共舆论之间到底有没有关系呢？我们采用一个简单的测试来回答这个问题。所有的公共意见都有共通之处，那就是它们与个人对被孤立的恐惧是紧密联系的。在个人不能自由地按照自己的想法表达观点或行动，而是要关注他周围环境的观点，以使自己不被孤立的地方，那里我们就可以看到公共舆论的出现。

在具体的、情绪激动的集群中毫无疑问会表现出这一点。那些在巴士底狱的攻陷中提供帮助的人们，或甚至只是聚集在街头被煽动起来的观众们，都非常清楚地知道，他们必须如何表现，才不会被孤立，也就是被其他人赞同；他们也知道哪些行为会导致几乎是威胁生命的孤立，也就是通过拒绝、通过众人的批评而造成的隔绝。在情绪激动的大众中，针对古怪的人的被孤立的威胁，其明确性和尖锐性教育我们，公共舆论的表现形式从根本上在起作用。在巴士底狱风暴中，我们很容易想到今天的集群场景，在足球场上由于反对裁判的判决或者反对某支让球迷失望的球队而引起的骚乱。或者发生在游客身上的场景，一个外国的汽车司机撞到了一个孩子，那么无论司机是否有责任，都不会影响到围观的群众清楚地知道，他们是不能站在司机那一边的。或者在因班诺欧·奥纳索格（Benno Ohnesorg）[1]的死而举行游行示威的时候，人们知道绝对没有可能为警察（Karl-Heinz Kurras）[2]说话。

个体或多或少地努力调整自己，以符合被公众所允许的行为方式，这在群集场景中是显而易见的。与此同时参与者所达成的共识也将不同来历的群众联系在一起，并且根据不同的原因，群集的场面也各有特色。

看上去既有与时间无关的，但也有与时间有联系的原因，这些缘由构成了情绪激昂的群众的共同元素。这让我们想到滕尼斯所说的稳定的聚合状态和不稳定的聚合状态。与时间无关的共同体形成自本能反应：饥

---

[1] 班诺欧·奥纳索格是德国柏林自由大学的学生。在参加1967年6月2日晚间学生反对巴列维国王访问西德的游行中，被身穿便衣的柏林刑事警官库拉斯开枪射死，时年26岁。他的死引发了影响德国和欧洲一代人的"六八"学生运动，并直接推动了"六月二日行动"和"红军旅"两个左翼暴力组织的形成，后者通过各种爆炸、枪杀、绑架等行为破坏二战后西德的繁荣。——译者注

[2] 卡尔-海因兹·库拉斯，柏林刑事警官，因开枪打死参加学生游行的26岁柏林自由大学学生班诺欧·奥纳索格而被捕。他声称这次枪杀是场意外，因此经过两轮审判而被无罪释放。但在2009年德国电视二台的一则新闻表明，库拉斯从1955年就为东德国家安全部门提供情报，并在1964年加入了东德统一社会党，因此有专家怀疑这次枪杀为东德国家安全部的指令。——译者注

饿的状态、保护被汽车司机撞伤的无助的小孩、联合起来对付陌生人或外国人、分帮结派支持自己的球队或国家。体育馆（Sportpalast）的群众就是在这个基础上——"你们愿意打一场总体战吗？"[①]——组织起来的。

对于破坏了不容置疑的道德伦理而引起的共同的愤怒，就是与时间无关的或者至少是不依赖于实时现状的。相反，与时间相关的则是这样的集群——他们的相互联系是在价值观念变化的情形下，即在"不稳定的聚合状态"中，从新的价值观念中形成的。在沉重的变化过程中，辛苦变革着的那些分散的、隐而不见的群体通过增强自己的力量，使得他们有权力集合大众，从而大大加快新的秩序的建立，在对新秩序的喝彩中，人们可以不冒任何风险地被公众所接纳。由此形成了与时间有关的具体有形的群体，也就是他们的共同点来自当下的理念，这样的群体在革命时代有典型的体现。我们也可以把具体有形的群体看作是强大得多的公共舆论。

在具体有形的群体中个体的处境，与处在潜在的群体中的个体是完全不相同的。个人通常小心谨慎地考察哪些是应该或能够在公共场合表达的，而这种做法在自发形成的群体场合中是根本就不需要的：因为主发条对被孤立的恐惧已经关闭了，个体感觉自己就是群体的一部分，而不需要害怕任何评判权威。

空洞的舆论在自发的群体中变得有血有肉

为了理解自发形成的群体与公共舆论之间的关系，我们应该从另一个角度进行观察，也就是观察的视角不再是害怕孤立，或因身处有形的群体中而从害怕孤立中解放出来的个体，而是从社会的角度出发，观察在社会中如何随着公众舆论的形成，而在由先驱者所提出的时事性议题上达成共识。我们认为，一面是一个普遍的共识，另一面是反对强硬的规范、本能的反应或新近被接受的价值准则的某个人或小组（少数人群），当这两者之间的紧张状况解除后，才可能形成一个自发的群体。或者这也和公众舆论的两面性相对应，也就是舆论向上的和向下的作用，其向上的影响是攻击某个机构或政府，这是通过破坏它们的基本原则或行为中的共

[①] 这是 1943 年 2 月 18 日约瑟夫·戈培尔（Joseph Göbbels）在德国柏林运动场向精选出来的 15000 名听众发表的极具煽动性的演说《论总体战》中的一句话。——译者注

识,或是并不遵循变革的要求而实现的。社会学研究者用描述性问卷系统地测量了这样的张力,从而预测革命动荡中的破坏力。为此,研究人员采用一系列问题,以探查出人们对某些至关重要的领域的看法是怎样的以及这些领域应该是怎样的。当在这两者之间裂口超过了标准值,就预示着有危险[4]。

在具体有形的群体和所谓抽象无形的群体,也可以被称作"潜在的群体"之间的差异,存在于感觉和思维上的共同性,而不是在于是否同时在同一个地方。这是形成一个具体有形群体的有力条件,这样的群体也可以被称作"有效群体"[西奥多·盖格尔(Theodor Geiger)[①]]。利奥波德·冯·维泽(Leopold von Wiese)[②]谈论过"秘密的共同体",并且列举了下述的例子:

1926 年 8 月在巴黎有各种反对外国人的暴乱。在进入一段平静的时期后,又出现了严重的意外事件。有一辆搭载着外国人的大客车,行驶到了发生火警的附近地点"'就被警察拦住了,告诉他们为了防止火势的蔓延,最好走另一条路。而那些认为这些外国人过来显然就是为了看火灾热闹的人们,因此立即冲向他们……在警察制止这些群众之前,石块已经结结实实地砸到车内的乘客身上了,许多人因此受伤。直到护卫人员强有力的行动发挥作用之后,外国人才被解救。在被逮捕的骚乱分子中居然有……一位有名的巴黎画家,他积极地参与了这次袭击活动'……那么此前是否这里也有抽象无形的群体呢?显然,这里所有的秘密共同体,都是通过袭击外国人来发泄对高昂的通货膨胀率的不满。从中形成了无组织的、人数上不计其数的仇恨外国人群体"[2]。

反复无常的群体:对舆论而言并不典型

情绪激昂的大众群体在公共舆论形成过程——这一直是一个努力贯彻某种价值观的过程——中所扮演的角色,应该是随着"组织起来的群

---

① 西奥多·盖格尔(1891—1952),德国社会学家,因早期批评纳粹,20 世纪 30 年代逃亡到丹麦哥本哈根大学,代表作有《群众及其行动》等。——译者注

② 利奥波德·冯·维泽(1876—1969),德国社会学家,与滕尼斯、乔治·西美尔共同创立形式社会学,第二次世界大战后,他领导了《科隆社会学与社会心理学杂志》的创刊工作,对重建德国社会学和社会学会有重要的影响。他的代表作有《人性的反思》《社会学》等。——译者注

体"[麦孤独（McDougall）]①5 的组织性不断增强,而越来越清晰的。这样的组织与原始的、自发的、无组织的群体正好相反,它是在某个特定的目标下,在有计划地劝诱或从容地重中要建立一个具体有形的、"有效群体"的领导者或领导小组的带动下逐渐形成的群体。相对于此,我们可以描述原始的、自发的、无组织的大众群体,它在形成的过程中并没有以贯彻公共舆论为目标,而只是以其本身的组成为目的,从而达到情绪的高峰、为参与者提供一个受感情驱使的群体,在这里会有:共同体的感觉、强烈的刺激、热望、强大的感觉、不可战胜的力量、自豪、对不容异说的许可、现实感的缺失、一切皆有可能、所有的都不需要任何复杂的斟酌就可以相信,非常简单的是所有的行动都不需要承担责任也不需要耐久力。因此这类大众群体的特征就是,它完全不可预料地从一个目标变化或转移到另一个目标,它们所刚刚狂热赞美推崇的事物,可能很快就变成要被钉死在十字架上的东西了。

长期以来对反复无常的大众群体的描述令人印象深刻,因此这样的图景被固定下来了,即如同通过大量的公众而形成的舆论一样,大众群体的多变是正常状态。观念上会发生不可预测的突然变化,这一点是可预测的。但是,人们所预料的"群体人群"的这种不稳定性,既没有体现在从民意调查中所探测出来的个人意见的总和上,也没有表现在个体对意见气候的估计中。抽象无形的、潜在的和具体有形的、有效的群体遵循不同的法则,他们有时是有被孤立而恐惧的人群,有时是没有被孤立而恐惧的人群。掷地有声的是在具体有形的群体中的共同感,这使个体不再需要对如何说话、如何做事保持警惕。但是在这样紧密的联系中,也存在着戏剧般反复无常的可能性。

---

① 威廉·麦孤独(1871—1938),英国裔美国心理学家,他的代表作有《社会心理学导论》《生理心理学入门》《心理学纲要》《变态心理学纲要》《团体心理》等。——译者注

第13章

时尚就是舆论

保持与许多人的一致性鼓舞着人们,并且大多数人为之狂热。今天,当在奥运会或世界杯足球赛进行时,或是在警匪三部曲的电视剧情节导致万人空巷时,或是当所有的老百姓都痴迷于英国女王的盛典游行时,我们都可以通过民意调查观察到这样狂热的景象。就连德国联邦总理大选也每次都引起高昂的情绪。

共同的归属感难道起源于古老的部落时代? 这种安全感、抵抗能力、行动能力,使得个体暂时从被孤立的恐惧中得以解脱了吗?

准感官统计是连接个人领域和集体领域的纽带

"所有试图弄清楚个人的和集体的感知之间究竟有什么关系的努力,没有一次是成功的",这是英国社会心理学家威廉·麦孤独在他 1920 年出版的图书《群体心理》(*The Group Mind*)[1] 中所写到的。西蒙·弗洛伊德(Sigmund Freud)[①]认为将集群组织描述为"群体的意愿",或是将个体与社会对立起来,是毫无必要的结构划分。在弗洛伊德看来,一边是个体,另一边是社会,这是"对自然联系的割裂"。人们受到许多人的影响——这仿佛是外界对他们的影响,这一点是完全不可能的。个体不可能与许多人建立起关系,他的世界是由有限几个典型性的联系所组成的,通过这样的关联个人与几个他人交往,这些关联决定着人们的情感调适,以及人

---

① 西蒙·弗洛伊德(1856—1939),奥地利著名神经病学学家、精神病医生,也是 20 世纪初的病理心理学家、心理分析学派的创始人。弗洛伊德因在文学理论领域的巨大贡献而在 1930 年获得歌德奖,1936 年他成为英国皇家学会通讯院士。他的重要著作有《歇斯底里研究》(合著)、《梦的解析》《性论三讲》《精神分析的起源与发展》。——译者注

们与集体之间的关系——正是出于这样的观点,因此对于弗洛伊德而言,所谓的"社会心理学"这个学术领域完全就是杜撰出来的。

而我们今天通过民意测验的工具发现,准感官统计更敏感地感知到周围环境的不同态度的频次分布和变化情况,这是无法用弗洛伊德的观点进行解释的。令人称奇的正是在所有的市民群体中,都体现出对周围世界的感觉能力、对大部分人的想法的预测能力[2]。这里一定有某些超越了私人关系之上的东西,它使得个人们具有感知能力,凭借于此人们应该能够持续地同时观察大量的人群,这个观察领域被人们准确地表述为"公共空间"。因此,麦孤独也明确地提出了有关对公共空间的意识的假设,对此我们在今天找到了多得多的迹象。麦孤独描绘道,每个个体在公共场所的行为是建立在对公众意见知晓的基础之上的[3]。

通过人类的准感官统计,人们可以发现连接个人领域和集体领域的纽带。被接受的集体性知觉都并不神秘,但是个体却具有感知某些人物、行为方式、观念被周围环境赞同和反对的能力,以及对这些现象的变化、加强或弱化做出相应的反应的能力,换言之,就是尽可能使自己不被孤立的能力。这对麦孤独来说,就是为什么"独自存在在某种意义上意味着被孤立,单独一人的状态使得我们中的每个人都会感觉到压迫感,尽管这种感觉无法完全清晰地感知到;独自一人意味着群体状态的消失"[4]。

在19、20世纪,两种理解一直在不断地进行着交锋:其中的一方更为确定地认为,人类的群集行为是一种本能性行为;而与之相对的一方则更倾向于,群集行为是建立在对真实世界的经验的基础之上,而作出的一种理智的反应;后面一种立场更容易被人文主义思想所接受。从后者的视角出发,可以看作是对分别来自英国生物学家威尔弗雷得·特罗特尔(Wilfred Trotter)[①][4]以及强调行为学派的麦孤独的两种本能理论的打击。这种混乱是由另一种状况所引起的,即一种重要的、显著的人类行为方式——模仿;模仿有两种形式,它们之间有不同的根源、不同的动机,但是却在外显形式上无法识别。我们可以先回到两种模仿的不同之处:一种模仿可以被看作是学习形式,其目的是为了获得知识、记住操作方法,从而从经验和知识中得到益处,从被假定为明智的判断中以及从被假想

---

① 弗雷得·特罗特尔(1872—1939),英国著名的外科医生、神经外科学的先驱;他在社会心理学方面也很有建树,提出了群集本能。他的代表著作有《和平与战争中的群集本能》等。——译者注

为有吸引力的品味中得到认识;另一种模仿是为了与他人相似,模仿是为了排除被孤立的恐惧。那些强调人是理性的学说,将模仿解释为有目的的学习,由于这种学说明显地战胜了本能理论,因此模仿是出于害怕被孤立就不再成为研究所追踪的课题了。

为什么男人一定要留胡子

许多引人注目的现象相当不可思议,并且它们的确能够将注意力吸引到正确的方向上来。但是,那些过于习以为常的事物,却只表现出少许的令人困惑之处,而未引人注意。安德烈·马尔罗(André Malraux)①晚年在与戴高乐(Charles de Gaulle)②的谈话中说道:"我从来就没有弄清楚我可以从流行中领悟什么……有那么几百年,男人们都留着胡须,而又有那么几百年,他们把胡子刮得干干净净……"6

学习、获得知识是模仿的动机,正如蓄须或刮掉胡须的动机? 答案应该从马尔罗的谈话中找到:流行是行为方式,当它是新颖的时候,人们可以将它公开展示,自己不会因此被孤立;或者在过了一个阶段之后,人们必须公开展示它,如果人们不打算让自己被孤立。人类社会通过凝聚在一起和个人对妥协具有充足的准备这些方式得以保障。应该可以确定的是,在没有更深层的用意时,在某个时代的人们对深刻的变化没有准备好的时候,胡须的流行样式不会发生变化。

"发型款式和衣服、鞋子,以及身体的整个外观"都被苏格拉底当作没有成文的法律[柏拉图:《理想国》(Der Staat),第四卷,425A - D],此外还有音乐的风格,都是一个社团、国家的基础。"人们在引入新的类型的音乐时,必须小心翼翼,因为它不能意味着是对整体的威胁;因为只要是动摇了音乐的风格中的某一处,就一定会引起国家的重要法律的震荡……"在对演出的设计和在不会引起任何不良后果的外衣之下,新的东西才偷

---

① 安德烈·马尔罗(1901—1976),法国著名的作家、评论家、曾任戴高乐时代法国文化部部长。他的代表作有获得 1933 年法国龚古尔奖的《人的价值》《纸月亮》《西方的诱惑》和《反回忆录》等。——译者注

② 查理斯·戴高乐(1890—1970),法兰西第五共和国创建者、法国军人、政治家和作家。他在 1958 年 6 月任法国总理,1958 年 12 月到 1969 年 4 月间出任第五共和国总统。他的著名著作有《荣誉的召唤》《团结》和《救星》等。——译者注

偷摸摸地潜入进来。苏格拉底的谈话伙伴阿狄曼图(Adeimantos)①补充说:"新的事物也不会立即改变任何事物,而是逐渐地确定下来,并且完全无声无息地、秘密地改变了风俗习惯和行为方式,之后在更大范围的相互之间的交往中出现了新的习惯和方式,然后从这些相互接触中,新的事物又更加咄咄逼人地改变了法律和国家结构。按照苏格拉底的说法,直到它们最后颠覆了私人领域和公共领域的一切事务。"(424B - 425A)[7]

这是以轻松的方式面对时尚的有意思的特征,其实却隐藏了它的极大的严肃性以及它作为社会聚合机制的重要意义。在这其中,社会是通过还是并不凭借精心运作的阶层等级来维持一致性;是将公共场合中到处可见的服装、鞋子、头发或胡须的样式用作表现等级的差别,还是正好相反,正像例如美国社会所努力的那样,外在表现是为了不体现出等级上的不同,这些都并不重要。而已经明确的是,时尚以其轻松有趣的方式特别适合于清楚地标示出阶层顺序。换言之,从这种相互关系中发现更加引人注目之处,即时尚表现了对与众不同和优越性的追求:按照休谟的说法就是"对名望的热衷";而托斯丹·凡勃伦的表述就是"上等人的理论",也就是上等人更加无所不在地感受到顺从的压力;而约翰·洛克在谈到意见法则、名声法则或流行法则的交替更迭的时候,则强调它们的持续性特征。

可以通过练习学会妥协的能力

当谈到时尚作为规范手段时,总是会在许多有负面含义的习惯说法中表现出对时尚的不满,如"赶时髦的""流行的反复无常""痴迷于时尚的人""纨绔子弟"等,这些都是与"外表的""肤浅的""短暂的"联系在一起,模仿成了盲目的人云亦云。

如同在用民意测验法进行市场分析从而对女性消费者进行研究时一样,总是可以得到强烈而深刻的观察结果:当受调查的女性消费者被问到,她们在购物时,特别是购买新衣服时,寻找的是什么样的衣服时,最热切的回答是:"应该是永远流行的衣服。"在这里,我们多多少少遭遇到了对于"消费强迫"的真正的愤怒,这是一种因被迫在自己的喜好和时尚的

---

① 阿狄曼图是柏拉图的兄弟,他和柏拉图的另一位兄弟格劳孔(Glaucon)都出现在柏拉图的《理想国》中,是苏格拉底的主要对话者。——译者注

要求之间妥协而引起的怒气,这种妥协是为了不要让自己因为还穿着旧式的衣服而显得寒酸,从而会被与时俱进的社会嘲笑或者排挤。但是,引起"消费强迫"的原因却被误解了。那些商人们并不像生气的女性购买者所想象的那样,他们在时尚的更迭变化中并不是操纵者,他们无法控制一切并将流行趋势指引到这里或那里。他们之所以获得成功,只是因为他们像优秀的水手,能够正确地判断风向。因此,真实原因是人们的这种最外显可见的、公开穿着的服饰,非常适合充当表达时代精神的符号,并且也可以作为一种媒介,通过它个体可以展现他们对归属于集体的顺从。

在贝迪克斯(Bedix)和李普赛特(Lipset)所编撰的著名文集《阶级、地位和权力》(*Class*, *Status and Power*)中,有一篇论文不赞成对时尚的控诉,社会学者的惯用语中对于时尚的概念过于外延了,使它成为一个"过度归纳的概念"[8]。这篇论文将下面的事件作为一个可怕的案例而引用:仅是某一位作者就可能将"时尚"这个概念用在与绘画、建筑、哲学、宗教、道德规范、服装、严谨的自然科学、生物学和社会学等有关的事物之中。因此时尚不仅仅要与语言、文学、饮食、舞曲、休闲有关,"而且还要用在社会和艺术元素所涉及的所有领域"。当把"时尚"这个词用在众多不同的领域之中时,它所表达的核心是"多变性"。但是,这篇论文的作者们指出:"在各种完全不同的社会领域中和由此而产生的变化的动态环境中,行为规范的结构是不可能完全相同的。'时尚'……有太多的外衣,它隐藏在从本质上来说完全不同的社会行为规范中。"

轮 廓 分 明 的 模 式

真是完全不同的社会行为规范吗?只要仔细观察,就可以发现到处潜藏着被约翰·洛克命名为"不成文的意见或名声的法则"。这些法则无处不在地表现出那种轮廓分明的模式,这符合约翰·洛克对"法律"这个概念的强烈主张,即给予表扬和惩罚,并不是事情本身所决定的,就像有时人们会过度饮酒把自己的胃弄坏一样,而只是根据在特定时间和特定地点的同意或反对而决定的。如果我们在这样的基础上看待事物,就会看到拓展对"时尚"这种表达方式的使用也并不是不恰当的,而恰恰适合于引起对共同点的关注。在所有的领域里——许多这些领域都会被看作是相互无关的,人们都可以把它们标示为"流行的"或"过时的",并且会根据不同的生活范围妥善处理,对变化进行观察,以使自己不被孤立——被孤立的恐惧到处存在,只要那里存在着对领导性意见的评估。时尚是一种突出的凝聚手段,它对社会的聚合功能体现在许多无聊可笑的小事上,例如鞋跟的高度或领子的样式,这些都是公共意见的内容,是"流行"或"过时"的信号。因此看上去存在各种完全不同的领域,从中可以观察时尚,但它们之间并不是相互无关联的。当然,对这之间的同步性还没有更多的研究。但是,我们可以借助苏格拉底所指出的音乐的变化与发型的变化之间的关系来开始猜测、假设,并且不用怀疑这样做的严肃性,因为最终连国家的律法都会在这样的变化中被推翻。

第14章

被戴上颈手枷示众的人

对大多数老百姓而言,实施残忍的处罚就是对人类敏感的社会性本质的利用。不仅有那些难以隐匿在公众视线之下的惩罚,例如古兰经所规定的刑罚,犯有偷盗罪之后被鞭笞的右手、再犯之后被打伤的左脚或者在某人身上烙下的印记,而更为重要的是那些只是对自我感觉产生影响的刑罚,这种处罚即所谓的"名声上的惩罚",至少这被认为是对人们毫发无损的。但是我们可以毫不费力地明白,采用套上颈手枷示众的惩罚措施意味着什么[1]。这样的处罚在任何时代、在任何文化中——在我们的文化①中是从 12 世纪开始[2],都可以看到,并且从中产生了人类本性的一项恒定的特点。俾格米人知道,人们最敏感的地方在哪里,也就是别人嘲笑他或轻视他并且是当众这样做的时候——所有的人都能看到或听到[3]。

名声上的惩罚是利用人们敏感的社会性本质

约翰·洛克引用了西赛罗的名言:"世上没有比正直、颂扬、尊重和名望更美好的事物了。"并且,洛克补充说,西塞罗已经非常确定地意识到,所有这些名称都是在表示同一个事物[4]。人们被拿走了他的最好的东西、他的名声、他的声望,这就是名声上的惩罚的内容。被套上颈手枷示众的人,在中世纪意味着,将"人的尊严撕成两半"[5]。因为这样的经历让人们感觉到无比疼痛,因此随着早期的人本主义潮流的兴起,土耳其的一项法律就规定,18 岁以下的年轻人和 70 岁以上的老年人不允许被套上颈手枷示众[6]。

---

① 是指西方文化。——译者注

通过非常巧妙的方法,使得被戴上颈手枷示众的人尽可能广泛地暴露在公众视线之下:如戴上颈手枷示众或表示耻辱的捆绑以及处在集市上或是任何两条街道交叉处的羞辱台上。被戴上颈手枷的人,是按照"令人痛苦的颈枷条例"被用铁颈圈束缚住,这名罪人会在最繁忙的时候被"示众"或"站到台前",如在赶集人的上午时光或在星期日或节日。同样,作为"教堂的戴上颈手枷惩罚"是将罪人的腿用绳索绑在教堂的大门上。通过击鼓、敲钟和按铃发出很大的声响,并且受到戴颈手枷刑罚的人,会通过被刺上耀眼的图案而尽可能地引人注意,例如用棕红色,或在他身上涂抹上不洁的动物的图案。贴在这个犯人身上的告示上写有他的名字和他的罪行。嘲笑或辱骂或向他扔脏东西(扔石头并不符合这样的处罚的特征,因此在这里不会提到)的众人都是匿名的,他们不再处于当他们独自一人时所要承受的社会控制之下。"令人痛苦的颈枷条例"中的"令人痛苦"一词体现了这种刑罚的特性,暗示了他人对受惩罚的人的名声的公开贬低、蔑视。

戴上颈手枷示众并不是用于那些严重的违法行为,而是针对那些微妙的、难以定性的行为,而且这些罪行应该直接曝光于公众的视线之下,即欺诈行为,比如面包师的缺斤少两、欺骗性的倒闭,还有卖淫或拉皮条,尤其是中伤、诋毁行为——那些伤害他人名誉的人,也会失去自己的名望。

从流言中人们可以总结出一个社会的声望规则

造谣中伤在这里涌向流言蜚语的界限,是关于不在场的第三方的谈话,通过这样的交谈传播对这个第三方的非难。造谣中伤与名声对立,是羞辱。名望因此会被破坏,这是对声望的糟蹋[8],使某人陷入坏名誉当中,因此和这样的人出现在一起,人们就会皱眉头——这一切都完全符合《危险关系》中的伯爵夫人 1782 年在一封给一位年轻女子的信中所描述的,前者是为了劝阻后者与她的那位臭名昭著的情人交往:"……不愿意站在公众舆论那一边反对他吗? 这难道就足以使你日后重新调整与他的关系吗?"[9]

糟蹋名誉、破坏名声、声名狼藉:这些措辞超出了社会心理学的词汇范畴,通过这些词语,个体们感觉到自己毫无防备地被遗弃了。"是谁这么说的?"当谣言的只言片语传到他耳朵里的时候,他会要求知道,但是流言都是匿名传播的。美国学者约翰·比尔德·哈维兰（John Beard Haviland）将谣言、流言作为科学研究的对象。他对辛纳坎特科（Zinacanteco）①部落进行潜心观察，以将谣言作为源头、作为科学研究的资料加以捕捉，从而提炼出一个部族或一个社会中的有关名声的规则。他观察流言是如何不断地被强化的，以至于最后它所描述的过失众所皆知。类似戴颈手枷示众的对名声的惩罚方法将用于通奸的男女双方：他们要在庆典的中心完成艰苦的劳动[10]。这种惩罚方式在如何实现孤立方面是非常具有想象力的。艰辛的工作在平常的日子里与名声无关，但是独自在庆祝的人群中间突兀的行为，就一目了然地反映了他们被逐出群体的状态。

人们想了很多种方法让丢脸丢得引人注目：戴着纸糊的高帽子"展示"、拉着被剃了光头的女孩游街、涂上沥青和插上羽毛——这让我们想到俾格米人中不走运的赛福，并且他还会被别人嘲笑为："你不是人，你是动物。"

即便是皇帝也会因处在蒙受羞辱、轻视他的公众之中而令人目不忍视。布拉格（Prag）的手工业者和供货商在鲁道夫二世（Rudolf Ⅱ）②在位期间没有等到应该给他们的付款，因为波希米亚当局冻结了这位皇帝的税收收入，因此手工业者和供货商将这些公布于可以让人们听到他们声音的公共领域，也就是世界公认的报纸——在布拉格广泛地在公众中流通的 AVISO 公报。AVISO 公报在 1609 年 6 月 27 日报道了这个事件，因此在黑暗中，喊叫和哨子声，人们学狗、狼和猫的叫声，都出现在皇帝住处的门前。皇帝刚刚坐下准备吃夜宵，听到声音深感害怕……[11]

在儿童教养和学校教养中，用于示众惩罚的工具只是靠墙角站着就足够了。

戴着涂成棕红色的颈手枷、站在集市上被示众的人，和中世纪酷刑室里带着铁锁链的修道女一样，似乎都远离我们今天的生活了，但其实日常生活中被示众的人到处存在。20 世纪以来，人们会被通过报纸、电视而公开示众。在 1609 年的 AVISO 公报上，就出现了具有现代风格的示众。

尽管在 20 世纪有关公共舆论有 50 种或更多种定义，但这个概念仍

---

① 辛纳坎特科是生活在墨西哥南部的印第安人。——译者注

② 鲁道夫二世（1552—1612），皇帝马克西米利安二世的儿子，从 1572 年开始任匈牙利国王，1575 年为波希米亚国王，并在 1576 年成为皇帝。——译者注

然完全是含义不明的。在德国的刑法法典上,它过去和现在都保留着原始的含义,如在刑法法典第 186 条和第 187 条中规定,道德败坏地说人坏话,或更确切地说中伤别人的行为,即便所说的内容只是无关紧要的小事,一旦当这些话语对被谈论的对象造成了"在公众意见中的贬低"也足以构成犯罪。如同从流言中可以提炼出名声的规则,从今的判定诽谤的法律程序中也可以概括出声望规则。下面的法律审判可以作为一则实例,这是曼海姆(Mannheim)地方法庭在 1978 年 11 月 23 日(卷宗编号:Ⅷ QS 9/78)所作出的判决,《新法制周刊》(*Neue Juristische Wochenschrift*)回顾了这个案例的概要:"一位年轻的女子因她被称作'巫婆'而向法院提起诉讼,因为当事人涉及外国人(原告是土耳其人),并且在当代的中东地区巫术迷信被相当广泛地传播,因此法庭并不能因为被告责任较小而决定终止审判。这类重大控告需要通过刑事法庭作出实质性的判罚,从而保护当事人。"法庭在阐述理由时说道:"毫无疑问在当代的中东巫术被特别广泛地传播……当然即便在我们这个国家也好不了多少。根据最近一次的相关的问卷调查(1973 年)显示,联邦德国有 2% 的居民坚决相信有'巫师'存在;另外有 9% 的人觉得可能有巫术;在南部德国,根据专家的估计,没有一个村庄不存在若干有'巫婆'这样的不好的名声的女人……因此没有理由认为同样的迷信观念'在远方的土耳其'是另一种情况,因而从轻判决。正如法院向私人原告所进行的合理的解释,即怀疑这位土耳其客籍女工是'巫婆'是严重的名誉伤害行为,如果不及时、有效地制止这种公然的侮辱,会使她周围与之交往密切的迷信的人们久而久之用不受欢迎的目光看待她,并且排斥她,对她施以持续的敌意和排挤,从而——最终很可能出现虐待甚至迫害致死的情况。"[12]

第 **15** 章

法律和舆论

在《苏黎世报》1978 年 5 月 6 日对一项法院审理案件的报道中,讲述了一起发生在苏黎世(老城区)的深夜抢劫案件,并且对法院的判决进行了评论:"……但是这个案件还应该由高级法院进一步检验,他们对这样的犯罪行为的恰当的,也是温和的判决是否得人心、是否符合公众的舆论。"难道法律、法院的判决应该与公众舆论相一致吗?难道它们要符合公众意见吗?公共意见与法律领域之间有什么样的关系呢?

最紧迫的问题是,约翰·洛克所说的三种法律:神授的法律、世俗的法律、公众舆论的法则,在多大范围内是可以相互冲突的。洛克在他的时代和他的国家用如同两个人决斗的方式对待这个问题。在联邦德国的 60 年代、80 年代,出现了这样的冲突,例如对待堕胎或终止妊娠的问题上。一位教会权威将堕胎称作是谋杀,并且否认自己与一位医生的说法有差异,这位医生将大量的堕胎与奥斯维辛集中营的大屠杀相提并论。这位红衣主教说,德国的法律允许堕胎,但是他仍然坚持将它指定为谋杀行为[1]。这并不是关于措辞的争执,而是双方有着不可调和的见解。教会权威作为对峙双方中的一方观点也不是一种表面现象,而在其下却全面流传着完全不同的当代的感知方式。各种信仰对堕胎的看法都是与性命攸关的:因为基督教的教义就是要保护生命,也包括未出生的生命。而如卢梭最先提出的"宗教市民法"[2] 中,也有强烈的情感成分,它与市民的宗教信仰相对,在这里强调放权,由怀孕的妇女本人对自己的身体进行决定,这是将她对自己身体的决定权看得更有价值。这是从对立物中选取一种观点,人们因此行动起来、据此调整他们的交往、避开与他们想法不同的小团体。

分裂的舆论呈两极分化的状态

在人们绕开想法不同的人的过程中，他们失去了准统计能力，而无法正确地估计周围的舆论。我们可以在这里使用美国社会学界所提出的一个概念——"多数无知"[①]，像"人们"所设想的那样无知。这是当人们处于对立中的一种状态。社会分裂了，因此人们会表述某一种与其他舆论的相互割裂的舆论。其标志是，每个阵营都被大大高估了。通过语义差异量表来进行统计测量会发现：在两个相互割裂的意见阵营里，越是进一步地估计这些阵营中的"大多数人在想什么"，在这个问题上就越会出现更强烈的两极分化，不同观点的支持者此时不再相互交谈，并且会因此判断错误。下面的表格（请见表16—表19）就展示了一个20世纪70年代的例子。有时这样的无知也会只出现在某一方，即一个阵营正确地估计了周围环境，但是另一个阵营高估了自己：这样的组合预示着，高估自己的一方最后更有利于实现同化。

表16　1971年1月关于德国联邦总理勃兰特的态度的两极分化

	联邦总理勃兰特的支持者 （%）	联邦总理勃兰特的反对者 （%）
支持者和反对者两个阵营，在对什么是多数人的意见的估计上有很大的分歧。这可以从两个阵营的相互疏远、他们之间不再交谈并且对于意见气候的估测完全不同得到解释。 调查所提的问题是："您认为，我们中的大部分赞成威廉•勃兰特继续当联邦总理，还是觉得大部分人希望由其他人担任？您的猜想是什么？"		
大部分人愿意：		
勃兰特继续担任联邦总理	59	6
最好换别的人担任	17	75

---

①　多数无知（pluralistic ignorance）是由丹尼尔•卡茨（Daniel Katz）和弗洛伊德•奥尔波特（Floyd H. Allport）在1931年提出的一个社会心理学术语。这个概念描述了这样的情形：群体多数成员私下里并不接受某一种行为模式，但他们错误地认为其他人都会接受它，因此会在公开环境下违心地表示对这种模式的支持。也就是说在公开领域里得到大多数支持的某种行为模式，事实上却可能是这些人都不喜欢的。——译者注

	不确定、不好说	24	19
		100	100
		$N = $ 473	$N = $ 290
根据奥斯古德、萨奇、泰尼邦的语义差异量表得出的环境评估差异		$D = $	78.7

资料来源:阿伦斯巴赫档案,IfD 问卷调查 2068

我们可以把 70 年代初在对东德的东方政策上的分歧作为这种情形的典型案例(请见表 17)。大受欢迎的阵营是赞成东方政策的一派,占有像一面墙那样坚实的 70％的份额:"大部分人和我们想的一样。"反对者一面则是呈现出支离破碎的景象,其中大部分人没有注意到支持东方政策者的优势,同时认为自己的观点也没体现出属于多数意见,所以就只是含糊地表示"一半、一半"。对于那些分析公众意见情况的预测者而言,周围环境评估中的对称性和不对称性是重要的核心指标。如果对称占上风,就会导致两极分化加剧,即每个阵营都会认为自己是占有优势的,从而引起更激烈的争论。在不对称的情形中,会出现归属于某一方的极大的犹豫、不明确的回答、分裂的意见、对周围环境的态度无法估计等,因此这一阵营的防御力量就会降低。在下面的表格里用到的语义差异量表,是由三位美国社会心理学家奥斯古德、萨奇、泰尼邦 (Osgood, Suci, Tannenbaum)设计的。这里所采用的公式是:

$$D = \sqrt{\sum_i d^2_{i'}}$$

其中的 d_i 表示两个不同组之间的差异。

表 17　1972 年 5 月关于东方政策的态度的两极分化

在针对东方意见的问题上,赞同者和反对者对多数的估计也出现了大的分歧,显示出更强的两极分化。		
调查所提的问题是:"现在从您自己的观点出发请估计一下:您认为在联邦德国是有大部分人支持东方政策,还是反对东方政策?"		
	东方政策的支持者（％）	东方政策的反对者（％）

大部分人是：				
支持东方政策		70		12
反对东方政策		3		30
一半一半、不好说		27		58
		100		100
	$N =$	1079	$N =$	293
根据奥斯古德、萨奇、泰尼邦的语义差异量表得出的环境评估差异	$D =$		71.1	

资料来源：阿伦斯巴赫档案，IfD 问卷调查 2082

表 18　1976 年 4 月对于德国共产党党员是否可以被任命为法官这个问题上，没有出现意见的两极分化

赞成者和反对者在对优势意见的估计上保持高度一致。

调查所提的问题是："现在从您自己的观点出发请估计一下：您认为在联邦德国，大部分人赞成德国共产党党员被任命为法官，还是大部分人反对这么做？"

	对待任命德国共产党党员为法官的不同意见的持有者			
	支持者（％）		反对者（％）	
大部分人是：				
支持任命德国共产党党员为法官		6		1
反对任命德国共产党党员为法官		79		88
不明确、不好说		15		11
		100		100
	$N =$	162	$N =$	619
根据奥斯古德、萨奇、泰尼邦的语义差异量表得出的环境评估差异	$D =$		11.0	

资料来源：阿伦斯巴赫档案，IfD 问卷调查 3028

表 19　1979 年 10 月对于因心理和经济上的原因
而堕胎这个问题的态度出现了中等强度的两极分化

调查所提的问题是："您认为在联邦德国,大部分人赞成因心理和经济上的原因而允许终止妊娠,还是大部分人反对这么做?"		
	对于因心理和经济上的原因而堕胎的不同意见的持有者	
	支持者 (%)	反对者 (%)
大部分人是:		
赞成因心理和经济上的原因而堕胎	48	19
反对因心理和经济上的原因而堕胎	17	44
不明确、不好说	35	37
	100 $N =$　1042	100 $N =$　512
根据奥斯古德、萨奇、泰尼邦的语义差异量表得出的环境评估差异	$D =$　　39.7	

资料来源:阿伦斯巴赫档案,IfD 问卷调查 3074

社会变革的障碍和对流行趋势的快速适应:两个极端

在这里,我们把来自约翰·洛克的用旧式词汇表达的三种法律形式,用当代的社会语言进行更准确的描述。被洛克称为"神授法律"的,现在表现为道德理想、道德伦理和基本价值,重点是在"理想"上,表示与实际的行为通常有可观的距离。约翰·洛克所提出的会对实际行动有最强烈影响的舆论、名声、风尚的法则,在今天社会学的习惯用法上,是出现在关于风俗习惯和社会公德这方面的表述之下的。而在通过政府订立世俗法律上则出现了趋向一边和趋向另一边的悬而不决,这是勒内国王①在《与社会规范系统相关的法律》(*Das Recht im Zusammenhang*

---

①　罗伊·勒内(Roi René)国王(1409—1480)在安茹和其他伯爵领导普罗旺斯生活,是文学艺术事业的资助人,也是接纳新事物的作家、诗人,是法国历史上的一位重要人物。——译者注

der sozialen Normensyteme）这篇文章中的描述[4]。政府期待道德伦理的捍卫者这一方，能够通过法规形成对抗直率而无遮掩的时代精神的障碍。与之相反的是，公共意见或社会公德的代言者要求，法律和法规规则能够与时代相应地"向前发展"。并且，事实上，他们在自己的立场上都有强硬的支持论据。当人们将公众舆论的过程——如同他们在所有的文化中所观察到的那样——理解为团结群体的方式，作为使得一个社会通过凝聚而拥有行动能力的工具，那么法律与有关舆论的合法性解释就会总是矛盾的。显然，时间因素在这里起着重要的作用。出于对合法性的保障这样的原因，并不是所有的流行趋势都可以毫不踌躇地去追逐。莱茵荷德•齐柏里乌斯（Reinhold Zippelius）① 在题目为《失去了定位的确定性吗？》（*Verlust der Orientierungsgewißheit*）的文章中写道，为什么会出现失去确定的方向感呢："因此从法律的某个特别的角度表现出来对可靠的、符合标准的行为结构的需要，这种需求是作为对合法性的保障的要求的……对合法性的保障的要求首先就意味着，重要的是从根本上要弄清楚，人与人之间的交往中有哪些行为规范是应该确定下来的……对于这一点的关注……也导致了第二点，即对法律的连续性的重视。首先，这样的连续性为将来实现了定位的确定性，并且从而也使它成为计划和规划的基础。对标准规范应该尽可能稳定的要求，以及对法规发展中的连续性的要求，还出于另一项原因：已确立的法律，在这个过程中形成了它的履行其功能的程式。因此，正如哈德布鲁赫（Radbruch）所言，法律不允许有任何微小的出入，不应该屈从于随着外在环境的变化而随机确立的法律，根据个别的情况而重新订立法律是不可能不受到阻碍的。"[5]

自然，各项大规模运动的目标恰恰不是通过安静的思考形成决定，而是通过力推公众舆论，使得公众的激情不会被打断，直到目标被实现，并且永久地确定下来：所极力主张的法规获得了合法性、成为强制性的法律规定。尼克拉斯•卢曼在论文《公众舆论》中描写了这个过程。这场运动"达到了其发展过程中的最高峰。反对者必须实施拖延策略，以有限的承认和思想上的有所保留来赢得时间，支持者现在必须努力，将议题纳入计划范围和决定程序之中。留给这一过程的时间非常有限。一旦出现了最

---

① 莱茵荷德•齐柏里乌斯（1928— ），德国法学家，代表作有《法学导论》《政治理论》《德国国家法》等。——译者注

初的疲态、疑惑、消极的体验……当在这场运动中没有发生所预期的事情,则可以看作是将出现预想中的困难的征兆。一旦如此,这场运动就失去了获胜的力量"[6]。

这样的描写尽管只是符合某些短暂的、流行的事件,而更多的是历经几年、几十年,甚至几百年的公众舆论运动,比如托克维尔所观察的长达千年的运动;但是在大规模运动中所经历的每一个阶段,却是按照卢曼所描绘的进程模式展开的。

可以从不吸烟者反对吸烟者的运动中,找到一个关于公共意见、"社会主张""社会中的流行观点"如何被裁决者和行政官草率地理解和考虑的例子。这是一个有着被中断的进程的实例,这个运动的背景、民意调查的结果都已经在前面的章节中阐述过了[7]。不管怎样,这场运动已经广泛地被人们所接受了——1975年行政法令准备好在公共管理领域建议,甚至是强制吸烟者在非吸烟者在场的时候,放弃吸烟。1974年,斯图加特(Stuttgart)的地方法院背离先前的规定,判罚了出租车上一位乘客不顾司机而吸烟的行为。柏林高级法院对吸烟者"从管理条例的角度来说是扰乱者"的认定,使这个运动达到了(在1975年之前的)最高峰。这一事件的解释者——弗莱堡(Freiburg)的法学家约瑟夫·凯泽(Joseph Kaiser)对此评述说:"简言之,吸烟者严重地破坏了治安管理条例里所规定的人类典范形象,也就是属于'维护治安的义务行为'的范畴,它意味着,是可以将这样的行为,归于对有责任感的人的形象的具体威胁;因此这在治安管理条例中是明确反对的,并将依据法律条文上已经预先标示出的后果进行判罚。这是充分证明不吸烟者从吸烟者那里受到具体危害而必不可少的、概念上的前提条件。这无论如何却是缺乏的。"[8]——法律裁断的形成可以不需要以构造事实为基础,却具备公共舆论形成的过程所拥有的特征。法律裁断的评论者在谈论这一事件时,也选择使用了恰当的流行词语,即保护不吸烟者是"社会风尚"。

法律必须由习惯来支持

相反,当"社会主张"、公众舆论远远地偏离法律规范时,不用立法者做出反应,就会出现批判性特别强的阵营。这一阵营首先产生在:当法律规范与习俗中的基本价值标准相互统一,而与此同时风俗习惯、社会公德与法律规范的偏离被越来越清晰地发现的时候。

民意测验在今天加速了这样的过程，这也是它的不可否认的作用之一。1971 年《明星》(STERN)杂志发表了阿伦斯巴赫的一项调查结果，其中指出 46％的 16 岁以上的市民要求堕胎应该变得容易些。仅在五个月之后，这样的调查再次进行，而这一比例从 46％提高到了 56％[9]。这是托克维尔已经看到了的情境之一，他将它称为"徒有其表"，也就是公众舆论中的有些观点虽然矗立在那里，但是其背后的价值信念——也是它所承载的，早就已经分崩离析了[10]。只要还不能公开说明的，那么原来的外表还必须保持在那里。它会猝不及防地坍塌下去，当它的空虚突然被大白于天下的时候——在今天这往往是通过民意测验。然后，会出现对于法律所规定的正常生活而无法忍受的示威游行；也就是，如同在这个具体案例里一样，女人们公开承认对法律的破坏："我堕过胎了。"[11]

如果法律没有得到风俗习惯的支持，那么它在很长一段时间里无法被维持。人们对被孤立的恐惧、对遭到周围世界一致反对的害怕，这些内在的信号对人们行为的影响，要大于外在的、有正规形式的法律。约翰·洛克对"舆论的法制"的描述，以及两百年之后，爱德华·罗斯对"社会控制"的形容，都在 20 世纪被社会心理学者通过实验的方法加以验证了。学者们观察了在红灯的时候，有多少行人在以下三种情况会横穿马路：(1)当并没有坏榜样的时候；(2)当看到有一个从穿着上可以判断是来自下层阶级的人闯红灯的时候；(3)当一个衣着优雅、看上去是来自上层阶级的人这样做的时候。实验助手扮演了在红灯的时候横穿马路的来自下层社会或上层社会的人。一共有 2100 名行人被观察。

结果是：在没有交通规则破坏者做榜样的情况下，只有 1％的人在红灯的时候横穿马路；当所设计的模特来自下层阶级而不顾红灯的时候，有 4％的人跟随；当模特看上去像上层社会的人的时候，有 14％的人闯红灯[12]。

通过法律规定改变舆论

法律与公共舆论之间的关系是相互的，人们可以通过颁布或修改法律，从而使公共舆论按照人们所期待的方向发展。阿尔伯特·V. 戴希[①]

---

① 阿尔伯特·V. 戴希(1835－1922)，英国宪法学家、国际法学家和政治学家，代表作有《英宪精义》《冲突法》和《论当事人》等。——译者注

(Albert V. Dicey)和他的《19 世纪在英国法律与公共舆论的关系》(伦敦,1905 年)[13]的演讲,是关于法律和公共舆论这个题目的经典,其中观察到了后来被民意调查所证实的现象:仅是通过对某一条法律的执行,就能够加强对它的赞同态度。这是一个初看上去非常奇特的过程,而更令人称奇的是,戴希居然没有借助任何经验调查的辅助工具就识别了这样的现象。他发现很难对此进行解释。通过提出沉默的螺旋的设想,今天我们可以分析说,当某个事物一旦成为法律的时候,如果人们表示出对它的赞同,他们对被孤立的恐惧就会变小。公众舆论与合法性之间微妙的关系就是在这些活动中表现出来的。因此戴希提出了这样的定理——法律培育并创造着舆论[14]。

人们将法律调到所希望的方向上,公共舆论就会由此被唤起——我们可以对通过这种杠杆形成的隶属关系保留怀疑:法律是否是操纵公共意见的诱因、是否是通过占优势的多数而推行的政治指令?同样有疑问的是:是否当这个事物一旦成为法律之后,就能产生足够的一致同意的效果?

联邦德国 1975 年以及 1977 年的刑法改革中引入了新的离婚法律条文,这里面就出现了新的法律比公众舆论所希望的要更远地脱离习惯的例子。根据司法的需要重新规定了父母照顾孩子的法规,从而加强了在与成年人的关系中弱势一方——孩子——的权利,因此甚至是 17 岁到 23 岁的孩子都被作为未成年人来看待。这里所提出的问题是:"您认为,国家是否必须通过法律来保障青少年相对于他们的父母能拥有更多的权利,或者您认为这是没有必要的?"22％的年轻人说:这是必要的;64％认为这并没有必要[15]。新的离婚法案将大多数老百姓置于法律与道德伦理之间的矛盾中。阿伦斯巴赫在 1979 年 7 月的问卷调查中,非常有趣地发现了人们对实际存在的过错在道德情感上的感觉,以及他们怎么看待人类是否有义务去意识到自己的过错。但是新的离婚法案要求老百姓接受,在离婚中究竟是谁的过错并不重要,并且相应地也不应该对过错方产生经济上的处罚。大多数市民无法认同这一点。在有关推进中的法律改革的四次讨论中,人们将新的离婚法案看作是最失败的(请见表 20)[16]。

表 20　公共舆论与法律之间的关系

例子 1:离婚法的改革		
问题:"您认为,这样是否会产生良心上的内疚,我的意思是说,当某人对另一个人犯下了错误的时候,或是这种负疚的感觉最终会过去?"		

		16 岁以上的公民
会有内疚		78
这样的想法最终会过去		12
不知道,没有评论		10
		100
	N =	1015

问题:"这里是关于一个人是否应该有内疚感的对话,其中涉及两种截然不同的看法。在您看过这些看法后,您更倾向于哪一种,是上面的,还是下面的?"(对话是用图片展示)

	16 岁以上的公民
"当一个人伤害了他人或使其不幸,应该有内疚感,除此之外这对他不会有其他影响。"	72
"我觉得,一个人不应该有内疚感,因为这只能让他不快乐和无法解脱,而又于事无补。"	18
没有评论	10
	100
N =	1016

问题:"对于离婚,是谁在导致婚姻破裂中有责任现在已经不重要了。您觉得这样好吗,还是不妥当?"

	16 岁以上的公民
觉得这样好。	24
觉得这样不好。	57
没有决定,不知道	19
	100
N =	495

问题："您对离婚法案的改革满意度如何？"	
	16 岁以上的公民
对于离婚法案的改革（以破裂原则取代责任原则）感到：	
非常满意	7
相对满意	20
不太满意	23
完全不满意	35
没有回答	15
	100
N=	2033

资料来源：阿伦斯巴赫档案，IfD 问卷调查 3062，1978 年 11 月、12 月

在这里，我们可以想起卢梭是如何看待法律和公共舆论之间的关系的："如同建筑师在动工盖一所大房子之前，先要观察和检查土地，看看它是否能够承受这样的重负；国家的创建者也是用同样的方式，他们不会一开始就颁布有效的法律，而是在此之前先要检验民众们是否认同这些法律、承认它们具有相应的效应。"[17] 在卢梭看来，法律不是别的，而是"对普遍意志经过认证后的宣布"[18]。大卫·休谟说过，所有的政府都是建立在舆论的基础之上的。卢梭用下列说法表达了同样的含义："舆论是宇宙的女王，无论如何不会屈从于国王们的权力之下；而国王的诸项权力本身就是舆论女王首当其冲的奴隶。"

第16章

舆论推动整合

在谈及整合时,公众舆论有什么作用,以及相应地公共舆论与法律之间应该有什么样的关系,对于这个问题多少是有些粗枝大叶的。有关整合的概念是否足够清楚了,以至于可以开始这样探讨它了吗?

实证研究的滞后

一个 1950 年在美国提出的对照清单,即便到了今天也不能被越过。"从孔德[①]和斯宾塞(Spencer)以来,社会学者们一直尝试着彻底弄清楚:较小的社会单位是如何整合而形成一个社会整体的……如何区分一个群体和个体的简单叠加?从哪些角度上人们可以将个体的总和作为一个整体来看待?……在哪些情况下,社会整合会得以加强?在哪些情况下,它又会变弱?高度的社会整合会带来什么后果?而当社会整合度低的时候,又会产生哪些结果?社会学需要通过基础研究对这类问题进行分析。"[1]

这里引用了回旋于著名的理论家们之间的维纳·兰德克(Werner S. Landecker)的话;这些理论家们追随塔尔科特·帕森斯(Talcott Parsons)[②]所论证的关于整合的惯例和整合在人类社会系统中的作用,因

---

① 奥古斯特·孔德(Auguste Comte)(1798—1857),法国实证主义哲学家、社会学家。他在他的著作《实证主义教程》中第一次提出了"社会学"这个名称,并且建立了社会学的框架和构想。他的代表作还有《实证政治体系》《主管的综合》等。——译者注

② 塔尔科特·帕森斯(1902—1979),美国社会学家、第二次世界大战后整理社会学理论的重要思想家,他是结构功能主义的代表人物。帕森斯的代表著作有《社会行动的结构》《社会系统》《经济与社会》和《关于行动的一般理论》等。——译者注

为帕森斯最先根据实证研究工具和测量方法尝试对此进行研究,而其他学者则是 20 世纪的主要流派。兰德克提供了不同的规则。他说,到现在为止,我们对于社会整合还是知之甚少,因此我们不能推荐简单的、一般性的测量尺度。在这里,兰德克在这些经验框架下去理解这些通过实证法确认的知识。他将整合分为四种类型,并且将对整合的测量也分为四类。

文化的整合:一个社会的价值体系在经过多大程度的整合后,能够实现协调一致,或者一个社会对其成员的要求有多矛盾——尽管这不符合逻辑,但是却是实际存在的?对于西方社会里充满矛盾的要求,兰德克列举了利他主义和愿意加入竞争这样的例子[2]。

规范的整合:一个社会的行为规范和这个社会的成员实际的行为之间有多大差异[3]?

交流的整合:一个社会中的隶属小群体之间,在多大范围内相互隐匿相应的无知、负面的评判和偏见,以及他们之间的交流到达什么程度[4]?

功能的整合:一个社会中的成员通过分工、角色分化能在多大程度上体现相互帮助和协同合作[5]?

在这幅全景中,那种通过共同的经历而产生的整合没有被提到:如在足球世界杯比赛中、在三部曲的电视连续剧中,它们将一半或更多的老百姓统一到电视屏幕前。或者,还是强调一下 1965 年的例子——英国女王在德国的旅行,唤起了共同的假日感觉和民族自豪感。更不用说以风尚作为整合手段了。

鲁道夫·西蒙德的整合理论

法学家鲁道夫·西蒙德(Rudolf Smend)[①]再一次用完全不同的方式走近"整合"这个题目,他在 20 世纪 20 年代末[6] 试图推行"整合学说":"整合的过程通常并不是有意的,而是由于没有按照预想中的法律或'理智清单'行进而偏离。整合的过程因此也至少与经过深思熟虑的宪法规则无

---

① 鲁道夫·西蒙德(1882—1975),德国著名法学家,是最早提出宪法的整合作用的学者;他认为宪法除了具有合法化作用、组织作用和限制作用之外,还具有促进认同感或促进一体化的作用,也就是德国所谓的"宪法爱国主义"。他因此将宪法的概念定义为国家整合过程的法之程序。西蒙德的代表作有《君主联邦中的未成文宪法》《宪法和立宪规则》等。——译者注

关……并且正因为如此，它也只是理论深思中的例外……人际的整合表现为通过君主、统治者、元首和各种类型的公共的职能机构（起作用）……功能性的整合对完全不同的集体化的生活形式产生影响：从共同行为或者活动中质朴可感知的节奏……到复杂的、间接的……某个决定的形成过程及其只能被感知的表面含义，例如选举……以及更少地被意识到的，但至少是同样迫切的形成过程……即通过构造舆论、群体、党派和多数阵营而产生的政治共同体……而实质的整合则最终作用于国家生活中的所有含义，它通常被作为政府的目标来理解，但是它又与……群落所使用的整合工具相反……因此在这里条理分明地体现了各种符号是政治合法化的元素，例如整体政治观、旗帜、徽章、国家元首、政治典礼、民族庆典……"[7]

"整合"：与"顺应"一样令人不愉快吗？

从西蒙德勾勒了他的"整合学说"，或是兰德克阐述了他通过更加实证的方法对整合所进行的研究以来，在这个领域就没有任何进展了——显然这并不是偶然，而是因为对个体的被孤立的恐惧缺乏足够的探索。在爱德华·罗斯有关社会控制的描述中有一条评述，从中可以推论出，在19世纪末"整合"[8]这个概念与今天的"顺应"一样令人生厌。20世纪社会学的兴趣集中在范围宽广的理论建筑上，在这其中从理论上解释了人类社会通过整合而实现的稳定性，社会结构和功能也在其中进行研究。在这样的专心致志之中，实证研究则只是被看作是次一等的。但是，我们在对整合这个题目以实证研究为导向的社会学思索中所遇到的——关于这方面的详细的论述首先地要推爱米尔·涂尔干（Emile Durkheim）[①]了，却与"公共意见具有整合功能"这样的假设并不矛盾，相反却是支持这个假设的。

在兰德克所提出的术语中，尤其清晰地表达了规范的整合和公共舆论作为"道德伦理的守护者"之间的关系，即人们几百年来就已经掌握了

---

① 爱米尔·涂尔干（1858—1917），法国社会学家、人类学家，他与马克斯·韦伯和卡尔·马克思被并称为社会学的三大奠基人，也是法国首位社会学教授。涂尔干的思想主要在他的四部巨著中得以体现：《社会分工论》《社会学方法的规则》《自杀论》和《宗教生活的基本形式》。——译者注

的:它强烈地主张,规范和实际的行为应该一致,如果偏离就会受到被孤立的惩罚。

以时代精神作为整合力量

那么关于交流的整合,我们可以在这里想到托克维尔,他认为公众意见是在四分五裂的封建领地社会结束后才得以产生的:根据他的观点,只要一直保持这种分裂的状态,那么就不会有广泛的交流。被现代西方社会所证实的准感官统计能力,即对某些想法或某些人的赞同和反对程度的增加和减少作出可靠反应的能力,可以作为交流的整合程度的指标加以评估。而且最终,我们能够将这种独特的兴奋情绪——它通过实证方法在通常的选举中得到确认——与西蒙德的想法联系起来,也就是选举在它对某个决定的证明和宣告功能之外,还具有潜在的功能,这正是整合的能力。高度的整合产生什么样的后果呢? 兰德克提出了这样的问题。从表面看上去,它用愉快和兴奋之情满足大多数人们,但不是所有人。哪些人不包括在内呢? 这个问题引导出了先驱者。当我们讨论苏格拉底和阿德曼陀斯关于音乐的对话时,我们曾经已经非常接近这一点了,他们的谈话中说到了变化着的音乐,以及它如同一种征兆,可以体现时代的变化。时代——它的含义远不止时钟和日历所展现的。公共舆论因包含了对时势的知觉而是饱满的,并且人们可以非常惊讶地看到那些可以作为"时代精神"的事物具有很大的凝聚效力。歌德①在他那段非常有名的描述中,清晰地指出了在这样的凝聚过程中,沉默的螺旋也共同发挥作用:"当一派脱颖而出,就能把握住众人,并且在很大程度上扩展自己,从而将相对的一方逼到墙角,而且使他们必须离开并陷入沉默,人们将那种优势称为时代精神,它之后将在一段时间里推行它的方式。"[9]

兰德克所提出的整合的第一项测量标准是文化的整合,它可以成为将其时效性按时间进行分解的研究课题,也可以在人们旧的和新的要求卷入争执的时候,成为对新设立的价值体系的研究题目。那么,公共舆论

---

①　约翰·沃夫冈·冯·歌德(Johann Wolfgang von Goethe)(1749—1832),德国和欧洲最重要的剧作家、诗人和思想家,他在文学理论、哲学、历史学、造型设计等方面,都取得了卓越的成就。歌德的作品极其丰富,如《葛兹·冯·伯里欣根》《浮士德》《少年维特之烦恼》《亲和力》等。歌德的创作对德国文学和欧洲文学的发展有巨大的推动作用。——译者注

形成的过程会被中止吗？

在社会危机中增强了舆论形成的压力

将问卷调查的方法用在研究公共舆论的形成过程上，以求获得答案，还显得相当不成熟。但是，出现了一项更多地指向对立面、更多地指明被加强的顺从的压力的线索。在这里要提及托克维尔，他描述了美国的民主，也对在那里残酷的暴政统治提出了各种指责。他对此的解释是：因为在那里占主导地位的对相信平等、丢弃权威的认同，而权威却将永远给予方向。因此，他认为，人们必须紧紧地依附在多数人的意见上。但是，在一个由多种相互不同的文化混合在一起所组成的社会里，也有可能产生微妙的情境，从而解释公众舆论机制的敏锐性——如同托克维尔在美国所观察到的那样。在文化整合度低的地方，如同托克维尔在文化大熔炉的社会里所相信的那样，一定会产生对整合能力的特别高的需求。考虑到当下的情况，这个论点就是，在今天面对价值体系的变化，也存在着低下的文化整合程度，从而对整合效力有更高的要求，也因此勒紧公共舆论的缰绳，向个体施以锐利的孤立胁迫。此外，也会存在一些事变，在其中公共舆论的运作方式尤其引人注目，如同我们此前所提到过的——对于革命时期公共舆论的所有重要的观察。

与此同时，我们也可以通过研究在不确定的领域中的情形，来思考整合与公共舆论之间的关系。如同我们在此前的章节里所讲到的[10]，斯坦利·米尔格兰姆想要测量，其他国家的人是否有和在奥许的实验里的美国人相似的顺从反应，因此他为自己的研究选择了两个国家，并且他认为这两个国家是两种截然不同的社会状况，即很重视个性的法国，以及被认为是有很高内聚力的挪威[11]。尽管在这两个国家，被孤立的恐惧在受试者中占主流，但是在更紧密地凝聚在一起的挪威公民中，顺从性表现得尤为突出。这正是托克维尔所主张的：一致性越强烈，公共舆论的压力就越大。这一点并不需要他费力去强调。虽然如此，他所说的整合是人为地发挥作用的：在广泛的一致性中，人们必须紧跟多数人的意见，因为在其他为了追寻最好判断的观点中缺乏等级层次。通过对当下情况的实证观察，我们看到，这样的压力较少地来自人数上的多数，而更多地取决于某一方的具有攻击性的信仰，以及另一方的害怕孤立的恐惧和与之相连的惴惴不安地对周围环境的观察。

我们无法期待整合程度和公共舆论的压力之间的关系是简单的,是因为挪威社会的"一致性"使得那里的顺从压力如此强烈呢,还是相反,顺从压力源于其他根源,并且导致了一致性?某种固有的人类通性,会对一个社会产生如同原始森林里的一个以狩猎为生的部族遭到危害时类似的凝聚力吗?可能当一个社会陷入危险时,无论因为什么原因——内部的、外部的,逃避这种状况的关键是:危机的程度越大,就需要越高程度的整合,而且更高程度的凝聚将通过公众舆论的更敏锐的反应得以实现。

第 17 章

持异端论者、先锋者、局外人：
舆论的挑战者

公共舆论是否如同这里所描写的那样，是社会心理的一个过程，是从个体对被孤立的恐惧中生发出来的呢？公共舆论是否也只是顺从的压力呢？沉默的螺旋是否只能解释，公共舆论如何贯彻和强化，而不能解释公共舆论如何发生改变呢？

不害怕被孤立的人能够改变舆论

到目前为止，我们只是对忧心忡忡和小心翼翼的人感兴趣，也就是关注那些害怕被孤立的人，而现在我们要将目光放在那些不害怕被孤立，或在各种情况下都采取其他方式的人，也正是他们构成了多彩的社会。这些人正是那些引入新式音乐的人；也是那些画家，他们中有如 1917 年夏卡尔（Marc Chagall）①的一幅画作《牛棚》所表现的那样，一头壮实的牛冲出房子的屋顶，奔向旷野；或者也有科学家，如约翰·洛克，他指出，人们很少为上帝的意志和国家的法律而担心，而只是努力遵守意见的法则。仅在此前不久，他就有可能因为这样的学说而被判火刑。

在这样的语境里，我们发现异教徒是那种在一定时间里以及甚至是在永恒的时间里，构成与已经被牢固树立的公共舆论的相关关系的人物，但是这种相互关系是背离关系。这里可以引用美国一项研究的题目——

---

① 马克·夏卡尔（1887—1985），著名超现实主义画家，据说"超现实主义派"这个词就是阿波利奈尔（Apollinaire）为形容夏卡尔的作品创造出来的。他的著名画作有《我和村庄》《有七根手指的自画像》《窗前维特巴斯克的景象》等。——译者注

《作为社会控制原动力的英雄、坏蛋和傻瓜们》（"Heros, Villains and Fools, as Agents of Social Control"）[1]，也就是说英雄们、傻瓜们和恶棍们都可能是可怕的人。但是，顺从的社会成员和被社会驱逐的人之间的关系，不能仅仅被理解为通过将破坏某个社会的价值体系和它的有效规则的人，以及他们的表现公开示众，从而强调这些价值体系和规则。

沉默的螺旋这个概念保留这个社会被加以改变的这样的可能性，改变者正是那些感觉不到被孤立的恐惧或能够克服它的人。卢梭就曾这样写道："我必须学会忍受嘲笑和斥责。"[2] 高度的和谐和共识是大部分人的幸福感、安全感的源头，却恐怖地刺激着那些开创者，那些为未来的道路做好准备的人，那些艺术家、科学家、改革者、恐怖分子。弗里德里希·施勒格尔（Friedrich Schlegel）[①] 在 1799 年时，对一种怪物做了如下的描述："它看上去因为中毒而肿胀，透明的皮肤反射着各种颜色，并且人们看到它的内脏像虫子一样蠕动。它大得足以引起恐惧；身体的每一侧到处都是破了的毒瘤；突然它像青蛙一样跳了起来，然后它又通过身体下面伸出的无数条小足令人作呕地爬行着。我害怕地夺路而逃，但是因为它会跟着我，因此我抓起它，使劲地把它摔得脚朝天，它马上看上去就只像只烂青蛙了。我非常吃惊，而且越来越惊讶，因为突然有一个人非常紧密地站在我身后说道：这就是公众舆论……"[3]

与老百姓被法律所震慑相反，那些不怕被孤立的人会推翻秩序，正如人们在 20 世纪 60 年代看到的那些留长发的年轻人一样。

开拓先锋像梦游者一样对舆论不敏感

不同类型的创新者在对待公众意见上有不同的行为方式。因为艺术家、科学家要开创新的道理，因此无论他们是否找到共鸣，还是遭遇敌意，都对他们所做的几乎不产生影响。

而改革者与之不同，他们是那些要改变人们的想法和社会行为方式的人，因此他们认真对待怀有敌意的公众意见，否则他们就无法改变他人的政治宗教信仰。他们要承受敌对。改革者似乎还有另一类：大规模和

---

① 弗里德里希·施勒格尔（1772—1829），德国著名的文化批评家，是德国早期浪漫派的重要代表人物，著名著作有《雅典娜神殿断片集》《哲学的发展》《印地人的语言和智慧》等。——译者注

小规模地激怒公众,对于他们而言挑衅公共意见几乎就是根本的目标,这是一种被强化的存在方式。因为这至少是被关注,即便是公众的厌恶也强过不被注意。在 20 世纪随着公众意见通过大众传媒得以在极大范围内扩散,当代涌现了大量这样的例子。因此以色列情报机构这样描述阿拉伯的恐怖主义头目瓦迪·哈达德(Wadi Hadad)的特点:当他被全世界的其他地方孤立时,他几乎感觉到一种奇妙的心满意足,并且对他而言,只有他自己的法律和规则才有价值[4]。或者当莱纳·华纳·法斯宾德(Rainer Werner Fassbinder)①谈到他的一部电影时说:"我应该有权利按照与我的伤痛和我的绝望相称的方式去实现自我。我需要能够在公众场合中体现自我的自由。"[5] 因为赞同和不赞同本身并不重要,而重要的只是在触及公众意见后引起的炽灼的愤怒,它从个体生存的局促中破茧而出。人们陶醉于公共舆论,因为公众意见犹如毒品。在这种情况下,究竟是什么引起了这样的兴奋呢? 它可能是某种危险,是个人认识到,与公共舆论打交道是多么危险——当人们抵触它的时候,会有生命攸关的危险。

忍受公共意见与通过公共意见生存

我们可以从 16 世纪找到例子,如马丁·路德(Martin Luther)和托马斯·闵采尔(Thomas Müntzer)②的不同意见。对于路德而言,显然他更多地是先忍受公共意见,但是除了摒弃公众的信仰之外他看不到其他道路。他将他所不能避免地摆在了面前:"尽管我会受到一些人的鄙视……"[6],"但是他们还说不了什么其他的",他说:"……而且因为他们沉默,所以我说出我的看法。"他也形容了他的话语在德国传播的速度:"绝对在 14 天之内传遍整个德国。"他是这样谈论在公众意见中令人窒息的经历的:这如同"巡回游动的瓢泼大雨"。然后的描述太有吸引力了,以至于似乎不再是真实的感知了:"我并不垂青名望,因为(如同已经谈到过的)我自己并不知道如何能带来名望,并且(名望)这首歌曲对我的声音的要求过于

———————————

① 莱纳·华纳·法斯宾德(1945—1982),德国导演、编剧和演员,是新式德国电影的重要代表人物,他编导的影片有《爱比死更冷》《小混乱》《美国士兵》《午夜》《恐惧吞噬精神》《狐狸和他的朋友》等。——译者注

② 托马斯·闵采尔(1488—1525),德国宗教改革的激进派领袖和德国农民战争领袖,他支持马丁·路德的宗教改革,并且表现得更为激进。他发表了《布拉格宣言》等,并直接领导了图林根·萨克森农民起义。——译者注

高昂。"

而我们看来托马斯·闵采尔则体现了相反的形象。他同样是公共意见形成过程的敏锐的观察者："在各个国家里到处传播着某些主导的观点……并且很快变成规矩。那么这是从什么地方开始的呢？在流行的时尚方面,公共意见是由内而外地流通。是否因为人们的意见变化像他们改变衬衫一样稀松平常,因此人们就干脆禁止改变衬衫和裙子的式样,从而可能不会出现不希望的意见改变。"

但是正如人们所知道的那样,没有人能够阻止新式音乐的出现,因此托马斯·闵采尔非常确信——如同我们所听到的他的语调一样,无论是所希望的还是不被期待的,衬衫和裙子的式样照样发生改变。与路德被迫忍受公共意见不一样,闵采尔恰恰喜欢公众舆论,或者说正因为如此,他感受到了公共意见的危险性："如果没有所有的人类之剑或创造者之剑,上帝之剑只能悬挂起来……因为这样的时光是危险的,这样的日子是恶劣的。"[7]但是时代精神是否能被表达出来;是否能赋予它以发言权——而它本身并不是通过建设性的元素设计而成的规划;这些与公共舆论之间所形成的关系是否体现了利比多的色彩,即反映了人们思想和行为的原动力？对此按照历史学家的总结,托马斯·闵采尔没有发挥积极作用。

就与公共意见之间的关系方面,并没有开发出不同的类别。但是如果没有实证研究,多彩的社会、不惧怕被孤立或者能够克服被隔离的恐惧,这些现象都仍然是暧昧不清的。只有这些才推动着社会的变化,而且肯定是那些不畏惧被孤立的人们利用了沉默的螺旋。当公共意见对于其他人是顺从的压力时,对于这些人而言,公众舆论是撬动变革的杠杆。

为什么以及什么时候音乐变了？

空气中有什么？风从何处刮来？在面对公众舆论的大潮时,人们不再能识别这些,正如(爱德华·罗斯的)"如潮水般席卷而来"[9]所体现的:这样的措辞就已经透露了这是大自然的力量所带来的命中注定的运动。但是,这里面的问题是:新事物是如何开始的？我们有责任找到这个问题的答案。我们可以从尼克拉斯·卢曼的论述中找到关于舆论的触发器——危机或危机的征兆[10]。例如有一条河,它一直是清澈见底的,但是有一天变得浑浊不清了。首先只是个人的恐惧,而后这场危机在一本书

里表现出来了，甚至体现在这本书的名字上——《寂寞的春天》(*Silent Spring*)^{①11}。或者根据卢曼的观点：然后出现对占主导地位的价值观的威胁和破坏[10]。1961 年 8 月在柏林墙建造后，始料不及地立即出现了对阿登纳政府态度的急转直下，因为最重要的有关"民族"的价值观被忽视了。意料之外的事件是触发器："新事物总被预测是重要的。"[12]痛苦或者现代文明社会痛苦的替代物是触发器，即如卢曼所提到的："金钱损失、财务缩水、失去地位，尤其是这些可以衡量和可以比较的东西……"[12]

但是，没有危机也没有威胁能够解释，为什么 20 世纪六七十年代女性解放运动成为当时公众舆论最迫切的话题？

为什么以及什么时候音乐变了？

---

① 《寂寞的春天》是研究鱼类和野生资源的海洋生物学家雷切尔·卡逊(Rachel Carson)在 1962 年第一次出版的一本关于资源保护的图书。这本书讨论了当时还没有引起关注的 DDT 及其他杀虫剂和化学药品的正在增长和看不见的危险。如果没有这本书，环境运动也许会被延误很长时间，也正因为如此，这本书出版后，一方面被广为流传，一方面引起了很多谩骂和攻击。这本书从民众被关注，到最后引起了美国的重视，从而成立美国第一个农业环境保护机构，它的出版被看作是环境保护的起始。——译者注

第 18 章

刻板成见作为舆论的传播工具：
沃尔特·李普曼

　　20 世纪中期,正当公众舆论从本质上来说失去了任何一种意义时,有两本拥有同样的标题——《公众舆论》——的作品出版了。其中一本是已经被多次引用的卢曼的论文[1],另一部则是沃尔特·李普曼 1922 年出版的著作[2]。这两部作品都挖掘了公众意见在如何发挥作用方面尚不为人知的部分,并且两者都关注于公众意见和新闻之间的联系。

　　沃尔特·李普曼的著作并没有任何先例可循。尽管他以"公众意见"为题,但是这本书却异乎寻常地几乎与公众意见没有直接关系。李普曼为公众意见所下的定义属于这本书的少数几个薄弱的片段:"我们自己形成的想法、由他人在我们脑海中形成的图像——关于他们的需要、动机和人际的想法,就是公众意见。构成了群体行为基础的,或是以群体名义出现的个人行为基础的各种思想,就是确确实实的公众意见。"[3] 显然面对这样的定义,当阅读后把书本从手上拿开时,人们一定会说:"现在我还是不知道,什么是公众意见。"

启 示 录

　　这本书究竟有什么特别之处,使得它距第一次出版几乎过了 50 年后在美国出了袖珍版本(1965),并且几乎同一时间也在德国发行了袖珍版(1964)?因为它的确是一本启示录,这样说没有任何哗众取宠的意思,但是它的发现是自然而然的,如同人们所愿意看到的,它所揭露的事实如此振聋发聩,以至于在这些发现首次出版以后的很长时间里,它们还是那么新颖,并且还没被知识分子从思想上真正吸收。李普曼揭穿了关于现代社会的人们如何获得信息、如何形成判断以及之后如何采取行动方面的纯理论的自欺欺人;人们一直认为自己如同有着无穷动力的科学家一样负责任、心胸宽广、毫不疏忽、深思熟虑和有判断力地去客观地把握真相,并且在这个过程中得到了大众媒体的支持。

李普曼将上述的幻象与另一种完全不一样的真实对立起来,即人们如何形成想法,人们从新闻传播中获得哪些信息,人们如何加工这些信息并如何继续传播它们。李普曼高屋建瓴地描绘了直到十多年之后才被实证社会心理学和传播研究以大量数据所佐证的各种现象。我在李普曼书中所发现的有关传播的运行和功能的概念中,没有一条后来没有在实验室精致细密的工作和实地调查中得到证实,而且还在不断地被证实。

意见气候中的积雨云

李普曼在这个过程中,并没有看到与沉默的螺旋相关联的可以作为对公共舆论的理解。从顺从的压力——从而产生或形成共识——所扮演的角色里,我们看不到人们对被孤立的恐惧,也找不到人们是如何充满恐惧地观察周围的环境。但是在第一次世界大战的强有力的影响下,李普曼发现了公共舆论的最重要的组成部分,即思想的结晶过程——从意见变成充满感情的刻板成见[4]。他发明了这种说法,并且将这种说法从印刷车间的技术术语中借用过来。作为记者,他对这个词的理解是:当文字放在铅版里浇注成固定的形式时,就可以按照意愿复制任意多份。这种刻板成见有很多例子:有用来指代检验官员候选人对宪法忠诚度的"职业禁忌";也有"砍头政客",这个概念通常会与主张判处死刑的政客的名字一起使用,由于这种用法过于频繁,因此有时连这些政客的名字都没必要写上,只是这个概念就足够了的;还有"这个人,这个忘记死刑的人"——诸如此类如同铸币一般的刻板成见,其形成需要通过公共意见的传播过程,否则它们是无以广泛扩散的,因此某一事物的追随者也无法意会到并且公开展现这一事物的强大之处,那么他们的对立方也就不会被吓得退缩。

"这个人,这个忘记死刑的人",这种刻板印象起源于反对费尔宾格

（Fibinger）①的大规模运动，费尔宾格是巴登-符腾堡州十多年来非常成功的州长，但却在短短几个月里被迫辞职。因此第二枚铸币——刻板印象开始流通了，并且得到法院的准许，人们可以公开将费尔宾格称为"可怕的法官"⁵。我们应该设想一下这对一个人的影响，一个曾经被高度尊重、被视为人们意志的贯彻者、作为典范的、12 年来的地方政府最高领导人，其生活是完全服务于公众、在公共机构工作的人。李普曼写道："能够掌握瞬间影响公众情感的符号的人，就能借此以强有力的方式掌控政治之路。"⁶

就像积雨云一样，如同铅版印刷一般的刻板印象，在意见气候中只出现于某个特定的时间里，很快它又会消失得无影无踪，没有人能再看到它。人们和政客们屈从于积雨云的态度行为并不能说明后来发生的事，甚至不能解释他们所屈从的那些事情，稍后这种压力关系就无法再被描述出来，因此必须寻找替代的解释。

从李普曼的书里，我们不仅体验到了公众意见如何通过刻板印象到处渗透——"如同空气无所不在，既能进入房子的最里面，也能登上王座的台阶一样"——耶林这样形容⁷。而且李普曼自己也在第一次世界大战后，亲身经历了公共意见形成过程中与时间、地点的外在融合，并且他愿意向读者描绘这种体验。首先他解释了，积极的和消极的刻板印象是如何形成的："在对英雄的顶礼膜拜之外，也有着有关恶棍的传播。树立英雄形象的机制与创作恶人印象的机制是一样的。当涌现了霞飞（Joffre）②、福煦（Foch）③、威尔逊（Wilson）④或罗斯福（Roosevelt）⑤所有

①　汉斯·费尔宾格（Hans Fibinger）于 1966 年到 1978 年担任德国巴登-符腾堡州州长。——译者注

②　约瑟夫·雅克·赛泽尔·霞飞（Joseph Jacques Césaire Joffre）（1852—1931），法国元帅、军事家。——译者注

③　费迪南·福煦（Ferdinand Foch）（1851—1929），法国陆军统帅，著有《战争原理》《战争指南》等。——译者注

④　伍德罗·威尔逊（Woodrow Wilson）（1856—1924），美国第 28 任（1913—1921）总统。——译者注

⑤　富兰克林·罗斯福（Franklin Roosevelt）（1882—1945），美国第 31、32 任（1933—1945）总统，是美国历史上唯一蝉联四届的总统（最后一个任期未任满），被认为是与华盛顿、林肯齐名的美国历史上最伟大的三位总统之一。——译者注

的光辉事迹时，与此同时也出现了所有来自威廉皇帝（Kaiser Wilhelm）①、列宁（Lenin）②和托洛茨基（Trotzky）③的令人讨厌的东西。"⁸ 但是之后很快："人们想起……在 1918 年停火之后……协约国团结为一个整体的象征立即消失了，并且如同前者所带来的结果一样，领袖们失去了他们在大众眼中的象征形象的光辉，并且几乎与此同时每个国家都经历着它们自身象征形象的衰退：英国作为公共权力的捍卫者的形象、法国作为自由界限的法官的形象以及美国作为十字军的形象……作为一种前赴后继的替代，人们眼前又出现了威尔逊、克里蒙梭（Clemenceau）④、劳埃德·乔治（Lloyd George）⑤这样的人物，他们不再代表人类的希望，而仅仅成为一个幻灭的世界的行为伙伴和管理者。"⁹

我们头脑中的图景——一个虚拟世界，我们信以为真

与 20 世纪其他论述公共舆论的作者相比，李普曼的巨大优势在于他的现实主义，在于他符合实际地假设了人们的理解和人们的感觉。他本身就是记者，这对他极有帮助。因而，他能够敏锐地看到一个人能够形成的原始的感知，与这个人通过其他人，尤其是通过大众传媒所获得的感知之间的区别。并且他也能够发现，这样的差异是如何被模糊了的，因为人们不去意识它，反而倾向于获得间接的体验，并且使得自己的想法与之相适应，从而使两者形影不离地汇聚在一起。这其中也无从感知大众传媒的影响了。"这个我们以政治的视角去对待的世界，其实是在我们能抵达的范围之外，在我们的视野之外，也在我们的头脑之外。人们必须先去观察这个世界并描绘和设想它。一般人不是像亚里士多德那样的神灵，能够把握……整体的存在。人的能力仅仅发展到使他恰恰能够掌握一部分真实，足以保障他生活的安全，并

---

① 威廉二世（Wilhelm Ⅱ）(1859—1941)，末代德意志第二帝国皇帝和普鲁士国王，1888—1918 年在位。——译者注

② 弗拉基米尔·伊里奇·列宁（Vladimir Ilich Lenin）(1870—1924)，著名的马克思主义者、革命家、政治家、理论家、布尔什维克党创立者、苏联的建立者和第一位领导人。——译者注

③ 列夫·托洛茨基（Leon Trotzky）(1879—1940)，苏联共产党第四国际领袖、革命家、军事家、政治理论家和作家，知名著作有《俄罗斯革命史》《文学与革命》等。——译者注

④ 乔治·克里蒙梭（Clemenceau）(1841—1929)，法国政治家、新闻工作者，曾在第一次世界大战期间担任法国总理。1919 年 1 月他与美国总统威尔逊、英国首相劳埃德·乔治共同成为巴黎和会的三大巨头，他们主持签订了战后的《凡尔赛条约》。——译者注

⑤ 劳埃德·乔治(1863—1945)，1916 到 1922 年间担任英国首相。——译者注

且可以保证他能把握在时间的秤盘里意味着认知和幸福的几个片刻。当然，正是这样奇特的人发明了工具，凭借工具的帮助，他们能够看到肉眼不能看到的，能够听到仅凭耳朵听不到的；在这些工具的帮助下可以称量非常巨大或无限小的质量；能够清点更多的物品，并且将它们分开作为单独的个体保存起来。这样的人学会用他的头脑去看待世界的更广大的部分，这是他此前没有看到、触及、嗅闻、听到或储存在记忆里的。逐渐地，他在自己的头脑中，按自己的喜好形成了他所能抵达范围之外的世界的图景。"[10]

李普曼让他的读者去思考，可以直接观察到的世界相比通过传媒所传递的世界的信息，是多么渺小的一部分。但是，这只是能够篡改人们头脑中的世界图景的所有事件链条中的一个开始。通过自己形成有关真实的图景是绝不可能的："由于真实的环境总的来说是过于庞大、过于复杂、过于变幻的，因此无法直接把握它。我们还没有装备好，以至于能足够敏锐地、更加多元化地、更多变地和更富于组合地把握世界。尽管如此，由于我们必须在这个世界里行事，因此在我们面对这个世界之前，我们首先必须将周围的环境重构为较为简单的模式。"[11] 50 年之后，卢曼在"减少复杂性"这个关键词下处理了这个议题。

记者们统一的选择规则

这样的重构是怎样进行的？其中对报道什么、有什么将被感知进行了严格的选择，并且实际上要跌跌撞撞地先后经过许多关卡，这是社会心理学家库尔特·勒温（Kurt Lewin）①在 20 世纪 40 年代末当他为记者引入了"守门人"[12]这样的说法时所提到的。守门人们决定：什么将在公共领域继续传播，什么是要保留下来的。李普曼说："每张报纸在送达读者手中的时候完全是一系列选择的产物……"[13]这些事实造成了在时间方面和注意力方面更尖锐的匮乏[14]。通过早期的读者调查[15]，李普曼确认读者每天花在报纸上的时间约为 15 分钟。凭借一名记者所具有的对未来的嗅觉，李普曼探索了问卷调查所涉及的范围，它比十年后成立的美国的盖洛普研究所的民意调查影响还要大[16]。李普曼解释了记者在进行有"新

---

① 库尔特·勒温(1890—1947)，德裔美国心理学家，是现代社会心理学、组织心理学和应用心理学的创始人，被称为"社会心理学之父"。他在群体动力学和组织发展方面的研究卓有成效。他的主要著作有《人格的动力理论》《拓扑心理学原理》和《社会科学中的场论》等。——译者注

闻价值"[17]的选择中选取了什么：清晰的事实、能够没有任何异议地进行传递的突出的事物、冲突、令人吃惊的事件；那些与读者有关联的，也就是具有地理上或心理上的接近性、个人所遭遇到的事情；那些对读者意义重大的事情[18]，而这正开拓了50、60、70年代传播研究的一个重大的分支。

通过将记者的选择规则进行广泛的统一，就实现了在报道上的和谐一致，这对于公众来说起到足可取信的证明作用。如李普曼所称的一个拟态环境就此形成了[19]。

在李普曼看来，这里没有读者的责任，也没有记者的责任，而只有被迫形成了的拟态真实，后来这被阿诺德·格伦（Arnold Gehlen）①称为"中间世界"[20]。

拥有不同态度的人对于同一事例有不同看法

社会心理学和传播研究从20世纪40年代中期开始所致力的中心概念是"选择性感知"，及人类为了避免"认知不和谐"所做的努力，也就是人们要尽力拥有一幅连贯的世界图景。因此这成为人们在努力降低复杂性这样的压力之外，导致对真实感知的歪曲和扭曲报道这些现象的第二个不可避免的源头。"我主张，刻板模式广泛地预设着我们法规中的关键，这确定了我们应该看到哪些事实，以及我们应该用什么样的角度去看待它们。这也就是为什么一本杂志的报道政策是尽最大的努力去支持出版者的宗旨的原因；也是为什么资本主义者看到了某一组事实和人们生活的某些侧面；而他的持有社会主义观念的反对者看到的是另一组事实和另一些侧面。因此，每个人都将他人看作是不理智和顽固不化的，因为在他们之间因完全不同的感知而产生真正的差异。"[22]

李普曼描绘了这一切，并且仅通过对报业的观察对此给予支持。而他的描述在电视时代应该更有效。在电视时代，人们通过传媒所被传达的真实，在通过自己亲身观察所得到的真实中所占的比例已经翻了好几番了[23]，并且可见和可闻中的广泛的世界，与亲自观察到的世界更强烈地汇聚到一起了。于是所感知的内容——那些好的和坏的感觉——已经能够通过图像和声音直接获得：正如从李普曼那里所读到的，这些持久的感

---

① 阿诺德·格伦（1904—1976），现代德国著名生物学家、社会心理学家，也是哲学人类学的代表人物。格伦著作丰厚，代表作有《技术时代的人类心灵》《意志自由的理论》《国家与哲学》等。——译者注

知印象很久以来已经逃离理智的观点,却被人们所保存[24]。这是一次迟到的辩论,它在 1976 年联邦总理大选后提出了这样的问题,即电视是否能够影响选举中的意见气候。这并不是与操纵报道有关,因为记者只报道他们确实看到的,因此人们只能通过让记者向公众展现自己视线范围内不同的政治色调,才能够阻止单向性媒体真实中的一致。

作为晚到者,1976 年的这场辩论应该表明,这些讨论在李普曼的书出版之前就已经或至少是在无意识中开始了。五十多年后,一切表现得好像人们没有注意到李普曼和所有跟随其后的通过传播研究的论证。"我们只是展现事物本来的样子",即便是今天的记者也用这句话来形容他们的工作,而这句话实际上在五十多年前按照李普曼的书上的说法就已经是不可能的了,而《纽约时报》(New York Times)那句著名的宣传口号"一切新闻都是值得出版的"也只是有历史价值而已。记者的自我意识中,应该时不时地如同观看认知心理学中那幅著名的由图案和背景构成的画面一样,出现被传播的事实和观点一度会作为背景而后退,而没有被传播的成为图案而突出的情况,这种视角的变化不太可能出自偶然,而必须经过训练。因此,记者不应该再这样表述他们职业的影响:"事实就像我所展示的那样",而且"公众觉得很有意思"。那么,哪些是被忽略的?

李普曼从他的发现中总结出,选择决定了结果,公众所得到的是从复杂的真实中依靠选择所提取出的图景。他甚至断定,在他的思想传播的过程中,其中的细节会立即丢失,如同铅版印刷的正片[14]。人们只能接受高度简化的东西,因为人们要把注意力分配在相对多的议题上,他们不满足于过于狭小的视界。

没有被报道的事情就是不存在的

不过,李普曼急切而不知疲倦地努力弄清楚这种选择的后果:在真实情况的简化图上存在的是人类的真实,也就是"我们头脑中的图景"[25],这就是我们的现实情境。真实实际上到底是什么样子,是没有意义的,只有我们对真实的假设才算数,只有这种假设决定我们的期待、希望、努力、感觉,只有它们主宰我们的行为。但是这些行为在其本身那方面是真实存在的,并且有真实的范围,从而创造新的真实。这就会产生著名的预言的自我实现现象,也就是通过自己的行为实现预言或与之相似的期望,这是一种可能。第二种可能是冲突:通过由错误的假设而推导出的行为,引发了未被预见的现实中完全不符合预期的结果,这种真实有它的正当性,因此一切就此结束,并在已经变得严重的风险下被迫修正"我们头脑中的图景"。

"刻板印象"——"标志符号"——"想象"——"幻象"——"标准图景"——"普遍的思维模式":李普曼用这样一系列的新词将他的读者包围起来,以阐明他是从哪些材料中构造出了他所谓的"拟态世界",这些都是从强有力的结晶过程中脱颖而出的砖砖瓦瓦。"我所说的幻象不是指谎言",他说[26]。他非常踊跃地接受了马克思主义的"意识"这个概念[27]。记者只能按他们的意识中所感知的方式去做报道,读者很大程度上只能凭借大众传媒所创造的意识去勾画和解释这个世界。那些在今天听说电视在1976年的联邦总理大选中影响了意见气候的人,不会有其他的想法,而只是认定,电视记者说谎了、电视记者摆布着受众,而这些人对传媒效果的理解正停留在本世纪初的见解中。但是必须承认:李普曼如行云流水般的描述中,也同样首先要有一步一个脚印地、脚踏实地地排除各种障碍的传播研究作为先导的。

"爸爸,当森林里有一棵树倒下的时候,但是大众传媒并没有在场,因而没有报道它,那么这棵树真的倒下了吗?"这是发表在《星期六评论》(*Saturday Review*)中一幅漫画的文字说明:坐在沙发上,正在阅读的爸爸,被儿子的一个多余的问题打扰了——这幅漫画只表明,传播研究正逐渐和博学的沃尔特·李普曼的意识相接近。

"爸爸,当森林里有一棵树倒下的时候,但是大众传媒并没有在场,因而没有报道它,那么这棵树真的倒下了吗?"

Robert Mankoff 绘;《星期六评论》复制

没有被报道的，就是不存在的，或者更谨慎一些措辞：它们成为被这个时代的人所感知的真实中的一部分的机会是很小的。

存在于我们意识之外的客观的现实，和李普曼提出的被感知、被设想的"拟态真实"，这两个概念被汉斯·马蒂亚斯·凯普林格（Hans Mathias Kepplinger）[1]在1975年出版的一本书里当作一对对比概念：现实文化和传媒文化。传媒文化是传媒所呈现的对世界的选择，包括人们所抵达范围之外的世界、人们视线所不及的世界，这往往是人们所拥有的世界的唯一的图景。

舆论首先通过刻板成见才能传播

为什么李普曼为他的书取名为"公众舆论"？他可能和许多记者一样在无意识和模模糊糊中都相信，发表出来的看法和公众的看法在本质上是一样的；至少在他这里或那里的描述中隐约出现了这样的意思。但是，在他已经写到这本书的一半的某个时候，他又打破了对公众舆论的最初的定义，用第二次的定义改写导论一章里薄弱的定义："传统理论声称，公共舆论表达了对一系列事实的道德评判。我所提出的理论与它相反，在当今的研究状况下来看，公众舆论主要是事实道德的和法规的变异表现。"[29]公众舆论的道德特性——允许和禁止——对于李普曼而言仍然是鲜活地存在着的。但是，他改变了传统的视角，转向了新的发现——而这一点让他非常兴奋：如同对事实的感知要经过道德视角的过滤一样，它们也要通过选择性注意、刻板成见、被"法规"所控制的视线的过滤。人们看到的是他们所期望看到的，道德评判通过充满感情的刻板成见、标志符号、幻象而在这其中起到引导作用。每个人都与之相伴的被简化的视线是李普曼的研究题目。但是，对于我们而言，他的伟大成就在于，他指出了公众舆论是如何变得可传播、强有力的。这就是简短而意义明确的或积极或消极的刻板印象，每个人都熟知他们在何地可以说、在何时要保持沉默。为了使顺从过程进入正轨，就必须通过刻板成见。

---

① 汉斯·马蒂亚斯·凯普林格（1943—　），德国传播学家，曾是本书作者的学生，代表作有《丑闻报道机制》《人造地平线》和《信息社会政治的结构》等。——译者注

第19章

将舆论的力量作为主题：
尼克拉斯·卢曼

看上去似乎有些不可思议，李普曼所完全错过的，却最终是卢曼在公共舆论这个题目下所尽力研究的，因为两者在某种意义上是致力于对同样的对象的研究。两位都描述了，如何在一个社会里形成一致性；两位讨论通过减少复杂性，以使交流和互动成为可能。内容上密切联系而只在措辞上有区别：取代"刻板印象"的是卢曼讲述了找到"言语"—"程式"的必要性，从而使公众意见流传起来[1]。注意力是紧缺的[2]，因此在激烈的竞争中，人物或话题必须突出，大众传媒也因此创造了"虚假危机"和"虚假新闻"[3]，以使它们在与其他题目的竞争中脱颖而出。

及时性要求紧迫的时间线索，类似于急促的呼吸，而后公共舆论在传播的过程中就会被这样加以描述。许多传言表现出与流行时尚的相近之处，创造[4]一个议题如同设计袖子的一种新样式，然后当所有的人都谈论这个议题的时候，这个议题就泛滥了，如同这种样式的袖子样式过时了一样。这个时候如果还有人穿这样的样式，那他就完全不符合常规。如同在现实生活中一样，时尚的词汇掩盖了过程中的严肃性。

使一个议题值得讨论

但是卢曼远离了那些前辈，即论述了公共舆论的学者们，如马基雅弗利、约翰·洛克、大卫·休谟、让-雅克·卢梭，这其中也包括李普曼。道德规范，也就是同意和禁止，并不是他的论题。"程式"并没有用来继续明确地、毫无误解地表明好的和坏的行为，"程式"只有在使一个题目变得"值得讨论"[1] 时才是必要的。对卢曼而言,公共舆论的功能就在于能够将一个议题放在讨论的台面上。一个系统、一个社会不能同时处理任意多的议题;另一方面,社会所捕捉到的变得刻不容缓的问题是生命攸关的问题,并且公众舆论形成的过程就是与注意力捆绑在一起的——在短短的时间里,公众的注意力就都会转向紧迫的话题,并且在与这个话题的紧迫度相适应的时间段里,必须找到对它的解决方案,因此交流所谈论的对象的快速变化是意料之中的[6]。

"议题化"在卢曼看来就是公共舆论的作用,它是根据某些可做分析的"注意力规则"形成的。首先这个话题被放在桌面上,通过程式变成值得讨论的话题,然后——如果使用现代规划者最喜欢的措辞——不同的立场有不同的"观点",因此最后"经得起讨论的考验"[7] 决定了这个过程是否顺利进行。卢曼猜想,"政治体系一旦涉及公众舆论,就完全不能用决策规则来理解,而要用注意力规则去解释"[8],也就是通过那些决定了某个话题是否可以放到桌面上讨论的规则。

这种对公共舆论的理解只揭开了短期的事件,也就是如滕尼斯所说的松散的凝聚状态。而一个长达数十年的坚实的过程,或按托克维尔所说的,延伸了数百年的,如对死刑合法化的努力或停止将死刑作为惩罚,也可以作为两个这方面的例子,它们都没有触及,也没有顾及"大众气候状况"。因此,卢曼描绘道,当"所有的人都说"的时候,"这个议题就泛滥了"[5]。记者们会说,这个题目不新鲜了。"当所有的人都说……"这恰恰完全是从记者角度的设想,但是几乎不适用于那些迟缓的老百姓对公共意见的参与。

对公共舆论的过程的案例研究,展现了卢曼所提出的一个正确的程序:首先这个紧迫的话题应该符合普遍的注意力,然后将牵扯进来不同的意见立场,但是这个次序很少被采用。人们大多发现,某个话题会在社会领域同时与某个政党的足迹相遇,这就是被卢曼所不认同的一个过程,他将它用"操控"这个措辞来表示,并且作为单向传播的结果,特别是通过大众传媒所进行的技术条件下的单向传播更有可能是这样[9]。议题和意见这两个概念被融合——人们能够在某个特定的议题上同时只拥有一种意见,这种单一的意见就被卢曼称作"公共道德规范"[10]。人们表达这种单一的观点,是当我们要保留不同意见,而又不想被孤立时,必须在公共场合用它取代其他意见。卢曼确实通过完全不同的方式,用新的、从系统学理论推导出的内容丰满了公共舆论。

大众传媒决定哪些事件可以进入议事议程

因此正如我们毫无困难地就认识到沃尔特·李普曼所指明的意思，即将刻板印象作为把公共舆论传递到我们头脑中的工具，因此我们尽管没有采纳卢曼的有关公共舆论的作用的观点，但也能感谢他在理解公共舆论方面的贡献。他使我们睁开眼睛看到了注意力结构化过程中的重要阶段，和在公共舆论过程中的"议题化"，并且清晰地认识到大众传媒的重要性，它们比其他任何权威机构都更有效地促成了议题的形成。

美国传播研究者是完全独立的，他们通过与卢曼完全不同的方式得到了与之类似的结论[11]。他们的研究题目是探索大众传媒的作用。通过在同一时间比较大众传媒中的话题重点、调查统计所反映的事态的实际进展情况，以及老百姓对于哪些是政治中的紧迫任务的看法，三方面的比较结果显示，通常大众传媒在时间上有一定的领先，他们推动了这些议题，将它们放到讨论的桌面上。美国研究者因此发明了"议程设置的功能"这样的说法，格哈德·史密德特辛（Gerhard Schmidtchen）①将它翻译为——大众媒介对日程表的安排的功能。

---

① 格哈德·史密德特辛（1925—　　），德国社会心理学和社会学教授，他的代表作品有《女性境况》《流派和拟态文化》等。——译者注

第20章
记者特权:从公共领域获得

　　"我是从我所在的组织认识到了沉默的螺旋","我是从舵手俱乐部知道的","那里的情形和在我们的企业里完全一样",往往在讨论中可以听到这样的对沉默的螺旋概念的证明和认同。的确如此,我们能够在很多场合观察到人们的顺从性行为。在小群体中,每个人所经历的都是公共舆论形成过程中的一个组成部分;而在不同群体中的相应的经验,让善于观察的个体拥有和"人们"普遍想的完全一样的机会。但是,一旦沉默的螺旋发展到被公众所感知到的时候,就会加入完全独一无二的体验:所添加的公共性使公共舆论的威力开始不可避免地发挥作用。而通过大众传媒能最有效地将公共性这个元素引入公众舆论形成的过程。大众传媒体现了公共性:一种广泛流传的、匿名的、无懈可击的和不可改变的公共性。

面对大众传媒时的无力感

　　传播可以分成单向传播或双向传播,交谈就是双向传播;传播也可以分为间接传播或直接传播,交谈就是直接传播;传播还可以分为公开传播或私人间的传播,交谈通常是私人之间的传播。大众传媒是单向的、间接的和公开的传播,它在这三个方面都与最原始的人与人之间的交流是相对的。这就是为什么当一个个体面对大众传媒时会产生无力感——在任何一个关于在当今社会中谁拥有过大权力的调查中,大众传媒总是排在第一位[1]。无力感是从两个方面体验到的。首先,按照卢曼的观点,公众本应投注于某个人、某种想法、某些信息或某些观点的注意力,却被传媒通过它们的选择抢夺走了。那些被守门人拒绝进入公共领域的,有时引起了令人绝望的破坏,例如扔向在慕尼黑古绘画博物馆中鲁本斯(Peter Paul Rubens)①画作上的墨水瓶、泼在阿姆斯特丹莱茵博物馆(Rijksmuseum)的伦勃朗(Rembrandt van Riin)②绘画上的硫酸、劫持飞机等,这一切都是为了使自己要表达的信息获得公共性。

另一方面,传媒如使用颈手枷示众,让无数匿名的公众看到某个人被传媒负面地"展示"。这个被展示的个体无力保护自己,他不能够阻止这些,"面对面的展示"这种方式荒诞地切中了他的弱点、展示了他在优雅的传媒内容之间的笨拙的不自在。但是,即便是那些能够按照自己的意愿出现在电视脱口秀节目或电视访谈节目中的人,只要他并不属于新闻把关人的内部圈子,那么他也是在将自己的脑袋放入虎口。

效果研究中新的基本原理

从两个角度能够感受到公共性,刚才已经描述了,第一个是从感受到公共性或被公共领域所拒绝的那些个人的视角;第二个是从集体事件的视角,成千上万的、上百万的人观察他们的周围环境,并且根据他们的观察,表现出谈笑风生的或沉默的行为,从而由此产生了庞大的意见气候和公共舆论。对环境的观察有两个源头,从这两个源头中培育了公共舆论:直接的、原始的观察,这也是个体对自己所在的周围环境的亲身观察;以及个体通过大众传媒的安排而对环境的观察,在今天这种观察主要是通过有生动的、色彩斑斓的图像和声音的电视媒介,如李普曼所描绘的那种亲身的观察和被摆布的观察,得到最广泛的混合。气象预报员在他的电视天气预报节目开始时对观众说"晚上好",而我在我度假的那家旅馆听到客人们立即回答说"晚上好"。

关于大众传媒的作用问题,长期以来一直被盲目地提出,期望找到媒介与受众直接的因果关系一直占主导地位——人们认为传媒所传播的观点是原因,而读者、听众、观众的意见的改变或意见的加强就是结果。我

① 彼得·保罗·鲁本斯(1577—1640),德国人,是17世纪西方最有成就的画家之一,擅长绘制宗教、神话、风俗、历史、肖像和风景画。《强盗留基伯和女儿们》《亚马孙之战》和《希勒诺斯醉酒》这三幅画作收藏于慕尼黑古绘画博物馆。——译者注

② 伦勃朗·凡·莱茵(1606—1669),荷兰历史上最伟大的画家,也是欧洲17世纪西方最伟大的画家,他的经典之作是肖像作品,包括自画像和取自圣经内容的绘画。著名画作有《杜尔博士的解剖学课》和《夜巡》等。——译者注

们在这里建立起来的是两个人谈话中的信任过程,一个人说些什么,另一个人表示肯定和信服。但是传媒效果的实际情况要复杂得多,它远不同于个人谈话的模式。对此,沃尔特•李普曼教导了我们,他指出,如同传媒在无数次重复中形成了刻板印象一样,传媒也是处于人类和外在客观世界之间的"中间世界"的重要组成部分,它导致了拟态真实的出现。对此,卢曼也教导了我们,他锐利地阐明了通过传媒所培育的公共舆论具备"安排日程的功能":什么是紧迫的? 所有人都必须来处理哪些问题? 这些都是由传媒所决定的。

现在我们进一步看到,传媒是如何影响个体的观念的,如何影响人们说什么和做什么而不会有被孤立的危险的。此外,我们还撞上了可以被人们称作大众传媒的"宣布功能"。这将我们带回了最初对沉默的螺旋的分析,回到了"坐火车测试"中的包厢似的模型情境,在这样的情境中,公共舆论通过交谈和沉默而产生。但是,我们现在首先还是停留在个体如何从大众传媒体验意见气候这个侧面。

公开性能让某种行为具有社会可接受性

阅读了梅斯卡勒罗(Mescalero)为被恐怖组织谋杀的联邦最高法院首席法官布巴克(Buback)所写的《讣告》(1977)①的每个人都意识到或者听说了其中所强调的重点这篇文章所反映的远远超过了仅为表达善意的一种应用文体:要尽可能给更多的人以机会,以便读到原始文本,从而自己形成判断。这篇用化名所写的非常有名的文章被公众反复流传,并且引起了强烈的公共舆论。通过使用表面修饰过的被禁止的词语传递了这样的信号,人们能够在收听联邦检察官被谋害的消息时,公开地表达"默默的喜悦",而不用担心被孤立。因此,总会在某些原因下,某一种被禁止的行为能被当众做出,而不会被涂上棕红色的颜色或被戴上颈手枷。在公开的过程中,是否会被戴上颈手枷示众或者不会被这样对待,显然是很容易被感知到的。一种与规范发生冲突的行为,在不会被众人嘲笑的环境下会被授予公开性,从而可以被社会所接受。所有的人都会看到,采取

---

① 1977年,克劳恩•泽布洛克(Klaus Hülbrock)用格廷根•梅斯卡勒罗为笔名写了《讣告》一文,记述了当时被一个名为红军派的激进好战的左翼恐怖组织杀死的德国前联邦最高法院首席检察官辛格弗瑞德•布巴克(Siegfried Buback)的故事。——译者注

这样行为的人也不再会被社会所孤立。那些尝试破坏规矩的人热衷于得到充满理解的公共舆论,从而使他的行为得以成立,而规矩和规范也在这样的过程中被削弱了。

第 **21** 章

舆论有两个源头：其中一个是大众传媒

　　1976 年春天，联邦总理大选前的半年，我们第一次设立了完全民意测验式的观察工具，以便根据沉默的螺旋的理论追踪意见气候的发展和选举决定的产生。这个过程中的核心是对选民的有代表性特征的多次调查，即专业术语中的"追踪研究"①。为了动态地跟踪发展状况，在普通的民意调查之外，还有两项民意测验是针对记者和两个电视台的政治节目的录像。这项研究是由阿伦斯巴赫民意测验研究所和美因茨大学新闻研究所共同合作的，在这里我们只能展示整个研究的其中的一小部分，从而演示沉默的螺旋理论是如何从实证研究中推导出来的[1]。

　　其中最重要的问题，正是那些在 1965 年联邦总理大选一开始就被提出的问题：那些关于被调查者他们的选举意向的问题；关于他们对环境的观察的问题——谁能赢得大选；关于他们是否愿意公开承认自己对某个党派的喜好的问题；关于他们对政治的兴趣；关于他们与传媒接触、阅读报纸和杂志，以及看电视，尤其是政治类的电视节目的频率的问题。

1976 年大选中舆论气候突然发生翻天覆地的变化

　　追踪研究中的第二次调查问卷，在追踪研究中我们所采用的样本一直是从选民中选取的大约 1000 个有代表性的样本，这些问卷在 7 月——

---

　　① 追踪研究（panel study）又称固定样本设计，是对同一批人随时间推移而发生的变化的研究，即数据是在不同时间点从同一批研究对象收集得来的，因此这种研究方法也被称为"小样本多次访问研究"。——译者注

人们都开始休假的时候,送回到阿伦斯巴赫民意测验研究所。我那个时候正在泰辛(Tessin),那是万里无云的夏日,我非常清楚地记得宽阔的绿色的葡萄叶子、花岗石桌子与铺在上面的大量的计算机打出的表格之间的对比,那时离大选没有几个月了,因此不是中断工作休假的合适时机。有一点是明确的:最重要的度量问题,即关于对周围环境的观察:"当然现在还没有人会知道,但是您猜测,在即将到来的大选中谁会获胜、谁会得到最多的票数,是基督教民主联盟和基督教社会联盟,还是社会民主党和自由民主党?"对这个问题的回答体现了对于基督教民主联盟和基督教社会联盟的意见气候极大恶化。在 1976 年 3 月,追踪样本成员中,认为基督教民主联盟和基督教社会联盟能赢得大选的领先了 20 个百分点,现在这样的基调发生了变化,基督教民主联盟和基督教社会联盟与社会民主党和自由民主党的支持者在样本中只差 7% 了。很快,社会民主党和自由民主党又超过了基督教民主联盟和基督教社会联盟(请见表 21)。

表 21　在 1976 年春天,关于基督教民主联盟和基督教社会联盟的意见气候大大恶化

问题:"当然现在还没有人会知道,但是您猜测,在即将到来的大选中谁会获胜、谁会得到最多的票数,是基督教民主联盟和基督教社会联盟,还是社会民主党和自由民主党?"			
	1976 年 3 月 %	1976 年 7 月 %	1976 年 9 月 %
基督教民主联盟和基督教社会联盟	47	40	36
社会民主党和自由民主党	27	33	39
无法回答	26	27	25
	100	100	100
N =	1052	925	1005

资料来源:阿伦斯巴赫档案,IfD 问卷调查 2178、2185、2189。这里展示的是居住在联邦德国西柏林的 18 岁以上的公民的回答。

我的第一个猜测是,基督教民主联盟和基督教社会联盟的支持者表现得和 1972 年一样,在公众中陷入沉默,从真正的竞选活动开始就已经不再表达他们的信念了。我知道,各个党派竞选活动的领导,包括基督教民主联盟和基督教社会联盟的,一直努力让他们的追随者清楚被广泛地承认的必要性,但是,如同我们提过的,人们却是胆怯的和小心谨慎的……我从阿伦斯巴赫打电话询问有关公众的承认意愿的结果,而所得到的发现却是莫名其妙的,并不符合我们的理论。与 3 月份相比,社会民主党的支持者变得更懒惰了。在问到他们将为他们的政党做什么的时候,给了一系列选项请他们选择回答,但是选择"这些选项里面都不是"的社会民主党的支持者,在 3 月到 7 月间从 34％上升到 43％;而在基督教民主联盟和基督教社会联盟的支持者那里,3 月份是 38％,7 月份是 39％,不愿意为他们的党派做选项中所列的事情,这个数据几乎没有变化。对基督教民主联盟和基督教社会联盟的突然萎缩的承认意愿并不能解释气候意见的变化(请见表 22)。

表 22　根据对自己所在环境的原始观察,无法得到基督教
民主联盟和基督教社会联盟的支持者的承认意愿减弱了的印象

问题:"现在是关于您最支持的党派的问题。当有人问您,您是否愿意为这个党派做些什么,例如这些卡片上所列的一些事情,是否其中有您愿意为这个党派去做的,并且让您觉得这是最好的事情呢?请您将选中的卡片拿出来。"(建议用出牌的方式)				
	基督教民主联盟和基督教社会联盟的支持者		社会民主党的支持者	
	1976 年 3 月 ％	1976 年 7 月 ％	1976 年 3 月 ％	1976 年 7 月 ％
愿意参加这个党派的集会	53	47	52	43
愿意在这个党的集会和讨论中站出来,说些对我来说重要的	28	25	31	23
我愿意在我的汽车上贴宣传画	18	25	26	24
我愿意在其他政党的集会上代表这个政党的立场	22	20	24	16
我愿意佩戴胸针或徽章	17	17	23	22
我愿意帮忙分发宣传材料	17	16	22	14

	基督教民主联盟和基督教社会联盟的支持者		社会民主党的支持者	
	1976 年 3 月 %	1976 年 7 月 %	1976 年 3 月 %	1976 年 7 月 %
愿意在这个政党的竞选捐款处捐款	12	12	10	11
愿意加入街头讨论，并且代表这个政党的立场	14	11	19	15
我愿意为这个政党贴宣传画	11	9	13	10
愿意将招贴画挂在房前或窗户上	10	9	8	6
愿意去敲陌生人家的门，并且和主人讨论，这个政党的优点	4	4	5	3
以上都没有	38	39	34	43
	244	234	267	230
N=	468	444	470	389

资料来源：阿伦斯巴赫档案，IfD 问卷调查 2178、2185

通过电视的"眼睛"进行观察

我想到了对环境进行观察的两个源头：一个是对真实世界的原始观察，这是个体亲自进行的；而另一种对真实的观察是通过传媒的眼睛对于这些现象——阿伦斯巴赫研究所根据报纸阅读情况的多少和电视观看情况的多少——加以表明。就像那些放在大理石台面上的调查结果一样，这些看上去简单得如同出自小学的教科书。只有那些更经常地用电视的"眼睛"观察的人，才能够感知到意见气候的变化；而没有通过电视的眼睛观察他们周围世界的人们，没有注意到气候的变化（请见表23）。

表 23　根据公共舆论的第二个来源，也就是通过电视的眼睛形成的印象，基督教民主联盟的意见气候在经常看电视的人那里变糟糕了。看电视少的人没有注意到春天和夏天之间关于基督教民主联盟和基督教社会联盟的意见气候的变化

问题："当然现在还没有人会知道，但是您猜测，在即将到来的大选中谁会获胜、谁会得到最多的票数，是基督教民主联盟和基督教社会联盟，还是社会民主党和自由民主党？"				
总共	经常看政治类电视节目的人		很少或从不看政治类电视节目的人	
	1976 年 3 月 %	1976 年 7 月 %	1976 年 3 月 %	1976 年 7 月 %
基督教民主联盟和基督教社会联盟	47	34	36	38
社会民主党和自由民主党	32	42	24	25
无法回答	21	24	40	37
	100	100	100	100
N=	175		118	
对政治感兴趣的人				
基督教民主联盟和基督教社会联盟	49	35	26	44
社会民主党和自由民主党	32	41	26	17
无法回答	19	24	48	39
	100	100	100	100
N=	144		23	
对政治不感兴趣的人				
基督教民主联盟和基督教社会联盟	39	26	39	27
社会民主党和自由民主党	32	45	23	26
无法回答	29	29	38	37
	100	100	100	100
N=	31		95	

资料来源：阿伦斯巴赫档案，IfD 问卷调查 2178/2185

关于是否真的通过电视过滤了现实情况,从而导致在 1976 年大选年中意见气候变化的各种各样的调查,将在其他地方进行详细的描述[2]。但是,关于变化了的意见气候如何产生影响的问题却是清楚的。我们已经站在新的、不能完全确认研究角度的领域里了。

记者们没有进行不公正的操纵,至少他们是这样看的

为了至少是接近这个谜团的谜底,我们需要分析对记者的问卷调查和电视政治类节目的录像。当我们从沃尔特·李普曼的论点出发,会发现其实电视观众看到基督教民主联盟和基督教社会联盟获胜的希望降低了,的确是并不令人惊讶的。记者们确实认为基督教民主联盟和基督教社会联盟毫无获胜的机会。在现实世界中,记者们表达了他们所确信的东西,即实际上基督教民主联盟和基督教社会联盟没有可能赢得 1976 年的联邦总统大选。在现实中,这两个政治派别其实是一样强大的,而在大选日——1976 年 10 月 3 日,大约 3800 万选民中有 35 万没有投票给社会民主党和自由民主党,却转而投给基督教民主联盟和基督教社会联盟,后者获胜了。调查在请记者对这种比例关系进行客观的、相对准确的估计时问道:您认为,谁会赢得大选?最恰当的回答应该是:"这完全是一个开放的结果。"但是他们中有超过 70％的人回答,社会民主党和自由民主党联盟会获胜,只有 10％期待着基督教民主联盟和基督教社会联盟能赢。他们对这个世界的看法与普通公众完全不同,并且如果李普曼是正确的,那么这个世界只能像记者看到和表达的那样。这就是说,公众得到了关于真实的两种看法、对意见气候的两种不同的印象:一种印象来自自己的原始观察,另一种印象是通过电视的"眼睛"的观察。因此就形成了令人不可思议的现象——一种"双重意见气候"(请见表 24)。

表 24 记者对政治形势的看法与公众不一样。

他们的看法是否会通过电视的呈现传递给电视观众?

问题:"当然现在还没有人会知道,但是您猜测,在即将到来的大选中谁会获胜、谁会得到最多的票数,是基督教民主联盟和基督教社会联盟,还是社会民主党和自由民主党?"

	1976 年 7 月	
	18 岁以上的公民 %	阿伦斯巴赫对记者的调查 %
基督教民主联盟和基督教 社会联盟	40	10
社会民主党和自由民主党	33	76
无法回答	27	14
	100	100
N=	1265	100
	1976 年 8 月 公民 %	1976 年 7 月 记者 %
投票意愿: 基督教民主联盟和基督教 社会联盟	49	21
社会民主党	42 ⎫ 50	55 ⎫ 79
自由民主党	8 ⎭	24 ⎭
其他党派	1	X
	100	100
N=	1590	87

资料来源:阿伦斯巴赫档案。表格上半部分:IfD 问卷调查 2185、2187。在与美因茨大学新闻研究所合作同一时间开展的对记者的问卷调查显示:73%的被调查者认为社会民主党和自由民主党将获胜、15%的是基督教民主联盟和基督教社会联盟、无法回答的比例为 12%。这个调查是对 81 位记者进行的。

表格下半部分:IfD 问卷调查 3032 和 2187。这里显示了那些说出来具体的党派倾向的人的回答。X=小于 0.5%。

为什么公众与记者看到的是完全不同的竞选舞台呢?公众直到在 1976 年夏天前,都一直认为基督教民主联盟和基督教社会联盟比起社会民主党和自由民主党更有可能成为获胜者。

一个原因是,公众和记者有着完全不同的党派信仰。这些信仰如同李普曼所描述的那样引导了人们的视线。社会民主党和自由民主党的支持者看到更多的社会民主党和自由民主党获胜的征兆；而映入基督教民主联盟和基督教社会联盟的追随者眼帘的，是基督教民主联盟和基督教社会联盟赢得大选的预兆。公众中追随社会民主党和自由民主党的与支持基督教民主联盟和基督教社会联盟的是 1∶1 的比例关系，而在记者中这个比例却是 3∶1，因此自然，他们会有完全不同的感知。

图像符号语言将被解码

现在开始在没有研究过的领域进行探索，即电视记者如何通过画面和声音将认知传递给观众。首先，我们先来看看美国、英国、瑞典和法国，因为这些国家的传播研究者已经解决了这个问题。但是我们没有得到任何发现。然后，我们坐下来和大学生、助手和教授进行研讨和尝试。我们仔细观看一些政党大会或对政客的采访的电视录像，这个过程中我们相互之间并不交流，并且同时填写相应的问卷表格——这些电视场景、电视中的人物如何影响着我们。在那些我们对视觉消息解码的范围一致的地方，我们试着找出，从哪些符号中我们获得了那些印象。最后，我们邀请了著名的传播专家，例如加利福尼亚伯克利大学的佩西·唐恩鲍姆（Percy Tannenbaum）、纽约州立石溪大学的库特·朗（Kurt Lang）和葛莱蒂斯·英格尔·朗（Gladys Engel Lang），来到美因茨大学的新闻研究所，向他们放映 1976 年大选年的政治类电视节目的录像，请他们给予建议。佩西·唐恩鲍姆建议，对摄像师进行问卷访问，询问当他们希望实现某种效果的时候，他们会采用哪些视觉手段，或者反过来问：他们认为不同的录制技术有什么样的效果。这个研究设想在 1979 年付诸实践。大部分问卷得到了答复：被调查的摄像师中有 51％回答了书面问卷，151 份问卷被寄回。在"摄像师能够通过纯视觉手段将名人们表现得特别正面或特别负面"的问题上，有 78％的摄像师认为这是"完全有可能的"，剩下的 22％也认为是"有可能的"。那么他们是通过哪些方法呢？

被访问的摄像师在这个问题上高度统一：对于一位他们特别喜欢的政治家，他们有 2/3 的图像会用平视的角度（正面图像）摄取，因为这在他们看来能够唤起"同情"，并且产生"宁静"和"通透"的印象。没有人会对这样的政治家使用生硬的俯视（鸟瞰角度）或强烈的仰视（蛙仰角度）来展示，因为这样的视角更容易产生"反感"的印象或表达"软弱""空虚"的形象。

汉斯·马蒂亚斯·凯普林格（Hans Mathias Kepplinger）教授于是与美

因茨大学新闻研究所的工作小组一起检验了从 1976 年 4 月 1 日到 10 月 3 日 ARD 和 ZDF 电视台的竞选报道。他在 1979 年秋天在奥格斯堡召开的政治学研究年度大会上，针对这项研究的结果进行了演讲[3]。因此一篇关于这个演讲的报道的跨栏长标题就是《史密特在图片上的形象比科尔好》(Schmidt war besser im Bild als Kohl)，这篇报道刊登在 1979 年 11 月 1 日的《法兰克福环视》(Frankfurter Rundschau)上，它总结了其中最重要的发现：

"这份对两家电视系统的报道的分析……得出……，尽管电视台会让他们支持的政治家比他们反对的政治家更经常地出现在电视上，但是表现政治家的手段几乎是完全一样的，大部分时候用正面平视，偶尔也用俯视和仰视。

当只对两个最有竞争力的候选人——赫尔穆特·史密特（社会民主党）和赫尔穆特·科尔（基督教民主联盟）的录像的每个第四帧图像进行研究时，就完全不一样了。对于史密特只有 31 处是用仰视或俯视来表现的，而在科尔却有 55 次这样的情况……

美因茨的研究者们同时也告诉了我们，是谁来决定摄影机的角度的。由威利·罗德豪斯(Willy Loderhose)所主持的对摄像师的问卷调查表明，有 1/2（46%）的摄像师承认，这是由他们独立做出决定；而 52% 的摄像师说，这样的决定是由他们与对节目负责的记者共同做出的。"[4]

在《法兰克福环视》的这篇报道中接着说：它"研究了对公众的反应在视觉和声音上的再现，如手势、鼓掌、欢呼和其他自发的表现，以及公众更深远的关注和兴趣……

在 ARD 电视台和 ZDF 电视台，比起捍卫所支持政客的场面来说，出现的多得多的是公众拒绝所反对的候选人的场面……

摄像师承认，通过图像再现公众的反应也是完全由摄像机不同的角度所决定的，通过摄像机的角度可以产生强化某种印象的强度（例如鼓掌的观众）或者弱化某种印象的作用。在全景中可以展示全体公众，而通过半全景或更小的视角，只能突出较小的群体和个体。展现的人越多，距离就越远，画面里的东西越少，就越能集中表现所传达的印象。

因此，凯普林格说，美因茨大学的研究结果清晰地展示了，比起对两家电视台所反对的候选人的鼓掌场面，这两家电视台更为经常地集中运用半全景和大广角，呈现对他们所支持的政党的鼓掌欢迎的场面。"

即便是在十年之后的 1989 年，对这个令人费解的领域——电视记者如何通过图像和声音将他们的感知传递给观众——的探索,仍然没有结束。但是,却出现了摄像师和剪辑师们对学者所研究内容的愤怒。在实证研究之后陆续出版的研究成果,使得人们认识到摄像机的方位和图片的剪辑技术影响了观众对真实的认识;但是这些描述太枯燥,因此并没有激起任何风浪[5]。

还没有哪一次联邦总理大选像 1976 年的那样针锋相对。传媒对意见气候的影响只是尖刻的、谴责的话题而已,但是每个人、每个影响又都是决定性的,因为只差几十万张选票。而 1980 年在赫尔穆特·史密特和弗朗茨–约瑟夫·施特劳斯(Franz Josef Strauß)两个强有力的候选人之间的总理竞选,从一开始一切就已经成定局了。对那些打算解码电视的图像语言如何影响观众的传播研究而言,过去的研究没有引起公众骚动的是有利的。米歇尔·奥斯特塔格(Michael Ostertag)的合作工作[6]和之后在美因茨大学新闻研究所的博士论文,都致力于探索记者的党派倾向是如何影响政治家的——他们在电视上采访这些政客,并且如何影响这些政治家在公众那里形成的印象。奥斯特塔格将注意力集中在图像语言上。他和他的同事在对 1980 年联邦总理大选期间,有关施密特、科尔、施特劳斯和汉斯·迪特里希·根舍(Hans-Dietrich Genscher)的 40 份电视访谈的分析中,大部分时候将声音关掉。他们希望不受那些辩词的影响,这些辩词是通过言语和其他与谈话相关的非言语元素,如音高、腔调、停顿,以及所有被人们称作"辅助语言"或"副语言"的成分,所表达出来的。他们只处理视觉信号。

首先必须设计新的分类模式,从而从根本上确定下来体态语言,包括表情、手势、身体的方向、身体的位置,这些被人们称作"人们的空间关系"是如何影响处在一定距离之外的他人的。这项任务首先应该追溯到心理学者的早期研究,如菲利普·乐施(Philipp Lersch)[①7] 在 20 世纪 50 年代的研究,哑剧演员赛弥·摩尔肖(Samy Molcho)[②8] 的笔记,还有在 20 世纪 60 年代和 80 年代西格弗雷德·弗瑞(Siegfried Frey)和其他人[9] 的作品,尤其是来自美国的不断增加的探索。奥斯特塔格从他的研究工作出发,

---

① 菲利普·乐施(1898—1972),德国心理学家和哲学家,是 20 世纪五六十年代德国表情心理学的早期代表人物。因此他的著作大多集中在身势学,如《脸与心灵》《性格的形成》等。——译者注

② 赛弥·摩尔肖(1936)是著名的哑剧演员和导演,也是用肢体语言进行交流的大师。他撰写了《体态语言大全》《读懂孩子的身体语言》等书。——译者注

比较了四位顶尖政治家在接受采访时的表情和手势，无论采访的记者是与之政见相似的，还是来自其他政党派别的。

研究表明，四位顶尖政治家在每次采访中表情和手势基本上都是一样的。但在具体的表现中会有不同。在听到自己的观点时，会通过有节奏的点头加以强调，视线从谈话对象那里移开和将视线固定在谈话对象身上是交替的。这种强化显然没有在观众那里引起共鸣。此外，奥斯特塔格的研究还表明，当政治家与和他的政见不同的记者交谈时，效果不是那么好。这四位顶尖的政治家中无论是哪一位，如果表现出对采访他的记者的包容，都会得到观众的一致好评，而当政治家与记者在采访中有争论，则会得到负面的评判[10]。

而观众对记者在采访中的评价却是完全相反的，因此反驳和争论恰恰属于记者这个角色。

此外，比起接受站在另一边的记者的采访，当政治家与和他的政治基调一致的记者交谈时[11]，往往在观众那里更能得到好的评价。相互抱在一起的胳膊肘，朝另一个方向坐着，两条腿翘得很高，以至于它们和膝盖共同形成了针对谈话对象的壁垒，这些坐姿都会表现出更大的距离感[12]。

现在我们已经识别出了影响评价电视里政客的各种线索中的一部分。但是，我们还没有真正了解到，意见气候是如何通过电视传播的，在这项研究中我们还远未涉及这一点。

第22章

双重意见气候

美国政治学家大卫·P.康瑞德(David P. Conradt)在他的1978年出版的书《德国大选:1976年联邦总理竞选》[1]中,向对政治感兴趣的美国公众描述到:"联盟策略……试图,在1976年的大选中让沉默的螺旋对联盟发挥有利的用途。在基督教民主联盟1973年在汉堡的党大会上,这个党派的领导者就让其成员知道了这一发现。而在1974年,沉默的螺旋对政党的作用的简化说法在普通公众中也到处流传……并且,最后在1976年竞选宣传的主要阶段,摆在社会民主党之前的决议,也支持了沉默的螺旋理论,它在实践中的表现意味着,在社会民主党的竞选宣传真正有声有色之前,基督教民主联盟在公众中是引人注目的。"[2]

与沉默的螺旋做斗争

事实上,1976年与1972年不一样,并没有在老百姓中形成沉默的螺旋。基督教民主联盟和基督教社会联盟的支持者公开地表达他们的信仰、佩戴徽章,并且在汽车上张贴宣传画的,也不比社会民主党的支持者少,他们在人们可以听到的地方到处发表他们的观点,并且广为宣传他们的信念。在大选后的五到六周的调查中,当问到哪个党派的支持者参与竞选活动最多时,30%的被调查者回答是基督教民主联盟和基督教社会联盟的支持者;而只有18%的人与之相反,认为是社会民主党的支持者。

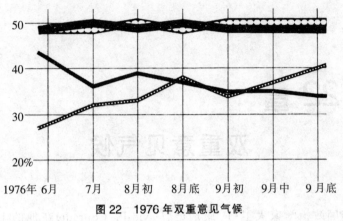

图 22　1976 年双重意见气候

有意识地与沉默的螺旋做斗争,与 1965 年和 1972 年不同,直到最后一分钟,也没有出现有利于预期会获胜一方的"乐队花车效果"。

投票意愿:基督教民主联盟和基督教社会联盟　■■■

社会民主党和自由民主党　◆◆◆◆◆

预测:基督教民主联盟和基督教社会联盟获胜　■■■

社会民主党和自由民主党获胜　◻◻◻◻

资料来源:阿伦斯巴赫档案,IfD 问卷调查 3030、3031、3032、3033/I、3034/I、3035/I

　　基督教民主联盟和基督教社会联盟的支持者公开可见的努力显然足够有力,从而使拿不定主意的、对政治缺乏兴趣的人,能够在大选的结束阶段远离被传媒所主导的意见气候的影响。可能这是第一次在现代竞选中有意识地与沉默的螺旋做斗争。几个月以来,这两个政治派别一直肩并肩地保持强势(请见图 22),并且在 1976 年 10 月 3 日清点选票的时候,仍然是齐头并进,社会民主党和自由民主党只是以微弱的优势到达目标。直到后来,人们有了更多的经验,因而可以预测,在基督教民主联盟和基督教社会联盟没有面对反对他们的意见气候时,他们是否会获胜。双重意见气候这种令人不可思议的现象引起了难得的远见,如同奇怪的气候导致了可能一年一见的焚风,或两层彩虹,或北极光,这种双重意见只在特别特殊的环境下才产生,也就是只有在公众的意见气候和记者中的主导意见相互不一致的时候。这出现在 1976 年的春天和夏天之间(请与第 172 页描述的进行比较),并且到了秋天引发了两级流动传播。"双重意见气候"意味着:由于对传媒使用的不同,人们感知到不同的意见气候。通过这项观察,也开发出有价值的科学研究工具。对意见气候的估计总是因对不同传媒的使用而不同的,因此值得再次检验对这种情况下人们所遇到的传媒效果的假设[3]。

"多元愚昧"：民众欺骗民众

但是，当我们把注意力越是长久地放在大众传媒的效果上，就越清楚地感觉到研究它是多么困难。因为这样的作用不是产生在一点上，而通常是累积的，是遵循"水滴石穿"的原理的。因为在人们之间不断进行的交谈中，会随时传递传媒中的讯息，因此在接收地点的人们和远离这里的人们，都能在很短的时间里毫无区别地接收到消息。由于人们绝大多数情况下意识不到这些效果，因此他们无法谈论这样的效果。

相反，如同沃尔特·李普曼所说的，人们具有将自己亲身的感知和通过传媒的"眼睛"的感知没有区分地混合在一起的倾向，从而一切好像都是自己亲自的体验和自身的想法。因为这样的效果很大程度上是"通过一伙人"间接体现的，在这个过程中，个体通过传媒的"眼睛"形成了自己对周围环境的观察，并且据此调整自己的行为，这些事实都使得研究传媒效果尤其需要一个系统的过程。被美国社会学家[4]称作"多元愚昧"的民众欺骗民众，将成为探索大众传媒效果道路上的一块指路牌。

我们也可以回想一下，我们在前面章节对公共舆论的研究中所描述过的其他的观察。那是一项不成功的测试，是有一幅几个人友好地在一起，而有一个人远离他们单独的、被孤立的测试图[5]。我们希望发现，人们是否意识到"一个人持有少数派意见"和"被孤立"之间的联系。如果人们毫不费力地将那个少数派意见归于那个明显被孤立的人的话，就意味着人们意识到了这之间的联系。

在这个测试中用到的少数派意见是："德国共产党成员也能在我们这里担任法官。"在开展测试的那个时候，也就是 1976 年 4 月，只有 18％的人赞同这个意见，而 60％的人反对。只有 2％的人认为，大部分公众会赞同，而 80％的人猜想，大部分人是反对的。但是，这个测试，如同我们刚才说到的，是不成功的。认为被孤立的那个人赞同德国共产党党员当法官的人数和认为他反对这一想法的人数实际上是一样多的。这是双重意见气候的象征吗？是否被孤立的人持有被公众所反对的意见，但与此同时用传媒的眼光看这个被孤立的人又是另一种样子，并且会针对他们形成这样的舆论：他们在传媒中几乎不会不作为极度保守的、不可改善的反对自由的形象出现吗？

第 23 章

宣布的作用:如果某人的观点很难在媒体上找到共鸣,那他就保持沉默

我必须承认,作为学者是非常神经质的。当我第一次看到坐火车测试中"是否德国共产党党员可以被任命为法官"这个问题的回答时,我不禁揉了揉自己的眼睛。它看上去就像是对沉默的螺旋的直接的反驳。多数意见的支持者完全清楚大多数人站在身后,却要保持沉默。而少数意见的支持者却有超过 50% 愿意说出自己的想法(请见表 25)。

坚实的核心

现在我们已经展示了在 1972 年对沉默的螺旋的最早测试,它体现了这一规则中的特例。在对理论进行实证检验时,其中最重要的部分是,理论的边界就此可以确定下来,找到在其中不能证明某条理论的情况,从而据此区分理论。在最初的测试中,20 世纪 70 年代初站在弗朗茨-约瑟夫·施特劳斯这一边的少数人群,比起压倒性的施特劳斯的反对者,就已经表现出广泛的交谈意愿(请见表 26)。

那是我们第一次遇到了"坚实的核心",那些在沉默的螺旋的漫长过程中保留下来的少数派,都非常勇敢地面对被孤立的威胁。这些在某些时候会变为先锋的"坚实的核心"接受了被孤立。坚实的核心可以与开拓者不同,他们在公众面前转过身去,在公共场合面对陌生人完全将自己封闭,将自己按派别隔离,只着眼于过去或非常遥远的未来。另一种可能是,坚实的核心与此同时和开拓者的感觉一样,他的交谈意愿清晰可见——至

表 25　多数意见派尽管知道自己是多数,却保持沉默。

少数派,也知道自己是少数人群,却非常健谈。多数派不愿

意说出自己的意见是因为他们的观点在传媒上很少被提到吗?

	多数派: 那些自己反对任命德国共产党党员当法官的人们,在火车包厢里遇到了一个人,他	
	与他们的想法不同,赞同这一点 %	与他们的想法一样,反对这一点 %
在乘火车的旅途中,是否愿意加入有关任命德国共产党党员为法官的谈话——		
愿意参加	27	25
不愿意参加	57	67
没有意见	16	8
	100	100
N=	169	217

	少数派: 那些自己赞同任命德国共产党党员当法官的人们,在火车包厢里遇到了一个人,他	
	与他们的想法不同,赞同这一点 %	与他们的想法一样,反对这一点 %
在乘火车的旅途中,是否愿意加入有关任命德国共产党党员为法官的谈话——		
愿意参加	52	52
不愿意参加	40	42
没有意见	8	6
	100	100
N=	48	54

资料来源:阿伦斯巴赫档案,IfD 问卷调查 3028,1976 年 4 月

表 26　在沉默的螺旋漫长过程的末端却留有坚实的核心,他们愿意在交谈中被孤立

问题:"假设您将坐五个小时火车,在您的包厢里有一个人开始说话了,他完全同意(每隔一次访问是反对)弗朗茨-约瑟夫·施特劳斯对我们的政治能有更多的影响。您愿意和这些人开始交谈吗,还是您觉得这没什么意义?"		
	1972 年	
	多数派:施特劳斯的反对者 %	少数派:施特劳斯的支持者 %
愿意交谈	35	49
认为这没有意义	56	42
没有意见	9	9
	100	100
N=	1136	536

资料来源:阿伦斯巴赫档案,IfD 问卷调查 2087/Ⅰ+Ⅱ。1972 年 10 月、11 月

少和先锋的交谈意愿是一样的。一种被美国社会心理学家凯瑞·I. 舒尔曼(Gary I. Schulman)通过实证证明的情境,激励着这些面向未来的坚实的核心,这种情况就是:多数意见的支持者在多数人群足够大的时候,随着时间的推移辩论能力越来越差,因为他们不再能碰到和他们持有不同意见的人了。舒尔曼发现,"人们应该每天刷牙"这一观点的支持者,在直接面对持反对意见的人的时候变得非常不安。

施特劳斯的支持者在任何情况下都绝不会把身体背向公众,绝不会只封闭在自己的派别中,绝对不会排斥在不远的将来获得进展的可能性,他们是坚实的核心,他们将自己看作先锋,并且因此尽管代表着少数派的意见也表现出十足的交谈意愿。

如果不是来自大众传媒的观点就理屈词穷

但是,在德国共产党党员成为法官这个案例上有些不一样。对此表示赞成的人并不是坚实的核心,而且反对者的庞大的多数也坚持他们的反对立场,出于对共产主义的发展存在致命的恐惧。他们在火车测试中表示沉默,尽管是面对同样表示反对的意见相投的人,而且他们是占绝对多数,这其中一定有还没有被识别出来的原因。有没有可能是他们找不到合适的措辞,因为他们对德国共产党党员成为法官的反对立场在大众传媒上,尤其是电视上没有被表达出来呢?

根据这个假设，大众传媒的作用还会以不同的方式继续表现出来：传媒的宣布作用，传媒授予人们以言辞、表达方式，从而人们能借此捍卫自己的立场。如果人们为他们的观点找不到一些广为流传的、经常被提到的说法，他们就会陷入沉默，会"缄口不言"。

1898 年，加布里埃尔·塔尔德写了论文《公众与群众》(Le public et la foule)[3]。我们可以用塔尔德的结论来结束对公共舆论和大众传媒的影响的讨论。"一封寄给主编的私人电报因其强烈的直接性引发了轰动的消息，并且立即惊动了欧洲大陆上所有大城市的群众，这些相互不在一起的人们，被这一事件所激起的反应却具有同时性和共通性，因而有了私密的接触，因此这份报纸在这些分散的群众中凝结了巨大的、抽象的和自主的大众，他们的'思想'被洗礼了。这份报纸因此实现了古老的工具的功能，也就是最开始的交谈和后来的书信往来，在一种情况下变得越来越简单，变成只留点和清晰线条的电报。于是个人的观点变成地方的观点，接着变成国家的观点，然后是世界的观点，公众统一的认识和公众的精神的统一具有无与伦比的创造力……现在巨大的力量产生了并且不断增加，因为每个人自己都是公众的一部分，因而对公众和谐起来的需要，也就是要求拥有共同的想法和做法，就越来越强烈和不可抗拒了。公众的数量越大，形成共同观念的动力越强，越能在与这种需求的共振中得到满足。当我们看到与我们同时代的人对一阵意见之风如此服从时，我们不应该感到惊讶，而且也不应该立即下结论认为，人们的品性变得软弱了。当白杨和橡树被大风刮倒的时候，并不是因为它们长得弱小，而是因为暴风更剧烈了。"[4]

塔尔德对电视时代会说些什么呢？

第 **24** 章

民意即天意

"伊丽莎白现在一家一家地上门询问'您支持还是反对阿登纳?'"我的朋友开玩笑地对她的客人们介绍我。

我偶然被劝说参加 1951 年和 1952 年之交的冬天,在慕尼黑的这次学者聚会。"过来吧",他们在电话里说。我们是学生时代的好朋友。上次我们见面是什么时候?是 1943 年或 1944 年在柏林-达勒姆(Berlin-Dahlem)的柠檬大街,也就是城市的西南角的植物园吗?那里是从西面来的轰炸机降落时的进场航路,倒塌的房屋,残破的墙垣,半空的房间,到处散落的家具、地毯和照片。

对公共舆论的研究——这些舆论有什么价值?这是无法对文学家、艺术家和科学家圈子里的人解释的,尽管时间还并不晚,尽管人们还没有喝多,尽管房间并不是很幽暗,也没有因为抽烟而使空气窒闷。

是的,要调查的问题是:"您是否完全赞成阿登纳的政策,还是不同意?"我在 1951 年第一次从我逐渐理解为公众和公众舆论中看到了强大的势力。那时我在阿伦斯巴赫,在我们的问卷向遍布联邦德国的大量被调查对象发放之前,定期检查这些问卷。我已经访问过一位年轻的铁路养护工人的妻子了,提问会重复,因此我已经知道她的答案,我至少已经听她说过八次,她不同意阿登纳的政策。但是,按照规则,我们必须非常严格和周到地检查整个访问过程,以便确定访问的长度。因此,我再一次朗读问题:"您⋯⋯赞同还是反对阿登纳?"她回答:"赞同。"我尽力掩藏我的惊讶,因为访问员不能在被访者面前表现出吃惊。然后,大约在四个星期后,新的问卷调查结果放在我的写字台上,在一个月内——从 11 月到 12 月,在联邦德国,阿登纳的支持率跳跃了 8 个百分点,在 24%到 23%之间停滞了很长时间后,达到 31%。从那之后继续上升,直到 1953 年的联邦总理大选年时,他的支持率升高到 57％[1],罗斯称这为"狂潮席卷"[2]。这股冲击波是通过什么方式抵达我所访问的护路工人的妻子的?这样的舆论有什么价值?

不是理智而是命运

民众的声音——上帝的声音?(Vox populi – von Dei?)当我们回溯这句话的踪迹时,我们发现从 1329 年起它被标为"谚语"了[3]。798 年,盎格鲁萨克森的大学者阿尔库因(Alkuin)[1]在他写给查理大帝(Karl der Große)[2]的信中,像使用众所周知的名言一样运用了这种说法,我们一直可以追溯到公元前 8 世纪的大预言家以赛亚(Jesaja)[3],他宣称:"……Vox populi de civitate vox de templo. Vox domini reddentis retributionem inimicis suis."意即"……人们应该听到来自市井嘈杂的喧哗,听到来自寺庙的声音,听到那些报应仇家的贵族们的声音"。

在经过了几百年的不被重视之后,这样的说法又重新赢得了尊重,并且对这句格言警句充满了猜测。霍夫斯泰特(Hofstätter)在他的《公共舆论心理学》(*Psychologie der öffentlichen Meinung*)(1949)中指出:"'民众的声音——上帝的声音'这是一种对神灵的亵渎。"[5]德意志帝国总理霍尔维格[4]认为,正确的说法是:"民众的声音——牲口的声音。"这其实只是翻版了蒙田[5]的学生皮埃尔·加荣(Pierre Charron)[6]在 1601 年建议"民众的声音——上帝的声音"恰当的说法应该是"民众的声音——驴子的声音"。这种加荣所创造的说法可以在蒙田论述名望的论文中找到,在这篇文章中,蒙田讨论了芸芸众生的无能为力、伟大的成就、大人物和他们的特质,他说:"智者的生活应该依赖于蠢人们的评价,这难道是合理的

---

① 阿尔库因(735—804),英国著名学者,也是查理大帝的重要顾问。——译者注

② 查理大帝(747/748—814),也称卡尔大帝,768 年 10 月 9 日成为法兰克王国加洛林王朝国王,800 年 12 月 25 日成为神圣罗马帝国开国皇帝。——译者注

③ 以赛亚(Isaiah)是希伯来公元前 8 世纪的先知,著有《以赛亚书》。——译者注

④ 特奥巴登·冯·贝特曼·霍尔维格(Theobald von Bethmann Hollweg)(1856—1921),德国政治家,曾于 1909—1917 年间任德意志帝国总理。——译者注

⑤ 米歇尔·德·蒙田(Michel de Montaigne)(1533—1592),文艺复兴时期法国作家,他的三卷《尝试集》在西方文学史上占有重要地位。——译者注

⑥ 皮埃尔·加荣(1541—1603),法国 16 世纪著名哲学家,他是蒙田同时代的人,也是其亲密的伙伴,重要著作有《智慧三卷》等。——译者注

吗？'因为应该是大家一起作出判断，而每个个人什么都不算，因此人们就要接受更愚蠢的想法吗？'如果人们总是受这样的影响，就会一事无成……没有任何艺术、任何创造的源泉，是从对不安且糊涂的君主的追随中得到的。在那些愚钝的思想、混乱的谈话和仍然在支配我们的粗糙想法的相互交织中，根本不会产生任何优秀的事物。让我们不要采用这种易变无常的方式。我们应该坚定地追寻理性。我们可以追随符合这种方式的共同的想法，如果普遍的观点是理性的话。"6

阿尔库因在他798年写给查理大帝的信件里也表达了同样的精神："我们不应该听那种民众之声即上帝之声的说法。因为众人的叫喊只是疯狂的行为。"7

之后的几百年甚至上千年里，"上帝的声音"被翻译成"理智的声音"，并且在公众舆论中，在"民众的声音"中是找不到理智的声音的。

与此同时，还流传着第二种完全不同的想法。"人们应该听到来自市井嘈杂的喧哗……听到那些报应仇家的贵族们的声音。"这是先知以赛亚的说法。赫西俄德（Hesiod）①在公元前700年左右，尽管没有使用后来才有的专有名词，也描写了公众舆论可以作为道德评判权威、社会控制力量，这是公共意见注定要做到的："……人们处理和回避令人憎恶的名声。恶名很糟糕，因为它可能很容易、在没做什么的时候就来了，忍受着它并要洗刷掉它当然非常艰辛和困难。恶劣的名声不会完全消失，因为很多人在传播名声。因此名声也叫神。"8

"虔敬"在罗马哲学家塞涅卡②意味着："相信我，民众的声音是神圣的。"9 大约在五百多年后，马基雅弗利说："将民众之声称为上帝的声音不是没有道理的，因为世界各地的事件和观点通过这样的神奇的方式预言出来了，从而使人们可以相信某种隐蔽的力量能够预言好的和坏的。"10

不是理性使公共舆论不同寻常，而恰恰相反，是非理性因素附着在公共舆论上面，也就是未来的因素、命中注定的因素。马基雅弗利再一次强调："Quale fama, o voce, o opinion e fa, che il popolo comincia a favorire un cittadino?"11，即"哪些名声、哪些声音、哪些行动受到了观念

---

① 赫西俄德是公元前8世纪古希腊诗人，《工作与时日》是他的代表长诗。——译者注

② 吕齐乌斯·安涅·塞涅卡（LiciusAnnaeus Seneca）（2—65），古罗马政治家、哲学家、悲剧作家、雄辩家。塞涅卡兴趣广泛，著作丰厚，有11部戏剧、14部问答体作品、一部书信集和一些讨论自然科学的著作，其中《道德书简》被公认为必读首选书目。——译者注

的影响,从而使民众开始转变成了公民?"我们可以从罗塔·布赫(Lothar Bucher)①在 1887 年《德国时事》(*Deutschen Revue*)中发表的一篇题为《关于政治的艺术表达》的文章中找到这句引文[12]。他补充说:"马基雅弗利几乎成为发现'公共舆论'这种说法的先驱了。"

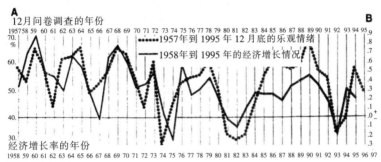

图 23　新一年开始前的希望走在经济发展之前

标尺 A:在"您是满怀希望地面对新的一年,还是充满恐惧?"这个问题中回答"满怀希望"的比例
(阿伦斯巴赫档案)

标尺 B:实际的国民生产总值的增长率

解释:该图显示了新年的情绪和接下来一年的发展(数据是一直到 1993/1994 的德国前西德地区)

为了方便读出公众的情绪曲线,在图上端横坐标标出了相应的年份,在左纵坐标上标出了 A 的百分比值。

为了方便读出经济增长率曲线,在图下端横坐标标出了相应的年份,在右纵坐标上标出了 B 的百分比值。1995 年的经济增长率是估计值。

资料来源:卡尔·施泰因巴赫《预测的负载力》,这是发表在 1979 年 7 月 14 日在汉堡举行的德国运输研究协会(Deutsche Verkehrswissenschaftliche Gesellschaft)年会上的演讲,数据更新是根据国家统计局和阿伦斯巴赫档案的数据。

　　卡尔·施泰因巴赫(Karl Steinbuch)也对阐释"民众的声音——命运的声音"做出了贡献,他将所有的阿伦斯巴赫每年年底所提出的问题——"您是充满希望地面对新的一年,还是满怀恐惧?"——与随后来临的这一年的经济指标组合起来。年底或是高昂或是低落的希望并不是顺应当年的或较高或较低的经济增长,而是一年之初的高昂和低落的情绪和接下来的发展相一致。

　　在两派意见中——"民众的声音——牲口的声音"和"民众的声音是

---

　　①　罗塔·布赫(1817—1892),德国政治评论家,也是德意志帝国第一任首相俾斯麦的助手。——译者注

神圣的"之间,活跃着黑格尔①对公共舆论的观察[13]:"因此,和产生鄙视作用一样,公共舆论也起到尊重的作用,这是根据公共舆论的具体的意识和表达方式来决定的,而那些又是大部分由它们的、或多或少被遮掩的、只表现具体形态的基础所决定的。因为公共舆论尽管没有清晰的区分标准,但也有能力从基本方面提炼出某些认识,因此这与公共舆论最开始与某些伟大的和理智的事物形式上的联系无关(无论是在现实中,还是在科学研究中)。因此,从这个角度来看,可以安心地等结果的出现、承认它,形成成见。并且,在公共舆论中真理和无穷错误直接混杂在一起,但是找到其中的真理是伟大的人的事业。那些说出和实现了他所在的时代所希望和所表明的愿望的人,是那个时代的伟大的人。他做了那个时代内在和本质的事情,他实现了它们;并且那些在这里那里听到了公共舆论而不去藐视它的人,决做不出伟大的事业来。"

大约在 18 世纪末,维兰德②将"舆论"这种表达方式带到了德语日常用语中。在他的《面对面谈话》(*Gespräche unter vier Augen*)以及《关于公共舆论》(*Über die öffentiliche Meinung*)(1798)第九次的谈话中,他让两位对话者这样结束他们的谈话:

艾伯特(Egbert):每种理智的言论拥有法律才拥有的力量,而并不需要成为公众舆论。

辛巴德(Sinibald):您最好说,一旦某种言论成为大多数人都说的公共舆论,那么它就永远具有法律效力,并且这种效力能稳固存在。

艾伯特:这将在 19 世纪去证明。

引用了维兰德这段对话[14]的罗塔·布赫在他的论述结尾说:"辛巴德和艾伯特争论了理智和公共意见之间的界限,这被推延到 19 世纪去解决;我们把它留给 20 世纪,以结束这个争论。"[15]难道我们要继续把它传递给 21 世纪吗?

---

① 乔治·威廉·弗里德里希·黑格尔(Georg Wilhelm Friedrich Hegel)(1770—1831),德国哲学家、德国古典唯心主义的集大成者。黑格尔哲学是马克思主义哲学的重要来源之一,他的代表著作有《精神现象学》《逻辑学》《哲学全书》《法哲学原理》《历史哲学》和《美学》等。——译者注

② 克里斯托夫·马丁·维兰德(Christoph Martin Wieland)(1733—1813),德国诗人和作家,他的代表作品有《约翰娜·格莱夫人》《阿迦通的故事》《滑稽故事集》《金镜》和《奥伯龙》等。——译者注

实证研究是定义舆论的基础

当我们想到,长期以来在定义公共舆论上花费了多少努力时,才会清楚,为什么在现有的图书中有意地很少给出对公共舆论的定义。哈伍德·切尔德斯提到过量的、如丛林般的五十多种定义,对舆论的特性、形式、形成的过程、产生影响的方式、功能和大量的内容的描写令人困惑,这促使我重新开始寻找一种简明清晰的陈述,而不同于定义库中的各种定义。因此我们被切尔德所激励,开始采用实证检验。操作化定义是人们可以通过它开始研究,并且从中可以推导出可实证检验的表述。因此在定义中应该给出行为的目标:公共舆论是如果人们不想被孤立的话,必须在公共场合可以说出和展现的观点和行为方式;是在公众中有争论的、不断变动的领域中或新产生的紧张区域里,可以表达而不会产生被孤立的危险的观点和行为方式。这可以通过民意测验法和对有代表性样本的观察法进行检验。我们这个时代的法律、道德规范、传统是不是过于摇摆不定,因此在这种意义上,无法形成所有的人都去说或做,而不会被孤立的公共舆论呢?在美因茨大学的一次研讨课上,我们对此进行了讨论。其中一个参与研讨课的人说,人们只要穿着红色的套装去参加一次葬礼,就能从中领教到在今天也有公共舆论存在。我们也可以通过民意调查式访问,描述人们的行为方式或观念,并且询问,当这些行为方式和观点中的哪些被同伴所破坏时,人们就不再愿意和他住在一个屋檐下,不再愿意邀请他参加聚会,不再愿意和他在一个地方工作了。民意调查显示,有大量的行为和观点可能导致人们被孤立。

在定义中还有第二个附件,通过它我们可以对这个定义进行实证检验,并且从中引导出可验证的说法:"公共舆论是一个生活共同体中的人们对会产生重大影响的或是涉及价值观的问题的一致性意见,无论是个体还是政府,都会受到被排挤在外或被推翻这类威胁的制约,因此至少会通过顺应公开可见的态度,来表示对公共舆论的尊重。"在这第二个定义中,更多地强调了整个社会的赞许与被孤立的恐惧之间的关系。

从一个或另一个定义中,将否导出关于交谈和沉默的含义的语句,关于人类的类似统计的观察能力和与之相对应的记号语言——它首先必须通过系统地(而我们现在已经能凭直觉去做)解码;导出这些准感官统计如何在外界稳定的时候沉睡和在充满变动的时候保持高度警醒;导出在某一派别在坚持己见时,被孤立的威胁的伤害程度和锐利程度是如何随着这样的危险而增加的。这些定义会引导出这些语句:有关大众传媒效果的,大众传媒增强公共性的,有关为某种论点提供支持或者拒绝它的——从而某种模式无法被广为流传,也因此不会被带入到日程安排的议题中。这些定义将引导出关于公共舆论的两个源头,以及如何从中产生"双重意见气候"的语句。以这些确定定义的工具为基础,尤其是开发民意测验的问题,就能够测量孤立程度,或是产生的效果,赞同和拒绝的情况,或是让公众广泛知道的意愿和保持沉默的倾向,或是两极分化的参数。

皇帝的新装:舆论是建立在一定的时间和地点基础上的

随着有关公共舆论定义的丛林变得令人费解,如同开始所说过的,越来越多的声音认为,这个概念过时了,应该放弃它了。尽管如此,这样的要求没有起任何作用,这个概念带来了越来越多,而不是越来越少的不确定性。W. 菲利普斯·戴维森(W. Phillips Davison)在他发表在 1968 年的《社会科学国际百科全书》(*International Encyclopedia of the Social Sciences*)上的关于公共舆论的文章中,对此表示感到奇怪。

在柏林的 1964 年初夏的一个周日,我的眼前突然浮现出我在美因茨大学就任的第一节课,它的主题是"公共舆论和社会控制"。从 1965 年12 月开始,我认识到:"公共舆论这个概念通过非常神秘的方式保持着它的重要性。因此,在文学或学术上的论文专著中,对公共舆论这个概念的讨论,注定要冒着让其读者或听众失望的风险。如果他们证明,所谓的'公共舆论'根本不存在,这是完全不符合事实的,也无法使人信服。'这个概念无法轻易被打倒',多维法特(Dovifat)抱怨过⋯⋯这种确定这个概念的坚持不懈,和当人们阐释这个概念的定义时所感受的失望,意味着什么?这意味着,公共舆论这个概念与真实相符,而这个概念的定义却还没有符合真实。"[16]

与真实相符,对此我们除了确定真实,没有其他别的办法。接着,我们突然看到,如同真实的足迹到处散落在言语中,如果我们不能更多地通过我们社会皮肤的感知力给予解释——这需要我们抑制"我理智的想法",那么被大声说出的话是没有意义的。公共场合是一种氛围,在其中人们可能会丢脸、会受羞辱、会捅娄子、会感到倒霉、会侮辱某人、会为某人扣帽子。当我们没有发现真实的时候,我们如何能够理解诗人马克斯·弗里施(Max Frisch)①在法兰克福图书展开幕式上所提出的说法:"公共——是孤独的外在表现"[17]呢?一边有某个个人,另一边有许多人带上匿名这顶魔法帽子,并对那个个体做出评判,这是卢梭的描绘,并且将之称为公共舆论。

我们必须掌握公共舆论的真实情况,这个事物建立在特定的空间和时间之上。否则,我们就会假想,当皇帝穿着它的新装走出来的时候,我们没有像广场上其他人那样保持沉默。安徒生童话是关于某个地点的公共舆论的童话。一位突然闯入的陌生人是几乎无法抑制住他的惊讶之情的。

时间的作用是:作为生活在中世纪之后的人们,我们会不公正地评论,那个时候的人们在诊断病情方面是那么无知和蒙昧。我们会注意那些类似我们这个时代所说和所发生的语言和行为,忽视那些不属于时代精神的激情之列的东西。瑞典文化大臣的新闻发言人曾说:"我们希望,学校像修剪整齐的草坪。我们不希望,这里有几朵花高高地突出出来,一切都应该是整齐划一的草坪的一部分。"[18]如同李普曼所描述的,时代精神浓缩为一种模式,并且他还描述到后来这个模式是如何坍塌了,以及后来者是如何不理解这个模式的。因此,关于修剪整齐的草坪这句话,也许有一天听上去也是令人费解的。

加强对时间的感觉,是实现和践行理解公共舆论的目标的基础。"成为时代中人"和"合时宜",解释了为什么黑格尔强调时间因素:"那些说出和实现了他所在的时代所希望和所表明的愿望的人,是那个时代的伟大的人"。图霍夫斯基②也描述过:"没有比发现自己正面对着所在时代的公开反对,并且要大声地说'不'更艰难的,也没有比这需要更多的道义勇气的。"[19]乔纳森·斯威夫特(Jonathan Swift)③在1706年写下的名言进行了讽刺:"当我们观察过去的事情,如战争、谈判、拉帮结派等,这一切对

---

① 马克斯·弗里施(1911—1991),二战之后国际文坛上享有盛名的瑞士作家,与弗里德里希·迪伦马特并成为当代瑞士德语文学的双子星。弗里施是位多产作家,并且作品影响广泛,例如他的著名的唱片小说《能干的发贝尔》就有30多种文字的译本。——译者注

② 库尔特·图霍夫斯基(Kurt Tucholsky)(1890—1935),德国记者、作家,曾用彼得·潘特(Peter Panter)、提奥巴尔特·泰格(Theobald Tiger)、卡斯帕·豪斯(Kaspar Hauser)等笔名,他的代表作有《莱茵堡——致爱人的画册》《一本比利牛斯山脉的书》《蒙娜丽莎的微笑》《纸屑》等。——译者注

③ 乔纳森·斯威夫特(1667—1745),英国启蒙运动的激进民主派创始人,18世纪英国最杰出的政论家和讽刺小说家,其脍炙人口的作品是《格列佛游记》。——译者注

我们而言都是一样的,我们惊讶过去的人们对那时的事情是如此热衷地投入;而当我们观察现在的时候,我们也看到了同样的倾向,但是我们却不感到不可思议。"并且,"没有说教者能够像时间那样,主导我们思维的步伐和方向,并将它们放置到我们的头脑中,虽然前辈们在以前徒劳无功地尝试过"。

当 1979 年 10 月,诺贝尔奖获奖者特蕾莎嬷嬷(Mutter Teresa)①的一句话也同样变得举世闻名时,我问自己,是否我们这个时代开始感受和重视人们的社会性本质了呢?特蕾莎嬷嬷是这样说的:"最糟糕的疾病不是麻风病或肺结核,而是感到不受人尊重、不被人喜爱、被人们所遗弃。"可能在短短的时间里人们不能进一步理解,为什么这句不言自明的话引起了如此大的关注。

舆论是我们的社会皮肤

被轻视、遭到排斥——这是有关麻风病的话题。人们患麻风病可以是多种形式的:身体上的、精神上的,即在与其他个体和社会的关系上感觉是孤立的。当我们慢慢地更好地理解了公共舆论,那么我们也能不断加深对人们的社会性本质的理解。我们就不会对那些害怕自己患有社交性麻风病的人提出严苛的要求了,即要求他们抗拒一切顺从和所有的随大流。可能我们会先询问一下社会心理学家玛丽·雅霍达[21]:一个人应该独立到什么程度?我们希望一个好公民实际上应该有多独立?他是应该完全不考虑其他人的评价,这才是对社会来说最好的吗?当一个人完全独立地行事,是一个彻彻底底的不墨守成规者,别的人会不会充满猜疑地问:他到底正常不正常,或我们是不是应该怀疑他有精神病?只有当这个独立行事、不随大流的人表现出他有能力与他人保持一致,那么其他人才能将接下来他的这些行为承认为公民道德。当一个社会通过针对偏离的个体施以孤立的威胁,以保护人们普遍信仰的价值观时,我们也不应该草率地将这个社会评判为缺乏包容的、不自由的。

我们可以这样描述这两个方面:公共舆论——我们的社会皮肤。"我

① 特蕾莎嬷嬷(1910—1997),天主教慈善工作者,在 1979 年获得诺贝尔和平奖,也是在诺贝尔奖百余年历史中,与 1921 年获得物理学奖的爱因斯坦和 1964 年获得和平奖的马丁·路德·金被并称为最受尊重的三位获奖者。——译者注

们的"——它的含义可以是我们的社会,公共舆论如同皮肤一样保护着我们的社会,而使它能够成为一个整体。"我们的"——它的含义也可以是那些承受着公共舆论的个体,这些个体也承受着社会皮肤的感受性。因此当让-雅克·卢梭将公共舆论描写为个体的敌意和社会的保护时,是否指出了公共舆论最重要的本质?

第 **25** 章

1980 年后记

　　我不愿意与读者告别,我想能再次与你们相遇,一起研究公共舆论和政治、经济、艺术、科学以及宗教之间的关系,并且通过这本书展现出,对公共舆论的理解的描述,人们能够对公共舆论有更好的判断和预测。

　　那些长期以来一直陪伴我的现在不再属于我了,那所我独自在其间散步的公园,在那里我时常想起我的研究课题。不过实际上我并不是独自一人。在那些我需要感谢的人们之中,首先我想感谢阿伦斯巴赫研究所的赫尔姆特鲁德·西顿(Helmtrud Seaton),她同时承担了科学助理和秘书的工作,如果没有她,我无法想象这本书能够完成。

　　阿伦斯巴赫民意调查研究所的许多工作人员往往是满怀热情地帮助着我,甚至是在研究所科研合约中的固定项目中,他们也比我先想出发挥其他作用的问卷方式或计数方法,比如在"坐火车测试中"的各种问题和方法。对于在这项研究中有特别贡献的,我想到了阿伦斯巴赫研究所档案部门和图书馆的负责人维纳·苏世林(Werner Süßlin),还有同时既担任法语版本的编辑,又是鼓舞人心的评论者的格特鲁德·瓦伦(Gertrud Vallon),她让我想起了卢梭在 1744 年从威尼斯发出的信笺中对"公共舆论"这个概念的证明。

　　在美因茨约翰内斯·古腾堡大学新闻研究所,我也从安吉利卡·提舍(Angelika Tischer)所指导的克莉丝汀·基伯关于卢梭的硕士毕业论文中得到进一步的帮助。巴尔文(Balven)的关于托克维尔和迪特·派特曹尔特(Dieter Petzolt)"公共性是一种意识"中的有关路德的段落都对我尤其重要,此外还有芝加哥大学法兰克·路西阿诺(Frank Rusciano)关于马基雅弗利的硕士毕业论文。

　　我要感谢巴黎第五大学的雅·斯图茨尔(Jean Stoetzel)教授,他让我研读了他为有关公众舆论课程所写的未公开出版的笔记,和与之相关的他的博士研究生卡罗特·甘诺楚德(Colette Ganochaud)所写的关于卢梭的公共舆论这一概念的博士毕业论文。

在讨论我的研究课题上,我在美因茨的同事汉斯·马蒂亚斯·凯普林格,表现出一如既往的热情和鼓舞人心的意愿,对此我要表示感谢。我也要感谢伊莫金·西格·考尔波恩(Imogen Seger-Coulborn),在每一章手稿完成后,她都仔细阅读,并且我要特别指出,我非常看重她的批评意见。多年来,在她的社会科学研究工作中,她总能想到我对公共舆论的兴趣,并且为我传递相关讯息。通过对她的感谢,我也要感谢许多为我提供启发的朋友们和同事们。伊莫金在论文中虽然没有浓墨重书,但却提供了非常重要的知识来源,比如亨利·戴维·梭罗(Henry David Thoreau)①在1840年23岁时所写的《杂记》(Journal)。还有梭罗的名言:"打破法律总是容易的,但是即便是生活在沙漠里的贝都因人(Beduin)②也觉得无法承受公共舆论所带来的阻力。"

伊丽莎白·诺尔-诺依曼

写于1979年、1980年之交

---

① 亨利·戴维·梭罗(1817—1862),美国作家、哲学家,他的著名作品有《瓦尔登湖》《论公民的不服从》。

② 贝都因人是阿拉伯人的一支,分布在西亚和北非广阔的沙漠和荒原地带,因其流动性大、游牧距离远,很多阿拉伯国家人口统计数字里都不包括他们。"贝都因"是阿拉伯语的译音,含义是"荒原上的游牧民"。——译者注

第26章

新的发现

　　鹿特丹的伊拉斯谟（Desiderius Erasmus）①认识马基雅弗利吗¹？在1980年出版的《沉默的螺旋》第一版的关键词索引中并没有伊拉斯谟的名字。但是，在1989年春天的课堂上，我提出了伊拉斯谟是否认识马基雅弗利这个问题，并且开始像一名侦探一样进行探索。

将时间维度延展到过去

　　为了解释这个问题，我必须先要进行回顾。有人说过，学者发现新知识时，除了需要辛勤的工作，也需要运气。我在早年间开始研究公共舆论时，的确很幸运。我在滕尼斯对托克维尔的引述中，发现了对沉默的螺旋的精确描述，这是运气¹。当时在阿伦斯巴赫担任科研助手的库尔特·罗伊曼（Kurt Reumann），为我带来了当时在学术界并没有被重视的约翰·洛克《人类理解论》第二卷中的第28章——《关于其他联系》，这一章描述了意见、名声、流行的法则，这也是运气。但是现在不能继续这样下去了，寻找重要的文本应该是系统展开的。

　　在美因茨大学新闻研究所，我们设计了调查问卷。处理问卷是我的工作，但是这份问卷并不是对人进行调查的，而是针对图书。参与研讨课程的学生使用这份问卷对图书提问：是否在某本书里的某个地方提到了公共舆论；是完全按照这种说法还是用了同义词；在什么样的上下文中；

---

　　① 德西德里乌斯·伊拉斯谟（1466/1469—1536），中世纪尼德兰（今天的荷兰和比利时）著名的人文主义思想家和神学家。他将《圣经》翻译成拉丁文版和希腊文版。他创作的作品有《愚人颂》《基督教徒君王指南》和《论儿童的教养》等。——译者注

哪些作者提到过等。问卷中一共有 21 个问题,大约有 250 名作者在接下来几年的美因茨的研讨课上被研究,以便找出关于公共舆论,我们从他们那里可以学到什么[2]。比如在 1980 年我们确定了《沉默的螺旋》这本书的副标题"舆论:我们的社会皮肤"后的很多年,我们知道了恩尼斯·荣格尔(Ernst Jünger)①曾在 1951 年将公共舆论描写为"时间的皮肤"[3]。或是马克斯·弗里施在法兰克福图书展开幕式上所说的:"公共是孤独的外在表现。"[4] 这如同打开对"被孤立的恐惧"的钥匙,这种恐惧在公共场合会向人们袭来。没过几年,米歇尔·哈勒曼(Michael Hallemann)开始研究人们对尴尬的感觉,并且证明人们的这种感觉随着暴露在公众中的程度而增加,我们也身处其中。因此,我再一次想到了马克斯·弗里施和这位诗人是如何用他们的描述引领着所有学者的。

还是回到伊拉斯谟。早在 1988 年的夏季学期,乌苏拉·基尔玛雅(Ursula Kiermeier)就通过这份问卷分析了伊拉斯谟有关公共舆论的三处文字,这其中也有《基督教徒君王指南》(*Die Erziehung eines christlichen Fürsten*),这是伊拉斯谟在 1516 年作为顾问写给当时 17 岁的长子卡尔·冯·勃艮地(Karl von Burgund),也就是后来的皇帝查理五世的。

在阅读乌苏拉·基尔玛雅从伊拉斯谟的作品中所汇集的答案时,我不得不想到了马基雅弗利文章中的相似性。维纳·埃克特(Werner Eckert)在他的硕士毕业论文中,用同样的问卷分析了马基雅弗利的文章[5]。伊拉斯谟和马基雅弗利两个人都通过信件告诫他们的君主,他们无法违背公共舆论而进行统治。在我撰写 1980 年版的《沉默的螺旋》的时候,亨利四世(Heinrich Ⅳ)②从莎士比亚那里知道,对待公共舆论不可掉以轻心——"舆论的确能帮我得到王冠"[6],这让我想到,这只能追溯到马基雅弗利的影响。但是,现在我读到伊拉斯谟的文章,他指出,君主的权力首先是以"一致的民意"为支撑的,从民众的赞同中产生王权。"相信我,失去了民众的喜爱的人,一定也得不到重要的支持者。"[7] 马基雅弗利和伊拉斯谟的文章不可思议地相似,甚至是在细节中也是如此。在列举君主所面对的危险时,甚至连顺序都是一致的:他们指出首先必须要避免的是

---

① 恩尼斯·荣格尔(1895—1998),德国作家,代表作有《钢铁风暴》《喜欢冒险的心》《悬崖上的大理石》等。——译者注

② 亨利四世(1553—1660),法国国王,法国波旁王朝(1589—1660)的建立者。——译者注

下属的憎恨，然后是轻视。

两个人都强调，这取决于统治者应该表现出伟大和高尚的品德。但是，两个人在一个重要点上有区别：马基雅弗利认为，君主没有必要拥有所有的高尚品质，只需要显得他拥有就足够了。作为忠实的基督徒的伊拉斯谟却有与之相反的看法。君主具有所有伟大的品质并且没有任何罪过，在现实中也是不够的，他必须要向他的下属表现得足够好[8]。

马基雅弗利和伊拉斯谟认识吗？或是他们知道对方的作品？我开始检索答案。他们几乎出生在同一时间，伊拉斯谟在 1466 年或 1469 年出生在鹿特丹，马基雅弗利 1469 年出生在佛罗伦萨附近。

但是他们的生活环境却是着千差万别的。根据他们所在的时代的观点，伊拉斯谟一生都在忍受作为非婚生子所带来的困扰，他是一位牧师和一位医生的女儿之子。他在父母早亡和进入修道院后，作为一个年轻的主教秘书迅速发迹，而后成为索邦神学院①的学者。但是在一所又一所的大学里，由于他的非婚生子的身份而无法获得博士学位。最后，在意大利北部——离马基雅弗利所在的佛罗伦萨不远的地方，他最终从都灵大学博士毕业。

所有研究通过公共舆论而产生被社会孤立的威胁的学者们，都可以从自己的生活中体验到这一点。仿佛是通过意识到公共舆论压力这样的生活经历，而导致开始研究这个问题的。伊拉斯谟，这位"人文主义思想之王"，在整个欧洲之内，都在学习如何忍受被孤立。在一本小册子里，他受到了争议，人们认为他是"本质的人"（homo pro se），是一个有自我就足够而不需要其他人的人。

马基雅弗利从位高权重的共和国厅长官的位置上重重地跌下来，因为被怀疑密谋叛变而遭受严刑拷打，最后一贫如洗的他被放逐到佛罗伦萨附近的乡间。

哪篇文章先写出来的？是马基雅弗利的《君主论》，还是伊拉斯谟的《基督教徒君王指南》？是马基雅弗利的文稿先写出来的（1513—1514 年间）。但是直到 1532 年才得以出版。伊拉斯谟写给君主的《反射镜》完成于 1516 年，并且在递交给卡尔·冯·勃艮地之后就立即出版了。

谜题得到了解答。马基雅弗利和伊拉斯谟两个人有着共同的来源，两位都是以亚里士多德的《政治学》为基础的[9]。他们之间可能并没有相

———————————

　①　索邦神学院是巴黎大学的前身。——译者注

互见面。至少像伊拉斯谟和马基雅弗利这样距离异乎寻常的近而最终没有碰面的作者非常少[10]，而现在通过我的检索查询，我像一位旅游者一样，在某个遥远的地方出乎意料地发现了早前的拜访者留下的标记。

现在当我从约翰内斯的索尔兹伯里（Salisbury）[①]——一位英国的经院哲学家，在 1159 年他的作品《论政府原理》（Policraticus）中发现，有两次用拉丁文表示了"公共舆论"（publica opinio 和 opinio publica）时，也不再那么惊讶了。但是，英国的一位编辑在 1927 年重新编辑出版了这本书，每次都在这个词出现时通过相关脚注表达对这种说法在 12 世纪的作品中出现的敬仰之情，并强调这是非常值得注意的[11]。我不再会感到吃惊，是因为索尔兹伯里在人文主义的早期就读过古典优秀作品，并且从那里汲取了有关"公共舆论"拥有权力的思想。这意味着，当我们对我们的课题——公共舆论追本溯源，一直追踪到最早的作品和文字记录时，我们发现它属于欧洲文化中的思想。

伟大的政治家能识别舆论

在《圣经·旧约》中没有出现"公共舆论"这个概念。但是，凭借着直觉、凭借着一些诗人对公共舆论的特性的知晓，从而根据圣经中的记述，可以知道，大卫王生来就具有恰当地处理公共舆论的能力。他通过撕碎衣服、斋戒直到太阳落山，来表达他对他的一位强劲的宿敌被杀的悲伤，但是人们显而易见地都可以想到，他促成或至少是批准了这次谋杀，而这些象征性的举动比任何辩解都更有效地赢得了舆论的支持。

一个伟大的壮丽场面是，大卫王将常年来不受重视的犹太人的圣物——上帝的约柜——"在欢庆和长号演奏声中"迁到了耶路撒冷，"在扁琴、竖琴、钟、鼓和钹伴奏下的歌声之中"，强调了耶路撒冷是他所统治的以色列和犹太两个王国的神圣的中心。但是，如同他亲自加入游行的队伍，只戴着条缠腰布欢腾和舞蹈，并且首先在耶和华面前自贬身份，他所扮演的这些角色都是为了展示，他在处理公共舆论时远不仅只通过盛大的仪式。大卫王的妻子，米拉公主讽刺说："今天以色列的国王表现得如此令人尊敬，就像他今天在他的随从女眷面前的表现，不过是要从乌合之

[①] 索尔兹伯里（1115—1180），英国著名的神学家，1176 年被封为司加德司主教。——译者注

众中保持突出。"而大卫王回答扫罗①的女儿②说："尽管在你的眼睛里,我是可鄙的,我甚至比现在更要卑鄙。但是在你所说的女眷面前,我希望展现我的荣耀。"我们今天的政治领袖也采用着类似风格的其他手段,这足以让他们"直接与众人打交道"。

大卫王给他妻子的回答很清楚地表明,他意识到自己在做什么、想要什么。有关大卫王向亚扪人(Ammon)派遣两位信使,代为表达大卫王对亚扪国王去世的悲伤的故事,也反映出早期的故事讲述者,虽然还没有归纳出处理公共舆论这个主题,但是,却在讲述这样的事件。亚扪的新国王哈嫩(Hanun)怀疑两位信使是间谍,"把他们一边的胡子刮掉,撕掉一半衣服,把他们的下体露出来,然后把他们送走"。《圣经》中接着讲道:"当有人告诉了大卫王这件事,大卫王派人去迎接他们,并且对他们说:'你们先待在耶利哥,等胡子长好了,再回来吧!'"这意味着,如果这两位使者在回家的路上到处受到鄙视和侮辱、嘲笑而被孤立,这些会产生什么影响在大卫王心中非常清楚,并且他知道这不仅是两位使者所受的侮辱,而且关系到派遣他们的君王的声誉[12]。

艾瑞克·赖姆普(Erich Lamp)分析了在《旧约》里公众和公共舆论的表现方式[11],他发现通过不同的视角——尽管这与专业著作中的不一致,在《圣经》中记述了某些意味着舆论的事件。当然,有关公共舆论的阐述清晰的理论终归是有用的,因而人们会通过用新的眼光看待那些事件,并且更好地理解它们,来承认这一理论。大卫王在与公共舆论周旋的时候,比他的前任——扫罗王能有更大的把握,这一点是引人注目的,而他的后继者所罗门王(Salomo)却很少被所罗门的不幸的后继人罗波安(Rechabeam)所谈起。那么,特地学习成功的国家领袖和政治家如何自信地对待公共舆论,是值得的吗?

前面已经提到过的英国神学家约翰内斯·冯·索尔兹伯里在谈到亚历山大大帝③时,有一段内容非常有意思:当亚历山大在军事法庭上因争议事件受到不利裁决的时候,没有什么比他当时的表现更能让索尔兹伯里

---

① 大卫王因在犹太人里的威望超过了扫罗,因此引起了扫罗的嫉恨和追杀,在逃亡的过程中,大卫王有两次机会可以暗杀扫罗,但是他都将其放过了。——译者注

② 扫罗的女儿米拉是大卫王的八位妻子之一。——译者注

③ 亚历山大大帝(前356—前323),马其顿国王亚历山大三世,他维持了在马其顿领导下统一的希腊诸城邦,并且征服了波斯及其他亚洲王国。他用13年时间征服了当时欧洲视角的"已知世界",被认为是历史上最重要的军事家之一。——译者注

从心底里信服,亚历山大大帝的确是一位伟大的君王。亚历山大感谢法官,因为他们对法律的忠诚比被告者的权力,也就是他的权力更为重要[14]。

因此,已经非常清楚地在讨论"公共舆论"这个概念的索尔兹伯里,说明了为什么他将图拉真(Trajan)①看作是所有非基督教徒的罗马帝国皇帝中最伟大的:当有人指责图拉真与老百姓没有保持距离的时候,他回答说,他希望面对普通公众的皇帝也是一个普通公民,是普通人所希望的帝王[15]。显然在公共舆论与伟大的统治者之间的关系中,要将两个原本对立的因素融合起来:神授权力和与此相应的亲民。

茨维·亚维兹(Zvi Yavetz)在研究尤利乌斯·恺撒②和公共舆论的关系时描绘了,恺撒与广大的百姓在一起时感觉多么如鱼得水。他与参议员的关系非常吸引人。茨维·亚维兹写道,现代历史学研究忽视了"名誉(existimatio)"的重要性。所谓"名誉",根据字典的含义是"名声""评价",按照亚维兹的观点,这个概念首先在罗马被使用,在交谈中它的含义和今天的公共舆论是一样的[16]。"名誉"这个词让我想起统计估计,并建立起与沉默的螺旋里的准感官统计官能的微妙联系。

根据我的职业经验,我认为成功的政治家拥有一项非常值得重视的高超能力,那就是在没有民意调查的基础上对公共舆论的估计。这促使我产生了这样的想法,从这个角度撰写历史,即从政治家处理公共舆论的角度描绘他们的肖像。

我们在美因茨的研讨会上开始尝试使用关于政治家对待舆论的文本分析问卷。例如对于黎塞留③的。在他写给路易十三世的《政治信仰声明》(*Politischen Testament*)里,黎塞留(1585—1642)将君王的权力描写为有四根枝干的树木,它们分别是军队、持续的收入、资金储备和名望。第四根枝干——名望,比前面三根都更要重要。因此,人们对其有好的看法的君主,仅凭借名声就比那些不受尊重的统治者,能更有效地调动军队。他清楚要考虑在民众中留下好的观感。这种君主权力的基础、大树

---

① 图拉真(53—117),在公元98—117年任罗马皇帝,他在位时战功显赫,使得罗马帝国版图在他的统治下达到极盛。元老院曾授予他"最优秀的第一公民"的称号。——译者注

② 尤利乌斯·恺撒(前102—前44),被称为恺撒大帝,是罗马共和国末期杰出的军事统帅、政治家,他的主要作品有《高卢战记》和《内战记》等。——译者注

③ 阿尔芒·尚·迪普莱希·德·黎塞留(Armand Jean du Plessis de Richelieu)(1585—1642),法国籍枢机,政治家,路易十三的主要大臣,他建立了法兰西学院。——译者注

的根基,存在于君主臣民们"心中的珍爱"(le tresor des Coeurs)。而且,黎塞留也谈论到世界公论和"世界的笑柄"(la risee du monde),指出人们不应该成为笑柄。黎塞留谈到了,在做政治决定时——如禁止决斗最终得以贯彻或政府的腐败被铲除——这些同意和反对的措施与公共舆论的关系。通过很少人能够展开的理智地斟酌,他清楚,这是一个关于道德影响的问题,但恰恰也是"世界的笑柄"[17]。那个时候刚刚出现的新闻武器——第一份报纸出现在 1609 年,就被黎塞留捕捉到了。他在《法兰西信使》(Mercure Francais)上与他的反对者做斗争,后来又创办了自己的报纸《法兰西报》(La Gazette de France)。伯恩德·尼德曼(Bernd Niedermann)在结束他在美因茨大学的研讨课上关于黎塞留的演讲时,热切地希望:"我们应该用我们的问卷研究拿破仑、梅特涅①、俾斯麦!"

失去民意的人不再是帝王(亚里士多德)

如果恺撒能够保持对舆论的感知,很有可能他根本不会被谋杀。茨维·亚维兹反复问,为什么他开除了他的西班牙贴身保镖?如果他在元老院得到他们的保护,谋杀他的人就几乎不敢动手。是恺撒在国外的时间太多了吗?他是因此失去了对公共舆论的感觉了吗?他原打算在被谋杀——古罗马历的 3 月 15 日——的三天之后,再度进攻帕提亚。我们想到了亚里士多德、想到了伊拉斯谟。伊拉斯谟告诫统治者,不要过多地居住在海外,否则会失去所谓的对公共舆论紧密的感觉。当他过多地待在国外的时候,他也和他的臣民迥异。成功的统治应该在君王和他的臣民之间建立起类似于家庭这样的感觉。伊拉斯谟甚至劝统治者对他所在时代盛行的王朝的婚姻政治小心。君主们娶了来自异邦的统治家族的女子,从而造成了与自己臣民的疏离。

如果路易十六世没有娶奥地利的玛丽·安托瓦内特(Marie Antoinette)为妻,是不是法国大革命就会是另一种形势?最初街上的人群看到他们的马车向他们欢呼问候,而后来当人们看到他们的马车时,却各自走开或转过身去。

玛丽·安托瓦内特那句非常无情的话:"如果人们没有面包,他们为什

① 克莱门斯·梅特涅(Klemens Methernich)(1773—1859),奥地利政治家,1809—1848 年担任奥地利帝国外交大臣,1821—1848 年担任奥地利帝国首相。——译者注

么不吃蛋糕?"实际上究竟是什么样的,对于这个问题,我们至少在美因茨探寻了四年。我总是说,我不能相信,事情恰巧发生得和人们所说的一样。在美因茨的一天晚上,维特鲁德·茨格勒(Wiltrud Ziegler)来到我这里,她说,她发现了这个历史事件的真相。那应该是在那个饥饿的年代——这是在18世纪80年代法国人多次经历的——晚餐时间。在皇宫下的广场上有着拥挤的人群,他们向上面的窗户讨要着面包。玛丽·安托瓦内特在餐厅里看到了这些,就开始寻找,但是她没有看到面包,因此就指着桌子上的蛋糕说:"如果没有面包,为什么不把蛋糕给穷人们?"[18]

将这句话转而用来反对玛丽·安托瓦内特是很巧妙的。如果不是一直在研究公共舆论而使我变得敏感,我就不会怀疑,这句广为流传的话是确有其事。当公共舆论一旦变得不友善了,那么接下来会发生什么?接下来,每一步、每一句话都会很容易地被转变为武器。

荷马时代的嘲笑

人们可能会说,我的报告有些跳跃。的确如此,这并不是按时间顺序,其中的秩序是从所有的角度观察公共舆论的现象。但是,现在在报告完《旧约》之后,我要再回到最早的文字作品。在今天看来,西方最古老的文学作品应该是《伊利亚特》和《奥德赛》。作为传说,这些故事在公元前8世纪荷马(Homer)将它们记录下来之前,很长时间来就一直被口头传播。塔希罗·西姆曼(Tassilo Zimmermann)用美因茨的问卷分析《伊利亚特》中的公共舆论。那是我指导他的硕士毕业论文。

他设计了一个海边场景。在《伊利亚特》的第二册中,荷马描写了阿伽门农(Agamemnon)如何召集亚该亚人(Achaier)的军队,并且如何通过谈话来考察他们的斗志。他煽动他们,并且说了所有的关于这场漫长的战争几乎持续了九年了,如果结束对特洛伊的围困,就能重返家园之类的话。此后发生了只有在康纳德·劳伦斯对寒鸦群的描写中才会出现的现象,到处有"Djak"和"Djok"的叫声——"在森林里""在田野上",军队在不同的方向移来移去,直到最后一支队伍占了上风,并且所有人都共同往一个方向前进[19]。

士兵们跳了起来。一部分人喊道:"回到船上,回家去!"另一部分人,尤其是统帅们、长辈们,喊道:"站住! 守在这里! 蹲下来!"那里出现了可怕的混乱,已经有第一批士兵接近船只了,想把船拉到水里。奥德修斯

(Odysseus)成功地制止了"回家去"运动领头的叫喊者和领导者,并用有力的鞭笞让他们停了下来。他也成功地将逃跑论调的魁首瑟赛蒂兹(Thersites)①隔离开来,把人们的怒气都引到他身上。

理想的是将瑟赛蒂兹当作替罪羊:"这个最可恶的人……罗圈着腿,蹒跚着步伐,两只肩膀都驼着,向胸部弯去,脑袋尖尖的,却没有几根毛发。"20

瑟赛蒂兹喊叫和咒骂的正是很多人所想的。但是,现在奥德修斯开始嘲弄他,荷马时代的嘲笑在士兵中间散布开来了,瑟赛蒂兹孤零零地看到,亚该亚人的部队又重新坐下来,达成继续围城的决定。

荷马没有用到关于公共舆论的措辞。但是,他描述了嘲笑作为孤立威胁的作用,并且它决定了公共舆论的过程。法国中世纪史研究家雅克·勒·高夫(Jacques Le Goff)②将"嘲笑"作为他的研究课题,他说,希伯来人和希腊人都用两个不同的词分别表示正面的、友好的、友谊的嘲笑与负面的、恶毒的、把某人排除在外、有讥笑意味的嘲笑。只是在语言相对贫乏的罗马人那里,这两种笑被合并为一个词——"嘲笑"。21

我们在美因茨开始寻找实现孤立的威胁的工具。每个人在他还没有被孤立、还没有被驱赶出团结的伙伴群体时,他是如何发现他正远离一致的公共舆论,并且最好赶紧回去的呢?这里会有很多信号,但是嘲笑扮演着尤其重要的角色。当我们在这章报告有关公共舆论理论研究的最新进展时,我们必须再一次回到这一点上来。

不成文的法律

希腊人对于公众意见的作用显然是完全心知肚明的。否则他们不会将这种客观存在的事物当作不成文的法律。在这里我顺着安娜·耶克尔(Anne Jäckel)的硕士毕业论文《用社会心理学的公共舆论理论看不成文的法律》的第二章来说明。

到目前为止所找到的首次谈到不成文法律的,是在修西底得斯

---

① 瑟赛蒂兹是荷马史诗《伊利亚特》中的一名希腊士兵,喜欢骂人。——译者注

② 雅克·勒·高夫(1924—),法国著名史学家,尤其专注于 12、13 世纪的中世纪史,他是年鉴学派第三代代表人之一。他的代表作有《中世纪的知识分子》《中世纪英雄与奇观》《钱袋与永生:中世纪的经济与宗教》。——译者注

(Thukydides)①(前460—前400)所写的关于伯罗奔尼撒战争的书中,这次战争导致了雅典的衰败。修西得底斯借伯里克利(Perikles)②之口展现了当时雅典的昌盛以及雅典正在其权力的巅峰。这段话是这样说的:

"我们国家允许各种消息在人群之间传来传去,但是出于恐惧心理,我们不会破坏法律,不顺从行政机构和违反法律,尤其是应该虔诚遵守的法律,并且也不会破坏不成文的法律,否则必定蒙受被众人评判的耻辱。"[22]

后来还有许多希腊作者谈到了"不成文的法律"[23]。但是,所有在这里谈到的,都已经出现在伯里克利的言辞中了。没有被写下来的法律是没有书面形式的法律。但是,它们并不因此就比被写下来的法律缺乏强制力,而恰恰相反,它们更有力,完全如同后来的约翰·洛克在他关于三类法律的阐述中的描写[24]。

不成文的法律并不是习惯所形成的法律。原因很简单,因为某些习惯并不能对个体产生有力的影响,而迫使他遵从。

让我们再回想一下约翰·洛克所说的,不成文的法律只表现在当违反它的时候随之而来的痛苦的惩罚。而这些惩罚并没有写在任何法律文书上。约翰·洛克说那些被排除在外的人,往往就是不能真正感知到这种法律,并且不熟悉人性的人。伯里克利所说的耻辱,即失去名声和同伴们的尊重,以及受到来自同伴们的共同舆论力量的惩罚,这甚至应该是一个人受到的最糟糕的打击。

不成文的法律包括道德规范,触犯它们就会导致满含道德意味的公开的蔑视。柏拉图解释说,不成文的法律和成文的法律之间的关系,如同精神和身体之间的关系。不成文的法律不只是对成文的法律的补充,而它根本就是成文的法律的基础。

触犯不成文的法律,会带来被众人评判的耻辱,伯里克利这样说。安娜·耶克尔认为,"众人的评判"在希腊文中并没有恰当地表示其含义,在这里应该被翻译为"公共舆论"。从整句话来看,翻译成德语应该是,"众人的评判具有引人注目的塑造力"[25]。但是,实际上在柏拉图的原始文本里,众人的评判具有"力量",也就是影响力、权力和效力。因此,在一份英

语的翻译中也可以读到："……公共舆论具有令人惊讶的影响力……"[26]

我在这里所引用的一章里,安娜·耶克尔分析了古代哲学家就"不成文的法律"这个概念的详细讨论。但是,她又回到希腊文本。只有这样人们才能够完全确信地感觉到,公共舆论和柏拉图所说的沉默之间的关系的确已经被说出来了,而不是后来才插入的。"柏拉图在这段话里不仅指明了不成文的法律为公共舆论所带来和保障的影响力,而且他还详细说明了,公共舆论如何发挥其影响力:公共舆论将与之不协调的意见带入沉默,因为没有人敢于抵触不成文的法律所形成的观点,甚至不敢'耳语'或'轻声地说'。"[27]

公共领域和私人领域的生活:米歇尔·德·蒙田

研讨课上的学生坚韧不拔地又回到公共舆论这个题目上,这在几个世纪前是一个很小的精英群体、上层社会的事务。但是从蒙田 1588 年出版的《尝试集》(Essais)就可以读到有关公共舆论的内容,只是并不精确。

但是,《尝试集》无论如何是值得推荐的,因为它包含了随着公共舆论理论的传播,而大部分致力于此的学生都会提出的一个问题,这个问题就是:人们如何改变公共舆论?

对此蒙田给出了一条建议。或者确切地说,他为此引用了柏拉图的说明,并且甚至使用了法语对"公共舆论"的用词"I'opinion publique"。这在 16 世纪末期是如此罕见,因此我们多年来一直认为,是米歇尔·拉夫尔(Michael Raffel)在撰写他的硕士毕业论文以及后来的博士毕业论文时,通过问卷分析公共舆论,从蒙田那里第一次发现了公共舆论这个概念[28]。后来,当我们发现了更早的以单数形式出现的公共舆论时,拉夫尔就只能伤心地放弃这种说法了。

人们可能会觉得奇怪,为什么我们如此看重这个概念第一次的出现。这肯定不是故弄玄虚。我们认为,为了了解公共舆论的含义,重要的就是弄清楚这个概念首先是如何产生的,在什么样的环境下、通过哪些观察而得出的。这就像我们要更多地了解某种植物,一定会去研究它的生长地。

在这里也是这样。在蒙田 1588 年的《尝试集》里,以复数和单数形式两次出现公共舆论这个概念。一次是他在解释为什么在他的文章中到处散落着他对古代作家的引文:"我的确愿意为公共舆论这个概念做些什么,以便能让这个被隐藏的宝藏显露出来。"[29]第二次,也是可以从中得出重要结论的那一次,他在谈论人们如何改变风俗和道德观念时,使用了公共舆论这种表达方式。他说,柏拉图将青年男子的爱情看作是灾难性的激情。为了反对这一点,他建议,通过公共舆论去加以评判。他要求诗人应该在他们的作品里将这种堕落表现为负面的和应该受到惩罚的,从而就形成了公共舆论。在开始阶段,公共舆论是与老百姓的多数意见相矛盾的,但是到了第二步,它会成为占领导地位的观点,无论是对奴隶还是自由人、妇女儿童都是如此,并且在全体公众那里流传开来[30]。首先我们总结一下柏拉图的想法,他认为,只有在杰出的人,如诗人、艺术家等的带领下,公共舆论才能得以改变。自然接着必须有许多其他人跟随。他们的声音必须如此强有力,以致人们会认为这个新想法是多数人的想法,或无论如何这种想法很快会成为多数人的想法。

此外柏拉图又说:只有真正是观点带头者的意见,也正是有人气的艺术家们所带来的意见,才可能在奴隶和自由人、孩子和妇女,以及全体老百姓中流传。

柏拉图清楚,只有当风俗习惯、价值观、礼仪真正在普遍的认同中拥有根基时,人们才不会偏离它们,以免遭到被孤立的危险。它们的力量不会受限制,不只局限于某个小的受过高等教育的圈子或精英圈子。只是时间和地点可能构成它们的界限。在某个确定的地点和某个确定的时间,它们都将对所有人发挥无限的威力。

为什么柏拉图的上述言论对蒙田产生了如此深刻的影响,这里面有很恰当的原因。因为蒙田本人就曾经三次亲自体验到公众舆论的力量。

首先是在他自己家中的经历。在中世纪这个等级森严的封建社会中出现了变化,因为由富裕的,但不是贵族的市民形成了新的群体,他们要求得到与贵族平等的承认,因此出现了关于着装规矩、身份象征的斗争。人们根据自己的阶层身份穿戴上哪些皮草、哪些首饰、哪些类型的布料才是恰当的?这也是关于公共可见的生活方式的斗争。蒙田就经历了这样的混乱。他的父亲是通过涂料生意和葡萄酒生意富裕起来的人,他为蒙田购买了城堡并且在那里镶嵌上了家庭的姓氏"蒙田"。对于徽章、符号、新的生活方式的敏锐的注意,都在《尝试集》中有大量的评述,这种敏感也是他在父母的家中得到灌输的。

更有说服力的经历应该是信仰的变化的经历,这是在天主教和新教之间的宗教斗争,这场斗争是在 1517 年路德的指挥棒的舞动下发动的,并且在法国引起了胡格诺教徒战争(Hugenottenkrigen)(1562—1598)。蒙田抱怨说,在他担任议员的家乡波尔多(Bordeaux),强烈对立的派别,使得那里尤其混乱。这种环境本身就在建议人们,小心谨慎地观察周围环境和强势派别,并且据此调整自己的行为。著名的圣巴托洛缪之夜(Bartholomäusnacht),也就是在 1572 年 8 月 23 日到 24 日的夜间,在巴黎有 3000—4000 名新教教徒被屠杀了,而在法国其他地方还有 12000 名新教徒受难者。

显然蒙田在 1571 年 2 月 28 日他 38 岁生日时,经过思考决定从公共领域撤回。在蒙田去城堡高塔上他的图书馆的通道上,他让人刻了题词,在那里他希望安静地、与世隔绝地度过一些日子,这让他能保持活力。他在那撰写了著名的《尝试集》,但是之后依然又回到公共领域;他在 1581 年担任波尔多的市长,并且承担着外交官的使命多次在欧洲大陆上奔走。生活在公共领域和私人领域的对比,使他特别意识到,不同国家的不同信念,每一种都代表了基本的真实情况的声明。"什么是真理?"他问,"山的界限在哪里,因而在那一边的真理就是谎言了?"[31]因此,蒙田承认占统治地位的言论是和一定的时间和空间相联系的,这种言论是在特定时间段里,被当作是对社会现实有效力的。它们的唯一的身份证明是它们从事实中获得的,即它们表现的是没有选择的和必须遵守的:"……如同我们因此的确无法得到其他衡量真实和理智的标准作为典范一样,舆论和我们每天都在自己身边看到的习惯了的观点是标准……"[32]

蒙田在以公共领域生活为主和以内敛的私人生活为主这样不同的阶段之间来回转换,因而能使他成为"公共空间"和"延伸孤独"的伟大发现者。他同时指出,个体一旦加入公共空间,就会受到评判。他有意识地将生活分成两种形式,因此他写道:"……尽管他的灵魂深处的态度方式可以使他超脱于普通大众,能够对事物自主判断,并且保持自由的能力,但是,他在外在表现上,仍然必须完全符合通常的形式和方式。"[33]

公共领域对于蒙田来说是这样一个空间,在那里占主导地位的是对个性的敌对。"在我们所习以为常的行为方式中,一千个里面也没有一个是我们自己开创的"。[34]

对于这个他如此推荐的公共性的维度,蒙田发展了一个全新的概念。就我们目前为止所知的,他在概念"l'opinion publique"(公众舆论)之外,也用"le public"(公共)表达这个概念,我们不知道他是否是从西塞罗那里得到启发的[35]，或是从西班牙的凯茨主教，抑或是从约翰内斯·冯·索尔兹伯里那里读到的，他谈到了"I'opinion commune"（普遍舆论）、"I'approbation publique"（公众认可）和"reverence publique"（公众尊重）[37]。

为什么在蒙田多次使用"I'opinion publique"（公众舆论）这个概念之后，它却没有流传开来，它的再次出现是在一个半世纪之后卢梭的著作里呢？米歇尔·拉夫尔对此写道："在这里可能艾提恩·帕斯奎尔斯（Etienen Pasquiers）的一封信对我们有帮助……"帕斯奎尔斯抱怨过，蒙田往往喜欢使用不常见的词语："这些词语如果不能流行起来，我是丝毫不会感到失望的。"[38]实际上，直到18世纪中期、在法国大革命之前，"I'opinion publique"（公共舆论）这个概念才真正流传开来。

从此，这个概念再也没有从人们的生活中走开。但是，在接下来的二百多年里，它仿佛是一个归属不明的战利品，直到最后，哈伍德·切尔德斯在他的著作——1965年出版的《公共舆论》（*Public Opinion*）里，将50种对公共舆论的定义收集在一起。然而这些定义中没有一条强调了希腊人已经意识到的那一点，也就是公共舆论与惩罚力量有关，没有人能在破坏它时不受惩罚。

《尼伯龙根之歌》中的舆论

就像人们整理树枝一样，我们在美因茨的研讨课上通过对公共舆论的问卷梳理这些文本。不仅是在久远的希腊我们找到了对公共舆论的影响力的描述，而且在荷马之后近两千年的书面形式的尼伯龙根之歌（Nibelungenlied）中发现了相关记述。

在尼伯龙根之歌中只出现了一次"öffentlich"（"公共性"）。但是这次它的出现是在一个场景下的，而那正是一场前所未有的悲剧的开端。这是在《第14次冒险》，两位王后克瑞姆希尔特（Kriemhild）和布伦希尔特（Brünhild）在教堂门口因为谁的身份尊贵而应该走在前面发生争吵。这个场景是在一个非常拥挤的教堂里，如同今天的熙熙攘攘，在那里两位王后相遇了。争吵之中，说出了王后布伦希尔特的耻辱：新婚之夜和她在一起的不是她的丈夫君特（Gunther），而是西格弗瑞德（Siegfried）。"主要是老百姓"支持王后克瑞姆希尔特的说法，尼伯龙根之歌中这样记述公共领域[39]，谁还认为，名声、舆论，这些在早期只是属于上层阶级呢？

THE WORLD IS RULED & GOVERNED BY OPINION

Engraved by Wenceslas Hollar, 1641

British Museum Catalogue of Satirical Prints, 272.

摘自：William Haller：Tracts of Liberty in the Puritan Revolution 1638–1647。Vol.1.

Commentary. New York：Octagon Books Inc. 1965

1641 年的一幅漫画

大卫·休谟凭借着他的那句话，"政府只有建立在公共舆论基础之上，此外没有其他基础"做出了清晰的阐述。但是，事实上他只是重复了两千多年前亚里士多德，以及那些研究亚里士多德《政治学》的人，如马基雅弗利和伊拉斯谟所说的话。

在经历了 17 世纪英国的两次大革命所发生的事情之后，就大卫·休谟而言，公共舆论的统领作用完全是不言而喻的。在 1641 年，也就是斯图尔特王朝的国王查理一世被斩首的八年前，出现了一张题为《这个世界是由舆论管理和统治的》(The World is Ruled and Governed by Opinion)的漫画[40]。在这幅漫画中，如同看一幅地图，我们可以看出那时已经发现了多少公共舆论的特点。

"你拳头上的除了白色可以变成任何颜色的变色龙意味着什么？"雍克(Junker)询问表现为树冠形状的公共舆论。"这样舆论就能向任何一个方向变化，而不只是通往真相"，这是对那个问题的回答。

"那么那些从你的根部生发出来的枝丫意味着什么？"雍克问道。"从一种舆论中会生出很多，并且不断传播，直到这种观点扩展到无尽的范围。"雍克得到这样的教导。

"那么，当大风刮来，从你的树干上掉下的你的果实意味着什么？那些报纸和图书意味着什么？而且你出现时还蒙着眼睛，意味着失明了吗？"

这个回答触及了当柏拉图提出公共舆论涉及每个人，无论奴隶还是自由人，无论孩子还是妇女，以及全体老百姓时，已经说过的重点。公共舆论的果实、报纸和图书并不只是上层阶级的事务。人们发现公共舆论出现在任何一条街道上、在所有的公开场合里。因此，在对话的最后两行强调：在每户人家人们都能发现它，在每条街道以及所有的地方。

为什么像公共舆论这样涉及如此广泛的事物居然是由"愚蠢的傻瓜"浇灌滋润的？是的，这是因为傻瓜们给予了公共舆论以生命。当我们想象当今的愚人们如何为公共舆论浇灌水分，也仍然是让人思绪万千。

德语非政治词汇中长期以来缺失这个概念

德国政治文化中并没有发展出对公共舆论的特别注意。比英国、法国、意大利晚很多的时候，才第一次出现了"公共舆论"这个概念，并且只是直接从法语中翻译过来的。很长时间以来，我们一直认为克洛普施托克（Klopstock）①在 1798 年写的颂诗《公共舆论》，是第一次在德语里出现这个概念。在 1980 年版的《沉默的螺旋》的出版工作后期，我们发现了维兰德（Wieland）的《秘密交谈》（*Gespräche unter vier Augen*）②，在那里出现了《关于公共舆论》（*Über die öffentliche Meinung*），因此确定这个概念最早出现在 1798 年。之后，我们又发现了由瑞士的约翰内斯·冯·米勒（Johannes von Müller）③在 1777 年首次带来的德语表达的"公共舆论"[41]。

以历史学家和政治学家为职业的约翰内斯·冯·米勒，也就是我们今天所说的政治学者、政治评论家，是一位广受欢迎的演讲者，他在德国的许多地方都发表过演讲，并且被邀请作为政治顾问。可能是他将公共舆论这个概念传遍了德国。

有耳皆闻，有目共睹

即便在今天，也存在着翻译这个概念的困难，在将 1980 年版的《沉默的螺旋》翻译成英语版的时候也同样如此，比如在翻译社会心理学含义下的"公共舆论"也就是作为一种状态时的"公共领域"的时候。在公共领域中，个体会被所有人看到并且被加以评判；在那里，个人的名声和声望就被置于冒险之中了；公共空间如同特别法庭。"公共领域"的社会心理学含义可以用语言定义——"在 所 有 公 众 面 前 ……"（"in aller öffentlichkeit"）这样的说法到处出现，向我们表明这究竟是怎么回事。

---

① 弗里德里希·戈特利普·克洛普施托克（Friedrich Gottlieb Klopstock）(1724—1803)，德国诗人，作品包括史诗、抒情诗和戏剧，他的主要作品有《弥赛亚》《圣歌》和《德意志学者共和国》等。——译者注

② 《秘密交谈》是克里斯托夫·马丁·维兰德（Christoph Martin Wieland）1798 年出版的一部书。——译者注

③ 约翰内斯·冯·米勒(1752—1809)，瑞士历史学家、政治评论家和政治家。——译者注

没有人会说，一场音乐会是"在所有的公众面前"举行的。早在拉丁文中就已经强调了"coram publico"（"在大众面前"）的潜在含义了。

法国人文主义者和小说家弗朗西斯·拉伯雷（Francois Rabelais）①——伊拉斯谟的同时代人，也是我们在美因茨研讨课上用我们的调查问卷所研究的对象，他以极大的自信在"所有的人们面前""所有的世界面前"发表演讲，并且在其中也用到了"当众的"（publicquement）这个概念[42]。让人惊讶的是，现在到了 20 世纪却无法将"在所有的公众面前""当众的"翻译成英语。有一星期之久，我努力与芝加哥的同事和学生交流，以找到答案。但却是徒劳。有一天我坐在纽约的出租车上，司机开着收音机听新闻，我几乎没有听进去。播音员在一条新闻结束时说了一句："公众的眼见有价值。"（The public eye has its price.）我恍然大悟，需要的翻译突然出现在眼前。"在所有的公众面前"可以翻译成"公众的眼见"（public eye），这应该是德语的"公共领域"的社会心理学含义的精确翻译，也就是每个人都可以看到。

古纳尔·莎诺（Gunnar Schanno）在美因茨的研讨课上，从埃德蒙·伯克 1791 年的著作里找到了根源[43]。伯克不仅谈到了"公众的眼见"，也说到了"公众的耳闻"，我们将它翻译为"有耳皆闻"（vor aller Ohren）。这应该和其他的翻译一样恰当。而且从伯克说出这种表达方式的上下文来看，也很有意思。他谈到了对没受过教育的贵族的识别标志，比如，他们从很早就习惯了打断来自公众的批评——这里提到公众的眼见——伯克继续说："公众的眼见能早早地看到公众的舆论。"这一点伊拉斯谟和马基雅弗利已经教导过统治者了：在公众面前，他们不应该躲藏起来，而必须让自己能被众人所看到。[44]

尼采启发了沃尔特·李普曼

19 世纪德国作者们是如何阐述公共舆论和如何解释人们的社会性的，可能有很大的部分还没有被发现。哈伍德·切尔德斯找到库尔特·布拉茨（Kurt Braatz）对 19 世纪中期德国作者的评论，这几乎是一个意外，就连德国人自己显然也已经完全忘记这些了。因为他既没有被 20 世纪

---

① 弗朗西斯·拉伯雷（1493—1553），文艺复兴时期法国著名的人文主义学者、作家、教育思想家，代表作有《巨人传》等。——译者注

前半叶公共舆论方面最重要的理论家斐迪南·滕尼斯提及过,也没有被历史学界的领军人物威廉姆·鲍尔(Wilhelm Bauer)谈起过。

这涉及的是 1846 年由卡尔·奥古斯特·冯·格斯多夫男爵(Carl Ernst August Freiherr von Gersdorff)发表的一篇文章,冯·格斯多夫男爵是普鲁士国会的终生成员、哲学博士,他的这篇文章的题目是《试论公众舆论的概念和特点》(Ueber den Begriff und das Wesen der oefentlichen Meinung. Ein Versuch)。切尔德斯可能是在 20 世纪 30 年代在德国留学时读到了这篇文章的,而后直到 20 世纪 60 年代中期才在他的著作《公共舆论》里提及。只是因为布拉茨对尼采(Nietzsche)①特别感兴趣,因此他才关注与尼采同样重要的尼采的朋友兼秘书卡尔·冯·格斯多夫的。

他的研究工作得出结论,那个年轻人,也就是尼采 1872 到 1873 年创作《不合时宜的沉思》(Unzeitgemäßen Betrachtungen)时一直在他身边的年轻人,是写有关公共舆论文章的作者的儿子。尽管尼采从没有提到这篇文章和那个年轻人的父亲的名字,但是引人注意的是,尼采从那个时候开始对公共舆论如此感兴趣,并且在他的作品中经常有所提及。为了确定尼采的确是对公共舆论这种现象感兴趣,布拉茨写信给魏玛(Weimar)的尼采档案馆,在那里保留着尼采的私人图书馆。他请求档案馆查核,尼采是否曾经在某些论述公众舆论的书上的重要地方画了线,或者在书页边上做了评注。他得到了来自魏玛的验证。通过对老冯·格斯多夫的文章的研究,并且通过将老冯·格斯多夫和尼采对公共舆论的阐述的对比,布拉茨最后可以指出,尼采从老冯·格斯多夫那里接受了许多社会心理学层面的思想[45]。老冯·格斯多夫对公共舆论的描写,如同我们今天所理解的一样:“我对公共舆论的把握是,它会一直存在于人类的精神生活里……只要是人们过着社会化的生活;……可能缺乏对它的定义,或者无法对它定义,或者放弃对它的定义,但是它却会无处不在、永远存在。”公共舆论不会局限于某些话题上,因此人们可以将它“……最恰当地表示为:‘它奠定了风俗习惯和历史发展,它形成于生活中的冲突,它维持并改变着人们对他们所在环境的社会目标的共同价值观。’”“而且可以确

---

① 弗里德里希·尼采(Friedrich Nietzsche)(1844—1869),德国著名的哲学家,对后代的哲学有着深远的影响,尤其是在存在主义和后现代主义上。尼采的写作风格独特,经常使用格言和悖论的技巧,代表作品有《悲剧的诞生》《不合时宜的沉思》《朝霞》《快乐的科学》和《道德谱系学》等。——译者注

定的是,公共舆论是全体百姓的共同财产。"[46]

　　布拉茨通过从每个方向研究尼采与公共舆论有关的思想,发现了在1980 年版的《沉默的螺旋》尚不知晓的内容。他发现最早是 1879 年赫伯特·斯宾塞使用了"社会控制"这个概念[47],这种用法通过爱德华·罗斯开创了重要的学术研究历程。

　　我们今天知道,沃尔特·李普曼很多思想是受尼采启发的,但这也不能丝毫减弱对他伟大的作品《公众舆论》的钦佩。其中包括他指出刻板印象是公共舆论传播工具、他的基本理论,以及通过某些观察者的视角所得出的所有观察。尼采曾经这样总结:"透视的视角得出透视的'认识'。"[48] 另外,有意思的是,尼采区分了"öffentlicher Meinung"和"Öffentlicher Meinung",它们的区别仅在于第一个词的第一个字母的大小写①,而李普曼并没有意识到这样的区别,他只是从尼采那里完全加以照搬。

----

　　① 在德语里,按照语法规定,名词的第一个字母都要大写,因此尼采将 öffentlicher 第一字母大写时,表示它是做名词用,而第一个字母小写时,是当形容词用,根据上下文有不同的、细微的差别。——译者注

第 27 章
通往公共舆论理论的道路

非常扣人心弦的期待是在 20 世纪 30 年代,那时正是民意调查工具将 1936 年美国总统大选作为验证预测实验场的时候。没过几个月,新创办的《舆论季刊》(*Public Opinion Quarterly*)的第一期出版了,这一期的卷首语是弗劳德·奥尔波特写的《在通往舆论研究的道路上》(*Auf dem Weg zu einer Wissenschaft von der öffentlichen Meinung*)。赫伯特·惠曼(Herbert H.Hyman)用同样确信的语气在 20 年之后,即 1957 年的《舆论季刊》上发表了《在通往公共舆论理论的道路上》(*Auf dem Weg zu einer Theorie von der öffentlichen Meinung*)。

接下来,这样的关键词再一次出现在《舆论季刊》上是 1970 年,在这里可以感觉到明显的迫切性。这是出现在一篇关于美国舆论研究协会(American Association for Public Opinion Research)25 周年大会的会议记录,其中报道了"在通往关于舆论理论的道路上"的会议。芝加哥大学的两位教授——心理学家布鲁斯特·史密斯(Brewster Smith)和政治学家西德尼·维尔巴(Sidney Verba)——是主题发言人。这位心理学家解释说:现在的研究并没有解决"有关个体如何表达他们的观点,从而产生某些社会层面和政治层面的影响。如何阐释公共舆论,以及这个概念的组成部分的问题……对政治学研究者和社会学者来说都有着非常迫切的重要性"。政治学家解释说:"大部分为了发展宏观政治理论,也就是用来解释大众的想法和行为与重要政治事件之间关系的政治领域的民意调查都是无意义的。其中关键的问题在于,问卷调查主要是集中在将个体作为分析单位。"[1]

从本质来看,这两个回答都提出了同一个问题:实证社会调查所确定的个体意见的总和到底是如何转变为强有力的政治力量,也就是所谓的

"公共舆论"的？

对舆论无知觉

很长时间对这个问题都没有答案，因为没有人研究过强有力的政治理论。在哈伍德·切尔德斯的《公共舆论》一书中著名的第二章所集纳的对公共舆论的 50 种定义中，更多地是将公共舆论作为所谓的气候变化的温度计：

"公众舆论是人们在事先安排好的访问环境中，对固定措辞的言论和问题所做出的反应。"或者"公众舆论并不是对某个事物的描述，而是指'某个事物'的一系列情况所组成的一个类别，这个类别是按照频次分布情况或比例关系所进行的统计整理而出的，是能够引起注意力和兴趣的"[3]。

通过统计分析得出的频次分布能够解释，为什么某个政府垮台了或为什么某个个人感到害怕吗？

沉默的螺旋无法容忍民主理想

因此，这就很好理解，当沉默的螺旋理论 1972 年第一次在东京召开的全球心理学大会被介绍给大家时，并未被作为公共舆论理论研究道路上的进步而得到热情的欢迎，在 1980 年德语图书出版时和 1984 年在美国版面世时也是一样。那些以民主理论作为政治理想的有责任感的公民不会承认其中的内容。害怕公众舆论——来自政府的和来自个人的恐惧，在经典的民主理论中是不应该出现的。人们的社会性本质、社会心理学和这个问题——人类社会如何团结起来，都不是民主理论所涉及的话题。

由美因茨大学的沃尔夫冈·唐斯巴赫（Wolfgang Donsbach）和北卡罗来纳大学的罗伯特·L. 史蒂文森（Robert L. Stevenson）和查培·西尔（Chapel Hill）所组成的德国—美国联合研究团队，通过北卡罗来纳大学的传播学研究所的问卷，检验了沉默的螺旋的假设。他们在有关堕胎立法这个有争议的问题上，证明了沉默的意愿。但是他们同时就人们如何在科学上捍卫沉默的螺旋理论得到了悲观的看法。他们写到，这个理论产生于一长串的假设、因果推论的链条。"这条链条从社会心理学的害怕被孤立的变量开始，结束于微观社会学的交谈或沉默的意愿，以及宏观社会学的社会系统的整合。"[4] 在链条上的每个环节都存在着被攻击的目标。此外,这是把来自完全不同的、在传统学术中相互独立的学术领域的理论假设组合在一起了,如所谓的关于行为和观点理论的假设,来自传播学理论领域的假设[5]。在有关沉默的螺旋理论的缺陷是没有重视学科界限这一点上,他们也许的确是有道理的。学者们非常普遍地不去重视与邻近学科的对话。

为了分析舆论,人们需要知道什么

当人们并不清楚舆论意味着什么时,就无法预测在通向公共舆论的理论道路上会遇到什么,也不知道如何创造对舆论进行实证研究的条件。

为了使一切变得容易些,应该设定一个目录[6],使得那些为了研究在沉默的螺旋这个关键词下的公共舆论的问题,至少能被成功地检测:

(1)必须通过普通的问卷调查得知,老百姓对于某个所选话题的观点是如何分布的。

(2)必须询问,意见气候是如何被估计到的:"大部分人如何看它?"通常这会带来全新的图景。

(3)必须探明,在争论之中,不同意见是如何发展的,也就是哪一边获胜了,哪一边不断变弱?

(4)必须通过这个问题测量出尤其是在公共场合下的交谈意愿和沉默意愿。

(5)必须检查,这个话题是否是感性化的、是否富有道德评判。没有价值判断负担就不会产生公共舆论的压力,也就没有沉默的螺旋。

(6)必须确定这些问题的传媒的立场。富有影响力的传媒支持哪一边?传媒是人们形成对意见气候判断的两个来源之一。此外,极具影响力的传媒还为它所在那一边的记者和支持者提供唇枪舌剑的支持,并且以此影响舆论的形成以及交谈和沉默的意愿。

沉默的多数并未推翻沉默的螺旋

有些检验沉默的螺旋的研究者建议,我们至少在最开始将视线从传媒上移开,这样能使研究工作简单些[7]。但是如果这样做,人们在所有问题上都将传媒的声音和老百姓的观点完全分离开来,就会发现沉默的螺旋的理论是不成立的。到目前为止,我们并没有发现与传媒的声音相悖的沉默的螺旋。谈话意愿也是属于那些能在其身后找到传媒支持的人们。人们只需要记住关于是否应该让共产党员做法官的例子就可以了[8]。

得到传媒支持的少数派虽然足够小,并且他们意识到自己是少数派,但是在交谈意愿上远远超过多数派。感觉到没有得到传媒支持的多数派只能成为沉默的多数派。英国漫画家在 1641 年的漫画上已经意识到,为什么他在公共舆论之树上挂满了报纸和图书[9]。一个如同共产党员当法官的例子,在一二十年后可能就无法被理解了。因为公共舆论的压力已如消散的雨云不复存在。即便人们沉浸到那个时候的、泛黄了的报纸里去,也几乎无法再产生与当时的传媒反对所谓"激进分子",也就是共产党员被任命为公务员的同样的感受。

舆论形成的过程:原子能

通过六个问题的目录,可以进行案例研究,并且做出诊断。引起人们兴趣的问题,比如原子能的问题以及与之相关的道德问题、对后代的安全的威胁,对于这个问题会出现明确的传媒的声音[10],因此反对原子能的人在公共场合是健谈的,而赞同核能的人往往沉默。在意见气候中,原子能的反对者显得比实际情况下的要更强大——这个假设在萨宾娜·马蒂亚斯(Sabine Mathes)的硕士毕业论文中得到了证明[11]。即便中坚分子[11a]所组成的核心萎缩了,但是他们在公共场合里也表现得更强大、更健谈。

哪些假设支持这个理论

在对这样的案例研究进行分析时,会有哪些理论支撑其后?应该在这里将它们组合起来。

沉默的螺旋理论的出发点是:社会,而不仅仅是群体,会对偏离一致性的个体给予孤立和排除在外的威胁,并且另一方面,个体具有一种往往是没有被意识到的,可能是随遗传基因携带的对被孤立的恐惧。对被孤立的恐惧促使人们要不断地确认,哪些观点和行为方式在周围环境中是被允许的、哪些是被禁止的,以及哪些观点和行为方式是增多的、哪些是减少的。这个理论说的是准感官统计,人们借此可以进行估计,估计的结果影响到人们的言谈和举止。如果他们相信,自己与公共舆论一致,那么他们就会自信地加入谈话,无论是私人场合还是公共场合,并且会通过诸如徽章、汽车海报、服装和其他公众可见的符号来展示他们的信仰；当他们认为，自己属于少数群体，就会小心谨慎并且沉默下来，而且在公共场合里得到的自己这一派属于弱势的印象，又强化了这一点，直到这一派完全衰落到只剩下中坚分子，他们会固守逝去的价值观，或直到这一派变成了禁忌。

对这个理论的建议是复杂的，因为它涉及了四条独立的假设，并且也涉及从这四条假设组合所产生的第五个假设。

这四条假设是：

（1）社会向有偏离的个体施加被孤立的威胁。

（2）个体能不断感觉到被孤立的恐惧。

（3）出于对被孤立的恐惧，个体不断努力估计意见气候。

（4）估计的结果影响了他们的行为，首先是在公共场合下的行为，尤其是通过他们表现或隐藏自己观点的方式，比如交谈或沉默。

第五条假设与这四条联系在一起，解释了公共舆论由此形成、得到保护和改变。

为了实证检验这些假设，必须将它们转换为可观察的指标或情境，这样人们可以通过民意测验询问获知。

有关孤立威胁的测试

公共舆论会产生孤立威胁吗？公共舆论是通过对持有其他观点的人进行孤立威胁，而捍卫自身吗？新的公共舆论是通过孤立威胁而得以贯彻的吗？

我们所在的社会是自由的社会，这一点是不言而喻的。52％的人说，"自由"听起来合人心意[12]，而64％的人认为"宽容"是现代父母对孩子的态度[13]。

每个想法和公共舆论不一样的人，会受到被孤立的威胁，这显然是不够宽容的。因此，民意测验的访问中很难对此进行询问。不过好在有关孤立威胁的一些形式，已经在1980年出版的《沉默的螺旋》中有所描述了，例如贴有不受欢迎的党派招贴画的汽车轮胎被割破[14]。在竞选研究中我们也通过这样的问题进行测试，即一个人开车到了某个陌生的城市，问路却遭到了拒绝。"对此，我要补充的是，这个开车的人在外套上别了一枚某一政党的徽章。您觉得，这会是哪个党派的徽章……？"这是测试问题的结尾[15]。我们提出了关于哪个党派的宣传画往往会被广泛地张贴或是经常被撕掉这样的问题，以此来观察这些党派支持者所受到的公开的孤立威胁。[16]

但是我们也遭受到了失败。在1980年版的《沉默的螺旋》里也详细地描写了其中的一次失败经历[17]。

我们在美因茨开始对这个问题进行严肃认真地分析。

萨宾娜·霍里基(Sabine Holicki)撰写的硕士毕业论文就是《孤立威胁：新闻学概念的社会心理学视角》(*Isolationsdrohung—Sozialpsychologische Aspekte eines publizistikwissenschaftlichen Konzepts*)[18]。安吉利卡·艾尔布瑞西特(Angelika Albrecht)通过研究完成了她的硕士毕业论文《嘲笑和微笑——孤立或融合?》(*Lachen und Lächeln—Isolation oder Integration*)[19]。

我们想起富有想象力的斯坦利·米尔格兰姆用来作为孤立威胁的声音符号：嘲弄的口哨声、嘘声、嘲笑。我们一直寻找着这样的声音信号，但直到1989年测试我们才找到米尔格兰姆所说的声音。这个过程很简单。我们在测试中只要关注专业书籍上提到的与顺从行为相关的符号，以及社会心理学中所说的与笑有关的符号[21]。不过，那里没有任何关于公共舆论的内容。

我们立即实验了关于原子能话题的测试。首先是口哨声，然后伴随着嘘声和嘲笑声转换话题。第一次测试是在民意测验访问中提出这个问题："现在我要给你们讲一个故事，这是最近发生在对原子能公开讨论中的事情。两位主讲人中，一位赞同原子能，而另一位反对。两个人中有一位遭到了嘘声。您认为，是这两位中的哪一位：是那位赞成原子能的，还是反对原子能的?"被访问者中多数——72％认为，是那位说赞同原子能的人遭到了嘘声；11％的人猜想是反对原子能的人被嘲笑。只有不到20％的人没有做出选择[22]。

毫无疑问，在这里有孤立威胁，并且公众也意识到了，当人们在公开场合说出什么观点时是会遭受被孤立的危险的。短短几周后，这个测试又在英国进行。我们的同事、英国盖洛普研究所的罗伯特·威布罗(Robert J. Wybrow)对1000人进行了综合问卷调查，并且指出他找到了相关的声音符号。在英国，意见气候中，对核能的支持者也显然是隐藏起来的，只是不像德国那么极端。这种态度不友好的意见气候，影响着人们公开表达、谈论或是沉默的意愿，这一点是毋庸置疑的。英国人接受了这个问题测试也很重要——关于公共舆论的理论超越了国家的界限。它可以包含各国的特点，但是从核心上来看，如果我们信任我们所进行的历史研究，它是在到处都可以得到证明的。

表 27　在德国和英国进行的孤立威胁的测试
案例：原子能

"现在我要给你们讲一个故事，这是最近发生在对原子能公开讨论中的事情。两位主讲人中，一位赞同原子能，而另一位反对。两个人中有一位遭到了嘘声。您认为，是这两位中的哪一位：是那位赞成原子能的，还是反对原子能的?"		
	1989 年 2 月 联邦德国 %	1989 年 3 月 英国 %
那位赞成核能的	72	62
那位反对核能的	11	25
没有意见	17	13
	100	100

资料来源：

　　德国：阿伦斯巴赫民意研究所，IfD 问卷调查 5016 ，第 38 个问题。2213 名被访问者。

　　英国：盖洛普社会调查有限公司[Social Surveys（Gallup Poll）Limited]，大约 1000 名被调查者。

　　因此，这个测试也可以在不同文化中使用，我思考了日本社会交往中的礼貌教养，并且怀疑，这个新测试是否适合那里。当我向美国学生讲述了，有关贴有不受欢迎的政党的宣传海报的汽车轮胎被割破的测试时，他们甚至有受伤的感觉。

　　我在芝加哥大学的研讨课上与日本学生探讨这个问题。港城广明（Hiroaki Minato）认为我们的嘘声测试在日本要重新设立完全不一样的问题。我们尝试了所有的可能，大约两个小时后，他说："这样在我们那里就可以了。"新的问题是："在两个邻居碰面时，讨论原子能的问题。一个人赞成原子能，而另一个反对。两个人中的一位后来听说，有人在他背后议论他。您认为，两个人中的谁会在背后被人议论?"

孤立恐惧的测试

　　会有对被孤立的恐惧吗？ 奥许和米尔格兰姆的实验[23]让许多美国人感觉别扭。米尔格兰姆用不同的实验设备在法国和挪威重复了他的实验，因为他想知道，欧洲民族的人是否也如此看重顺从，还是只是美国人这样。

关于美国人孤立恐惧的报告，在芝加哥大学曾经深深地伤害了那里的学生，他们中的很多人当时就离开了报告厅。显然，在访谈中不能这样发问："你是否害怕被孤立？"尽管如此，在美国进行沉默的螺旋的测试时，还是曾经这样问过。通常这样的观点得到支持——即我在沉默的螺旋中特别强调的顺从是出自非理性的、情绪化的动机；我一直低估了，顺从行为也有非常理性的原因。当然这一直也是欧洲的和美国的社会科学工作者一直争论不休的问题。美国人偏向于对人们的行为作出理性的解释，在这一点上他们有很悠久的传统。

那么应该如何检验孤立恐惧呢？一个可能的方法是在 1980 年版的《沉默的螺旋》中所描述的，也就是在关于吸烟者面对不吸烟者的那一章[24]。在"威胁测试"中，给吸烟的人看一张图片，上面有一个人生气地说："我觉得，吸烟的人不顾及他人。他们强迫其他人被迫吸入有害气体。"吸烟的人显得很愧疚。但是，我们的美国同事希望通过这个测试来恰当地测量孤立恐惧[25]，而我们觉得这很难实现。

对我们有帮助的最终是回顾 19 世纪中期之前的研究工作，尤其是对查尔斯·达尔文的回溯，以及来自其他学科根基而在 20 世纪四五十年代在一个学术分支上所开创的学术花朵，也就是所谓的群体动力学[26]。例如，有关人类的群体是如何团结在一起的；这些群体如何延续；当一位群体成员违反了群体规则，从而有可能破坏这个群体时，群体会怎么做。这些问题都非常有意思，萨宾娜·霍里基的研究工作涉足了对孤立威胁和孤立恐惧这两个课题的探寻[27]。

她发现，在她的实验里，群体动力学可以分为三个阶段：在第一个阶段，群体尝试着对违反规则的成员进行劝说、表达善意，以让他们"浪子回头"。如果这样做不成功，就会在第二阶段，对有偏离行为的成员施以赶出群体的威胁。到了第三个阶段，如果上述的一切都无济于事，一切都会结束。群体动力学理论对此的描述是："群体将重新确定他们的边界。"这意味着，他们将偏离的成员赶出去[28]。

这马上会让人想到爱德华·罗斯所说的：直到个体"从社会脱离"[29]。这里应该注意到的是，群体动力学理论的持有者研究的是群体是如何团结起来的。为什么他们不进一步向前，并提出问题——一个社会是如何聚合的？这样他们一定会在公共舆论现象中发现社会控制的含义。

但是"公共舆论"这个关键词没有在任何一个地方出现。即便在欧文·戈夫曼（Erving Goffman）①50 年代和 60 年代对大约 350 年前米歇尔·德·蒙田系统的社会学研究中也没有涉及这点，这其中包括对蒙田僻处于自己的私人图书馆写成的 1588 年出版的《尝试集》的研究，而蒙田在这本书里解释了人们在公共场合是多么小心翼翼。戈夫曼写到，一旦人们不是独自一人时，哪怕只有另外一个人在身边，就已经和有许多人在他身边一样了，人们就发生了变化，并且关注其他人如何评价他。

社会心理学对公共场合理解中的科学盲点被戈夫曼打破了，他的极富开创性的著作，拥有一个简要的题目《公共场合的行为》（*Behavior in Public Places*）[30]。戈夫曼从 1955 年到 1971 年之间出版的所有作品的题目，都显示了他对人类的社会性本质及其痛苦的把握[31]。戈夫曼在研究尴尬这个问题时，从查尔斯·达尔文那里发现了他对反映人类的社会性本质的大量身体符号的描写。这对我们也很有帮助，也为我们提供孤立恐惧的证明。幸运的是，我们还可以参考达尔文和他的著作《人和动物的情感表达》（*The Expression of the Emotions in Man and Animals*）（1873）。在第 13 章，达尔文谈论的是尴尬这个话题，并且描写了相应的身体表现：面红耳赤、脸上变白、出汗、结巴、神经质的动作、颤抖的双手、急促的声音、支离破碎的声音、不自然的高亢或低沉的声音、不自然的微笑、视线游离；此外，达尔文指出，人们通过减少目光接触，以避免让自己注意到，自己正被别人所观察[32]。

达尔文分析了内向的和外向的个体：外向表达的个体会用外在的符号来表现他的社会性，如脸红，这在动物身上是不会出现的，这一点为我们证明了人们具有社会性。达尔文区分了内疚感、羞耻感和尴尬的感觉，一个人如果因为一个小谎言而感到十分耻辱，是不会脸红的；但是如果他一旦产生别人发现了他的谎言这样的感觉，他就会脸红。达尔文说，害羞的感觉也会导致脸红。害羞不是其他认知，而就是对别人如何看待我的这类想法的感知。

达尔文没有提出"公共舆论"这样的概念，他也没有谈到孤立恐惧，但是显然，他的结论可以推动这样的结论——人类有思考他人对自己的评论，想象自己如何表现和被他人如何看待，以及希望没有人能够在思想上或实际行动中对他产生任何影响的社会特性。即便某个行动是个好的举动，

---

① 欧文·戈夫曼(1922—1982)，美国社会学家、符号互动论的创始人、拟剧理论的提出者，他的代表作有《日常生活中的自我呈现》《日常接触》和《公共场合中的行为》等。——译者注

但是如果它引来了所有人的注意力，那么许多人也会为此感到尴尬的。

这是欧文·戈夫曼没有想到的。他假设，人们尴尬的感觉是一种轻微的惩罚，从而使人们能够在公开场合做出中规中矩的行为。[33]尴尬不单单是"轻微的惩罚"，而是对人们会感到被孤立的情境的一种反应。这也出现在当英雄人物被所有人注视的时候，例如当他把一个孩子从水里救出来时，对此，米歇尔·哈勒曼（Michael Hallemann）在美因茨所做的博士论文里进行了说明。

这首先是从萨宾娜·霍里基在她的硕士毕业论文中所描述的自我实验的发现开始的。通过梵·祖润（van Zuuren）的远程会议演讲，她从一群年轻的荷兰学者那里知道了可以通过自我体验尴尬来进行实验。他们在一条非常热闹的街上，站在人来人往的便道中间，以便体验，当他们被从四面八方走过他们身边的人用生气的目光打量时，他们自己的情绪是什么样的。他们走进一家客人并不多的咖啡馆里，然后坐在一张已经有一对情侣坐在那里的桌子旁，然后观察在违背规则时，自己的感觉。他们在短短的时间间隔连续两次在商店买同样的东西。还有一项任务是，在一座陌生的大楼里坐电梯到最顶层，然后在那里到处走走看看。一位参加实验的女士说，在她还没有走进大楼之前，她已经担心，当在楼上有人问她在找什么，她怎么说了。"我突然感觉，我自己看上去很古怪，就像我穿着玫瑰红的裤子和玫瑰红的衬衫一样。"

这些自我实验展示了，所有的社会控制已经成为个人的内在控制了。对被外界孤立的恐惧会被预想到。因此，人们就会想到，某种情境下将是多么令人不愉快，因此在群体对他的行为确实进行社会控制之前，在群体知道他的破坏规则的打算之前，个体就已经改正他的破坏规矩的行为了。

这次荷兰的自我实验活动的许多参加者报告说，他们在没有实施这些计划中的行为之前就放弃了。这正是芝加哥大学的乔治·赫伯特·米德（George Herbert Mead）①在他关于符号互动论的科学作品中所研究的领域。"符号互动"的观点就是别人想些什么、将会做出哪些反应，和实际发生的一样，会对个体产生影响。但是，对于米德同时代的社会科学工作者来说，人们内心深处无声的对话，以及对自己社会性本质的焦虑还是那么

---

① 乔治·赫伯特·米德（1863—1931），美国社会学家、社会心理学家、哲学家，符号互动论的奠基人，米德的主要著作是他去世后，他的学生将他的讲稿和文稿编成四卷文集：《当代哲学》《心灵、自我和社会》《十九世纪的思想运动》和《行动哲学》。——译者注

陌生,因为米德在他的第一本书出版之后,一生就再也没出版过图书。我们今天所读到的以及在美因茨研讨课上就公共舆论这个题目进行分析的重要作品[36],是他的学生根据在他课上所做的笔记整理而成的[37]。

感到尴尬是社会性本质的体现

在美因茨的一次"工作坊—研讨课"上,我们分析沉默的螺旋理论的草案。如何识别个体的孤立威胁?有什么样的信号?个体如何体验孤立恐惧?如何测量它?一个工作组进行了自我实验。在美因茨,"狂欢节之夜"是非常有名的。在那里也可以观察到普通人的顺从。学生在一条热闹的街道上,搭了一个展台,在那上面挂了一面标语,标语内容是邀请人们加入新的协会,这个协会是反对把钱花在美因茨的狂欢节之夜的。在传单上解释了,这些钱人们最好用来捐给第三世界。传单成叠地放在展台上,学生们也忙着拉住行人的手,请他们签名以表示对这个行动的支持。从街道边上的房子里将把所发生的一切拍摄下来,以便之后对这些行为方式进行分析[38]。

就连所在街道的店主也加入进来了。他们实际上是通过非常清晰的表示——告诉人们这些展台上的学生是疯狂的,而把快要接近展台的行人拉走。

当和一个人说话时,这个人沉默地转过身去,或只是把视线大大地移开,这样的经历给米歇尔·哈勒曼留下的印象太深刻了,以至于他从中完成了他的硕士毕业论文和博士毕业论文[39]。

阿伦斯巴赫研究所也提供了帮助。在一次民意调查中,我们呈现了一幅图画:给男士看上面有一个男人的图片,给女士看上面有一个女人的图片。图片上的人正和另一个人说:"你能想象我昨天的经历吗,那真是令人尴尬,那是我……"访问员会问:"这里有两个人在交谈,遗憾的是这个男人/女人的话中断了。您猜想一下,这句话应该怎么说下去,他/她可能经历了什么事情?"

通过对近 200 位被访问者回答的分析,哈勒曼设计了 30 种情境。在下一次阿伦斯巴赫的问卷调查中,他将每个问题分别写在每张卡片上,访问员会说:"现在每张卡片上都描绘了可能出现的一种情形,请您将这里所有的卡片按照您觉得这个情境是尴尬的或不是尴尬的进行分类。"[40]

这些情境描述在下面将和来自德国、西班牙、英国和韩国的调查结果一起呈现出来。几年后，在 1989 年 6 月，这个问卷调查再一次进行[41]。人们因为什么感到尴尬可以非常明确地确认。在重复进行问卷调查时，结果几乎和第一次的没有变化。总的来说，尴尬的感觉有多强烈和哪些会被感觉为尴尬，会进一步与文化传统相关。而且，对德国、西班牙、英国和韩国的问卷调查结果的比较，也在接下来的几页进行展示。尽管如此，人们也会对如此多的共同性而感到惊讶。其他文化中的人们的社会性本质为我们所展现的面貌，和我们对自己认识的一样。

图24　判断尴尬的场景
在民意测验访谈中用来将句子补充完整的图片。受访者通过将自己设身处地假想为图片上所表现的人，并且要求把已经有开头的句子填写完整，从而能够比较容易地联想尴尬的场景。

表 28　德国、西班牙、英国和韩国的尴尬情境的对比

问题："现在每张卡片上都描绘了可能出现的一种情形。请您将这里所有的卡片按照您觉得这个情境是尴尬的或不是尴尬的进行分类。如果卡片上所列的情况，您无法判断是否尴尬，那么就请把它放在一边。"（为被调查者提供卡片和两个清单，上面分别写着"我感到尴尬"和"我不觉得尴尬"。）				
我感到尴尬	德国	西班牙	英国	韩国
在任何一种公共场合被别人打了耳光。	79	83	36	92
在超市，被工作人员冤枉偷了商店里的东西。	78	89	66	88
在商店，您不小心碰了价格昂贵的水晶杯，使它掉在地上摔碎了。	76	84	61	92
在餐厅，您将汤洒在了裤子上。	70	73	32	74
您推着满满当当的购物车到了收银台，突然发现身上没有带钱。	69	65	57	84
在看歌剧表演的时候，您打喷嚏，手边却没有手帕。	68	66	31	41
您和一个熟人一起去听音乐会，这个熟人睡着了，并开始打呼噜。	63	59	25	63
您站在一群人中，一起谈论着某人，却没注意这个人听到了你们的话，并且表达自己的不满。	56	51	26	64
有人当众拿您开玩笑。	56	68	30	76
在很热闹的街道上，您突然跟跄了一下，然后摔得仰面朝天。	56	76	52	75
在火车上，您打开厕所的门，却发现里面有人，他忘记锁门了。	55	71	52	88
您叫错了别人的名字。	52	37	35	65
您和朋友或熟人一起无意走进一间房间，而那里有个人正在换衣服。	50	73	36	94
您遇到了一个老熟人，因此您打算非常热情地打招呼，但是他却连看都没看你一眼，就走过去了。	49	46	20	64
您遇到一位老熟人，却一时想不起他的名字。	45	41	35	66

您在工作之后，觉得全身都是汗，但是在您洗澡前，您必须先去买东西。	44	44	24	22
您打算和熟人一起去度假。在旅途中您发现，将会有裸浴。	43	59	32	—
在火车上，来了检票员，而您却找不到火车票了。	—	—	—	92
您给朋友或熟人讲了一个笑话，却没有人笑。	40	41	27	46
在大街上您被电视节目主持人采访，并且摄像机录下了这些。	28	39	32	74
在一次幸运的意外中，您救了一名落水的小孩。一名记者因此要将您的照片登上当地的报纸。	27	37	26	62
由于您洗衣服洗得太晚，因此在复活节（韩国：新年）您的衣服还晾在外面没有干。	33	17	3	28
您必须在公用电话亭里，打一个重要的电话，这通电话将会比较长。在您的身后，还有两三个人等着打电话。	31	49	16	69
当修水管的工人来到您的住处，而那里却乱七八糟。	36	43	10	36
周末，您的黄油和奶酪吃完了，您必须问邻居借一点。	27	27	8	40
午饭时分，您注意到您穿的皮鞋没有擦。	26	25	6	11
在旅馆的房间里，隔着薄薄的墙壁，您听到隔壁房间里的动静。	24	33	18	35
您在街上遇到一个人，对他您拿不定主意是否应该打招呼。	23	37	9	48
在一个半满的火车包厢里，其中一个人突然开始自言自语。	15	31	14	23
您拨错了电话号码。	12	16	5	26
您自己被别人叫错了名字。	12	18	6	28
$n=$	1343 2009	1498 1499	830 965	1766 352

"—"表示没有询问这个问题。

资料来源：

联邦德国：阿伦斯巴赫民意研究所，IfD 问卷调查 4031，1983 年 8 月。被访问者是 16 岁以上的公民。

英国：盖洛普社会调查有限公司，1989 年 9 月。

西班牙：DATA, S. A.，1989 年 6 月，被访问者是 15 岁以上的公民。

韩国：Tokinya，1986 年 9 月，被访问者是 20 岁以上的公民。

戈夫曼已经说过，当我们想更多地了解人们的社会性本质时，就必须先研究什么使人们尴尬。[42]因为我们几乎不能直接对人们的社会本性提问，我们都巴不得最好能忽略社会性本质，就像德国人总说的："我无所谓别人怎么看我。"因此正如爱米尔·涂尔干在他 1895 年出版的《社会学方法的规则》(Die Regeln der sozilogischen Methode)中所阐释的，我们需要寻找指标。指标并不是人们所研究的事物本身，但是它们能给出关于事物本身的信息。

孤立恐惧的标尺

在《沉默的螺旋》出版后，涌来了大量难以回答的问题。由于从 20 世纪 30 年代开始，群体动力就成为社会科学研究所关注的中心，因此来自四面八方的批评认为，人们所活动其中的群体，比沉默的螺旋理论中大量谈到的不确定的公众更重要。邻居、工作中的同事、协会中的朋友、参照群体中的人对某人的评论和想法，远比来自不认识的人、匿名的公众中的评价重要得多。

唐斯巴赫和斯蒂文森尝试着解释这种异议[43]。沉默的螺旋不是决定性理论，它只是指出了某种原因，例如害怕在公共场合被孤立，可以作为对人们行为的一种影响力，并且会对所有人以同样方式产生影响。这个理论是将公共场合中的孤立恐惧作为众多决定公共舆论的因素之一进行观察。参照群体的影响力是无论如何不会被低估的。

实际上荷兰学者哈姆特哈特(Harm t'Hart)的研究证明了这一点。他指出，无论初级群体和公共舆论是否共同起作用、相互加强，也无论人们所活动其中的群体是否继续捍卫自己所隐藏的想法，参照群体在决定人们对有争议的问题是参与交谈还是保持沉默时，起到重要作用。[44]经过十多年卓有成效的对"群体动力学"这个课题的社会科学研究，对群体在舆论形成方面的影响力估计过高似乎已经是不言自明了。由于在戈夫曼之前的群体动力学研究者只停留在他们所研究的群体上，对所谓的"公众"这个元素并没有注意到，因此唤起他们对这方面的理解，看起来就非常紧迫了。只有在这里才有理解"公共舆论"这个概念的钥匙。如果人们不能清晰地看到，公共场合对人们的社会性本质意味着什么，如果人们以为也就是意味着评判权威、特别法庭，那么我们就无法理解公共舆论这种现象。

凭借哈勒曼所开发出来的尴尬感觉指标，就能证明匿名的公众的重要性。当要求人们不假思索地写下尴尬的经历时，会发现很少是与熟人的小圈子有关的 。21％的尴尬是出现在较小的圈子里，而46％是发生在大规模的匿名公共场合的[45]。

写在卡片上、呈现给受访者的哈勒曼所设计的30种测试情境，被哈勒曼按照私人环境、小群体和大的公共场合进行分类。结果显示，群体的规模越大，也就是公共场合的范围越广，人们在这样的情境下感觉特别尴尬的比例就越高[46]。

听上去非常符合逻辑的是：在有熟人的环境下一个令人不愉快的情境，比在不认识的，甚至是不再会见面的人，也就是匿名的公众那里出现的不快的场面，更令人尴尬。

但是，却与逻辑相矛盾，而且有充足的根据。因为在熟人那里，人们能够通过后续的努力，而使尴尬被遗忘；但是在公共场合所发生的不快，没有人们能够对此加以解释或道歉的对象，人们的名声会在无限期的时间里受到损害。

哈勒曼在测量孤立恐惧这项任务上，也比到目前为止的任何人走得更远。在整理了受访者所指出的尴尬的情境之后，他计算了分值：非常大、大、中等、小或非常小的社会性的感觉，以及与之相对应的大、中等或小的孤立恐惧。他确认，在有争议的话题下，感受到很强的尴尬感的人，我们在这里补充一下，也就是高度的孤立恐惧下的人，比其他人更可能陷入沉默。但是，这并不是出自一般的害羞或因为他们不爱说话，面对并不危险的题目，在没有陷入冲突的威胁时，他们和一般人一样健谈[47]。

对准感官统计的测试

不管怎么说，我们都如同在公共舆论理论中所说的那样具有准感官统计的感知能力吗？人们真的能感知到意见气候吗？

在所有进行测试的国家里,都会有人提出诸如此类的问题:"大部分人怎么想?""大部分人会赞同还是反对?"或甚至:"人们中有百分之多少会赞同? 多少会反对?"而没有进一步答案供选择。其实,受访者应该回答:"为什么您这么问我? 你们才是舆论研究者!"但是,他们不会这么说。人们乐于对此进行估计可以看作是一种象征,它表示人们不断地亲自估计强弱关系,而这完全与调查无关。

但是,通常这样的估计并不正确。富有影响力的传媒所代表的观点往往被高估。在这里可以用到"多数无知"这种措辞[48]。"老百姓欺骗老百姓。"对自己所在派别的高估或低估,以及很高比例的人们就他们的观点的影响力回答为"不能确定""一半一半"或"双方都一样",这些都体现了公共舆论中的纷争[49]。但是,全体民众,无论他们持有什么立场,都会注意到——如同民意测验所证明的那样——哪些意见态势增强了,而哪一些意见态势减弱了[50],就像人们会注意到天气变暖了或变冷了。如果不通过人们具有感知频次分布的能力进行解释的话,那么又如何解释这一点? 显然,从最开始,而不是从社会科学研究者开始,就已经试图对这种感知能力施加影响了。

对谈论和沉默的测试

遗憾的是,许多国家都没有建造完备的铁路网。从最初公开发表沉默的螺旋开始,就一直用"坐火车测试"来检查交谈或沉默的意愿[51]。但是,当要跨越国界测试这个理论,往往就会引来抱怨,人们认为不能将这个测试用在其他国家,因为在那里坐五个小时火车对被访问者来说是很少见的事。对此,我们设计了替代方案:"假设您将坐五个小时的汽车,中途汽车会在一个休闲站停下,乘客会下车休息一段时间。这时同行者交谈起来,其中有一个人开始谈论,我们是否应该支持……,还是不支持。您愿意和这个人交谈吗,以便进一步了解他的观点,还是您觉得这没什么意义?"唐斯巴赫和斯蒂文森此外还设计了一个问题,这个问题是由一名电视记者在街道上请求人们就一个刁钻的话题接受采访。但是,在这里的公共场合有些过大了。根据哈勒曼的研究结果,对被孤立的恐惧是随着公共场合的规模而不断增大的。因此,电视形成了当今最大的公共场合。

人们在测试这条理论时,不必紧贴在交谈和沉默上。其实还有很多其他的能够表示公开意愿的符号,如发型、胡子、汽车天线上红色或白色的小丝带,这些无论在美国还是在欧洲都被用来作为自我表白的符号,此外还有紫色的教堂日手帕。

坚实的核心:来自"堂吉诃德"的回答

在检验这个理论时出现了误解。关于持异端论者、先锋者[51]和关于坚实的核心[52]的那些章节,在1980年出版的书稿中太简短了。关于先锋者,我们在今天也没有知道得更多,还是柏拉图所说的那些,还是他希望诗人在价值转化中所获得的那些[54]。

对于"坚实的核心",检验者们假定他们是那些非常坚信的人,或是那些有着坚实的投票意愿的人。对此,也出现了批评者,他们认为,我只是在出现无法证明沉默的螺旋理论的结果时,才找出坚实的核心这样的说法作为借口的。

但是自从玛丽亚·伊丽莎·朱莉娅·罗德里奥(Maria Elisa Chulia-Rodrigo)完成了她的硕士毕业论文《塞万提斯的小说中曼恰的堂吉诃德的舆论》(Die öffentliche Meinung in Cervantes' Roman Don Quijote von der Mancha),我们在解释坚实的核心时所遇到的困难就少得多了。

当人们带着沉默的螺旋理论的眼睛去读塞万提斯的时候,人们是无法对这个悲剧无动于衷的。那里有这个社会的价值体系,如同堂吉诃德从大量的骑士故事的教训中所吸收得到的。而且他投身于、奋斗于"在这个世界上得到名望和尊重",并且因此而感到值得。但是,他所做的一切,他如何着装打扮,他佩戴着的多么古怪的武器,这一切都属于他所在时代向前200年的某个时候。他感到自己被孤立、被嘲笑、被击败,并且直到小说几近结尾的时候,他还一直在遵守骑士的价值观[55]。

先锋者是提出未来的价值观的人,并且因此而必然受到孤立。而"坚实的核心"是坚守过去的价值观的人,他们是残留的、固守过去的价值观的人,因而要忍受他所在的时代的孤立。当然,我们今天通过民意调查所观察到的坚实的核心的跟随者,所拥有的价值观并不像堂吉诃德那样要回溯到那么久远之前。但是,从堂吉诃德那里,人们可以更好地理解"坚实的核心"意味着什么。

个体意见的总和如何变成公共舆论?

在美国舆论研究协会（American Association for Public Opinion Research）1970 年的大会上，政治学家西德尼·维尔博（Sidney Verba）认为，政治领域的民意测验不能推动公共舆论理论的研究，因为政治领域的研究"大部分集中在将个体作为分析单位"[56]。但是，在这一点上他错了。并不是个体作为分析单位阻碍了公共舆论理论的发展，而是个体的社会性本质在民意研究中被忽视了。民意研究的问题针对的是捕捉个体的观点、行为和知晓，如："您赞同……吗?"或"您对……感兴趣吗?"或"您是否担心……吗?"或"您偏向于……吗?"等。

针对意见气候的问题，如："大部分人怎么看?"或"哪种观点势力增强了?"或"哪些是时髦的，哪些是过时的?"或"人们会和他的好朋友关于什么问题吵得不可开交?"或"谁会被嘲笑?"或"谁会被赶出去?"这些用来对个体的环境进行观察，并且也是指向个体的社会性本质的问题，在今天并没有系统地用在对民意测验的分析中，尤其是对大选研究的分析中。

不过，关于人们的社会性本质并没有在民意研究中被完全遗忘。弗洛伊德·H. 奥尔波特在他的著名的论文《通往舆论学之路》（Toward a Science of Public Opinion）中已经描写了，对公共舆论的印象如清扫便道上的积雪[57]。彼得·R. 霍夫斯泰特（Peter R. Hofstätter）①在他的 1949 年出版的《舆论心理学》（*Psychologie der öffentlichen Meinung*）中描述了公共舆论："某种意见公开化时第一眼看去是特别怪异的，它可能是表达了群体中其他成员的对他们所支持的舆论的不清晰的——甚至是错误的——认识……我们到目前为止对公共舆论的定义，是将它作为个体观点传播在外的形式，这是不完整的：公开化包括个体的观点，它无论如何能够在代表性的观点所组成的虚拟的广泛在公众中传播的图景中，找到自己的位置。"[58]但是，这在民意研究中并没有得到结论。因此也无法回答这个紧迫的问题：在民意研究中用百分数所表现的个体意见的总和，如何发展为有力的模式，也就是公共舆论，从而使政府感到畏惧，而被迫采取某些政治举措。也就是如同心理学家布鲁斯特·M. 斯密斯（Brewster

---

① 彼得·R.霍夫斯泰特(1913—1994)，奥地利社会心理学家，著名作品有《舆论心理学》《社会心理学》《心理学》和《个体与社会》等。——译者注

M. Smith)在 1970 年的大会上所说的"产生了社会和政治效果"。而那些没有加入公共舆论的个体,将如同詹姆斯·布瑞思(James Bryce)所描写的那样,至少被迫陷入沉默[59]。

根据现在对于互动的认识,也就是说在人与人之间由于人们的社会性本质而会不断发生着各种互动,个体意见的总和会转变为公共舆论。孤立威胁、孤立恐惧、持续的对意见气候的观察和对强弱关系的估计,都决定着人们是交谈还是沉默。

所有这些伴随着极大努力的公共舆论的形成过程、对公开讨论的题目的决定、对公共舆论的维护、公共舆论的变化、价值体系的颠覆,以及各种各样的流行模式,都保证着社会的整合和行为能力。

因此,这样看来,哈伍德·切尔德斯在他的书中所总结的 50 种对公共舆论的定义,失去了令人震惊之处。除去一些测量工具混淆了在其中应该测量什么的滑稽可笑的案例,可以将所有的定义分为两大类:第一类定义是将公共舆论作为整合的力量来看待的,是所有人所领会的一致同意,是大多数老百姓所支持的,因此保障了必要的团结。而第二类定义,是将公共舆论作为精英的观点,是社会中领导成员的意见。

切尔德斯并没有抓住这样的区别,但是却对未来的文章弄清楚这些起到一定的作用,公共舆论不仅是在社会控制的含义下加以使用,而且也要考虑精英的作用。如果人们不去确定精英在公共舆论的过程中所发挥的效用,那么在公共舆论理论研究的道路上,就无法取得进展。没有人会真的认为,精英不会在公共舆论的过程中起到特定的作用,在公共舆论的形成过程中不发挥引导的功能。但是,我们必须要将公共舆论与精英的观点区分开来。在 19 世纪、20 世纪,精英们不断地强调自己代表了公共舆论:因此政府应该听从那些具有责任意识的、受过良好教育的、有判断能力的人的观点[60]。

我们从到目前为止的公共舆论理论的主张中所学到的关键是,只有那些拥有进入公共领域入口,而且也的确能够活跃于公共领域,能够"登堂入室"的精英群体的成员们,才能对公共舆论的过程发挥影响,这正是塞万提斯所要表达的。[61]我们宁愿事实不是如此,我们希望,杰出的人应该打破沉默、从隐居中走出来,仅仅通过他们自己对公共舆论施加影响。但是从实证社会研究中,我们得知,公共舆论不是通过这种方式被影响的。[62]埃德蒙得·伯克以前就写到过,出类拔萃的人必须学会从公众的视线中消失,以保持自我。

第 **28** 章

舆论显现的和潜在的
功能：一个概括①

在公共舆论理论中，还留有被忽视、被无视的领域。这
里有大量的一度很有说服力、理论化的文章，从那里疯长着
茂密的灌木丛，在其中人们迷失在充满荆棘的有关术语的
讨论和无穷无尽的心理学描述的分支中。

——威廉姆·艾尔比格（William Albig），1939 年

在这本书的最后，我想再一次回到起点：什么是公共舆论？

哈伍德·切尔德斯在他的《公共舆论：特性、形式和作用》（*Public Opinion ： Nature ， Formation ， and Role* ）（1965）一书著名的第二章中，总结了对公共舆论的 50 种定义。W. 菲利浦·戴维森在《社会学国际百科全书》（1968）发表的关于公共舆论的文章中的第一句话就是："对于'公共舆论'没有一个被普遍接受的定义。"[1] 切尔德斯对公共舆论的 50 种定义看上去可以归纳为两种观念。这其中只有少数几个是技术—仪器类的定义，这样的定义是将公共舆论等同于通过民意测验所得到的结果，也就是"通过民意研究收集起来的个体意见"[2]。切尔德斯所列举的所有定义实际上可以回归于这样两个概念：

（1）在民主政治里，公共舆论的功能是在意见的形成和作出决定的过程中起到合理化的作用。

---

① 我要感谢沃夫冈·唐斯巴赫（Wolfgang Donsbach）和 W. 菲利浦·戴维森（W. Phlillips Davison）在这一章里对我的启发。

（2）公共舆论作为社会控制的功能是整合社会，并且保证社会中的行动和决定达到足够的一致程度。

当将这两种概念进行比较时，就可以想到罗伯特·默顿（Robert Merton）①在他的著作《社会理论和社会结构》（*Social Theory and Social Structure*）[（1949）1957]中所提出的那个非常著名的区别：

显功能是指那些对系统的控制产生的影响和客观的结果，这是参与者有意造成并且可以有意识地感知到的。

潜功能是相应地指既不是有意造成的，也不是可被认识到的[4]。

在第一种对公共舆论的理解上，是对显功能的理解，是有意的和可认识的；第二种对公共舆论的理解是与潜功能有关的，既非有意也不能被意识。

认识到公共舆论在概念上的理解差异是从 20 世纪 20 年代开始的，并且直到今天都被建议，应该放弃"公共舆论"这个概念，至少是在科学术语上[5]。但是一个古代已经可以被证明的，并且在几百年来一直使用的概念是不可以被放弃的，除非是在想法和感觉上出现了一个从古代就开始使用的，反映了社会控制的某种形式，不可能更清晰的，有类似的广泛性的概念。人们在废除"公共舆论"这个概念时，就会丢失对公共舆论潜功能的古老的知识，也就是公共舆论能够确保在一个社会中的足够的一致性，甚至是整个世界里的一致性[6]；人们也将不再能看到不同的表象之间的联系，如意见气候、时代精神、名声、时尚、禁忌，并且因此至少不能明白约翰·洛克的"舆论、名声和流行的法则"背后的含义。

在接下来的段落里，首先是阐述第一种观念："公共舆论的合理化作用。"之后是描述第二种观念，"公共舆论的社会控制作用"。最后一部分是总结，哪些论点指出了公共舆论的比起它作为社会控制的潜功能来说，更大的作用。

舆论的显功能：在民主社会中舆论的形成

从科学的角度来看，我们还停留在这样的阶段，即在大约 18 世纪末

---

① 罗伯特·默顿（1910—2003），美国著名的社会学家，科学社会学的奠基人和结构功能主义流派的代表性人物之一。默顿一生著述丰富，先后出版了 20 多部著作、发表了 200 多篇论文，他的代表著作有《大众信念》《社会理论和社会结构》《在巨人的肩膀上》《科学社会学》《社会学的矛盾选择及其他文集》等。——译者注

对公共舆论的理解仍然占主导地位。根据这个观念,公共舆论的特点是合理化。理性化可以理解为:对通过理解工具获得的事实和相互联系的有意识的认知,并且从这些知识中符合逻辑的、有理有据地推导出判断。获得知识的过程和形成判断的过程可以表示为对逻辑转换和推理的应用。合理化是对经过清晰和明确定义,并且在其他概念所搭框架下构建出来的概念的分析。合理化处理的是在合情合理的陈述体系的范围内的。对于这个领域的分析处理是具有逻辑性、计算性和一致性这样的特点的。理性思考的结果是明白易懂的、理智的和能被不同的主体所理解的。

在理性化这样的含义下形成的公共舆论,恰好可以用汉斯·斯佩尔(Hans Speier)的定义来改写:"对于公共舆论可以用已有的历史上的论述来理解:关于国民的重要性的观点,可以由除了政府之外的人们自由而公开地说出来的,这些人需要权利,从而能够用他们的观点影响或确定行为、个人的决定和他们的政府的结构。"[7] 在这里公共舆论与合理化之间的关系就非常简单了。公共舆论就是合理化。在实际生活中,在新闻自由的条件下,公共舆论和在传媒中占主导位置的、被公开的意见,很大程度上是一致的。汉斯·斯佩尔对公共舆论的定义正是包含了它的显功能。公共舆论涉及政治,它在政治问题的观点形成和决定中对统治者加以支持。

公共舆论从政治"理性"意义出发,在公共范畴内可以理解为与治理是相关的,通过广泛传播的观点而赢得了特别的说服力,对公共舆论这样的理解从启蒙时代,也就是 18 世纪就产生了,到了今天全世界的人从百科全书和字典上都能读到。通常这个概念还会追溯到财政大臣雅克·内克尔(Jacques Necker)①曾在法国大革命爆发前,在不断升温的公众的兴奋中,努力稳定国家财政[9]。

试图对"公共舆论"这个概念进行解释首先发生在 19 世纪。詹姆斯·布赖斯在他的四卷本的《美利坚共和国》(*The American Commenwealth*)中分析了,公共舆论在英国和美国的不同作用,他将公共舆论中的观点与在民主社会中对政治中富有争议话题的理性讨论区分开来。罗伯特·E. 帕克(Robert Ezra Park)②从 20 世纪初在德国开始他的

————————————

① 雅克·内克尔(1732—1804),法国路易十六期间的财政总监和银行家。——译者注

② 罗伯特·E. 帕克(1864—1944),美国著名社会学家、芝加哥学派重要的代表人物之一,城市社会学奠基人,他的代表作有《移民报刊及其控制》《城市——对都市环境研究的提议》《人种与文化》《人类社区、城市和人类生态学》。——译者注

社会学学习开始,就陷入了滕尼斯所特别关注的领域。帕克在柏林大学学习,并且试图去从理论上解释公共舆论的本质,与此同时,他正好从他的老师奥斯瓦尔德·斯宾格勒(Oswald Spengler)①[《西方的没落》(Untergang des Abendlandes),1918—1922]那里开始接触大众心理学,这是 19 世纪最后的十年里由意大利犯罪学家西塞皮奥·西赫勒(Scipio Sighele)以及加布里埃尔·塔尔德和古斯塔夫·勒庞(Gustave Le Bon)②所创立的学科。帕克在他的博士毕业论文《大众和公众》(Masse und Publikum)(1904)(1972 年的时候第一次翻译为英文"The Crowd and the Public")中,通过归因于大众情感和理解公共舆论,从而寻找答案。公共舆论产生于对各种互不相同的观点进行讨论中的推理过程,在这样的过程中某种观点胜利地脱颖而出,而对手并没有被说服,只是被制服了。

这篇博士毕业论文让帕克筋疲力尽,而且非常失望,这是 1979 年在美国出版的一本关于他的专著中所提到的[10]。在回到美国后,他去芝加哥大学接受一个教职,这个职位让他产生了这样的情绪。与今天的许多作者类似,他试图将公共舆论与理性化等同起来。

这种惯常的讨论公共舆论这个概念的体系,可以从弗朗西斯·G. 威尔逊(Francis G. Wilson)1933 年在《美国政治学评论》(American Political Science Review)上发表的一篇关于"公共舆论"的文章中进行研究。这个概念被按照它的组成分为两部分:"公共"和"舆论",接下来是对"舆论和公众的关系、公众和政府的关系以及舆论与政府的关系"进行研究。这些关系的中心是对于参与的思考。对于"公众"的理解,被精简为"是由那些拥有对政府产生影响的权利的人所组成的群体"[11]。公共舆论的压力被理解为放在统治者肩膀上的职责重任。

我们可以从大约 30 年之后的哈伍德·切尔德斯的《公共舆论:特性、形式和作用》中找到另一个非常类似的体系。在前面所提到的《公共舆论的结构和历史》这个章节中,对公共舆论的定义是它的中心,细分了对"公众""舆论"和"一致性程度"的解释,然后接下来是关于"舆论形成的过程""舆论的质量""舆论的传播者",以及"舆论的对象"的段落。最后切尔德

---

① 奥斯瓦尔德·斯宾格勒(1880—1936),德国著名的历史学家、哲学家和文学家,他的著名著作有《西方的没落》《普鲁士的精神与社会主义》《人与技术》《决定的时刻》等。——译者注

② 古斯塔夫·勒庞(1841—1931),法国社会学家、社会心理学家、群体心理学的创始人,著名著作有《乌合之众:大众心理研究》等。——译者注

斯概括了历史背景,并且描述了公共舆论这个话题视角下的 20 世纪的每个十年以及影响它们的技术。最后,他描述了从 20 世纪 30 年代开始,随着民意调查越来越普及,公众意见能够被定期地测量。但是论述就结束在这一点上[12]。

切尔德斯所收集的对公共舆论的 50 个定义中,大约有一半可以追溯到理性的公众意见这种观念的根源上。按照詹姆斯·T. 扬(James T. Young)对公共舆论的说法,就是"在经过理性的、公开的讨论后,一个有自我意识的共同体对普遍意义这类问题的社会性判断"[13]。A. W. 霍尔考伯(A. W. Holcombe)确认公共舆论是一种"从本质上来说必须经过理性的决定"而形成的意见。[14]另外,在 J. A. 邵尔威恩(J. A. Sauerwein)看来,"当人们唤起一种印象,也就是今天在精英之外,还有从理性知觉上产生的公共舆论,这就是一种极度的夸大"[15]。但是,潜在的顺从是不能置之不理的,正如 E. 乔丹(E. Jordan)所发现的:"听上去有些残酷,但是的确不存在诸如公共舆论这样的事物。如果只是从人们的本性的微不足道之处进行理解,就会看到不存在知性的公共舆论。"[16]

在西方公民中对理性赋予很高的价值显然可以解释,为什么直到今天人们还坚持公共舆论的理性化的观点,以及为什么人们相信,应该将公共舆论这个概念像机器一样分解,然后去确定它的每个组成部分和他们之间的关系,这样才能理解公共舆论的本质。

从根本上来说,人们过去和现在对待公共舆论这个概念过于武断,好像人们能够任意决定,在未来是否可以放弃它或允许它在民主社会中扮演什么样的角色。第一部有关这个题目的系统的论著,A. 罗伦斯·罗威尔(A. Lawrence Lowells)的《公众舆论和受欢迎的政府》(*Public Opinion and Popular Government*)(1913)就预示了这种模式。罗威尔在书中评述到,那些被政府所关注的"真正的"公共舆论,应该只是经过仔细审慎的讨论之后所形成的意见。此外,只有那些对所遇到的问题进行逐条细致的思索而形成的观点才被人们所重视,而且只有那些真正属于政府责任的话题才可能形成公共舆论,而不是例如宗教范畴的。[17]

在 20 世纪 30 年代初,随着问卷调查的出现,促使了对"公共舆论"这个概念的新的争论。1937 年新创办的名为《舆论季刊》的这本专业杂志,非常客观地讨论了"民意调查""民意研究"。但是,通过问卷调查所获得的信息就真的是"公众舆论"了吗?通过立即将问卷调查的结果与公众舆论等同起来,而努力部分地解决问题。其中的策略是,通过问卷调查工具和问卷调查半成品,对公共舆论进行技术层面的定义,诸如卢森特·沃纳(Lucien Warner)的定义:"公共舆论是人们在访谈的环境下,对某些说法和问题用固定的措辞表现出来的反应。"[18] 或者:"公共舆论不是别的,而只是对一系列'无论什么事物'的分类,这种分类是在统计规则下,根据频次分布状况或大小关系所进行的,它们展示了那些事物所引发的关注和兴趣情况。"[19] 保罗·F. 拉扎斯菲尔德(Paul F. Lazarsfeld)在他 1957 年发表的论文《公共舆论和古典传统》(Public Opinion and the Classical Tradition)中指出:"只有毫无疑义地并且进一步地将公共舆论理解为能够很好地进行分析的观点分布状况,这样民意研究才是存在的。"[20] 在詹姆斯·本尼格(James Beniger)为庆祝《舆论季刊》创办 50 周年(1987 年)所撰写的文章中,他描写了当今所流行的对公共舆论的理解,并且引用了阿尔伯特·科林(Albert Gollin)(1980)的公共舆论就是"通过民意研究对个人观点的集合"[21]。

对这种研究实践的最早的轻视,出现在赫尔波特·布鲁默(Herbert Blumer)①1948 年发表的名为《公共舆论和民意调查》的文章中。他尖锐地批评了其中的这样一段文字:"……缺陷,尽管在对舆论的问卷调查中,出现了很高的数字,但在对公共舆论的普遍说法中充满了错误……这在我这里形成的印象是,事实上,通过民意调查显然既没有得出真正的兴趣,也没有努力对他们所研究的、记录的和测量的所谓的对象从根本上加以确定……他们并没有对公共舆论这种现象进行根本上的解释,只有这样才能判别,所使用的工具是否的确适合所研究的现象。现在的这种研究设计完全有意地回避了对这个问题的争论,那么在这里能得出的只是对公共舆论的纯工具性理解,也就是对那些从问卷调查中得出的内容的理解。通过使用某些工具或测量手段所得出的结果,在这里显然被人们等同于研究对象本身了,而不是只把它当作进一步理解公共舆论的资料……在对公共舆论的研究中并没有目标明确的程序,更多的研究对象是由研究的进程所确定的。我因此要说的是,如此狭隘的操作化过程中所产生的研究结果——如同刚刚对它的描述,只能是提出问题,而这些结果究竟意味着什么仍是开放的。"[22]

---

① 赫尔波特·布鲁默(1900—1987),美国社会学家,符号互动论的主要倡导者和定名人,著名作品有《电影和品行》《劳资关系中的社会理论》《工业化与传统秩序》和《符号互动论:观点和方法》等。——译者注

在尖锐的反驳之后,布鲁默转而研究民主社会的公共舆论的内容、形成和功能。他非常精熟地展示了理性的公共舆论在民主社会中具有显性功能,政治家要知晓构成社会组织的功能群体的观点。他首先想到的是利益群体,如工会、经济联合会、农业行会、种族群体。为什么利益群体和他们在政治家那里施加的压力可以被当作"公共舆论"呢?布鲁默并没有对此进行解释。但是,他非常确信地表示,这些群体促进了政治家的观点的形成,他们施加的压力一定会被政治家所关注。显然,社会中不同的个体在舆论形成的过程中,分量是完全不一样的。有的人拥有较高的地位、特权和更多的专业知识、更大的利益和热情,以及对许多其他人更大的影响力。另一些个体没有拥有这些。但是,在问卷调查中所选择的有代表性的横截面中,这些拥有不同的判断和不同的影响力的完全不同的个体都是被同样对待的。在布鲁默的论述中很清楚地表明了,问卷调查这个工具在获得公共舆论的信息方面是完全不合格的。

在布鲁默上述讨论的 30 年后,皮埃尔·布尔迪厄(Pierre Bourdieu)[①]发表了他的论文集《公共舆论并不存在》[23]。在美国舆论研究中西部协会(Amerian Midwest Research Association of Public Opinion)1991 年在芝加哥举办的大会上,他发表了一篇《公共舆论的欧洲概念》(Europäische Konzepte öffentlicher Meinung),并且作为大会发言刊登在《国际舆论研究学刊》上[24],这篇论文介绍了米歇尔·福柯(Micheal Foucault)[②]、哈贝马斯和布尔迪厄有关公共舆论的理论。三个人的观点都是从理性的公共舆论形成过程这样的假设出发的。

随着政治学对"理性选择理论"(Rational-Choice-Theorien)[③]的兴趣不断增强,以及所显现出的对认知过程的心理的兴趣,使得接近 20 世纪末时,认为公共舆论是理性化的观点进一步得到了加强。因此在这个方向上开发出新的范式的詹姆斯·本尼格期待着:"当人们设想,各种观点的形成有赖于认知(知识和模式)、影响以及有可能还有习惯性行为,那么

---

① 皮埃尔·布尔迪厄(1930—2002),法国社会学家,代表作有《区隔:品味判断的社会批评》《学院人》《自由交易》《社会学的问题》和《自我分析》等。——译者注

② 米歇尔·福柯(1926—1984),法国哲学家,被认为是后现代主义者和后结构主义者,他对文学评论及其理论、哲学、批评理论、历史学、科学史、批评教育学和知识社会学有很大影响,代表著作有《词与物》《疯癫与文明》《知识考古学》《规训和惩罚》和《性史》等。——译者注

③ 理性选择理论就是指理性行动者倾向于采取最有益策略,以最小代价获取最大利益,也就是理性人的目标最优化或效用最大化。——译者注

'只能'改变认知的传播对观念的转变,以及在相应传播下形成的感觉就是非常重要的了。事实上,在对公共舆论进行研究的专业著作中,已经存在着一系列值得注意的此类评论了,也就是可信的信息比起单纯的广告宣传,对公共舆论更持续地发挥着长期的影响。因此,可以期待,在更好地理解公共舆论的形成和民意转变的方向上将会开发出过程范式,而这也将成为未来的 50 年里《舆论季刊》的中心。"[25]

舆论的潜在功能:社会控制

在美国公共舆论研究协会成立 25 周年庆典时,召开了主题为"在公共舆论理论研究的道路上"的大会,会议上心理学家芝加哥大学的布鲁斯特·史密斯(Brewster Smith)声称:这些研究并"没有致力于关于个体如何表达他们的意见,从而对产生社会的或政治的效果"[26]。

由于没有人去寻找公共舆论所产生的压力,因此这个问题的答案也不会被发现。理性的公共舆论的观点并没有解释这种由公共舆论所产生的压力,以及从而对政府和民族造成的影响。"理性推理"是有启发性的、鼓舞人心的、非常有趣的,但是千百万人中也没有人能够不受其影响的压力——在这里可以引用约翰·洛克的有关舆论和名声的法则——却没有被"理性推理"所提到。亚里士多德曾说过:失去民意支持的君主就不再是君主。大卫·休谟也曾写到过:"所有的统治都建立在民意的基础上,无论是最自由的、最受欢迎的政府,还是最独裁的、最军事化的政府。"[27] 当把公共舆论理解为社会控制时,那么就不用费力地去解释公共舆论的强有力的权力了。西塞罗在公元前 50 年写给他的朋友阿提格斯(Atticus)的一封信中,推测了在公共舆论的影响下也会产生错误的意见。这意味着:在我们到目前为止所发现的公共舆论这个概念刚刚出现的时候,就已经开始不把它表示为恰当的、理性的判断,而是相反。

理性化的公共舆论的概念是从理智的、通情达理的、能言善辩的、受过良好教育的、具有判断能力的公民那里产生的,这种观念是从政治生活、政治讨论中产生的,大部分使用这个概念的作者都会现实地承认,尽管所有的公民都有参加讨论的可能,但是事实上只有很小的一部分消息灵通、关注于此的公民的确参与了。而在"公共舆论是社会控制"这种观念下,将涉及社会的全体成员。这里必须要用"涉及",因为参与到孤立威胁和孤立恐惧过程中并不是自愿的,而社会控制是有效力的,它对个体产生压力,使之恐惧被孤立,而且也对统治者产生压力,使之如果没有民意的支持也会被孤立,并且在某个时候被颠覆。在南非这个例子中,人们可以推测,今天整个一个国家甚至都可以通过世界舆论而被孤立,直到它顺从民意。

在公共舆论是社会控制这样的观念中,论辩的质量并不是讨论的中心。一切只取决于,两个阵营中哪一派在争论中足够强势,从而使得对立的那一派受到被孤立、被排斥、被驱逐的威胁。人们如何清晰地感受到对方的强大,在这本书的开头我们已经描述过了。例如,在 1965 年和 1972 年德国联邦总理大选中的"最后一分钟突然转向"。拉扎斯菲尔德在 1940 年美国总统大选中也观察到了类似的现象,并且他将这种个体心理用"乐队花车效应"来表示,也就是每个人都想站在胜利者的那一边,对此公共舆论的社会心理学理论进行了另一种解释:没有人愿意被孤立。乐队花车机制和沉默的螺旋的共同点是,个体会细心地观察一个派别的强势和弱势在周围环境所表现出的信号,只是两种理论对观察的动机有不同的理解。此外,沉默的螺旋理论描绘了,逐渐出现的变化只是在一个较长的社会发展过程中所产生的结果,而乐队花车效果更倾向于突然的转向另一边,之所以这样是因为个体确定,另一派占统治地位了。两种效果显然是同时出现的[28]。

许多作者出自直觉地承认,在公共舆论的形成过程中胜利和失败与正确或错误无关。德国法学家耶林在 1883 年谈论了由于偏离公共舆论而遭到非难的惩罚,而这并不像"对错误的结论、不正确的计算结果、失败的艺术品"所做非难那样具有理性的特征,而是这种非难所表明的是"利益一方防止受伤害的有意识或无意识的反应,是以自身安全为目的的防御"[29]。换而言之,这与一个社会中的凝聚,以及价值上的一致性有关。它们只能是道德价值——好的和坏的,或者是不同的伦理道德,或者是审美价值观——漂亮的和丑陋的,因为只有它们才能如此牢固地抓住能够引起孤立威胁和孤立恐惧的情绪。

舆论的两种概念的比较

当把两种公共舆论的观念进行系统的比较时,首先必须强调,这两种观点是出自对公共舆论的功能的完全不同的假设。公共舆论具有合理化的功能是建立在民主参与的基础之上的,针对公共事务所交换的观点是得到政府的重视的,但是也同样会担心,国家权力、资本、大众传媒和现代技术会操作民意形成的过程[30]。

公共舆论起到社会控制的作用,产生于一个社会在国家的价值观和目标上有足够的一致性。这为公共舆论赋予了很大的权力,从而无论是统治者还是社会中的单个成员都不能忽视它。这样的权力产生于社会针对偏离了共识的政府和个体有能力进行孤立威胁,也产生于从个体的社会性本质中滋生出来的孤立恐惧。

通过持续的环境观察和对此在公共场所做出交谈或沉默的反应,将个体和社会相互整合在一起了:在这样的相互作用中,产生了某种力量,这种力量出自共同的觉悟、共有的价值观、共同的目标——对违背这样的价值观和目标进行威胁。与违背时的孤立恐惧感相对应的是在共同体验中的愉快感。可以推测,这样的反应在人类发展历史中,能够确保人类社会足够的凝聚力。通过“经验样本抽样法”的测量,能够对这样的假设进行实证支持——大部分人将独自一人和沮丧的感觉联系在一起[31]。

公共意见的合理化功能的观念,和公共意见的社会控制功能的观念之间,尤为显著的差别在于对这个概念的组成部分“公共的”理解上。在公共舆论的民主理论的观点上,公共舆论是理性思考的结果,因此“公共的”所指的是公共舆论的话题的内容层面,应该是政治方面的内容。在公共舆论的作用是社会控制的观念下,“公共的”被理解为“公众的眼睛”[32]是判断的权威的含义:“在所有人的眼睛前”,也就是“每个人都能看到”“在大众面前”。公众的眼睛是特别法庭,在那里政府以及每个个体都会受到审判。

就连这个概念的组成部分“意见”在两种概念里也有不同的理解。在民主理论的概念里,它首先的确就是观点、论点;而在“社会控制”的概念里,“意见”表示着广泛得多的领域,是指所有的附有价值标准含义的、公众可见的观点,除了直接的狭义意义上的观点之外,还有徽章、旗帜、手势、发型和胡须,所有一切公开可见的符号,以及公众可见的附有价值标准的行为。对公共舆论这个概念的潜在解释可以从“尴尬”这个题目上获得。[33]它所涉及的从所有具有道德标准的规则(“政治上的恰当性”)到禁忌:沉默的规则出现在有尖锐的、不可解决的冲突中,这些矛盾会危害到社会的团结。

在公共舆论的民主理论的概念下,必须通过使用典型性问卷调查,也就是被称为“民意研究”的调查研究,才能批判性地评论,从赫尔波特·布鲁默到布尔迪厄这些这种观点的代表人物做得怎么样。知晓各种观念、致力于此和富有影响力的人们，与信息闭塞、对此不感兴趣、被隔离的人们在接受问卷调查时被同等对待。而在现实中却不是这样的。

有关公共舆论是社会控制的概念完全是另一种情形。这个概念无论如何将所有的社会成员囊括其中。所有的人都参与到公共舆论的过程中来，在其中参与关于价值观和目标的讨论，部分是对传统价值的巩固，部分是推翻和贯彻新的价值观和新目标。这样的过程可以通过典型性问卷调查的工具观察得到。但是大部分问题都与传统的问卷调查中所提出的问题不一样。除了询问受访者观点的问题之外，还有有关意见气候的问题：大部分人怎么想的？哪些观点在增强？哪些观点在变弱？会有关于孤立威胁的问题，即哪种观点和行为方式的代表者会被驱赶？也会有关于交谈意愿和沉默倾向的问题。

根据公共舆论的这种观念无疑可以确定许多问题，这些问题在今天出现在问卷调查中，它们不是关于"民意"的，而只是那些与价值有关的意见和行为方式的问题，也就是当拥有这些观点和行为方式时在公众中被孤立、会被孤立或可能被孤立。

从 20 世纪 60 年代开始，公共舆论有社会控制功能的概念就被尝试地加以振兴，[24] 但是成效并不显著。对此的解释可以从玛丽·道格拉斯（*Mary Douglas*）①在《制度如何思考》（*Wie Institutionen denken*）（1986年）的分析中找到。她解释说："这样一条理论首先必须是，它应该在公众的知识条目中占有固定的一席之地，并且根据认知一致性的原则能够与现有行为相互兼容，也能够保证其他理论的准确性。"[35]

从这个角度来看，公共舆论具有合理化功能的观念并没有这方面的困难，因为它与现有的民主理论联系在一起，并且与理性选择理论以及集体行为理论的迷人之处，还有心理学的认知模式密切相关。与其相对的是，公共舆论的社会心理学动力观念具有很多劣势。道格拉斯解释说："在（社会学）那里存在着行业典型的对模式的反感，模式有着社会控制的意味。"[36]

知识理论列举了一系列评判标准，凭借它们可以检验相互竞争的概念的质量。这些标准是：

（1）是否可以经验证明的。

（2）通过这个概念能够解释哪些发现，它的解释潜力有多大？

---

① 玛丽·道格拉斯(1921—2007)，英国社会人类学家，是新结构主义的代表，她的著名作品有《纯净与危险》《自然的象征》《隐晦的意义》《制度如何思考》《迷失的人》等。——译者注

（3）复杂度，也就是所包罗的作用领域有多大，或者说所涉及的变量有多少。

（4）与其他理论的兼容性。

至少在三条标准上，公共舆论是社会控制的概念被证明了。首先它是可经验证明的。当这个理论的特定的基础前提条件得到满足时，例如具有时事性、道德伦理或美学的组成部分、大众传媒的要义可以被测量，那么就能够推导出可以验证的关于个体行为的预测（例如交谈或沉默的倾向）以及社会上的意见分布情况[37]。

其次，这是一个具有解释能力的概念。沉默的螺旋理论是一种"如果—那么"的陈述，这意味着，它能将所观察到的现象追溯到另一种现象，从而提出并且证明社会的法则。1965年所观察的个人观点支离破碎地分布，人们的观点完全与意见气候的发展无关，以及在选举意愿上的"最后一分钟的突然转向"（请见第一章），这些现象很难用公共舆论的理性化的概念来解释。用公共舆论的理性化的概念也难以解释，为什么在公众群体（年龄、社会阶层等）中会有意见分布的差异，远大于同样一个群体所说的他们对意见气候（"大部分人是怎么想的"）的感知的差异。最后，用公共舆论的理性化的概念解释以下现象也尤其困难，为什么对某个题目很了解的人、专家们往往在富有争议的领域里独自面对公共舆论的代表、记者和老百姓——他们代表着共同的立场，这个立场又正是专家们所反对的。斯坦利·罗思曼（Stanley Rothman）和其他人对这种情况进行了大量的实证证明[38]。

第三，公共舆论是社会控制的概念在复杂度上胜出。它连接了个人和社会两个层面，并且包含了比政治领域广泛得多的领域。

这个概念所遇到的最大的困难，如同已经谈到过的，是与其他理论的兼容。它可以与社会心理学对群体动力的认识联系起来[39]，也可以与欧文·戈夫曼关于尴尬的感觉和耻辱感的社会心理学理论相联系[40]。

但是，对公共舆论的两种概念的比较并不意味着，人们要在这两种概念中像在两种选择中那样做出决定。理性的争论、理性推理在公共舆论的形成过程中，无论如何是起一定的作用的，对于这一点的实证研究还太少了。贯彻公共舆论也需要对附有道德标准的价值观的认知支持。

如果要寻找能够解释公共舆论是理智的判断和公共舆论是社会控制两种概念的关系的图景，那么可以将公众的推理表现为细木镶嵌工艺，在其中蕴含有社会心理的动力过程，它有时能够决定和表达某些声音，但是通常只是沉寂地待着,对道德情感不产生任何作用,而道德情感是公共舆论产生压力的来源。按照默顿的观点,显性功能的公众推理——也就是通过争论在公众中形成决定——是可以被意识到的、被计划的、被允许的,但是往往它不能从情感上说服、震撼公众,因此它缺乏使得一个社会实现并维护必要的一致性的力量。在富有争议的问题上能被公众从情感上接受的观点,可以作为潜在功能的公共舆论,它能够实现凝聚社会的功能。如此看来,公众推理往往只是公共舆论形成过程的一部分,但是它并不是完整的公共舆论。

显功能也可以被称为表面的功能,而潜功能则是实际的功能。默顿用了霍比印第安人(Hopi indianer)的雨舞这个有名的例子来解释,干旱时节是显性的,因此雨舞的可解释的功能是带来雨水,但是潜在的,也就是真实的功能是,在紧急时刻将霍比印第安人部落团结起来。

公共舆论的社会控制的潜功能起到了凝聚社会并实现足够程度的一致性的作用,这是没被计划也没被意识到的。在社会研究的进步中,可能成功地使知识分子顺从公共舆论的压力,使潜功能转变为显功能,理解这些,并且看到它的社会必要性。

在这本书的这个版本(1991)之前,我一直在很大程度上都忽略了公共舆论的理性化观念,对参照群体和群体动力的结果也是如此。现在我主要想描述新的观点,这些观点部分是重新发现的结果,部分是意识到了公共舆论作为社会控制所扮演的角色带来的结果。在这个版本里,我并没有过于深入地致力于公共舆论这个题目研究的重要学者的研究工作,例如罗伯特·帕克、赫尔波特·布鲁默和皮埃尔·布尔迪厄,而是自己也尝试去解释,将公共舆论作为社会控制的社会心理学—动力学的概念,与公共舆论作为公共领域中的"合理的推论"的民主理论的概念之间的关系。我们仍然需要继续对参照群体、群体动力、大众心理学,以及公共舆论作为社会控制的关系,以及人们的个体性特质和社会性特质之间的复杂关系,进行广泛的研究。

1991 年后记

这是一篇工作坊报告。读者们也会认同,研究之路还要继续向前走。

1990 年,我们才在美因茨大学的研讨课上非常惊讶地与威廉·坦普尔爵士(Sir William Temple)①相遇,他的一生是在政治任务和外交使命,以及私密地隐居在他领土上的图书馆之间交替的,与比他早一个世纪的蒙田非常相似。近 40 年里坦普尔一直激励年轻的乔纳森·斯威夫特,并且请斯威夫特为他担任了 22 年秘书,他们之间合作了 20 多年。没有斯威夫特,没有他将坦普尔的作品分四卷出版,我们可能就不会知道这位同样受到了亚里士多德、伊拉斯谟和马基雅弗利启发的政治家和哲学家,他在革命的 17 世纪在托马斯·霍布斯和洛克之间寻找他的充满危险之路。

在大卫·休谟之前的 50 年,我们从威廉·坦普尔爵士那里发现了休谟的伟大论题,即当统治者不再是权威,或在坦普尔看来是一样的,不再能得到民众的信任,就会被颠覆。在麦迪逊之前的 200 年,我们在坦普尔那里发现了有关沉默的螺旋的重大题目:当人们因为自己的观点而感到被遗弃的时候,他们就会感到害怕,并变得小心谨慎。

"人们是不敢将他们知道没有人或只有很少人支持的想法说出来的,因为所有的其他人都会捍卫已经被接受的观点。"

"公共舆论的理论与政治学思想的历史之间到底有什么关系",巴塞洛缪·斯巴洛(Bartholomew Sparrow)在 1990 年秋天写信问我,他当时正在芝加哥大学攻读政治学的博士学位,"您自己在这方面也犯了一个错误,因为您总是引用其他人的话,而您自己已经收集了大量的资料,并且已经非常有耐心地揭开了公共舆论的根源。当然,我们需要认识您的想法中的那些源头,并且也要了解那些先行者在哪里。但是,我们对弗洛伊

---

① 威廉·坦普尔爵士(1628—1699),英国 17 世纪政治家和评论家,代表著作有《对荷兰联合省的观察》等。——译者注

德·奥尔波特或哈伍德·切尔德斯并不是那么感兴趣,而是对您的想法、理论、经验更有兴趣。我想建议,……首先限制大量对引文和对其他人的索引,或者将它们放在脚注里,把那些真正是您的研究分析的内容放在文章的前台。"³

可能在科学家与艺术家之间有着非常巨大的区别。艺术家寻找的是主观真实,这种真实只是他自己发现和能看到的,马塞尔·普鲁斯特(Marcel Proust)①曾经这样说,他们可能撞到了通往世界的窗户,而那里以前并没有窗户。因此,艺术家也会被看作这种真实的发现者。科学家寻找的是客观的知识,所有他在探索之旅上所遇到的来自其他时间、世界上的其他部分的某些真实,都是令他满足的。

因此,我带着极大的热情引用它们。因此,当硕士候选人萨宾娜·马蒂亚斯带着执着的热情探寻大众传媒过程中的要素与关于原子能的公共舆论之间的关系时,我对她深表感谢,从中可以看到,人们是如何在时间地流转中,展示公共舆论的过程中不同元素的作用的:传媒的主旨,也包括传媒的主旨的变化,可以预先反映出对意见气候的估计的变化。人们的行为,如乐于交谈的行为是对意见气候进行评估的结果,但是对意见气候的估计也反过来影响产生沉默的螺旋的互动行为。

这也就是为什么,当汉斯·蔡特伯格(Hans Zetterberg)让我注意柏拉图所描述的普罗塔哥拉(Protagoras)②所虚构的故事,我有如获至宝的感觉。⁴ 根据这个虚构的故事,是根据宙斯的命令将能力在人类之间进行分配。有的人拥有这样的能力,有的人获得那样的能力,有手工方面的能力,也有音乐方面的,或是医治天赋。最后,赫尔墨斯要分配政治才能、正义感和耻辱感。赫尔墨斯问,正如这些能力是不同的才能,我是应该将它们分配给不同的人,还是给所有的人? 宙斯说:"分配给所有的人,所有的人都应该具有一部分能力。如果只有一小部分人拥有这些能力和其他方面的能力,那么城邦就不会产生。"

分配给所有人的羞耻感意味着什么,正如英国人所评论的:"羞耻感是一个晦涩的概念。如果社会成员不遵守所设立的行为守则,那么法典就没有意义。要将这样的共识得以贯彻,一种可能就是通过公共舆论。

---

① 马塞尔·普鲁斯特(1871—1922),法国意识流作家,代表著作为《欢乐与时日》《追忆似水年华》等。——译者注

② 普罗塔哥拉(前481—前411),古希腊诡辩学派的著名哲学家。——译者注

个人会非常严肃地考虑,社会中的其他成员对他形成了什么样的感觉。羞耻感是害怕被公众所非难,这能够保证我们从社会的共同约定中实现普遍认同的结果。"[5] 这个神话故事的主导思想构成了普罗塔哥拉的问题:"当一个国家的存在从根本上成为可能时,是否不一定存在每位公民都必须参与的事物?"在这里也是对这个问题的回答:一个社会的存在如何成为可能? 只有通过羞耻感、只有通过个体的孤立恐惧、只有通过公共舆论。

2001 年补遗

为哥伦布道歉？
舆论有自己的时间和空间边界

> 人们假设……理智会把人从冤屈和不幸中解救出来，
> 并且将他们带到美德、智慧和幸福的正确道路上。
>
> 但是，总是存在这样的人……他们认为，道德信仰、价
> 值判断和在此基础上形成的制定并不是不可动摇的科学认
> 识的结果，而是与观点有关，这些观点在不同时间和不同社
> 会里是各不相同的。道德判断、政治价值，尤其是法律和其
> 他的社会规则因此都是在一定时间期限内社会约定的
> 产物。
>
> [以赛亚·伯林（Isaiah Berlin）①]¹

"什么是真实，山的界限在哪，因而在哪一边就是谎言？"² 这是米歇尔·德·蒙田的问题，米歇尔·洛夫（Michael Raffel）在我们追寻公共舆论在哲学和历史学中的踪迹的美因茨的一次研讨课上发现了这个问题，它在关于沉默的螺旋的科学讨论中很少被关注。但是，它却拥有对于理解公共舆论至关重要的钥匙。

大约在 30 年前，沉默的螺旋理论第一次在东京举办的世界心理学大会上被提出来。³从那之后，不同国家的大量学者对它进行研究、证明，也提出质疑和批评。对于一个获得了如此多的关注的理论，很显然它也会成为被误解的对象。许多对它的误解是很容易解释的。例如，偶尔会有

---

① 以赛亚·伯林（1909—1997），英国哲学家和政治思想史家，20 世纪最著名的自由主义知识分子之一，他的代表著作有《卡尔·马克思》《概念与范畴》《自由四论》《反潮流》和《现实感》等。——译者注

抱怨,这个理论过于复杂了,并且依赖于如此多的边际条件,因此它几乎不可能用社会学研究工具去检验。[4] 当然,沉默的螺旋理论的确是难以分析的。但是关于它是否容易通过简单的工具加以检验,在这个理论产生的过程中并不起作用。是什么动机促使了公共舆论的理论形成还是一个谜,这个理论是用来解释在那个时候无法理解的事实,也就是在 1965 年,选举意愿和哪一个党派会赢得选举的预期之间居然有如此大的鸿沟。它可以解释复杂的事实。并且相应的,这个理论也是复杂的,因此正确地评价它同样是困难的。

对沉默的螺旋理论可能是最为常见的误解是这样一种假设,就是认为在这本书里所描述的行为方式——对周围环境的观察、处于孤立恐惧的反应、交谈和沉默——都是被意识到的过程,是每个人理性思考的结果,并且自己很容易能观察到这些。在前面的章节"舆论的显现的和潜在的功能"中已经详细地叙述了,公共舆论从社会控制的意义来看,并不是一个理性化的过程,而是与很大程度上无意识的行为相关,它可能是在人类进化的过程中形成的。直接感受到的对说"错"什么的害怕、自发的孤立、恐惧的感觉,对周围环境中的敌意的感知,以及由于感觉到敌意而缄口不言,这些都不是个体思考的结果。因此,将沉默的螺旋理论在问卷调查中通过抽象的、概括性的问题去检验,也是意义不大的。例如,提出这样的问题:"您是否有时会感到被孤立的恐惧?"或"当您发现,您的意见是少数派时,您就会陷入沉默?"

来自公共舆论的压力不是能够从设想中心领神会的。人们在意见气候压力下的行为是那些不处在具体情境下就无法理解的行为。

到目前为止这本书很少谈到公共舆论的界限。本书所阐述的重点,集中在公共舆论将社会团结起来或颠覆政府的力量和能力上。在不断生出的发现的喜悦中,我们确信,公共舆论作为社会控制的原理,无疑在不同的社会中和任何时代里都会得以体现。在各处这样的过程都是相似的,尽管构成凝聚到压力的话题,以及这些话题之下的道德伦理基础是可以变换的。迫使个体与之相适应的时代精神可能在明天就突然消失得无影无踪了。公共舆论的界限是时间界限,以及通常来说是公共舆论所涉及的社会的空间界限,尽管也有一些例子指出了全世界范围内的意见气候压力。因此,阿登纳感到不解,曾经在 20 世纪 50 年代为他推行重整军备造成很多困难的非常危急的公共舆论,在建立德国国防军的决定作出后,就立即消失了,就像地平线上的黑压压的乌云突然被吹散了。此后,即便是那些亲身经历这种情境的人们，也很难想象，为什么那时的意见气候如此强大、如此令人畏惧。人们也无法识别，那时人们究竟因为什么而感到恐惧。

对布兰特史帕尔储油平台（Brent Spar）①的讨论就是一个说明公共舆论的时间界限的例子。当壳牌石油集团1995年打算将废弃的石油平台下沉到北大西洋的时候，引起了全球的道德公愤怒潮。世界环境保护组织"绿色和平"的发言人引导了公共舆论的方向，这个组织声明，在平台上还有5500桶石油⁵，并且公开解释，下沉布兰特史帕尔储油平台是"对环境保护政策的胡作非为"。⁶尤其在德国，壳牌石油陷入了极大的压力之中："德国联邦环境和自然保护组织"的政治家们以及超市连锁Tengelmann呼吁抵制壳牌石油的加油站。⁷来自社会的压力一直上升到武力的使用：许多加油站的承租人受到了炸弹威胁；⁸在科斯菲尔德（Coesfeld）甚至有一位加油站的承租人收到了炸弹；⁹在汉堡，袭击者向一家壳牌石油的加油站投掷了许多燃烧物，导致那里失火。¹⁰最后，这家世界范围内的大集团被迫在公共舆论的压力下，将布兰特史帕尔储油平台拖回大陆，并且在那里将其拆卸。

仅过了没有几个星期，这场公愤就显得令人费解了。首先开始强调，在陆地上拆卸石油平台会为周围环境带来非常大的危险。¹¹从中又证实，在布兰特史帕尔储油平台上没有大量的石油，因而将其下沉到海底时不会引起石油外溢。壳牌石油说的是真话，而绿色组织说的是不真实的。¹²绿色组织强调，针对壳牌石油的反对活动，首先也不是因其对世界环境的危害程度，而是壳牌石油将废弃的大型技术设备沉入海中，从总体上来说就是不可接受的。¹³恰好在六年之后，在2001年3月，几百万电视观众和报纸读者被俄罗斯"和平号"空间站下沉到南太平洋的报道所吸引。¹⁴

一种适用于所有人的道德观？

在某个特定的地方、某个特定的时间里的一种道德伦理观，如此清晰

---

① 1995年4月，壳牌石油要沉掉一艘废弃的重4000吨、高137米的名为布兰特史帕尔储油平台，这一决定遭到了德国绿色和平组织的强烈反对。此后，绿色和平组织精心设计了一场公众积极响应的闪电战，引起公众对壳牌石油的强烈抨击，联合国环境规划署及全球100多个国家达成一致，采取法律措施阻止平台的下沉，最后布兰特史帕尔储油平台被壳牌石油花重金拉回挪威。——译者注

地展现了对好的和坏的的区别,因此不用怀疑,人们几乎无法想象,在其他的地方和其他的时间里,其他的道德伦理观中,还有其他的对好的和坏的的区分标准。现在在德国,尤其是在盎格鲁萨克森的国家中,广泛流传着一种观点,认为在任何地方、任何时间的道德价值观都是一样的。这一点在例如世界范围内的问卷调查的结果中得到了体现,即从 1981 年开始的在全球 40 个国家进行的"全球价值观研究"(Internationale Wertestudie)。在这次问卷调查中,向被调查者介绍了两种观点。其中一种观点是:"什么是好的、什么是不好的,有着非常清晰的标准。因此这对任何人、无论在何种情况下都是永远适用的。"另一种观点是:"并没有关于好的和坏的绝对的、界限明晰的标准。什么是好的、什么是坏的,总是取决于当时的情况。"对此所提出的问题是:"哪种观点与您的想法最接近?"从 1981 年到 1990 年,持有第一种观点的美国人的比例在上升,即认为"什么是好的、什么是不好的,有着非常清晰的标准"的人从 35% 上升到 47%。

初看起来,存在着基本的、不可动摇的、在所有国家和所有时代都成立的价值观,这样的观点在 21 世纪初显得尤其有说服力。有关世界正发展为一个生活和价值的共同体的理论,很容易从以下例子中得以解释:传播技术的巨大进步、东方共同体的解体、欧洲的统一、欧元的使用、全球范围内的企业合并、英语成为世界语言、国家的统一。也许与共同成长的想法相适应的是,拥有全世界通用的价值标准也是一个被广泛接受的愿望。1990 年,神学家汉斯·昆(Hans Küng)①出版了题为《世界伦理构想》(Projekt Weltethos)一书,其中他提出了这样的理论,即从现有的道德观念中发展出普世的道德伦理观是可能的,从而这种道德伦理观就可以成为政治和经济行为的准则。[15]这本书是畅销书。没过几年后就达到了 10 万册的销量。

但是,在实证社会研究中显示,尽管在不同的国家之间出现了趋同的趋势,但是在关于什么是好的、什么是坏的,以及什么是正确的、什么是不对的这一观点上仍然一如既往地存在着根深蒂固的、本质的差异。例如,美国社会学者雷·冯克豪斯(Ray Funkhouser)的研究就体现了这一点。冯克豪斯设计了包含 62 句陈述的问卷,受访者来自 8 个不同的国家。受

---

① 汉斯·昆(1928—),著名的天主教思想家,主要著作有《基督教和世界宗教》《神存在吗》《世界伦理构想》。——译者注

访者被要求指出,这 62 句陈述中,哪些他们是赞同的,哪些他们不同意。之后,同样的 62 句话再次呈现给受访者。这一次受访者不用说自己的看法了,而是在这些陈述的帮助下,描述其他人的特征,描绘出展现在他们心灵视线下的这些人的特点。其中有 1/3 的受访者被要求说出,根据他们的想法,一个非常善良的、高尚的人会对这 62 条陈述做出什么样的反应。作为第二组的 1/3 的受试者被要求回答,一个非常恶劣的、卑鄙的人会有什么反应。最后 1/3 的受访者要说出,一个无助的、软弱的人对此的回应。

冯克豪斯发现,八个国家的人对什么是善良的人和什么是卑劣的人,有着完全不同的观点。就连哪些是用来形容软弱、无助的人的典型说法也是有明显的差异。在其他问题上,也体现出,在有些国家,比如在美国和日本,人们对关于什么是权力和什么是控制的说法上也有着显著的差别。努力获得权力,在这些国家的人眼中,是受要实现某个客观的、政治的目标这样的愿望所激励的。而"控制"则是受驾驭其他人的愿望所激励的。因此,"控制"的范畴就被理解为恶劣的,而"权力"的范围就被看作是善意的。

在其他一些国家,比如在德国,就没有对权力和控制的区分。例如,许多德国人发现这样的说法,"我想赢得比赛和游戏"和"通过计谋智胜别人为我带来乐趣"是相同的,而在美国这两种说法完全不同。[16]冯克豪斯从中得出结论,即便在高度抽象的层面中有普遍的共识,例如所有的人都赞同"自由比独裁要好""平等比不平等好""幸福比不幸好"的观点,但是一旦这些具体化了,在不同的文化中就会出现深刻的差异。

著名的美国政治学家西摩·马丁·李普塞特(Seymour Martin Lipset)指出,不同地域的完全不同的道德价值标准和传统如何影响着公共生活领域,对此人们从第一反应所做的推测是,这些道德价值标准都毫无疑问地屈从于全球共同的价值衡量尺度了。但是,李普塞特凭借手上的全球腐败指数确定,某一个国家的腐败程度,并不能仅凭所谈的那个国家的经济和政治发展程度来解释。在列表中腐败程度最低的 13 个国家里,有 12 个是新教徒国家。直到第 14 位出现的爱尔兰才是一个以天主教传统为主的国家。第一个伊斯兰教国家出现在第 35 位。[17]

面对这些结果,还能在天主教的、新教的和伊斯兰教国家中采用同样的道德标准来判断,哪些是可以容忍的社会实践,哪些是可耻的腐败吗?如果是这样的话,那么使用最严厉的规则,也就是在新教传统中所使用的,在其他大部分国家的人们看来是不是不可理解和过于琐碎的呢?

这种某个地方和某个时代的道德标准和公共舆论,在其他地方和其他时代里也是必须被遵守的倾向,可能与最近几年所增强的公开道歉的趋势有关。"我道歉"可以是针对自己的行为或言语。但是,如果深入体会,"我道歉"则是为涉及他人的行为和言语对自己没有影响的过程的庆幸。"我道歉"是一种道德上的拉开距离,它尽管没有后续下文,但是也不会为自己带来危险,也不会导致麻烦或损失,但是这和采取行为一样有作用。开创这种趋势的是威利·勃兰特。当他1970年在华沙犹太人聚集区的被屠杀犹太人纪念碑前跪下的时候,他创造了一种象征,这种象征30年来一直支配着德国人的情感。美国总统比尔·克林顿(Bill Clinton)在1998年3月23日应邀对乌干达的访问中,也为18世纪、19世纪美国的奴隶交易这样道歉过。[18]罗马教皇在2000年3月12日也对天主教会过去的行为进行了道歉,这其中包括十字军、宗教裁判所和强迫印第安人改变宗教信仰。[19]2001年5月4日,他在希腊东正教教堂为十字军战士在1202年到1204年侵占君士坦丁堡的行为进行道歉。[20]哲学家赫尔曼·吕伯(Hermann Lübbe)将这样的相互关联称为新的"忏悔仪式"。[21]

1999年7月15日,在《法兰克福汇报》(*Frankfurter Allgemeinen Zeitung*)上有这样一则消息:宗教圣地的和解进程。其中谈道:"世界各地两千多名基督教徒这些天来在耶路撒冷请求犹太教、穆斯林教和基督教东正教相互原谅和达成和解。他们谈起了在900年前的这个星期四,十字军战士占领了耶路撒冷,并且屠杀大量的穆斯林。"在宗教国家的游行是从1996年的科隆开始的。[22]可能几乎没有一位读者觉得这条消息不平常。可以肯定的是,所有加入这次游行的人都感觉到做了好的事情,并且可以非常确定的是,他们都相信,能够对900年前所发生的事情进行评判。按照盖棺定论的说法,十字军战士都是被耶稣基督的名义所蒙骗了。

邀请来到中世纪

认为十字军战士是被耶稣基督的名义所蒙骗了,这样的说法对他们是公正的吗?从今天的角度来看,毫无疑问十字军东征是不道德的行为,这与今天对基督教教义的理解相矛盾。并且,屠杀耶路撒冷的穆斯林居民,在今天的编年史作者来看,也是野蛮的和罪大恶极的。但是,十字军战士在当时是罪犯吗?

中世纪对我们而言是非常陌生的时代,在很多方面比古代还令人无法接近。但是,开发对那个时代的感知是值得的。"邀请来到中世纪"是雷根斯堡的历史学家、《德国历史古迹》(*Monumenta Germaniae Historica*)的主编为他的一本书所起的名字,[23] 在那里,他生动地记述了那个时代的历史。实际上,中世纪对人们来说如同在一所陌生房子里的盛会。人们会觉得自己无所适从,而且感到格格不入。但是,当深入到其中的环境时,就会突然在那里发现许多熟人。

这在分析中世纪的公共舆论上也是如此。在那里,可以遇到公共舆论作为社会控制的各种各样的形式,它决定了每个市民或农民的行为和命运,并且保障了君主的统治。而且,那时的公开程度甚至比现代要强,因为当时百姓和统治者往往能比后面的时代更经常地直接接触。中世纪的公共舆论的关键概念是在"叫喊"和"名声"之中的,历史学家恩斯特·舒伯特(Ernst Schubert)对它们的功能进行了这样的描述:"关于名望的问题对个体有非常重大的效力,并且是获得管理权力、尊严和官职的前提,只有'正直、没被造谣的'人才能得到名望。好的名声对于农民和市民来说比体面更重要,因为它是诚实和正直的证明;对于商人,好的名声是他的良好信誉的前提;在贵族世界,对名声的价值理解为统治基础的一部分。"

舒伯特继续说:"名声和法律之间的紧密联系从标准古德语中就可以找到。在现代标准德语中的'Hohn'(轻蔑)对应古标准德语的'gihonan',这不仅表示'冒犯',而且更通用的是'伤害、羞辱'。因此,在民法中对造谣、编写嘲笑的歌谣要进行严厉惩罚……最后,在从嘲讽诗歌到战争描述的各种形式的政治诗歌背后,所存在的都是中世纪名声的问题,中世纪公共舆论的决定性的形式问题。这对每个人都是如此,无论他是排除在政治参与之外,还是不仅仅是作为君主和封建统治的承受者。百姓也对名声做出决定,并且在封建社会对君主的声望产生影响。[24]"大卫·休谟的那句"所有的政府都是建立在舆论基础之上的"名言,没有在中世纪流传,这是因为中世纪对统治的理解是与仁慈的上帝有关的。但是,公共舆论对统治者的认可的重要意义,却显然是被意识到的,因为仁慈的上帝的意愿也是通过百姓之口表达出来的:"人民的声音,上帝的声音。"

中世纪的统治权也是从公共舆论中获取合法性的。那么这种不言而喻深刻地反映了什么?编年史编撰者威杜金德(Widukind)在《萨克森历史》(*Sachsengeschichte*)中记述了936年的那个时刻,那时美因茨的大主教希德伯特(Hidebert)为奥托大帝(Otto des Großen)①加冕:"他走上了祭坛,在这里拿起了宝剑和挂刀剑的肩带,然后对着皇帝说:'接受这把宝剑,并且用他驱逐所有敌对的基督教徒、异教徒和邪恶的受过洗礼的人,因为通过上帝的意志,法兰西的所有权力都转交给你了。'"[25]这位神圣罗马帝国的皇帝因此表现出统领的样子,用这把宝剑捍卫基督教。这种感觉,人们似乎在查理大帝的时候就应该能找到源头,也就是西方感觉到遭受看上去势不可挡的伊斯兰的威胁,不仅是东罗马帝国的广泛领土受到了蹂躏,而且还有西西里岛和伊比利亚半岛。

从这个地方,再来到十字军东征和 1188 那一年。在这之前的一年,沙拉丁(Saladins)②的军队重新占领了十字军统治了近 90 年的耶路撒冷。西方国家非常震惊。谣言不胫而走:沙拉丁残忍地报复了 88 年前基督教徒的侵占,圣墓对朝圣者关闭了。在同一年,英国国王理查德在涂尔斯的大教堂(Kathedrale von Tours)称赞了十字军的征战。法国皇帝菲利普也紧随其后。在这种白热化的局面下,神圣罗马帝国皇帝腓特烈一世·巴巴罗萨(Friedrich Barbarossa)③阻止了 1188 年 3 月的宫廷日,那将是一个色彩艳丽、非常欢快的宴会,有代表意义。格尔德·阿尔特霍夫(Gerd Althoff)将宫廷日描述为"公众传播的典型"[26]。皇帝明白他的职位是基督教义的最高捍卫者。显然他的职位几乎不允许他躲回英国和法国国王后面。巴巴罗萨那时已经 60 多岁了,看上去对十字军的想法并不那么热情。一位编年史官描写了他是如何努力拖延的,但是公共舆论促使他立即进行十字军征战:"这位皇帝面临着这样的问题,他是否应该立即拿起十字架,还是再晚一些。换言之,他希望过一年再行动。因为所有的人向他呼吁,他无法将它推迟,因此在众人极其热烈的欢呼下、在夸赞声和欣慰的泪水中,他从维尔茨堡的戈特弗里德(Bischof Gottfried)大主教那里接过了十字架。在他之前,他的儿子施瓦本(Schwaben)的赫尔佐格·腓特烈(Herzog Friedrich)已经拿起了十字架。"[27]

在这里清晰体现了融合一致的压力,而它和我们今天的道德标准是

---

① 奥托大帝(912—973),德意志国王(936—973 年在位)、神圣罗马国皇帝(962—973 年在位)。——译者注

② 沙拉丁(1137/1138—1193),埃及回教君主,建立了埃及阿尤布王朝,1174 到 1193 年在位。——译者注

③ 腓特烈一世(1122—1190),德意志国王(1152—1190 年在位)和神圣罗马帝国皇帝(1155 年加冕)。——译者注

完全相反的。在我们看来是侵犯的行为,而对于中世纪的皇帝来说却是他的义务。今天看上去,十字军战士的征战破坏了圣地,是一个耻辱。但是按照当时的道德标准,不这样做才是耻辱。

那么,哥伦布呢?除了十字军东征,西班牙探索家和征服者的行为在今天看来也是恶行的典型例子。非常显而易见的是在一篇报纸文章上将查理五世称为"强盗皮萨洛(Francisco Pizarro)①"。[28]并且皮萨洛按照他所在时代的标准一定是令人厌恶的人。但是,所有的征服者都是这样吗?在今天被请求获得原谅的强制改变印第安人信仰的行为,按照中世纪人们的标准——这些标准在发现美洲大陆的最初几个世纪还一直占主导地位,就会做出与今天不一样的评判。因为根据那样的标准,没有什么事情比一个人作为基督徒终结自己的生命更重要的了。人的出生首先是被看作走入了痛苦的谷底,在那里开始了"人类的痛苦"。[29]郝斯特·富尔曼(Horst Fuhrmann)写道:"真正的生日是在上帝面前的出生,也就是在一些教堂教父那里的洗礼日,……或者逝世日是完全结束总是充满危险的生活之路,并且走进上帝的平安的那个日子。"[30]对于西班牙探险者和传道者而言,不去尝试各种途径,甚至要通过暴力,而将印第安人训导为基督教徒,才是罪行。放弃对皈依的努力按照那个时代的观念是不人道的行为。这意味着,如果不改变印第安人的宗教信仰,他们的灵魂就会很快地腐烂。而这比死亡还要更糟糕。

回到中世纪的漫游,并不是为了使十字军战士的行为或征服者的行为正当化,但是人们不应该用现在的标准评判过去的事件,而应该积极地放弃道德评判。取而代之的是,阐释公共舆论理论的最重要的规则:在所有社会中,人们都面对着来自意见气候的、能够促使一致性和起到凝聚作用的压力。在这其中,有相对暂时性的元素,如迫使壳牌石油集团将布兰特史帕尔储油平台拖回大陆的意见气候。也有长期性的要素,它们如同不成文的法律、如同铭刻在一个时代之中的对基督教精神的特定的理解。但是,两者都有它们在空间和时间上的界限。用今天评判的标准去追溯900年前的事件,这样的热情说明了,有关时空界限的认识还没有被广泛传播。现在看上去的和之后看上去的并不一样,因为在很短的时间里也会有变化。对社会心理学知识的缺乏,直到我们今天的社会还没被

---

① 弗朗西斯科·皮萨洛(1475—1541),西班牙早期殖民者,开启了西班牙征服南美洲的时代,也是现代秘鲁首都利马的建立者。——译者注

看作一种缺陷。40 年前,狄奥多·阿多诺(Theodor Adorno)①在研讨课上对他的学生说:"社会心理学还什么都不是。"最近在美因茨大学关于防止人身攻击的新闻研讨课上,讨论了不成文的法律,一位学生说:"我的辅修专业是法律。在那里我所学到的是,不成文的法律没有作用。"

1998 年 5 月 13 日,当时的美国总统比尔·克林顿在柏林发表了讲话,他描述了他所理解的美国和欧洲政治的主要任务和基本原则。他说:"为了我们共同的安全利益,我们必须努力促进北爱尔兰、纳戈尔诺-卡拉巴赫、科索沃、波斯尼亚和塞浦路斯等地区的和平。我们必须反对褊狭、不公正和军事进攻。种族主义和不平等不应该在我们共同的未来中占有一席之地。我们必须在它们出现的地方与之作斗争,无论是在我们自己的国家还是其他任何地方⋯⋯我们并不能对那些出现在我们的界限之外的听之任之,因为它们会对我们的日常生活产生影响。美国和欧洲必须共同构建世界。"[31] 如果将克林顿与十字军战士或侵略者相提并论是不恰当的。但是他们之间却有着显著的共同点:都理所当然地认为,自己的道德标准是放之四海皆准的,干涉他人的生活是有道理的。那么,500 年之后会有人再对此进行道歉吗?

---

① 狄奥多·阿多诺(1903—1969),德国社会学家、哲学家,也是音乐家和作曲家,是法兰克福学派的成员之一,主要著作有《美学理论》《权力主义人格》《音乐社会学导论》等。——译者注

注　释

有关第 1 章：提出沉默的螺旋假设

1 Leonhardt，R. W.，1965：》Der Kampf der Meinungsforscher. Elisabeth Noelle-Neumann：〉Ich würde mich gar nicht wundern，wenn die SPD Sewänne〈.《 Die Zeit. 17. September 1965

2 Davison，W. Phillips，1968：》Public Opinion，Introduction.《 David L. Sills（Hg.）：International Encyclopedia of the Social Sciences. New York：The Macmillian Company & The Free Press. Vol. 13. S. 188-197

3 Noelle-Neumann，Elisabeth，1973：》Retum to the Concept of Powerful Mass Media.《 Studies of Broadcasting，No. 9，March 1973，S. 67-112

4 Lazarsfeld. Paul F. /Bernard Berelson/Hazel Gaudet，1944，1948，1968：The People's Choice. How the Voter Makes up his Mind in a Presidential Campaign. New York，London：Columbia. S. XXXV If.

5 同上书，第 107—109 页

6 Hobbes. Thomas，1889. 1969：The Elements of Law. Natural and Politic. London：Frank Cass & Co. (Ersterscheinung 1650)，hier insbes. S. 69(1650 年出版)，在这里特别是第 68 页

7 Tocqueville，Alexis de，1856：L'Ancien régime et la révolution. -Deutsch，1857：Das alte Staatswesen und die Revolution. Leipzig，S. 182

有关第 2 章：用民意研究的策略工具进行检验

1 Vgl. Kapitel XXII：Das doppelte Meinungsklima，S. 241-245

2 Allensbacher Archiv，lfD-Umfrage 3010

3 Allensbacher Archiv，lfD-Umfrage 3006

4 Allensbacher Archiv，1fD-Umfrage 3011

5 Noelle-Neumann，Elisabeth，1977：》Turbulences in the Climate of Opinion：Methodological Applications of the Spiral of Silence Theory.《 Public Opinion Quarterly，Vol. 41，S. 143-158，hier insbes. S. 152

6 Noelle-Neumann，Elisabeth，1979：》Die Führungskrise der CDU im Spiegel einer

Wahl. Anlayse eines dramatischen Meinungsumschwungs.《Frankfurter Allgemeine Zeitung,Nr. 72,26. März 1979,S. 10

有关第 3 章:害怕孤立作为动机

1 Asch,Solomon E. ,1951:》Effects of Group Pressure upon the Modification and Distortion of Judgments.《 H. Guetzkow (Hg.): Groups, Leadership, and Men. Pittsburgh: Carnegie-Nachgedruckt: Dorwin Cartwright/Alvin Zander (Hg.): Group Dynamics. Research and Theory. Evanston, Ⅲ. /New York, 1953: Row, Peterson and Comp. ,S. 151-162

Asch, Solomon E. ,1952:》Group Forccs jn the Modification and Distortion of Judgments.《Social Psychology. New York:Prentice Hall Inc. ,S. 450-473

2 Tocqueville,Alexis de,1856:L' Ancien regime et la révolution. -Deutsch,1857: Das alte Staatswesen und die Revolution. Leipzig,S. 182

3 Tarde,Gabriel,1890: Les lois de l' imitation,Paris. -Englisch,1903: The Laws of Imitation. New York: Holt Tarde. Gabriel, 1969: Communication and Social Influence. Chicago/London:The University of Chicago Press,S. 318

4 Bandura, Albert, 1968:》 Imitation. 《 International Encyclopedia of the Social Sciences. New York:The Macmillan Company &. The Free Press. Vol. 7, S. 96-101

5 Milgram,Stanley. 1961:》Nationality and Conformity. 《 Scientific American, Vol. 205. S. 45-51

6 在这里请参考之后公开的研究成果:Siehe dazu die später veröffentlichte Studie: Eckstein,Harry. 1966:Division and Cohesion in Democracy. A Study of Norway. Princeton. N. J. :Princeton University Press

7 Fromm, Erich, 1979: Sigmund Freuds Psychoanalyse-Größe und Grenzen. Stuttgart: Deutsche Verlagsanstalt,S. 42

8 Noelle-Neumann, Elisabeth, 1977:》 Turbulences in the Climate of Opinion: Methodological Applications of the Spiral of Silence Theory.《 Public Opinion Quarterly, Vol. 41,S. 143-158,hier insbes. S. 154/155

9 Allensbacher Archiv,IfD-Umfrage 3037 阿伦斯巴赫档案,IfD 问卷调查 3037

10 请参见第 244 页

11 Ihering,Rudolph von,1883:Der Zweck im Recht. 2. Band. Leipzig:Breitkopf &. Härtel,S. 242,vgl. S. 325

有关第 4 章:什么是公共意见?

1 Childs. Harwood L. 1965:Public Opinion:Nature,Formation,and Role. Princeton, N. J./Toronto/New York/London:D. van Nostrand Company,Inc. , S. 14-26

2 Dovifat,Emil,1937,1962⁴:Zeitungslehre. I. Band. Berlin:Walter de Gruyter & Co. (Sammlung Göschen,Band 1039),S. 108

3 Habermas,Jürgen,1962:Strukturwandel der Öffentlichkeit. Untersu-chungen zu einer Kategorie der bürgerlichen Gesellschaft. Neuwied:Hermann Luchterhand, S. 13

4 Davison. W. Phillips,1968:》public Opinion. Introduction.《 David L. Sills(Hg.): International Encyclopedia of the Social Sciences,Vol. 13. 第 13 册,New York: The Macmillian Company & The Free Press,S. 188-197. hier insbes. S. 188

5 Onckcn, Hermann, 1914:》Politik Geschichtschreibung und öffentliche Meinung 《(1904). Historisch-politische Aufsältze und Reden,第 1 卷,l. Band. München/ Berlin: R. Oldenbourg,S. 203-243,hier insbes. S. 224f. ,236

6 同上书,第 225 页

7 Platon,1578. Ausgabe des Henricus Stephanus. Sämtliche Werke. Heidelberg o. J. :Lambert Schneider,Zweiter Band,S. 202

8 Kant, Immanuel,1781,6. rev. Auflage 1923:1781,第六版,1923:Kritik der reinen Vernunft. Hg. von Benno Erdmann. Berlin/Leipzig:,Banno Erdmann 发行,Walter de Gruyter,S. 589

9 Hume, David, 1739/1740, 1896:A Treatise of Human Nature. Edited with an analyrical index by L. A. Selby-Bigge. Oxford:对 L. A. Selby-Bigge 的分析索引的 编辑,At the Clarendon Press,S. 411

10 Ross,Edward Alsworth,1901,1969:Social Control. A Survey of the Foundations of Order. 由 Julius Weinberg、Gisela J. Hinkle、Roscoe C. Hinkle 作序。 CleverlandMit einer Einführung von Julius Weinberg/Gisela j. Hinkle/Roscoe C. Hinklc. Cleveland/London:The Press of Case Western Reserve University, S. 95 (Wiedergabe der Ausgabe von 1929, Erstveröffentlichung durch die Macmillan Company 1901),第 95 页(1929 年再版,第一次由 Macmillan 公司于 1901 年出版)

11 Tönnies, Ferdinand, 1922: Kritik der Öffentlichen Meinung. Berlin: Julius Springer,S. 69,8012 Ebendort,S. 137f.

12 同上书,第 137 页及下页

13 Holtzendorff,Franz von,1879,1880:Wesen und Werth der Öffentlichen Meinung. München:M. Rieger'sche Universiäts-Buchhandlung (Gustav Himmer), S. 74

14 Ihering,Rudolph von,1883:Der Zweck im Recht. 2. Band. Leipzig:Breitkopf & Härtel,S. 340

15 同上书,第 242 页

16 Habermas, Jürgen, 1962: Strukturwandel der Öffentlichkeit. Untersu-chungen zu einer Kategorie der bürgerlichen Gesellschaft. Neuwied: Hermann Luchterhand, S. 117

17 Choderlos de Laclos, 1782: Lts liaisons dangereuses. -Deutsch: Gefährliche Liebschaften. München, 1909: Verlag des Hyperion Hans von Weber, S. 109

18 第一次于 1597 年的伦敦上映

19 Machiavelli, Niccolò, 1514, 1978: Der Fürst. Übersetzt und hg. von Rudolf Zom. Stuttgart: AIlred Kröner20 Machiavelli, Niccolò, 1950: The Prince and the Discourses. New York: Random Housc Inc. ,S. 65f. ,64ff. ,56,67. Übersetzung des Autors nach: Frank L. Rusciano, o. J. : 》第 65 页及下页、64 页及后数页。本书作者根据 Frank L. Rusciano 的 Passing Brave《: Elite Perspectives on the Machiavellian Tradition. A Masters Thesis, presented to the Department of Political Science of the University of Chicago

21 同上书,第 509—511 页,本书作者根据 Frank L. Rusciano 的 Frank L. Rusciano, a. a. O. ,S. 64 翻译,出处同上,第 64 页

22 同上书,第 1 页,本书作者根据 Frank L. Rusciano 的 Frank L. Rusciano, a. a. O. , S. 1 翻译,出处同上,第 1 页

23 Rusciano, Frank L. , o. j. :》Passing Brave《: Elite Perspectives on the Machiavellian Tradition. A Masters Thesis, presented to the Department of Political Science of the University of Chicago. Vervielfältigtes Manuskript, S. 49

有关第 5 章:约翰·洛克的意见法则

1 Locke, John, 1690, 1976: Über den menschlichen Verstand. Hamburg: Felix Meiner (Philosophische Bibliothek, Bd. 75/76), übersetzt von C. Winkler. 3. Auflage, unveränderter Nachdruck in einem Band, S. 775—76 卷。),由 C. Winkler 翻译,第三版,全书没做变化复制为一卷,第 7 页

2 同上书,第 2 页

3 Locke, John. 1690, 1894: An Essay Conceming Human Understanding. 1671 entworfen. Hier zitiert nach der von Alexander Campbell Fraser hg. historisch-kritischen Ausgabe. Oxford: Atthe Clarendon Press, Band 1,2. Buch, S. 476（Übersetzung des Autors nach der Fassung der Erstausgabe）

4 同上书,第一卷,第二册,第 479 页

5 Lock, John, 1976 年,出处同上,第二册,第 450 页及下页

6 Lock, John, 1894 年,出处同上,第二卷,第四册,第 368 页

7 同上书,第一卷,第二册,第 477 页

8 同上书,第一卷,第二册,第 475 页

9 同上书,第一卷,第二册,第 476 页

10 同上书,第一卷,第二册,第 476、478 页及以后数页

11 Lock,John,1976 年,出处同上,第二册,第 446 页

有关第 6 章:统治是以舆论为基础的:大卫·休谟和詹姆斯·麦迪逊

1 Hume,David,1739/1740,1896:A Treatise of Human Nature,Reprinted from the Original Edition in Three Volumes and edited by L. A. Selby-Bigge. Oxford:At The Clarendon Press-Deutsch:Ein Traktat über die menschliche Natur. Übersetzt von Theodor Lipps,hg. von Reinhard Brandt. Band I und II. Hamburg 1978:Felix Meiner 第一卷和第二卷,Hamburg 1978 年:Felix Meiner

2 Hume, David, 1741/1742, 1963:Essays Moral, Political, and Literary. London: Oxford University Press,S. 29. Ich danke Professor Dr. Ernst Vollrath,Universität Köln,für eine anregende Korrespondenz zu diesem Thema 第 29 页。在这里感谢科隆大学的 Ernst Vollrath 博士写给我的一封富有启发性的信。

3 Hume, David,1896 年,第 316—324 页

4 Hume, David,1978 年,出处同上,第二卷,第 47 页及其下页

5 同上书,第 48 页

6 Hume David,1751,1962:Untersuchung über die Prinzipien der Moral. Übersetzt, eingeleitet und mit Register versehen von Carl Winckler. Hamburg:Felix Meincr, S. 113f.

7 Habermas,Jürgen,1962:Strukturwandel der Öffentlichkeit. Untersu-chungen zu einer Kategorie der büirgerlichen Gesellschaft. Neuwied:Hermann Luchterhand,S. 15

8 同上书,第 15 页及其下页

9 Madison,James,1788,1961:》The Federalist No. 49,February 2,1788《. Jacob E. Cooke:The Federalist. Middletown,Conn. : Wesleyan University Press,S. 338–347,hier insbes. S. 340

10 Glanvill, Joseph, 1661:The Vanity of Dogmatizing:or Confidence in Opinions. Manifested in a Discourse of the Shortneß and Uncertainty of our Knowledge, And its Causes:With some Reflexions on Peripateticism;and An Apology for Philosophy. London:E. C. for Henry Eversden at the Grey-Hound in St. Pauls-Church-Yard,S. 227

11 Descartes,René,1641,1964:(Euvres,Band 7:Meditationes de Prima Philosophia. Hg. von Charles Adam/Paul Tannery. Paris:Librairie Philosophique J. Vrin, S. 6. Ich danke für diesen Hinweis und die Übersetzung Professor Dr. Dr. Ulrich Hommes,Universität Regensburg 第 16 页。在这里我感谢 Regensburg 大学的 Ulrich Hommes 博士、教授

对此的评论和翻译。

有关第 7 章:让-雅克·卢梭传播了"公共意见"这个概念

1 到目前为止所知的是,"公众舆论"这个概念的复数最早出现在蒙田 1588 年发表
的他的散文集的第二册中的第 16 章中,第 397 页,并且作为"公众企图"(opinions
vulgueres)的同义词,也请见第 411 页的"opinions & publiques & particulieres"
第二册的第 16 章,第 397 页,和第二册的第 17 章,第 411 页
我在这里感谢约美因茨翰内斯-古腾堡大学新闻研究所的 Alexander Tischer 的
评论。

2 Rousseau,Jean-Jacques,1744,1964:》Dépêches de Venise,XCI.《 La Pléiade,Band
3. Paris:Gallimard,S. 1184

3 Ganochaud,Colette,1977-1978:L'opinion publique chez Jean-Jacques Rousseau.
Université de Prais V-René Descartes,Sciences Humaines. Sorbonne. Tomes I+II

4 Gerber,Christine,(1975):Der Begriff der öffentlichen Meinung im Werk Rousseaus,
Magisterarbeit. Mainz: Johannes-Gutenbcrg-Universität 5 Rousseau,Jean-Jacques,
1766-1770,o. J.: Bekenntnisse,Band I. Deutsche Übersetzung von Levin
Schücking. München,S. 93,年份不详,Levin Schücking 翻译的德语版本第一卷,
Münschen,第 93 页

6 Rousseau,Jean-Jacques,1766-1770,o. J.:Bekennmisse,Band IV. Deutsche
Übersetung von Levin Schücking. München,S. 151,年份不详,Levin Schücking 翻
译的德语版本第四卷,Münschen,第 93 页

7 Rousseau,Jean-Jacques,1762,1963:Der Gesellschaftsvertrag. Deutsche Überset-zung
von H. Denhardt. Stuttgart:Reclam,2. Buch,12. Kapitel,S. 91

8 Locke,John,1690,1844:An Essay Concerning Human Understanding. 1671 entworfen.
Hier zitiert nach der von Alexander Campbell Fraser hg. historisch-kritischen Ausgabe.
Oxford:At the Clarendon Press,S. 477

9 Rousseau,Jean-Jacques,1963,a. a. O.,4. Buch,7. Kapitel,S. 179

10 同上书,第 180 页

11 Rousseau,Jean-Jacques,1762,1978:Emile oder Über die Erziehung. Deutsche
Übersetzung von Eleonore Sckommodau. Suttgart:Reclam. 5. Buch. S. 917

12 Rousseau,Jean-Jacques,1963,a. a. O.,3. Buch,1. Kapitel,S. 92

13 Rousseau,Jean-Jacques,1963,a. a. O.,2. Buch,8. Kapitel,S. 77f.

14 Rousseau,Jean-Jacques,1762,1962:》Du Contrat Social《. Du Contrat Social ou
Principes du Droit Politique. Paris:Carnier Frères,4. Buch,7. Kapitel,S. 326
(Übersetzung des Verfassers)

15 Rousseau,Jean-Jacques,1963,a. a. O.,3. Buch,12. Kapitel,S. 133

16 Hume, David, 1741/1742, 1963: Essays Moral, Political, and Literary. London: Oxford University Press. S. 29

17 Rousseau, Jean-Jacques, 1762, 1967: 》Lettreàd' Alembert sur les Spectacles. 《 Paris: Garnier-flammariche, S. 154

18 Rousseau, Jean-Jacques, 1762, 1962: 》Lett àM. d' Alemben. 《 Du Contrat Social ou Principes du Droit Politique. Paris: Garnier Frères, S. 176

19 Rousseau, Jean-Jacques, 1762, 1959: Staat und Gesellschaft. Contrat Social. Deutsche Übersetzung von Kurt Weigand. München: Goldmann, 4. Buch, 7. Kapitel, S. 111

20 同上书, 第 110 页

21 Rousseau, Jean-Jacques, 1750/55, 1978[3]: Schriften zur Kulturkritik. Französischdeutsche Ausgabe. Deutsche Übersetzung von Kurt Weigand Hamburg: Felix Meiner, S. 221

22 同上书, 第 257 页

23 同上书, 第 265 页

24 Gerbcer, Christine(1975), a. a. O., S. 88

25 Rousseau, Jean-Jacques, 1978[3], a. a. O., S. 264 (Übersetzung des Verfassers nach französischem Original)

26 Rousseau, Jean-Jecques, 1978, a. a. O., 3. Buch, S. 354

27 出处同上, 第二册, 第 278 页

28 Rousseau, Jean-Jacques, 1761, 1859[4]: Julie oder Die neue Héloïse. Zitiert nach: Wilhelm Hennis, 1957: 》Der Begriff der öffentlichen Meinung bei Rousseau. 《 Archiv für Rechts-und Sozialphilosophie, Band XLIII, S. 111–115. hier: S. 112

29 Rousseau, Jean-Jacques, 1978[3]: a. a. O., S. 255

30 Rousseau, Jean-Jacques, 1978, a. a. O., 5. Buch, S. 804f.

31 出处同上, 第 768 页

32 引用 Harig……Zitiert nach Harig, Ludwig, 1978: 》Rousseau sieht das Weiße im Auge des Königs. Ein literatur-historischer Rückblick、Die Welt、Nr. 71、25. März 1978

33 Rousseau, Jean-Jacques、1761、1859[4]: Julie oder Die neue Hèloïse, Band 1-4. Deutsche Übersetzung von C. Julius. Leipzig, S. 29

34 Rousseau, Jean-Jacques, 1963, a. a. O., 1. Buch, 6. Kapitel, S. 43

有关第 8 章: 舆论作为暴政: 亚历克西·德·托克维尔

1 Milgram, Stanley, 1961: 》Nationality and Conformity. 《 Scientific American, Vol. 205, S. 45-51

2 Veblen，Thorstein，1899，1970：The Theory of the Leisure Class. An Economic Study of Institutions. London：Unwin Books-Deutsch：Theorie der feinen Leute. Köln/Berlin，1955，1971：Kiepenheuer & Witsch

3 Tocqueville，Alexis de，1835/1840，1959/1962：Über die Demokratie in Amerika. 2 Bände，Deutsche Übersetzung：Hans Zbinden. Stuttgart：Deutsche Verlagsanstalt

4 Tocqueville，Alexis de，1835，1959：Übet die Demokratie in Amerika. Band 1. Deutsche Übersetzung：Hans Zbinden. Stuttgart：Deutsche Verlagsanstalt. S. 294

5 Tocqueville，Alexis de，1840，1962：Über die Demokratie in Amerika. Band 2. Deutsche Übersetzung：Hans Zbinden. Stuttgart：Deutsche Verlagsanstalt. S. 280

6 Tocqueville，Alexis de. 1959，a. a. O.，S. 5

7 Tischer，Angelika，1979：Der Begriff 》Öffentliche Meinung《 bei Tocqueville. Magisterarbeit. Mainz：Johannes Gutenberg-Universität，S. 18

8 Tocqueville，Alexis de，1959，a. a. O.，S. 8f.

9 Tocqueville，Alexis de，1935：Autorität und Freiheit. Zürich/Leipzig：Rascher，S. 55

10 Tocqueville，Alexis de，1967[2]：Das Zeitalter der Gleichheit（Auswah aus Werken und Briefen）. Deutsche Übersetzung：S. Landshut. Köln/Opladen：Westdeutscher Verlag，S. 52

11 Tocqueville，Alexis de，1962，a. a. O.，S. 280f.

12 Tischer，Angelika，1979，a. a. O.，S. 56

13 Tocqueville，Alexis de，1959，a. a. O.，S. 155

14 Tocqueville，Alexis de，1935，a. a. O.，S. 57

15 同上书，第58页

16 Bryce，James，1888，1889：The American Commonwealth. 2 Bände. London：Macmillan，hier：Vol. Ⅱ，Part Ⅳ，Chapt. LXXXV，S. 337-344 在这里：第Ⅱ卷，第Ⅳ部分，第LXXXV章，第337—344页

17 Bauer，Wilhelm，1914：Die öffentliche Meinung und ihre geschichtlichen Gfundlagen. Tübungen：J. C. B. Mohr（Paul Siebeck）

18 Tönnies，Ferdinand. 1922：Kritik der öffentlichen Meinung. Berlin：Julius Springetr

19 Wilson，Francis G. ，1939：》James Bryce on Public Opinion：Fifty Years Later.《 Public Opinion Quarterly，Vol. 3，No. 3，S. 420-435，hier：S. 426

20 Bryce，James，1889 年，出处同上，在这里第Ⅱ卷，第Ⅳ部分（第237—364 页），其中的第LXXXV章的第337—336 页

有关第9章"社会控制"的概念流传开来，而"舆论"概念遭到挫败：爱德华·罗斯

1 Speier，Hans，1950：》Historical Development of Public Opinion.《 American

Jourhal of Sociology,Vol. LV,No. 4,January,S. 376-388,hier insbes. ;S. 376

2 Bentham,Jeremy,1838-1843,1962: 》The constitutional Code,Book I,Chapter Ⅷ: Public-Opinion Tribunal.《 John Bowring:The Works of Jeremy Bentham, Vol. 9. New York:RUSSel & Russel,S. 41-46

3 Bryce, James, 1888, 1889: The American Commonwealth. 2 Bände. London: Macmillan,hier: Vol. Ⅱ 'Part Ⅳ:Public Opinion,S. 237-264

4 Speier,Hans,1950, a. a. O. 1950 年,出处同上

5 Hennis, Wilhelm, 1957: Meinungsforschung und repräsentative Demokratie. Zur Kritik politischer Umfragen(Recht und Staat in Geschichte und Gegenwart, Heft 200/201). Tübingen:J. C. B. Mohr(paul Siebeck)

6 Habermas, Jürgen, 1962: Strukturwandel der Öffentlichkeit. Untersuchungen zu einer Kategorie der bürgerlichen Gesellschaft. Neuwied:Hermann Luchterhand

7 Ross,Edward Alsworth,1901,1969:Social Control. A Survey of the Foundations of Order. Mit einer Einfrührung von Julius Weinberg/Gisela J. Hinkle/Roscoe C. Hinkle. Cleveland/London: The Press of Case Western Reserve University (Wiedergabe der Ausgabe von 1929) Noelle,Elisabeth,1966:Öffentliche Meinung und Soziale Kontrolle. (Recht und Staat Heft 329). Tübungen:J. C. B. Mohr (Paul Siebeck)

8 Allport,Floyd H. ,1937: 》Toward a Science of Public Opinion.《 Public Opinion Quarterly,Vol. 1,No. 1,S. 7-23,hier:S. 13

9 Ross,Edward AIsworth,1969,a. a. O. ,S. 90 1969

10 同上书,第 105 页

11 同上书,第 104 页

12 Spencer,Herbert, 1879, 1966: 》The Data of Ethics.《 The Works of Herbert Spencer, Vol. 9,The Principles of Ethics,Part 1. Osnabrück:Otto Zeller (Reprint der Ed. 1892). S. 1-303,hier:S. 118 Herbert Spencer 的著作,第 9 卷,The Principles of Ethics,第 1 部分,Osnabrück:Otto Zeller(对 1892 年版本的翻印), 第 1—303 页,这里:第 118 页

13 LaPiere, Richard T. , 1954: A Theory of Social Control. New York/London/ Toronto: McGraw-Hill. Chapter 9:The Techniques of Social Control,S. 218-248

14 Ross,Edward Alsworth,1969, a. a. O., S. 92

15 同上书,第 95 页

有关第 10 章:狼群的齐声嚎叫

1 Luhmann,Niklas,1971:》Öffentliche Meinung.《 Politische Ptanung. Aufsätze zur Soziologie von Politik und Verwaltung. Opladen: Westdeutscher Verlag

[Erstveröffentlichung: Politische Vierteljahresschrift, 11. jg. , 1970, Heft 1, S. 2 – 28: wiederabgedruckt in: Wolfgang R. Langenbucher (Hg.): Zur Theorie der politischen Kommunikation. München, 1974: R. Piper & Co. , S. 27 – 54. 311 – 317: und in: Wolfgang R. Langenbucher (Hg.): Politik und Kommunikation. Über die öffentliche Meinungsbildung. München/Zürich, 1979: R. Piper & Co. , S. 29 – 61, S. 9 – 34, hier: S. 9 第 11 年度, 1970 年, 第 1 期, 第 2—28 页; 复印 Wolfgang R. Langenbucher(编撰)的 Zur Theorie der politischen Kommunikation ，慕尼黑，1974: R. Piper & Co. ，第 27—54 页, 第 311—317 页; 并且 在: Wolfgang R. Langenbucher (编 撰) 的 Politik und Kommunikation .? ber die ? ffentliche Meinungsbildung ，慕尼黑/苏黎世, 1979: R. Piper & Co. ，第 29—61 页, 第 9—34 页

2 Lippmann, Walter, 1922, 1954: Public Opinion. New York: The Macmillan Comp. (Taschenbuchausgabe: New York: The Free Press, 1965; Deutsch: Die öffentliche Meinung. München: Rütten＋Loening, 1964)

3 与第 18 章做比较

4 Luhmann, Niklas, 1971, a. a. O. , S. 11

5 Noelle, Elisabeth, 1966: Öffentliche Meinung und Soziale Kontrolle. (Recht und Staat, Heft 329). Tübingen: J. C. B. Mohr (Paul Siebeck)

6 Zimen, Erik, 1978: Der Wolf. Mythos und Verhalten. Wien/München: Meyster. S. 42

7 Alverdes, Friedrich Wilhelm, 1925: Tiersoziologie: Forschungen zur Völkerpsychologie und-soziologie. Hg. : Richard Thurn, Band 1. Leipzig: Hirschfeld, S. 108 Allerdings findet sich regelmäßiges 》Chorheulen《 nicht beschrieben bei Jane Van Lawick-Goodall, 1971: In the Shadow of Man. Boston: Houghton Mifflin-Deutsch: Wilde Schimpansen. Reinbek. 1971: Rowohlt

8 Zimen, Erik, 1978, a. a. O. , S. 67

9 Murie, Adolph, 1944: The wolves of Mount McKinley. Washington: U. S. Nat. Park. Serv. , Fauna Set. 5

10 Zimen, Erik, 1978. a. a. O. , S 221

11 Zimen, Erik, 1978. a. a. O. , S71

12 Uexküll, Thure yon, 1963, 1964: Grundfragen der psychosomatischen Medizin. Reinbek: Rowohlt (rde-Band 179/180), S. 174

13 Lorenz, Konrad, 1963, 1964[6]: Das sogenannte Böse. Zur Naturgeschichte der Aggression. Wien: Dr. G. Borotha-Schoeler, S. 197 – 212

14 同上书, 第 206 页及其下页

15 同上书, 第 208 页及其下页

16 Pribram， Karl, 1 979:》Seben， Hören， Lesen-und die Folgen im Kopf. Informationsverarbeitung im Gehirn.《 Vortrag auf der gemeinsamen Fachtagung der Deuschen Lesegesellschaft e. V. ，der Stiftung in Medias res und der Deutschen Gesellschaft für Publizistik und Kommunikationswissenschaft》Medienökologieein Zukunftsproblem unserer Gesellschaft. Auf dem Weg zum vollverkabelten Analphabcten?《 am 27. April 1979 in Mainz1979 年 4 月 27 日在美因茨

17 Richter，Horst E.，1976:Flüchten oder Standhalten. Hamburg:Rowohlt,S. 34

18 Madison， James， 1788,1961:》The Federalist No. 49,February 2, 1788《. Jacob E. Cooke:The Federalist. Middletown. Conn.:Wesleyan University Press,S. 338-347. hier insbes. S. 340

19 Zitiert nach Reiwald， Paul， 1948: Vom Geist der Massen. Handbuch der Massenpsychologie. Zürich:Pan-Verlag （Band I der Internationalen Bibliothek für Psychologie und Soziologie),S. 59

有关第 11 章:非洲部落和太平洋部落中的舆论

1 Turnbull， Colin M.，1961: The Forest People,A Study of the Pygmies of the Congo. New York:Simon and Schuster(A Touchstone Book)

2 Tumbull，Colin M. ， 1961:》The Crime of Cephu, the Bad Hunter.《The Folest People. A Study of the Pygmies of the Congo. New York:Simon and Schuster （A Touchstone Book),S. 94-108

3 Turnbull, Colin M. ,1961, a. a. O. , S. 112

4 同上书,第 113 页及其下页

5 Mead， Margaret, 1 937:》Public Opinion Mechanisms Among Primitive Peoples. 《Public Opinion Quarterly,Vol. 1,July 1937,S. 5-16

6 同上书,第 8 页及其下页

7 同上书,第 10—12 页

8 同上书,第 12—14 页

9 同上书,第 15 页及其下页

有关第 12 章:进攻巴士底、舆论和群体心理

1 Mead，Margaret. 1937:》Public Opinion Mechanisms Among Primitive Peoples. 《Public Opinion Quarterly,Vol. 1,July 1937,S. 5-16,hier:S. 7

2 Wiese,Leopold von, 1924/28, 1955:System der Allgemeinen Soziologie als Lehre von den sozialen Prozessen und den sozialen Gebilden der Menschen (Beziehungslehre). Berlin:Duncker & Humblot. S. 424

3 Taine,H.,1877,1916:Les origines de la France contemporaine. Ⅲ. La Révolution, Anarchie. Tome 1. Paris:Hachette. S. 66-69. Zitiert nach Paul Reiwald, 1948:Vom Geist der Massen. Handbuch der Massenpsychologie. Zürich:Pan-Verlag (Band Ⅰ der Intemationalen Bibliothek für Psychologie und Soziologie), S. 574/575

4 Crespi, Leo:Mündlicher Bericht auf der 24. Jahrestagung der AAPOR in Lake-George 1969

5 McDougall, William, 1920, 1921:The Group Mind. Cambridge:At the Universitv Press, Part Ⅰ, Chapter Ⅲ, S. 48ff. (organised group)

有关第 13 章:时尚就是舆论

1 McDougall,William, 1920,1921:The Group Mind. Cambridge:At the University Press, S. 30

2 比较图 11—图 13;在这里请看第 251 页及其下页

3 McDougall, William, 1921,a. a. O., S. 39 f.

4 同上书,第 24 页

5 Trotter, Wilfred,1916:Instincts of the Herd in Peace and War. London:T. Fisher Unwin

6 Malraux, André, 1971:Les chênes qu'on abat... Paris:Gallimard, S. 182f. 》第 182 页及其下页;Je n'ai jamais tiré au clair ce que je pense des modes... les siècles pendant lesquels les hommes doivent être barbus, les siècles pendant lesquels ils doivent être rasés《 —Deutsch,1972:Eichen, die man fällt. Übersetzt von Carlo Schmid. Frankfurt:S. Fischer, S. 147 f.

7 Platon, 1578:Ausgabe des Henricus Stephanus. SSmtliche Werke. Heidelberg o. J.:Lambert Schneider, Zweiter Band, S. 131

8 Barber, Bernard/Lyle S. Lobel, 1953:》Fashion〈 in Women's Clothes and the American Social System.《 Reinhard Bendix/Seymour Martin Lipset (Hg.):Class, Status and Power. A Reader in Social Stratification. Glencoe, Ⅲ.: The Free Press, S. 323-332

9 同上书,第 323 页及其下页

有关第 14 章:被戴上颈手枷示众的人

1 Zur eingehenden Darstellung der Prangerstrafe siehe:Nagler, Johannes, 1918, 1970: Die Strafe. Eine juristisch-empirische Untersuchung. Aalen:Scientia (Neudruck der Ausgabe Leipzig 1918)

Bader-Weiß, G. /K. S. Bader, 1935:Der Pranger. Ein Strafwerkzeug und

Rechtswahrzeichen des Mittelalters. Freiburg: Jos. Waibel'sche Verlagsbuchhandlung

Hentig, Hans von, 1954 - 1955: Die Strafe. Frühformen und kulturgeschichtliche Zusammenhänge. Berlin/Göttingen/Heidelberg: Springer 2 Bader-Weiß, G. /K. S. Bader,1935,a. a. O.,S. 2

3 比较第 146 页

4 Locke, John,1690,1976:Über den menschlichen Verstand,Hamburg:Felix Meiner (Philosophische Bibliothek, Bd. 75/76), übersetzt von C. Winckler, 3. Auflage, unveränderter Nachdruck in einem Band, 2. Buch, S. 446

5 Fehr, Hans:Folter und Strafe im alten Bern, S. 198. Zitiert nach:Bader-Weiß, G. /K. S. Bader,1935, a. a. O., S. 83

6 Bader-Weiß,G. /K. S. Bader,1935,a. a. O.,S. 130

7 同上书,第 122 页

8 Stross, Brian, 1978:》Gossip in Ethnography.《 Reviews in Anthropology, S. 181– 188. Besprochen wird das Buch von John Beard Haviland, 1977: Gossip, Reputation, and Knowledge in Zinacantan. Chicago: University of Chicago Press

9 Choderlos de Laclos, 1782:Les liaisons dangereuses. -Deutsch, 1909:Gefährliche Liebschaften. München:Verlag des Hyperion Hans von Weber, S. 109

10 Haviland, John Beard, 1977:Gossip, Reputation, and Knowledge in Zinacantan. Chicago:University of Chicago Press, S. 63

11 Schöne, Walter, 1939:Der Aviso des Jahres 1609. In Faksimiledruck hg. und mit einem Nachwort versehen. Leipzig: Otto Harrossowitz, hier: Nachwort S. 2f.

12 Neue Juristische Wochenschrift Heft 10, 1979,S. 504

有关第 15 章:法律和舆论

1 Frankfurter Allgemeine Zeitung, Nr. 224, 26. September 1979, S. 1, and Nr. 233, 6. Oktober 1979, S. 5

2 Rousseau, Jean-Jacques, 1762, 1962:》Du Contrat Social.《 Du Contrat Social ou Principes du Droit Politique. Paris: Gamier Frères, 4. Buch, 8. Kapitel, S. 327

3 Osgood, Charles E. /George J. Suci/Percy H. Tannenbaum, 1957, 1964[4]: The Measurement of Meaning. Urbana,Ⅲ. :University of Illinois Press

4 König, Réne, 1967:》Das Recht im Zusammenhang der sozialen Normensysteme.《 Ernst E. Hirsch/Manfred Rehbinder (Hg.): Studien und Materialien zur Rechtssoziologie. Kölner Zeitschrift für Soziologie und Sozialpsychologie, Sonderheft 11,S. 36–53

5 Zippelius, Reinhold, 1978:》Verlust der Orientierungsgewißheit?《 Friedrich Kaulbach/Werner Krawietz (Hg.): Recht und Gesellschaft. Festschrift für

Helmut Schelsky zum 65. Geburtstag. Berlin：Duncker & Humblot，S. 778 f.

6 Luhmann，Niklas，1971：》Öffentliche Meinung.《 Politische Planung. Aufsätze zur Soziologie von Politik und Verwaltung. Opladen：Westdeutscher Verlag （Erstveröffentlichung：Politische Vierteljahresschrift，11. Jg. ，1970，Heft 1，S. 2-28；wiederabgedruckt in：Wolfgang R Langenbucher （Hg. ）：Zur Theorie der politischen Kommunikation. München，1974：R Piper & Co. ，S. 27-54，311-317：und in：Wolfgang R Langenbucher （Hg. ）：Politik und Kommunikation. Über die öffentliche Meinungsbildung. München/Zürich，1979：R Piper & Co. ，S. 29-61）. S. 9-34，hier insbes. S. 19 第 11 年度，1970 年，第 1 期，第 2—28 页；复印 Wolfgang R. Langenbucher（编撰）的 Zur Theorie der politischen Kommunikation ，慕尼黑，1974：R. Piper & Co. ，第 27—54 页，第 311—317 页；并且在：Wolfgang R. Langenbucher（编撰）的 Politik und Kommunikation . Über die öffentliche Meinungsbildung ，慕尼黑/苏黎世，1979：R. Piper & Co. ，第 29—61 页，第 9—34 页，在这里特别是第 19 页

7 对比第 66—74 页

8 Kaiser，Joseph H. ，1975：》Sozialauffassung，Lebenserfahrung und Sachverstand in der Rechtsfindung.《 Neue Juristische Wochenschrift，Heft 49，S. 2237

9 STERN ，第 46 期，1971 页 11 月 4 日，第 260 页

10 Tocqueville，Alexis de，1840，1976：Über die Demokratie in Amerika. München： Deutscher Taschenbuchverlag，dtv-TB 6063，S. 753

11 STERN ，第 24 期，1971 页 6 月 3 日，第 16—24 页

12 Blake，Robert R. /Jane Suygley Mouton，1954：》Present and Future Implications of Social Psychology for Law and Lawyers.《 Journal of Public Law，Vol. 3，S. 352-369

13 Dicey，Albert V. ，1905：Lectures on the Relation Between Law and Public Opinion in England，During the Nineteenth Century. London：Macmillan

14 Dicey，Albert V. ，1905，1962：Law and Public Opinion in England. London： Macmillan，S. 41. Siehe auch die kurze Kommentierung in：Paul F. Lazarsfeld，1957：》Public Opinion and the Classical Tradition.《 Public Opinion Quarterly，Vol. 21，No. 1，S. 39-53

15 阿伦斯巴赫档案，IfD 问卷调查 1299，1979 年奥古斯特，n＝843

16 阿伦斯巴赫档案，IfD 问卷调查 3062，1978 年 11 月和 12 月，n＝2033 。进行讨论的是一些规则：改善学徒培训；1979 年的税制改革；大型企业中的雇主和雇员的平等参与权；离婚法的改革（有障碍原则代替过错原则）

17 Rousseau，Jean-Jacques，1762，1963：Der Gesellschaftsvertrag. Deutsche Übersetzung von H. Denhardt. Stuttgart：Reclam，2. Buch，8. Kapitel，S. 77 f.

18 Rousseau，Jean-Jacques,1963，a. a. O.，3. Buch，12. Kapitel，S. 133

19 Rousseau，Jean-Jacques，1762，1967；》Lettre à d'Alembert sur les Spectacles.《 Paris：Gamier-Flammariche，S. 154

有关第 16 章：舆论推动整合

1 Landecker，Wemer S.，1950：》Types of Integration and Their Measurement. 《American Journal of Sociology，Vol. 56，S. 332 - 340，hier：S. 332. （Obersetzung des Autors）（nachgedruckt in：Paul F. Lazarsfeld/Morris Rosenberg，1955：The Language of Social Research. A Reader in the Methodology of Social Research. New York/London：The Free Press/Collier-Macmillan Ltd.，S. 19-27）

2 Landecker，Werner S.，1950，a. a. O.，S. 333-335

3 Landecker，Werner S.，1950，a. a. O.，S. 335-336

4 Landecker，Werner S.，1950，a. a. O.，S. 336-338

5 1950 年，出处同上，第 338—339 页

6 Smend，Rudolf，1928：Verfassung und Verfassungsrecht. München：Duncker & Humblot

7 Smend，Rudolf，1956：》Integrationslehre《. Handwörterbuch der Sozialwissens-chaften，Band 5. Stuttgart/Tülbingen/Göttingen：Gustav Fischer/J. C. B. Mohr；(Paul Siebeck)/Vandenhoeck & Ruprecht，S. 299-302，hier insbes. S. 299-300

8 Ross，Edward Alsworth，1901，1969：Social Control. A Survey of the Foundations of Order. Mit einer Einführung von Julius Weinberg/Gisela J. Hinkle/Rocoe C. Hinkle. Cleveland/London：The Press of Case Western Reserve University，S. 294（Wiedergabe der Ausgabe von 1929. Erstveröffentlichung 1901 durch die Macmillan Company）

9 Goethe，Johann Wolfgang. 1964：Werke. Briele und Gespräche，Gedenkausgabe，hg. von Ernst Beutler. Hand 14：Schriften zur Literatur，Kapitel：Weltliteratur，Homer noch einmal. Zürich/Stuttgart：Artemis. S. 705

10 对比第 63 页

11 Zur Kohasion in Norwegen s. a. Eckstein，Harry. 1966：Division and Cohesion in Democracy. A Study of Norway. Princeton，N. J.：Princeton University Press

有关第 17 章：持异端论者、先锋者、局外人：舆论的挑战者

1 Klapp，Orrin E.，1954：》Heros，Villains，and Fools，as Agents of Social Control. 《American Sociological Review. Vol. 19，No. I，S. 56-62

2 Zitiert nach Harig，Ludwig，1978:》Rousseau sieht das Weiße im Auge des Königs. Ein literatur-historischer Rilckblick.《 Die Welt，Nr. 17，25. März 1978 第 17 期,1978 年 3 月 25 日

3 Schlegel，Friedrich，1799:Lucinde. Berlin:Heinrich Frölich，S. 40f.

4 Die Welt，Nr. 189,1976，S. 8

5 Limmer，Wolfgang，1976:》Wem schrei ich um Hilfe? 《 Der Spiegel，Nr. 41,S. 236-239,hier insbesondere S. 237

6 Luther 和 Müntzer 的引文出自:Die Luther-and Müntzer-Zitate Sind entnommen: Petzolt，Dieter，1979: Offentlichkeit als Bewußtseinszustand. Versuch einer Klärung der psychologischen Begabung. Magisterarbeit im Institut fur Publizistik der Johannes Gutenberg-Universität，Mainz

7 Streller，Siegfried,1978:Hutten-Müntzer-Luther. Werke in zwei Bänden. Band 1. Berlin/ Weimar:Aufbau-Verlag，S. 186

8 Dülmen，Richard von，1977:Reformation als Revolution:Soziale Bewegung und religiöser Radikalismus. München:Deutscher Taschenbuchverlag，dtv-Wissensch. Reihe 4273. Siehe auch die Rezension des Bandes von Martin Brecht in Frankfurter Allgemeine Zeitung，Nr. 177,3. August 1977，S. 21 第 4273 组。也请见 Martin Brecht 在 Frankfurter Allgemeine Zeitung 上对这些卷宗的评论,第 177 期,1977 年 8 月 3 日,第 21 页

9 Ross，Edward Alsworth，1901,1969:Social Control. A Survey of the Foundations of Order. Mit einer Einführung von Julius Weinberg/Gisela J. Hinkle/Roscoe C. Hinkle. Cleveland/ London:The Press of Case Western Reserve University，S. 104（Wiedergabe der Ausgabe von 1929. Erstveröffentlichung 1901 durch die Macmillan Company)第 1044 页(对 1929 年版本的再版,第一次出版是 Macmillan 公司于 1901 年出版)

10 Luhmann，Niklas，1971:》Öffentliche Meinung《. Politische Planung. Aufsätze zur Soziologie von Politik und Verwaltung. Opladen:Westdeutscher Verlag [Erstveröffentlichung:Politische Vierteljahresschrift，11. Jg.，1970，Heft I,S. 2- 28:wiederabgedruckt in:Wolfgang R. Langenbucher（Hg.）:Zur Theorie der politischen Kommunikation. München，1974:R. Piper &. Co.，S. 27-54，311- 317:und in:Wolfgang R. Langenbucher(Hg.):Politik und Kommunikation. Über die öffentliche Meinungsbildung. München/Zürich，1979:R. Piper &. Co.，S. 29- 61]，S. 9-34，hier:S. 16 第 11 年度,1970 年,第 1 期,第 2—28 页;复印 Wolfgang R. Langenbucher(编撰)的 Zur Theorie der politischen Kommunikation， 慕尼黑,1974:R. Piper &. Co.,第 27—54 页,第 311—317 页;并且在:Wolfgang R. Langenbucher（编撰）的 Politik und Kommunikation . ber die ffentliche

Meinungsbildung ,慕尼黑/苏黎世,1979：R. Piper & Co. ,第 29—61 页,第 9—34 页

11 Carson，Rachel，1962：Silent Spring. Boston：Houghton Mifflin Co. （wiederabgedruckt in：New York，1977：Fawcett）

12 Luhmann，Niklas,1971,a. a. O., S. 17

有关第 18 章：模式化印象作为舆论的传播工具·沃尔特·李普曼

1 Luhmann，Niklas，1971：》Öffentliche Meinung《. Politische Planung. Aufsätze zur Soziologie von politik und Verwaltung. Opladen：Westdeutscher Verlag [Erstveröffentlichung：Politische Vierteljahresschrift，11.Jg. 1970，Heft 1，S. 2-28；wiederabgedruckt in：Wolfgang R. Langenbucher （Hg.）：Zur Theorie der politischen Kommunikation. München，1974：R. Piper & Co. , S. 27-54，311-317；und in：Wolfgang R. Langenbucher(Hg.)：Politik und Kommunikation. Über die öffentlitche Meinungsbildung. München/Zürich 1979：R. Piper & Co. , S. 29-61]第 11 年度,1970 年,第 1 期,第 2—28 页；复印 Wolfgang R. Langenbucher(编撰)的 Zur Theorie der politischen Kommunikation ，慕尼黑,1974：R. Piper & Co. ,第 27—54 页,第 311—317 页；并且在：Wolfgang R. Langenbucher(编撰)的 Politik und Kommunikation . ber die ffentliche Meinungsbildung ,慕尼黑/苏黎世,1979：R. Piper & Co. ,第 29—61 页

2 Lippmann，Walter，1922，1954：Public Opinion. New York：The Macmillan Comp. （Taschenbuchausgabe：New York：The Free Press，1965；Deutsch：Die öffentliche Meinung，München：Rütten＋Loening，1964）

3 Lippmann，Walter,1965, a. a. O., S. 18 （Übersetzung des Verfassers)1965 年,出处同上,第 18 页

4 Lippmann，Walter，1964，a. a. O., S. 97 ff. , 78

5 Der Spiegel，Nr. 19 und 22 vom 8. und 29. Mai 1978

6 Lippmann，Walter，1964，a. a. O.,S. 146

7 Ihering，Rudolph von，1883：Der Zweck im Recht. 2. Band. Leipzig：Breitkopf & Härtel，S. 180

8 Lippmann，Walter，1964，a. a. O., S. 141

9 Lippmann，Walter，1964，a. a. O., S. 15

10 Lippmann，Walter，1964，a. a. O., S. 27/28

11 Lippmann，Walter，1964，a. a. O., S. 18

12 Lewin，Kurt，1947：》Group Decision and Social Change.《 Theodore M. Newcomb/Eugene L. Hartley（Hg.）：Readings in Social Psychology. New York：Henry Holt and Company，S. 330-344

13 Lippmann，Walter，1965，a. a. O.，S. 223（Übersetzung des Verfassers）

14 Lippmann，Walter，1964，a. a. O.，S. 67–6915 Lippmann，Walter，1964，a. a. O.，
S. 46/47

16 Lippmann，Walter，1964，a. a. O.，S. 109f.

17 Lippmann，Walter，1965，a. a. O.，S. 220. Siehe dazu auch：Schulz，Winfried，
1976：Die Konstruktion von Realität in den Nachrichtenmedien. Eine Analyse der
aktuellen Berichterstattung（Alber-Broschur-Kommunikation，Band 4）. Freiburg：
Karl Alber1965

18 Lippmann，Walter，1964，a. a. O.，S. 236，237，243

19 Lippmann，Walter，1965，a. a. O.，S. 16（pseudo-environment）

20 Gehlen，Arnold，1965：Zeit-Bilder. Zur Soziologie und Ästhetik der modernen
Malerei. Frankfurt/Bonn：Athenaum，S. 190f. 21. 21 Lazersfeld，Paul F. /
Bernard Berelson/Hazel Gaudel，1944，1948，1968：The People's Choice. How
the voter makes up his mind in a presidential campaign. New York：Duell，Sloan
and Pearce. 3. Aufl. New York，1968：Columbia University Press. -Deutsch，
1969：Wahlen und Wähler. Soziologie des Wahlverhaltens（Soziologische Texte
49）. Neuwied：Luchterhand Heider，Fritz，1946：；Attitudes and Cognitive
Organization.《 The Journal of Psychology，Vol. 21，5. 107–112 FestingerLeon，
1957：A Theory of Cognitive Dissonance. Evanston，Illinois：Row，Peterson

22 Lippmann，Walter，1964，a. a. O.，S. 92

23 这里尤其是第 187 页

24 Neuerdings haben die Richtigkeit dieser Beobachtung nachgewiesen：Sturm，
Hertha/Ruth von Haebler/Reinhard Helmreich，1972：Medienspezifische
Lerneffekte. Eine empirische Studie zu Wirkungen von Fernsehen und Rundfunk
（ Schriftenreihe des Internationalen Zentralinstituts für das Jugend-und
Bildungsfernsehen，Heft 5）. München：TR-Verlagsunion，S. 42–44

25 Lippmann，Walter，1965，a. a. O.，S. 3

26 Lippmann，Walter，1964，a. a. O.，S. 18

27 Lippmann，Walter，1964，a. a. O.，S. 25

28 Lippmann，Walter，1964，a. a. O.，S. 28

29 Lippmann，Walter，1964，a. a. O.，S. 92

有关第 19 章：将舆论的力量作为主题：尼克拉斯·卢曼

1 Luhmann，Niklas，1971：》Öffentliche Meinung《. Politische Planung，Aufsätze zur
Soziologie von Politik und Verwaltung. Opladen：Westdeutscher Verlag
［Erstveröffentlichung：Politische Vierteljahresschrift，11. Jg. ，1970，Heft 1. S. 2-

28; wiederabgedruckt in: Wolfgang R. Langenbucher (Hg.): Zur Theorie der politischen Kommunikation. Munchen, 1974: R Piper & Co., S. 27-54, 311-317; und in: Wolfgang R. Langenbucher (Hg.): Politik und Kommunikation. Über die öffentliche Meinungsbildung. München/Zürich,1979:R Piper & Co., S. 29-61], S. 9-34, hier insbes. S. 18 第 11 年度,1970 年,第 1 期,第 2—28 页;复印 Wolfgang R. Langenbucher(编撰)的 Zur Theorie der politischen Kommunikation, 慕尼黑,1974:R. Piper & Co., 第 27—54 页,第 311—317 页;并且在:Wolfgang R. Langenbucher (编撰) 的 Politik und Kommunikation. Über die öffentliche Meinungsbildung,慕尼黑/苏黎世,1979:R. Piper & Co., 第 29—61 页,第 9—34 页,尤其是第 18 页

2 Luhmann, Niklas,1971,a. a. O., S. 15

3 Luhmann, Niklas,1971,a. a. O., S. 25

4 Luhmann, Niklas,1971,a. a. O., S. 18

5 Luhmann, Niklas,1971,a. a. O., S. 24

6 Luhmann, Niklas,1971,a. a. O., S. 18/19

7 Luhmann, Niklas,1971,a. a. O., S. 12

8 Luhmann, Niklas,1971,a. a. O., S. 16

9 Luhmann, Niklas,1971,a. a. O., S. 13/14

10 Luhmann, Niklas,1971,a. a. O., S. 14

11 McCombs, M. E./D. L. Shaw, 1972:》The Agenda-Setting Function of Mass Media.《 Public Opinion Quarterly, Vol. 36, S. 176-187

Funkhouser, G. R., 1973:》The Issues of the Sixties: An Exploratory Study in the Dynamics of Public Opinion.《 Public Opinion Quarterly, Vol. 37, S. 62-73

McLeod, J. M./L. B. Becker/J. E. Bymes, 1974:》Another Look at the Agenda-Setting Function of the Press.《 Communication Research 1. S. 131-166

Beniger, James R., 1978:》Media Content as Social Indicators. The Greenfield Index of Agenda-Setting.《 Communication Research 5, S. 437-453

Kepplinger, Hans Mathias/Herbert Roth, 1978:》Kommunikation in der Ölkrise des Winters 1973/74.《 Publizistik, Jg. 23, Heft 4, S. 377-428. -Englisch:第 23 年度,第 4 册,第 377—428 页—英语版:》Creating a Crisis:German Mass Media and Oil Supply in 1973/74.《 Public Opinion Quarterly, Vol. 43,1979, S. 285-296

Kepplinger, Hans Mathias/Michael Hachenberg, 1979:》The Challenging Minority. A Study in Social Change.《 Vortrag auf der Jahreskonferenz der International Communication Association in Philadelphia, Mai 1979 年 5 月

Kepplinger, Hans Mathias, 1980:》Kommunikation im Konflikt. Gesellschaftliche Bedingungen kollektiver Gewalt.《 Mainzer Universitätsgespräche, Mainz

有关第 20 章:记者特权:从公共领域获得

1 阿伦斯巴赫档案,IfD 问卷调查 2173(1976 年 1 月)和 2196(1977 年 2 月):"请您将这个清单完整地读一遍。您认为,在这个清单上谁会对今天的联邦德国的政治生活有很大影响?"被列在第三位的是"电视",有 31%(1976 年)或 29%(1977 年)的人选择了这个选项;列在第 10 位或第 9 位的是"报纸",选择这个选项的有 21%或 22%。清单上一共有 18 个选项。

有关第 21 章:舆论有两个源头:其中一个是大众传媒

1 Noelle-Neumann,Elisabeth,1977:》Das doppelte Meinungsklima. Der Einflußdes Fernsehens im Wahlkampf 1976.《 Politische Vierteljahresschrift, 18. Jg. , Heft 2-3,S.408-451;第 18 年度,第 2 册和第 3 册,第 408—451 页;wiederabgedruckt in:Elisabeth 再版在:Elisabeth Noelle-Neumann, 1980:Wahlentscheidung in der Femsehdemokratie. Freiburg/Würzburg:Ploetz,S. 77-115

Noelle-Neumann, Elisabeth, 1978:》 Kampf um die öffentliche Meinung. Eine vergleichende sozialpsychologische Analyse der Bundestagswahlen 1972 und 1976.《 Dieter Just/Peter Röhrig (Hg.):Entscheidung ohne Klarheit. Anmerkungen und Materialien zur Bundestagswahl 1976 (Schriftenreihe der Bundeszentrale für politische Bildung, Band 127). Bonn, S. 125-167

Kepplinger, Hans Mathias, 1979:》 Ausgewogen bis zur Selbstaufgabe? Die Fernsehberichterstattung über die Bundestagswahl 1976 als Fallstudie eines kommunikationspolitischen Problems.《 Media Perspektiven, Heft 11,S. 750-755

Kepplinger, Hans Mathias, 1980:》 Optische Kommentierung in der Fernsehberichterstattung über den Bundestagswahlkampf 1976.《 Thomas Ellwein (Hg.):Politikfeld-Analysen 1979. Opladen:Westdeutscher Verlag, S. 163-179163

2 Noelle-Neumann,Elisabeth,1977,a. a. O.
Noelle-Neumann, Elisabeth, 1978, a. a. O.1977 年,出处同上

3 Kepplinger, Hans Mathias, 1979:》 Ausgewogen bis zur Selbstaufgabe? Die Fernsehberichterstattung über die Bundestagswahl 1976 als Fallstudie eines kommunikationspolitischen Problems.《 , a. a. O. Kepplinger, Hans Mathias, 1980:》 Optische Kommentierung in der Fernsehberichterstattung über den Bundestagswahlkampf 1976.《 a. a. O. 出处同上

4 Mreschar, Renate I. , 1979:》Schmidt war besser im Bild als Kohl. Universität analysierte Kameraarbeit bei der TV-Berichterstattung vor der Bundestagswahl 76. 《Frankfurter Rundschau, Nr. 255,1. November 1979, S. 26 出处同上

5 Kepplinger, Hans Mathias, 1987: Darstellungseffekte. Experimentelle Untersuchungen zur Wirkung von Pressefotos und Fernsehfilmen. Freiburg/München: Karl Alber Kepplinger, Hans Mathias, 1989:》Nonverbale Kommunikation: Darstellungseffekte.《 Fischer Lexikon Publizistik-Massenkommunikation, hg. von Elisabeth Noelle-Neumann/Winfried Schulz/Jürgen Wilke. Frankfurt/Main: Fischer Taschenbuch Verlag, S. 241-255

6 Ostertag, Michael, 1986: Nonverbales Verhalten im Femsehinterview. Entwicklung eines Instruments zur Erfassung and Bewertung nichtsprachlicher Außerungen von Politikern und Journalisten. Magisterarbeit. Mainz: Johannes Gutenberg-Universität

7 Lersch, Philipp, 1951: Gesicht und Seele. Grundlinien einer mimischen Diagnostik. München/Basel: Reinhardt

8 Molcho, Samy, 1983: Körpersprache. München: Mosaik-Verlag

9 Frey, Siegfried/H. P. Hirsbrunner/J. Pool/W. Daw, 1981: Das Berner System zur Untersuchung nonverbaler Interaktion. In: Peter Winkler (Hrsg.): Methoden der Analyse von Face-to-Face-Situationen. Stuttgart: Metzler

10 Ostertag, Michael, 1986, a. a. O., S. 72 f.

11 同上书,第 121 页

12 同上书,第 126 页

有关第 22 章:双重意见气候

1 Conradt, David P. ,1978:》The 1976 Campaign and Election: An Overview.《 Karl H. Cerny: Germany at the Polls. The Bundestag Election of 1976. Washington, D. C.: American Enterprise Institute for Public Policy Research, S. 29-56

2 同上书,第 41 页及其后数页

3 Noelle-Neumann, Elisabeth, 1977:》Das doppelte Meinungsklima. Der Einfuß des Femsehens im Wahlkampf 1976.《 Politische Vierteljahresschrift, 18. Jg. , Heft 2-3, S. 408-451; wiederabgedruckt in: Elisabeth Noelle-Neumann, 1980: Wahlentscheidung in der Femsehdemokratie. Freiburg/Würzburg: Ploetz, S. 77-115

4 Merton, Robert K. , 1949, 1968: Social Theory and Social Structure. Toward the Codification of Theory and Research. New York: The Free Press Fields, James M. /Howard Schuman, 1976:》Public beliefs about the beliefs of the public.《 Public Opinion Quarterly, Vol. 40, S. 427-448

5 对比第 74—79 页

有关第 23 章:宣布的作用:如果某人的观点很难在媒体上找到共鸣,那他就保持沉默

1 Noelle-Neumann, Elisabeth, 1974: 》Die Schweigespirale. Über die Entstehung der öffentlichen Meinung《 Ernst Forsthoff/Reinhard Hörstel (Hg.): Standorte im Zeitstrom. Festschrift für Arnold Gehlen zum 70. Geburtstag am 29. Januar 1974. Frankfurt/Main: Athenäum, S. 299 - 330. -Wiederabgedruckt in: 第 299—330 页—再版在: Elisabeth Noelle-Neumann: Offentlichkeit als Bedrohung. Beiträge zur empirischen Kommunikationsforschung (Alber-Broschur Kommunikation, Band 6). Freiburg, München 1977,1979: Karl Alber, S. 169-203, hier insbes. S. 189/190

2 Schulman, Gary 1., 1968: 》The popularity of viewpoints and resistance to attitude change.《 Journalism Quarterly, Vol. 45, S. 86-90

3 Tarde, Gabriel, 1898: 》Le public et la foule.《 La Revue des Paris, Band 4. Hier zitiert nach: Clark, Terry N., 1969: Gabriel Tarde on Communication and Social Influence. Selected Papers. Chicago, London: The University of Chicago Press, Kapitel 17: Opinion and Conversation

4 Clark, Terry N., 1969, a. a. O., S. 318 (Übersetzung des Verfassers)

有关第 24 章:民意即天意

1 Neumann, Erich Peter/Elisabeth Noelle, 1961: Umfragen über Adenauer. Ein Porträt in Zahlen. Allensbach/Bonn: Verlag für Demoskopie, S. 44f., vgl. auch: Institut für Demoskopie Allensbach, 1952: Die Stimmung im Bundesgebiet. Oktober 1952, Grafik

2 Ross, Edward, Alsworth,1901,1969: Social Control. A Survey of the Foundations of Order. Mit einer Einführung von Julis Weinberg/Gisela J. Hinkle/Roscoe C. Hinkle. Cleveland/London: The Press of Case Western Reserve University, S. 104 (Wiedergabe der Ausgabe von 1929. Erstveröffentlichung 1901 durch die Macmillian Company)

3 Boas, George, 1969: Vox Populi: Essays in the History of an Idea. Baltimore: The Johns Hopkins Press, S. 21-Siehe auch: Gallacher, S. A. : 》Vox populi-vox Dei《. Philological Quarterly, Vol. XXIV, January 1945, S. 12-19

4 Vulgata, 66, Vers 6. 在这里是对拉丁文的翻译,这是 4 世纪产生的

5 Hofstätter, Peter R., 1949: Die Psychologie der öffentlichen Meinung. Wien: Wilhelm Braumüller, S. 96

6 Montaigne, Michel de, 1588, 1902: Les Essais. Hg. von Fortunat Strowsky.

Bordeaux：F. Pech. 2. Buch，16. Kapitel，S. 397 f.（Übersetzung des Verfassers）. Bei dem in einfache Anführungsstriche gesetzten Satz zitiert Montaigne Cicero，Tusculanes，V，36.

7 同上书,第 9 页

8 Hesiod，1936：Sämtliche Werke. Deutsch von Thassilo von Scheffer，Wien：Phaidon：》Werke und Tage，V《 763 ff.第 763 页及其后数页

9 Seneca：Controversae 1. 1. 10

10 Livius I，58. Zitiert nach：Bucher，Lothar，1887：》Über politische Kunstausdr，acke. + Deutsche Revue XII，S. 67-80，hier：S. 77

11 Livius Ⅲ，34. Zitiert nach：Bucher，Lothar，1887，a. a. O.，S. 77

12 Bucher，Lothar，1887：》Über Politische Kunstausdrücke.《 Deutsche Revue XII，S. 67-80

13 Hegel，Georg Wilhelm Friedrich，1821，1970：Werke in zwanzig Bänden. Band 7：Grundlinien der Philosophie des Rechts. Frankfurt/M.：Suhrkamp，S. 485 f.，§ 318

14 Bucher，Lothar,1887，a. a. O.，S. 76

15 同上书,第 80 页

16 Noelle，Elisabeth，1966：Öffentliche Meinung und Soziale Kontrolle.（Recht und Staat，Heft 329），Tübingen：J. C. B. Mohr(Paul Siebeck) S. 3

17 第 56—67 页,这里是第 56 页,对比第 63 页、第 67 页

18 Die Welt，Nr. 239，vom 12. Oktober 1979，S. 6

19 Tucholsky，Kurt，1975[4]：Schnipsel. Hg. von Mary Gerold-Tucholsky/Fritz J. Raddatz Reinbek：Rowohlt，S. 67

20 Swift，Jonathan，1706，1965：》Thoughts on Various Subjects.《 Prose Works，Vol. 1 ：A Tale of a Tub. Oxford：Basil Blackwell，S. 241（Deutsche Übersetzung：Ludwig Goldscheider）

21 Johoda，Marie，1969，1973：》Konformität und Unabhängigkeit-Eine psychologische Analyse.《 Martin Irle/M. v. Cranach/H. Vetter （Hg.）：Texte aus der experimentellen Sozialpsychologie （Soziologische Texte，Band 45）. Neuwied：Luchterhand，S. 538-572，hier：S. 548. Erstveröffentlichung englisch：》第 538—572 页,这里是 548 页,第一次出版的英语版本：Conformity and Independence. A Psychological Analysis.《 Human Relations 12,1959，S. 99-120

有关第 26 章：新的发现

1 Vgl. Tönnies，Ferdinand，1922：Kritik der öffentlichen Meinung：Berlin：Springer，S. 394

2 Literaturstudien zur öffentlichen Meinung. Leitfaden zur Textanalyse. Siehe Anhang S. 352–354

3 Jünger，Ernst，1962：Der Waldgang. Frankfurt/Main：Klostermann，S. 363

4 Frisch，Max（1958）：》Offentlichkeit als Partner. 《Max Frisch，1979：Öffentlichkeit als Partner. Frankfurt/Main：Suhrkamp，S. 56–67，hier：S. 63，vgl. S. 56，67

5 Eckert，Werner，1985：Zur öffentlichen Meinung bei Machiavelli-Mensch，Masse und die Macht der Meinung. Magisterarbeit. Mainz：Johannes Gutenberg-Universität

6 Henri Ⅳ,档案第一、三部分；请对比本书第 94 页

7 Erasmus von Rotterdam（1516），1968：Fürstenerziehung. Institutio Principis Christiani. Die Erziehung eines christlichen Fürsten. Einführung，Übersetzung und Bearbeitung von Anton J. Gail. Paderbom：Schöningh，S. 89，107，149，185，213 u. ö.；vgl. auch Erasmus von Rotterdam in Selbstzeugnissen und Bilddokumenten dargestellt von Anton J. Gail，1981. Reinbek：Rowohlt，S. 62 ff. 第 89、107、149、185、213 页，未公开出版；也请对比 Anton J. Gail 在 1981 年编撰的自传体文献和图片档案中的 Erasmus von Rotterdam，Reinbek：Rowohlt，第 62 页及其后数页

8 Erasmus von Rotterdam，1968：Fürstenerziehung，a. a. O.，S. 149 ff.，183，201 Machiavelli，Niccolò（1532），1978：Der Fürst. Übersetzt und hg. von Rudolf Zorn. Stuttgart：Kroner，Kapt. 18，19 出处同上，第 144 页及其后数页，第 183、201 页

9 Aristoteles，1986[6]：Politik. Übersetzt und hg. von Olof Gigon. München：Deutscher Taschenbuch Verlag. Belege zu jenen Stellen，aus denen Machiavelli und Erasmus gleichermaßen geschöpft haben，finden sich in 1312 b 18–20（S. 192），1313 a 14–16（S. 193），1314 a 38–10（S. 196），1314 b 14–19，38–39（S. 197）

10 请对比 Geldner，Ferdinand 1930：10 Vgl. etwa Geldner，Ferdinand 1930：》，第 191 册，柏林，第 161 页；关于伊拉斯谟是否可能知道马基雅弗利的文稿，可以与如 Renaudet、Augustin 1954 年的 Die Staatsauffassung und Fürstenlehre des Erasmus von Rotterdam. 《Historische Studien，Heft 191，Berlin，S. 161；zur Frage，ob Erasmus die Schrift Machiavellis möglicherweise kannte，vgl. beispielsweise Renaudet，Augustin，1954：Erasme et l'Italie. Genève：Librairie E. Droz，S. 178 Weiland，Jan Sperna，u. a.（Hg.），1988：Erasmus von Rotterdam. Die Aktualität seines Denkens. Hamburg：Wittig，S. 71

11 约翰内斯的关于政治家的书。《论政府原理中》的第四、五和六册，以及从第七、八册中的节选。在 John Dickinson(1927)的介绍下翻译成英文，1963 年，New York：

Russel & Russel,第 39 页、130 页

12 2 Samuel 3,31-37;6,5.15.20.22;10,4.5

13 Lamp,Erich,1988:Öffentliche Meinung im Alten Testament. Eine Untersuchung der sozialpsychologischen Wirkungsmechanismen öffentlicher Meinung in Texten alttestamentlicher Überlieferung von den Anfängen bis in babylonische Zeit. Diss. phil. Mainz:Johannes Gutenberg-Universität

14 The Statesman's Book of John of Salisbury, 1963, a. a. O., S. 130

15 同上书,第 38 页

16 16 Yavetz, Zvi, 1979:Caesar in der öffentlichen Meinung. Dilsseldorf:Droste, S. 186ff., 第 186 页及其后数页(Schriftenreihe des Instituts für Deutsche Geschichte, Universität Tel Aviv, Bd. 3)

17 Richelieu, Armand du Plessis Cardinal de, 1688, 1947: Testament Politique. Edition critique publiée avec une introduction et des notes par Louis André et une préface de Leon Noel. Paris:Robert Lafont, S. 220, 236 ff. , 373 f. , 450:der Ge. danke an eine 》Weltöffentlichkeit《 klingt beispielsweise an, wenn von der 》réputation du monde《 (S. 104) oder der 》l'fopinion de la plus grande partie du monde《(S. 112) die Rede ist. Vgl. hierzu auch Albertini, Rudolf von, 1951:Das politische Denken in Frankreich zur Zeit Richelieus. Marburg:Simons Verlag, S. 185 (Beihefte zum Archiv für Kulturgeschichte, Heft 1),第 220、236 页及其后数页、第 373 页及其下页、第 450 页;关于"Welt ? ffentlichkeit"从例如"reputation du monde"(第 104 页)或"I'opinion de la plus grande partie du monde"(第 112 页)中的讨论中可以辨析,在这里也可比较 Albertini, Rudolf von,1951 年的"Das Politische Denken in Frankreich zur Zeit Richelieus "Marburg:Simons Verlag,第 185 页(艺术史档案的补遗,第 1 册)

18 Ziegler, Wiltrud:Beschreibung im Brief vom 15. August 1989

19 Uexküll, Thure von, 1964: Grundfragen der psychosomatischen Medizin. Reinbek:Rowohlt, S. 174

20 Ilias 第 2、216 页及其后数页,对比 ZimmermannZimmermann, Tassilo, 1988:Das Bewußtsein von Öffentlichkeit bei Homer. Magisterarbeit. Mainz:Johannes Gutenberg-Universität, S. 72-83

21 Le Goff, Jacques, 1989:》Kann denn Lachen Sünde sein? Die mittelalterliche Geschichte einer sozialen Verhaltensweise.《 Frankfurter Allgemeine Zeitung, Nr. 102,3. 5. 1989, S. N3

22 Thukydides, 1981:Geschichte des Peleponnesischen Krieges. Hg. und übertragen von Georg Peter Landmann. München:Deutscher Taschenbuch-Verlag, S. 140f.

23 请对比本书的第 167 页;并请见 NoelleVgl. in diesem Buch S. 167; s. auch

Noelle-Neumann， Elisabeth， 1982：》Das Bundesverfassungsgericht und die ungeschriebenen Gesetze-Antwort an Ernst Benda.《 Die öffentliche Verwaltung 35， Heft 21，S. 883-888

24 Locke, John， 1690， 1894：An Essay Concerning Human Understanding. 1671 entworfen. Historisch-kritische Ausgabe hg. van Alexander Campbell Fraser. Oxford：At the Clarendon Press，Band 1，2. Buch，S. 476

25 Es handelt sich hierbei um den Megillos-Athener-Dialog in Platons 》Gesetzen《（838 a-d），vgl. Platon， 1969：Sämtliche Werke. Hg. von E. Loewenthal. Köln：Olten， Band 3， S. 488 f.

26 Plato， 1961：Laws. Band 2. Mit einer engl. Ubersetzung hg. von R. G. Bury. London：W. Heinemann/Cambridge， Mass. ；Harvard University Press，S. 159

27 Jäckel，Anne， 1988：Ungeschriebene Gesetze im Lichte der sozialpsychologischen Theorie öffentlicher Meinung. Magisterarbeit. Mainz： Johannes Gutenberg-Universität'S. 31-56，hier： S. 46

28 Raffel，Michael， 1984：》Der Schöpfer des Begriffs 〉Offentliche Meinung〈：Michel de Montaigne《 第 49－62 页，同一作者，1985 年：Publizistik 29， S. 49-62：Ders. ， 1985： Michel de Montaigne und die Dimension Öffentlichkeit. Ein Beitrag zur Theorie der öffentlichen Meinung. Diss. phil. Mainz： Johannes Gutenberg-Universität

29 Montaigne， Michel de， 1962：》Essais《. Œuvres complètes. Hg. von Maurice Rat/ Albert Thibaut. Paris： Gallimard， S. 1033， in der deutschen Übersetzung zitiert nach： Michel de Montaigne， 1911： Gesammelte Schriften. Hg. von Otto Flake/ Wihelm Weigand， übersetzt von J. J. Bode. Bd. 6. München/Leipzig， S. 143

30 Montaigne， Michel de， 1962：》Essais《 a. a. O.， S. 115

31 同上书，第 563 页，德文翻译引用自：Michel ……（请录入）第 4 卷，慕尼黑/柏林， 第 41 页

32 同上书，第 203 页，德语翻译同上书，第 2 卷，慕尼黑/莱比锡，1908 年，第 61 页

33 Montaigne， Michel de：》Essais《， a. a. O.， Livre I， Chapitre XXIII， in der deutschen Übersetzung von Wilhelm Vollgraff zitiert nach：Michel de Montaigne， 1908：Versuche. 1. Buch， Berlin： Wiegandt & Grieben， S. 134

34 出处同上，第 235 页，德语翻译同上书，第 2 卷，第 120 页

35 Cicero， 1980： Atticus-Briefe. Lateinisch und Deutsch. Hg. von H. Kasten. München/Zürich：Artemis， S. 338-351， hier： S. 344 （Cicero at Atticum VI. 1， 18，2）

36 Priscillianus， 1889： Opera. Priscilliani quae supersunt. Maximem partern nuper detexit adiectisque commentariis criticis et indicibus primus edidit Georgius Schepss. Pragae， Vindobonae：F. Tempsky/Lipsiae：G. Freytag， S. 92

37 Montaigne, Michel de: 》Essais《, a. a. O., S. 174,1013, 9, u. ö. ,《Essais》

38 Pasquier, Etienne: 》Lettres XVIII.《 Choix des lettres. Hg. von Thickett, S. 42-
44, zitiert nach: Choix des lettres, 由 Thickett 编撰, 第 42—44 页, 引用
DonaldDonald M. Frame: Montaigne. A Biography. New York 1965, S. 310, in
der Übersetzung zitiert nach Michael Raffel, 1984: 》, 第 310 页, 德文翻译引用
Michael Raffel 1984 年的 Der Schöpfer des Begriffs 〉Öffentliche Meinung〈:
Michel de Montaigne.《 a. a. O., S. 51

39 Das Nibelungenlied, 1965. In der Übersetzung von Felix Genzmer. Stuttgart:
Reclam, S. 138

40 Haller, William, 1965: Tracts on Liberty in the Puritan Revolution 1638-1647,
Vol. 1, Commentary. New York: Octagon Books. - Ich danke Dieter Reigber,
Archivar im Institut für Demoskopie Allensbach, der mich auf these Karikatur
aufmerksam gemacht hat

41 Müller, Johannes von, 1777: 》Zuschrift an alle Eidgenossen.《 Ders. : Sämmtliche
Werke. Siebenundzwanzigster Theil. (Nachlese kleiner historischer Schriften).
Hg. von Johann Georg Müller. Tübingen: J. G. Cotta'sche Buchhandlung 1819,
S. 24-50, hier: S. 41

42 Rabelais, François, 1955: Euvres complètes: Texte établi et annoté par Jacques
Boulenger. Ed. rev. et compl. par Lucien Scheler. Paris: Gallimard, S. 206,
260, 267

43 Burke, Edmund, 1791,1975: 》An Appeal from the New to the Old Whigs.《
Ders. , 1887: The Works. Twelve Volumes in Six, Vol. Ⅲ/Ⅳ. Neudruck:
Hildesheim/ New York: Georg Olms Verlag, Vol. Ⅳ, S. 61-215, hier: S. 66

44 Erasmus von Rotterdam, 1968: Fürstenerziehung, a. a. O., S. 201; Machiavelli,
Niccolò,1532: Der Fürst, a. a. O., Kap. 18: Fürstenerziehung

45 Braatz, Kurt, 1988: Friedrich Nietzsche-Eine Studie zur Theorie der öffentlichen
Meinung. Berlin/New York: de Gruyter (Monographien und Texte zur Nietzsche-
Forschung, Bd. 18)

46 Gersdorff, Carl (Emst August) von, 1846: Ueber den Begriff und das Wesen der
oeffentlichen Meinung. Ein Versuch. Jena: Verlag von J. G. Schreiber, S. 10,
12, 5

47 Spencer, Herbert, 1879,1966: 》The Data of Ethics.《 The Works of Herbert
Spencer, Vol. 9, The Principles of Ethics, Part I. Osnabrück: Otto Zeller
(Reprint der Ed. 1892), S. 1-303, hier: S. 118

48 Nietzsche, Friedrich: 》Zur Genealogie der Moral. -Dritte Abhandlung: Was be deuten
asketische Ideate?《 § 12. Ders. , 1967 ff. : Werke. Kritische Gesamtausgabe. Hg.

von Giorgio Colli/Mazzino Montinari. Berlin/New York：de Gruyter，VI，2，S. 383

有关第 27 章：通往形成舆论理论的道路

1 Public Opinion Quarterly，1970，Vol. 34，S. 454 f. 1970 年，第 34 期，第 454 页及其下页

2 Warner，Lucien，1939：》The Reliability of Public Opinion Surveys.《 Public Opinion Quarterly，Vol. 3，S. 377

3 Beyle，Herman C. ，1931：Identification and Analysis of Attribute-Cluster-Blocs. Chicago：University of Chicago Press，S. 183.

4 Donsbach，Wolfgang/Robert L. Stevenson，1986：》Herausforderungen，Probleme und empirische Evidenzen der Theorie der Schweigespirale.《 Publizistik，31. Jg. ，S. 7–34，hier：S. 14，vgl. S. 7

5 Ebendort，S. 8 f. ；vgl. auch Deisenberg，Anna Maria，1986：Die Schweigespirale — Die Rezeption des Modells im In-and Ausland. Nachwort：Elisabeth Noelle-Neumann. Milnchen：Minerva-Saur

6 Noelle-Neumann，Elisabeth，1989：》Advances in Spiral of Silence Research.《 KEIO Communication Review 10，S. 3–34，vgl. S. 20

7 请对比例如 Glynn，Caroll J. /Jack M. McLeod，1985：Implications of the Spiral of Silence Theory for Communication and Public Opinion Research. 《 Keith R. Sanders/Linda Lee Kaid/Dan Nimmo（Hg. ）：Political Communication Yearbook 1984. Carbondale/Edwardsville：Southern Illinois University Press，S. 43–65，hier：S. 44

8 请对比本书的第 244 页及其下页

9 请对比本书的第 286 页及其后数页

10 请对比 Kepplinger，Hans Mathias，1989：Künstliche Horizonte. Folgen，Darstellung und Akzeptanz von Technik in der Bundesrepublik Deutschland. Frankfurt/ Main：Campus Verlag Kepplinger，Hans Mathias，1988：》Die Kernenergie in der Presse. Eine Analyse zum Einfluß subjektiver Faktoren auf die Konstruktion von Realität.《 Kölner Zeitschrift für Soziologie und Sozialpsychologie，40. Jg. ，S. 659–683

11 Mathes，Sabine，1989：Die Einschätzung des Meinungsklimas im Konflikt um die Kernenergie durch Personen mit viel und wenig Femsehnutzung. Magisterarbeit. Mainz：Johannes Gutenberg-Universität 11 aVgl. in diesem Buch S. 318

11a 请对比本书的第 318 页

12 阿伦斯巴赫档案，IfD 问卷调查 4005，问题 21，1982 年 2 月

13 阿伦斯巴赫档案，IfD 问卷调查 5013，问题 20B，1988 年 11 月

14 请对比本书的第 79 页及其下页

15 同上书,第 81 页及其下页

16 同上书,第 81 页及其后数页

17 同上书,第 79 页及其后数页

18 Holicki, Sabine, 1984: Isolationsdrohung-Sozialpsychologische Aspekte eines publizistikwissenschaftlichen Konzepts. Magisterarbeit. Mainz: Johannes Gutenberg-Universität

19 Albrecht, Angelika, 1983: Lachen und Lächeln-Isolation oder Integration? Magisterarbeit. Mainz: Johannes Gutenberg-Universität

20 请对比本书的第 63 页

21 Nosanchuk, T. A./Jack Lightstone, 1974: 》Canned Laughter and Public and Private Conformity.《 Journal of Personality and SocialPsychology, Vol. 29, S. 153-156

Berlyne, D. E., 1969: 》Laughter, Humor, and Play.《 Gardner Lindzey/Elliot Aronson (Hg.): The Handbook of Social Psychology. Second Edition, vol 3. Reading, Mass.: Addison-Wesley Publishing Company, S. 795-852

22 阿伦斯巴赫档案,IfD 问卷调查 5016,问题 38,1989 年 2 月

23 请对比本书的第 59 页及其后数页

24 同上书,第 66 页及其后数页

25 Vgl. z. B. Glynn, Carroll J./Jack M. McLeod, 1985: Implications of the Spiral of Silence Theory for Communication and Public Opinion Research, a. a. O., S. 47 f., 60

26 Als frühe Arbeiten aus den Anfängen dieses Forschungszweiges in den dreißiger Jahren siehe: Moreno, Jacob L., 1934, 1953: Who Shall Survive? Foundations of Sociometry, Group Psychotherapy and Sociodrama. Rev. & enl. ed. Beacon, N. Y.: Beacon House

Lewin, Kurt, 1935-1946, 1948: Resolving Social Conflicts: Selected Papers on Group Dynamics. Ed. by Gertrud W. Lewin. A publication of the University of Michigan Research Center for Group Dynamics. New York: Harper Sherif, Muzafer, 1936, 1965: The Psychology of Social Norms. New York: Octagon27 Holicki, Sabine: 1984: Isolationsdrohung-Sozialpsychologische Aspekte eines publizistikwissenschaftlichen Konzepts, a. a. O., S. 82ff. Konzepts

28 Cartwright, Dorwin/Alvin Zander (Hg.), 1953, 1968: Group Dynamics. Research and Theory. Third Edition. New York/Evanston/London: Harper & Row, Kap. 11:第 11 章:Pressures to Uniformity in Groups:Introduction, S. 145

29 请对比本书的第 135 页及其下页

30 Goffman, Erving, 1963: Behavior in Public Places. Notes on the Social

Organization of Gatherings. New York: The Free Press

31 请对比例如 Goffman, Vgl. z. B. Goffman, Erving, 1956: 》Embarrassment and Social Organization.《 The American Journal of Sociology, Vol. 62, S. 264-271 Goffman, Erving, 1963: Stigma. Notes on the Management of Spoiled Identity. Englewood Cliffs: Prentice-Hall, Inc.

32 Darwin, Charles, 1873: The Expression of the Emotions, in Man and Animals. London: Murray, S. 330

33 Goffman, Erving, 1956: Embarrassment and Social Organization, a. a. O., S. 265, 270f. Organization

34 请对比本书第 311 页的表 28,及其后数页

35 Zuuren, Florence J. van, 1983: 》The Experience of Breaking the Rules.《 Paper presented at the 》Symposium on Qualitative Research in Psychology《 in Perugia, Italy, August 1983. Dept. of Psychology, University of Amsterdam. Revesz-Bericht No. 47

36 Schlarb, Armin, 1984/85: Die Beziehung zwischen öffentlicher Meinung und symbolischem Interaktionismus. Seminararbeit. Mainz: Institut für Publizistik der Johannes Gutenberg-Universität

37 Mead, George Herbert, 1934, 1968: Geist, Identität und Gesellschaft aus der Sicht des Sozialbehaviorismus. Frankfurt/Main: Suhrkamp (Titel der Originalausgabe: Mind, Self, and Society. From the standpoint of a social behaviorist. Chicago: University of Chicago Press 1934)

38 Ewen, Wolfgang/Wolfgang Heininger/Sabine Holicki/Axel Hopbach/Elmar Schlüter, 1981/82: Selbstexperiment: Isolationsdrohung. Seminararbeit. Mainz: Institut für Publizistik der Johannes Gutenberg-Universität

39 Hallemann, Michael, 1984: Peinlichkeit als Indikator. Theorie der Peinlichkeit-demoskopische Analyse-Bezüge zur Publizistikwissenschaft unter besonderer Berücksichtigung des Phänomens Öffentlichkeit. Magisterarbeit. Mainz: Johannes Gutenberg-Universität

Hallemann, Michael, 1989: Peinlichkeit. Ein Ansatz zur Operationalisierung von Isolationsfurcht im sozialpsychologischen Konzept öffentlicher Meinung. Diss. phil. Mainz: Johannes Gutenberg-Universität

Vgl. auch: Hallemann, Michael, 1986: 》Peinlichkeit und öffentliche Meinung. 《Publizistik, 31. Jg. ,S. 249-261

40 请对比阿伦斯巴赫档案,IfD 问卷调查 4031, 1983 年 8 月

41 阿伦斯巴赫档案,IfD 问卷调查 5021, 1989 年 6 月

42 Goffman, Erving,1956:Embarrassment and Social Organization, a. a. O., S. 270

43 Donsbach，Wolfgang/Robert L Stevenson，1986：》Herausforderungen，Probleme und empirische Evidenzen der Theorie der Schweigespirale，a. a. O.，S. 10 ff.

44 t' Hart，Harm，1981：》People's Perceptions of Public Opinions.《Paper presented to the International Society of Political Psychology，Mannheim

45 Hallemann，Michael，1989：Peinlichkeit. Ein Ansatz zur Operationalisierung von Isolationsfurcht im sozialpsychologischen Konzept öffentlicher Meinung，a. a. O.，S. 135

46 同上书，第 137 页，表 15

47 同上书，第 178 页及其后数页

48 请 对 比 NoelleVgl. Noelle-Neumann，Elisabeth，1989：《 Die Theorie der Schweigespirale als Instrument der Medienwirkungsforschung. 》Max Kaase/ Winfried Schulz（Hg. ）：Massenkommunikation. Opladen：Westdeutscher Verlag （Sonderheft 30 der Kölner Zeitschrift für Soziologie ünd Sozialpsychologie） Katz，Elihu，1981：《Publicity and Pluralistic Ignorance：Notes on〈The Spiral of Silence〉. 》Horst Baier/Hens Mathias Kepplinger/Kurt Reumann （ Hg. ）： Öffentliche Meinung und sozialer Wandel. Public Opinion an Social Change. Für Elisabeth Noelle-Neumann. Opladen：Westdeutscher Verlag，S. 28-38

49 请对比本书的第 165、179 页及其后数页、第 243 页及其下页
Vgl. in diesem Buch S. 165. 179 ff，243 f.
Noelle-Neumann，Elisabeth，1985：》The Spiral of Silence. A Response.《Keith R. Sanders/Lynda Lee Kaid/Dan Nimmo（Hg. ）：Political Communication Yearbook 1984，a. a. O.，S. 66-94，hier：S. 72 ff.

50 同上书第 73 页及其下页是关于死刑话题的详细讨论的例子；另一个例子是关于堕胎的话题的（请对比阿伦斯巴赫档案，IfD 问卷调查 2081、4030、4099/Ⅰ＋Ⅱ）

51 请对比本书的第 33 页及其后数页

52 同上书，第 200 页及其后数页

53 同上书，第 246 页及其后数页

54 请对比同上书的第 280 页及其后数页：Vgl. ebendort S. 280ff. ；Das öffentliche und das private Leben；Michel Montaigne

55 Chuliá-Rodrigo，Maria Elisa，1989：Die öffentliche Meinung in Cervantes' Roman》Don Quijote von der Mancha《. Magisterarbeit. Mainz：Johannes GutenbergUniversität

56 Public Opinion Quarterly，1970，Vol. 34，S. 455

57 请对比本书的第 134 页

58 Hofstätter，Peter Robert，1949：Die Psychologie der öffentlichen Meinung：Wien：Wilhelm Braumüller，S. 53

59 请对比本书的第 132 页及其下页

Vgl. in diesem Buch S. 132f. Tönnies, Ferdmand, 1922: Kritik der öffentlichen Meinung. Berlin: Springer, S. 138

60 请对比本书的第 132 页及其下页

Vgl. in diesem Buch S. 132f.

Hennis, Wilhelm, 1957: Meinungsforschung und repräsentative Demokratie. Zur Kritik oolitischer Umfrapen. Tiibingen: J. C. B. Mohr(Paul Siebeck), S. 19ff.

61 Chuliá-Rodrigo, Maria Elisa, 1989: Die öffentliche Meinung in C: ervantes' Koman》Don Quijote von der Mancha《, a. a. O., S. 38

62 Kepplinger, Hans Mathias, 1975: Realkultur und Medienkultur. Literarische Karrieren in der Bundesrepublik Deutschland, Freiburg/Mtinchen: Karl Alber Zu Kapitel XXⅧ: Manifeste und latente Funktion offentlicher Meinung: Eine Zusammenfassung (S. 323-342)

有关第 28 章:舆论的显现的和潜在的功能:一个概括

1 W. Phillips Davison: Public Opinion: Introduction. In: David L. Sills (Hrsg.): International Encyclopedia of the Social Sciences, Bd. 13, New York: Macmillan Co. &. Free Press, S. 188-197, hier: S. 188

2 James R. Beniger: Toward an Old New Paradigm. The Half-Century Flirtation with Mass Society. In: Public Opinion Quarterly 51(1987), S. S46-S66, hier. S. S54; vgl. Albert E. Gollin: Exploring the Liaison between Polling and the Press. In: Public Opinion Ouarterlv 44(1980),S. 445-461

3 Robert K. Merton: Social Theory and Social Structure: Toward the Codification of Theory and Research. New York: Free Press [1949] 1957; siehe Kapitel I:》 Manifest and Latent Structure,《 1957; 请见第 1 章:《 Manifest and Latent Structure》

4 同上书,第 51 页

5 请对比 Paul A. Palmer:Vgl. Paul A. Palmer: The Concept of Public Opinion in Political Theory. (1936) In: Bernard Berelson, Morris Janowitz (Hrsg.): Reader in Public Opinion and Communication. Glencoe,1950,第 3—13 页;Ill. : Free Press 1950, S. 3-13; Jürgen Habermas: Strukturwandel der Öffentlichkeit. Untersuchungen zu einer Kategorie der bürgerlichen Gesellschaft. Neuwied: Luchterhand 1962; Serge Moscovici: Silent Majorities and Loud Minorities. Commentary on Noelle-Neumann. In: Communication Yearbook 14, hrsg. von James A. Anderson, Newbury Park: Sage 1991, S. 298-308

6 对比 Bernd Niedermann:Vgl. Bernd Niedermann: Öffentliche Meinung und Herrschaft am Beispiel des er-folgreichen Politikers Kardinal Richelieu. Magisterarbeit Johannes-

Gutenberg-Universität, Mainz 1991; Frank Rusciano, Roberta Fiske-Rusciano: Towards a Notion of 〉World Opinion〈. In: International Journal of Public Opinion Research 2 (1990),S. 305-322

7 Hans Speier Historical Development of Public Opinion. In: American Journal of Sociology 55(1950), S. 376-388, hier: S. 376

8 请对比 Jürgen Habermas:Strukturwandel der ? ffentlichkeit,出处同上

9 请对比 International Vgl. International Encyclopedia of the Social Sciences, hrsg. von David L. Sills, Bd. 13, New York: Macmillan Co. &Free Press 1968, S. 192,第 192 页;International Encyclopedia of Communications, Bd. 3, New York: Oxford University Press 1989, S. 387 1989 年,第 387 页;Staatslexikon Recht, Wirtschaft, Gesellschaft, Bd. 4, Freiburg, Basel,Wien: Herder 1988, S. 98 1988 年,第 98 页;页请对比 Lothar Bucher: vgl. auch Lothar Bucher Über politische Kunstausdriücke. In: Deutsche Revue 12(1887), S. 67-80, hier: S. 77 (1887 年),第 67-80 页,在这里:第 77 页;Wilhelm Bauer: Die öffentliche Meinung in der Weltgeschichte. Wildpark-Potsdam: Akademische Verlagsgesellschaft Athenaion 1930, S. 234 f.

10 Jean P. Frazier, Cecile Gaziano: Robert Ezra Park's Theory of News, Public Opinion and Social Control. In: Journalism Monographs 64(1979)

11 Francis G. Wilson: Concepts of Public Opinion. In: The American Political Science Review 27(1933), S. 371-391,hier: S. 382, 390

12 Harwood L. Childs: Public Opinion: Nature, Formation, and Role. Princeton, Toronto, New York, London: D. van Nostrad 1965, S. 12-41

13 James T. Young: The New American Government and its Work. New York: Macmillan 1923,S. 577-578

14 A. W. Holcombe: The Foundations of the Modern Commonwealth, New York: Harpers 1923, S. 36

15 J. A. Sauerwein: The Moulders of Public Opinion. In: Quincy Wright (Ed.): Public Opinion and World Politics, Chicago: University of Chicago Press 1933, S. 29

16 E. Jordan: Theory of Legislation. Indianapolis: Progress Publishing Company 1930,S. 339

17 A. Lawrence Lowell: Public Opinion and Popular Government. New York: 1913; Vgl. Paul F. 1913 年;请对比 Paul F. Public Opinion and the Classical Tradition. In: Public Opinion Quarterly 21(1957), S. 39-53, hier: S. 49 f.

18 Lucien Warner: The Reliability of Public Opinion Surveys. In: Public Opinion Quarterly 3(1939), S. 376-390, hier: S. 377

19 Herman C. Beyle: Identification and Analysis of Attribute-Cluster-Blocs. Chicago: University of Chicago Press 1931, S. 183

20 Paul F. Lazarsfeld: Public Opinion and the Classical Tradition. a. a. O., S. 43Tradition.

21 James R. Beniger: Toward an Old New Paradigm. The Half-Century Flirtation with Mass Society. a. a. O., S. S54；出处同上，第 54 页；请对比 Albert E. vgl. Albert E. Gollin: Exploring the Liaison between Polling and the Press. a. a. O., S. 448 Society. the Press.

22 Herbert Blumer: Public Opinion and Public Opinion Polling. In: American Sociological Review 13(1948), S. 542–547, hier: S. 543

23 Pierre Bourdieu: Public Opinion Does Not Exist. In: A. Mattelart, S. Siegelaub (eds.): Communication and Class Struggle. New York: International General 1979

24 Im International Journal of Public Opinion Research 4(1992), No. 3, ist der MAPOR-Sitzung vom 22. November 1991，第 3 期，这是 1991 年 11 月 22 日的 MAPOR 会议，《Public Opinion Theory and Research. Critical Perspectives《 breiter Raum gewidmet durch Beiträge von Susan Herbst: Surveys in the Public Sphere: Applying Bourdieu's Critique of Opinion Polls; Thomas Goodnight: Habermas, the Public Sphere, and Controversy; Limor Peer. The Practice of Opinion Polling as a Disciplinary Mechanism: A Foucauldian Perspective; James Beniger: The Impact of Polling on Public Opinion: Reconciling Foucault, Habermas, and Bourdieu

25 James R. Beniger: Toward an Old New Paradigm. The Half-Century Flirtation with Mass Society. a. a. O., S. S58 f. Society

26 Brewster Smith: Some Psychological Perspectives on the Theory of Public Opinion. In: Public Opinion Quarterly 34(1970), S. 454 f.

27 David Hume: Essays Moral, Political, and Literary. (1741/42) London: Oxford University Press 1963, S. 29

28 W. Phillips Davison,》The Public Opinion Process《, Public Opinion Quarterly 22 (1958), S. 91–106

29 Rudolph von Ihering: Der Zweck im Recht. Leipzig: Breitkopf & Härtel, Bd. 2, S. 242, vgl. S. 325

30 请对比 Jürgen Vgl. Jürgen Habermas: Strukturwandel der Offentlichkeit. a. a. O. ? ffentlichkeit,出处同上

31 Mihaly Csikszentmihalyi: Public Opinion and the Psychology of Solitude. Vortrag an der Johannes-Gutenberg-Universität am 22. Januar 1992 Solitude

32 Edmund Burke: An Appeal from the New to the Old Whigs. (1791) In: The Works of the Right Honourable Edmund Burke, London: Rivington 1826, Bd. 6, S. 73-267

33 请对比 Erving Goffman: Embarrassment and Social Organization. In: The American Journal of Sociology 62 (1956), S. 264-271, 第 264—271 页; Michael Hallemann: Peinlichkeit. Ein Ansatz zur Operationalisierung von Isolationsfurcht im sozialpsychologischen Konzept öffentlicher Meinung. Dissertation Johannes-Gutenberg-Universität, Mainz 1989 Meinung

34 Elisabeth Noelle: Öffentliche Meinung und Soziale Kontrolle. Recht und Staat 329. Tübingen: J. C. B. Mohr (Paul Siebeck) 1966

35 Mary Douglas: Wie Institutionen denken. Frankfurt/M.: Suhrkamp 1991, S. 125; engl. Originalausgabe: 第 125 页; 英文原版: How Institutions think. Syracuse, New York: Syracuse University Press 1986

36 同上书, 第 135 页

37 Elisabeth Noelle-Neumann: The Theory of Public Opinion: The Concept of the Spiral of Silence. a. a. O. Silence. 出处同上

38 请对比例如 Mark Snyderman, Stanley Rothman: The IQ Controversy. The Media and Public Policy. New Brunswick: Transaction Books 1988

39 Vgl. Muzafer Sherif: The Psychology of Social Norms. New York: Octagon Books 1936, 1965; Solomon E. Asch: Effects of Group Pressure upon the Modification and Distortion of Judgments. In: H. Guetzkow (ed.): Groups, Leadership, and Men. Pittsburgh: Carnegie 1951. Reprinted in: Dorwin Cartwright, Alvin Zander (eds.): Group Dynamics: Research and Theory. Evanston, Ill., New York: Row, Peterson and Co. 1953

40 Erving Goffman: Embarrassment and Social Organization. a. a. O.; Ders.: Stigma. Notes on the Management of Spoiled Identity. Englewood Cliffs: Prentice-Hall Inc. 1963

有关 1991 年后记

1 Frentiu, Carmen, 1990: Die öffentliche Meinung in den Essays 》Upon the Original and Nature of Government《 (1672) und 》Of Popular Discontents《 (1685) von Sir William Temple. Seminararbeit. Mainz: Institut für Publizistik der Johannes-Gutenberg-Universität

2 Temple, Sir William, 1964: An Essay Upon the Original and Nature of Government (1672). Los Angeles: University of California (The Augustan Reprint Society, Publication Number 109), S. 45-95, hier: S. 58 f.

3 1990 年 10 页 9 日电信件,第 4 页

4 Platon, 1987：Protagoras. Griechisch/Deutsch. Übersetzt und kommentiert von Hans-Wolfgang Krautz. Stuttgart：Reclam，S. 32－39（＝320d－323a nach der Werkzählung）Deutsch,有 Hans—Wolfang Krautz 翻译和注释, Stuttgart：Reclam

5 Hubbard，B. A. F. /E. S. Karnofsky, 1982：Plato's Protagoras. A Socratic Commen tary. With a foreword by M. F Burnyeat. London：The Trinity Press，S. 96 Commentary. 由 M. F. Burnyeat 写前言，London：The Trinity Press，第 96 页

有关 2001 年补遗 为哥伦布道歉？舆论有自己的时间和空间边界

1 Berlin，Isaiah, 1982：The Counter Enlightment. In：Henry Hardy（Hg. ）：Isaiah Berlin：Against the Current. Essays in the History of Ideas. New York：Penguin，S. 1-24. Dort S. 1-2

2 Montaigne,Michel de, 1962：》Essais《,a. a. O.,S. 563,in der deutschen Übersetzung zitiert nach：Michel de Montaigne, 1915：Gesammelte Schriften, a. a. O,Bd. 4, München/Berlin，S. 41Schriften

3 Noelle-Neumann，Elisabeth，1972：On the Significance of the Discovery of the News Value of Consonance for Answering the Question on the Effects of Mass Media. In：Abstract Guide. XXth. International Congress of Psychology，August 13-19,1972，Tokyo，Japan. Tokio

4 例如 Fuchs，Z. B. Fuchs，Dieter/Jürgen Gerhards/Friedhelm Neidhardt, 1992：Offentliche Kommunikationsbereitschaft. Ein Test zentraler Bestandteile der Theorie der Schweigespirale. In：Zeitschrift für Soziologie, 21. Jg. , S. 284-295

5 Greenpeace entschuldigt sich bei Shell. Umweltschutzorganisation gesteht Fehler bei der Berechnung der Schadstoffe in der Brent Spar ein. In：Die Welt online vom 6. 9. 1995 Die Welt

6 》Brent Spar《 wurde geräumt. Umweltministerin Merkel will Versenkung der Bohrinsel verhindern. In：Die Welt online vom 24. 5. 1995 Die Welt

7 Schüss 7 Schüsse auf Shell-Tankstelle. Versenkung der Ölplattform als Motiv vermutet. Boykottaufrufe. In：Die Welt online vom 15. 6. 1995. Proteste gegen Shell weiten sich aus. Jetzt vier Greenpeace-Aktivisten auf der》Brent Spar《. In：Die Welt online vom 21. 6. 1995

8 Proteste gegen Shell weiten sich aus. a. a. O. aus. 出处同上

9 Ebenda

10 Shell-Manager verwirren mit Aussagen zu Plattform. In：Die Welt online vorn 17. 6. 1995 Die Welt 1995 年 6 月 17 日的在线版

11 Der Weg der 》Brent Spar《 zu einer Entsorgung an Land. In：Die Welt online vom 22.6.1995 Die Welt 1995 年 6 月 22 日的在线版

12 Greenpeace entschuldigt sich bei Shell. a. a. O. Shell. 出处同上

13 同上

14 Ein Wodka auf den》Mir《-Absturz. In：Die Welt online vom 18.3. 2001. Die Mir ist verglüht. In：Die Welt online vom 23.3. 2001

15 Küng, Hans,1993：Projekt Weltethos. München und Zürich 1990，5. Auflage

16 Funkhouser，G. Ray，2000：A World Ethos and the Clash of Civilizations：A CrossCultural Comparison of Attitudes. ln：International Journal of Public Opinion Research，12. Jg.，S. 73-79

17 Lipset，Seymour Martin，1999：Corruption，Culture，and the Intellectuals. Unveröffentlichtes Manuskript

18 同上书，第 17 页

19 同上书，第 37 页

20 Pilgerfahrt auf Paulus' Spuren. In：Die Welt online vom 7.5. 2001 Die Welt 2001 年 5 月 7 日的在线版

21 Lübbe，Hermann，2001：》Ich entschuldige mich《. Das neue politische BuBritual. Berlin：Siedler

22 Bremer，Jörg 1999：Versöhnungs-Wanderung ins Heilige Land. Christen verurteilen die Taten der Kreuzfahrer. In：Frankfurter Allgemeine Zeitung vom 15. 7.1999，S. 12 Kreuzfahrer. 在 1999 年 7 月 15 日的 Frankfurter Allgemeine Zeitung 中，第 12 页

23 Fuhrmann，Horst，1989：Einladung ins Mittelalter. München：C. H. Beck

24 Schubert，Ernst，1998：Spätmittelalter-die Rahmenbedingungen des Lebens kleiner Leute. In：Gerd Althoff/Hans-Werner Goetz/Ernst Schubert：Menschen im Schatten der Kathedrale. Neuigkeiten aus dem Mittelalter. Darmstadt：Wissenschaftliche Buchgesellschaft，S. 269-350. Dort S. 267-277

25 Bauer，Albert/Reinhold Rau（bearb.），1990：Quellen zur Geschichte der sächsischen Kaiserzeit. Widukinds Sachsengeschichte，Adalberts Fortsetzung der Chronik Reginos，Liuprands Werke. Darmstadt：Wissenschaftliche Buchgesellschaft. Dort S. 88-89

26 Althoff，Gerd，1998：Die Bösen schrecken，die Guten belohnen. Bedingungen，Praxis und Legitimation mittelalterlicher Herrschaft. In：Gerd Althoff/Hans-Werner Goetz/Ernst Schubert：Menschen im Schatten der Kathedrale a. a. 0.，S. 1-110. Dort S. 54 Katherdrale

27 Zit. nach Milger，Peter，1988：Die Kreuzzüge. Krieg im Namen Gottes. München：C. Bertelsmann，5.226

28 Gent. 在 1999 年 11 月 15 日的 Frankfurter Allgemeine Zeitung

29 Fuhrmann，Horst：Einladung ins Mittelalter a. a. O.，S. 246Mittelalter.

30 同上

31 Remarks by the President to the people of Germany. The White House，Office of the Press Secretary，13. Mai 1998 Secretary，1998 年 5 月 13 日

有关舆论的文献研究

文章分析线索

通过尝试对以下问题的回答,可以进行对相关文献的检审:

1. 作品里是否包含了一个或多个关于公共舆论的定义? 如果作品不是对各种定义的总结性专题讨论,那么这部作品中得出了哪个或哪些有关公共舆论的定义?

2. 作品是否与其他的同时代的或历史上的作者有关联,这不仅是指简单的引用,还包括意义上的连续性? 和哪些作者?

3. 关于公共舆论这个课题引用了哪些古典作者,无论是清晰强调的还是一带而过的?

4. 作品是否将某些部分或全部的重点放在对(某个特定的时间、关于某个特定的话题、被某些特定的群体或机构所支持或反对的)公共舆论的内容层面的描述上,还是公共舆论的内容只是作为用来描述公共舆论的功能时所举的例子。

5a. 作品的部分或全部重点是否在描述公共舆论的功能? 是从哪种角度进行描述的:社会心理的、政治的、文化的,或是其他领域的视角?

5b. 或者尽管对公共舆论的功能的描述并不是作品的重点所在,但是在那里的上下文中是否描述了公共舆论的功能?

6. 公共舆论是看作是批判性的、知识分子高度重视的判断理论(精英概念),还是被作为团结的工具(凝聚概念)?

7. 作者将公共舆论描绘为明智的还是愚蠢的,或者有时明智、有时愚蠢的? 公共舆论有哪些特征? 或者被认为不值得对它进行评价?

8. 在谈到公共舆论时,是否提到了一致性行为? 是否将对被孤立的恐惧看作是顺从行为的原因? 在作品中是否在于一致性行为相关联的上下文中使用了"社会性恐惧"这个概念或同义概念?

9. 个体的对被孤立的恐惧是否作为公共舆论过程中的要素被强调?

10. 个体如何识别周围环境(环境发出的信号)中的赞同和禁止?

11. 大卫·休谟的"所有的政府都是建立在公众舆论基础之上的"这条原理是否明确指出还是泛泛地提到,任何政府应该重视公共舆论,这个观点?

12. 在这部作品中,是否明确地或隐含地指出,公共舆论或舆论气候有道德上的负担,即需要与道德价值体系联系在一起?

13. 作品是否明确地还是含蓄地区分了道德立场和理性立场? 是如何描述这两者之

间的关系的？是否有不同的阶段,有的阶段是道德观点占主导,另一些阶段是理性观点占主导?

14. 作品是否明确地还是含蓄地区分了公共舆论(针对特别事物的、短暂的)与意见气候(更分散的、长期的)? 通过这部作品是否有可能认识到,公共舆论这个概念是对意见气候的具体表现?

15. 作品是否涉及对"公共"这个概念的争论?"公共"是从法律的,还是政治的或社会心理学的(公共性作为一种意识)角度去理解?

16. 哪些可以描述为公共舆论的表现形式:传媒中的内容、选举结果、符号、意识(庆典)、习俗惯例、流行、谣言、丑闻、人们对行为方式、谚语以及其他?

17. 如何看待新闻学、大众传媒和公共舆论之间的关系?

A) 被公开传播的想法和公共舆论是相同的吗,还是它们之间有明显的区别?

B) 是否讨论了大众传媒对公共舆论的形成的或强烈或微弱的影响,还是没有涉及这个问题?

C)作品是否阐述了其他事物对公共舆论产生影响? 都是哪些?

18. 是否讨论了公共舆论对某些领域的作用,比如法律、宗教、经济、科学、艺术/美学(通俗文化)?

19. 作品是否区分了在家庭、朋友、熟人以及同事和最后的匿名公众这些不同的社会圈子中的对周围环境的感知与孤立恐惧的不同?

20. 作者对公共舆论现象以及公共性的个人的观点是否源自其所处的时代的特征、生活环境的文化和社会历史?

21. 问卷调查在哪些地方是失效的? 在作品中有关公共舆论或公共性的明确或隐含的阐述是无法通过问卷调查所获得的?

文　献

ALBERTINI, RUDOLF VON, 1951: Das politische Denken in Frankreich zur Zeit Richelieus. (Beihefte zum Archiv für Kulturgeschichte, Heft 1) Marburg: Simons Verlag

ALBRECHT, ANGELIKA, 1983: Lachen und Lächeln-Isolation oder Integration? Magisterarbeit. Mainz: Johannes Gutenberg-Universität ALLPORT, FLOYD H. , 1937: 》Toward a Science of Public Opinion. 《Public Opinion Quarterly, Vol. 1, No. 1, S. 7-23

ALTHOFF, GERD, 1998: Die Bösen schrecken, die Guten belohnen. Bedingungen, Praxis und Legitimation mittelalterlicher Herrschaft. In: Gerd Althoff/Hans-Werner Goetz/Ernst Schubert: Menschen im Schatten der Kathedrale. Neuigkeiten aus dem Mittelalter. Darmstadt: Wissenschaftliche Buchgesellschaft

ALVERDES, FRIEDRICH WILHELM, 1925: Tiersoziologie: Forschungen zur Völkerpsychologie und-soziologie. Hg. : Richard ' Thurn, Band 1. Leipzig: Hirschfeld

ARISTOTELES, 1986 ': Politik. Übersetzt und hg. von Olof Gigon. München: Deutscher Taschenbuch Verlag

ASCH, SOLOMON E. , 1951: 》Effects of Group Pressure upon the Modification and Distortion of Judgments. 《 H. Guetzkow (Hg.): Groups, Leadership, and Men. Pittsburgh: Carnegie-Nachgedruckt 1953: Dorwin Cartwright/Alvin Zander (Hg.): Group Dynamics. Research and Theory. Evanston, Ill/New York: Row, Peterson and Comp. , 5. 151-162

ASCH, SOLOMON E. , 1952: 》Group Forces in the Modification and Distortion of Judgments. 《Social Psychology. New York: Prentice Hall Inc. , 5. 450-473

BADER-WEISS, G. /K. S. BADER, 1935: Der Pranger. Ein Strafwerkzeug und Rechtswahrzeichen des Mittelalters. Freiburg: Jos. Waibel ' sche Verlagsbuchhandlung

BANDURA, ALBERT, 1968: Amitation. 《 International Encyclopedia of the Social Sciences. New York: The Macmillan Company &. The Free Press, Vol. 7, S. 96-101

BEYLE, HERMAN C. ,1931:Identification and Analysis of Attribute-Cluster-Blocs. Chicago: University of Chicago Press

BLAKE, ROBERT R. /JANE SUYGLEY MOUTON, 1954: 》Present and Future Implications of Social Psychology for Law and Lawyers. 《Journal of Public Law, Vol. 3,S. 352-369

BLUMER, HERBERT, 1948: Public Opinion and Public Opinion Polling. In: American Sociological Review, Vol. 13, S. 542-547

BOAS, GEORGE, 1969: Vox Populi: Essays in the History of an Idea. Baltimore: The Johns Hopkins Press

BODIN, JEAN, 1968: Les six livres de la République. Livre cinquiéme. (Corpus des œvres de philosophie en langue Française). Paris: Fayard

BOURDIEU, PIERRE, 1979: Public Opinion Does Not Exist. In: Mattelart A. /S. Siegelaub (Hg.): Communication and Class Struggle. New York: International General

BRAATZ, KURT, 1988: Friedrich Nietzsche-Eine Studie zur Theorie der öffentlichen Meinung. (Monographien und Texte zur Nietzsche-Forschung, Bd. 18) Berlin/New York: de Gruyter

BREMER, JÖRG, 1999: Versöhnungs-Wanderung ins Heilige Land. Christen verurteilen die Taten der Kreuzfahrer. In: Frankfurter Allgemeine Zeitung vom 15. Juli 1999,5. 12

BRYCE, JAMES, 1888, 1889: The American Commonwealth. 2 Bände. London: Macmillan

BUCHER, LOTHAR, 1887: 》Über politische Kunstausdrücke. 《 Deutsche Revue XII, S. 67-80

BURKE, EDMUND, 1791,1975: 》An Appeal from the New to the Old Whigs. 《 Edmund Burke, 1887:The Works. Twelve Volumes in Six, Vol. Ⅲ/Ⅳ Neudruck: Hildesheim/New York: Georg Olms, Vol. IV, S. 61-215

CARSON, RACHEL, 1962: Silent Spring. Boston: Houghton Mifflin Co. (wiederabgedruckt 1977: New York: Fawcett)

CARTWRIGHT; DORWIN/ALVIN ZANDER (Hg.), 1953, 1968: Group Dynamics. Research and Theory. Third Edition. New York/Evanston/London: Harper & RowCHILDS, HARWOOD I. , 1965: Public Opinion: Nature, Formation, and Role. Princeton. N. J. /Toronto/New York/London: D. van Nostrand Company, Inc.

CHODERLOS DE LACLOS, 1782: Les liaisons dangereuses. -Deutsch, 1909: Gefährliche Liebschaften. München: Verlag des Hyperion Hans von Weber

CHULIA-RODRIGO, MARIA ELISA, 1989: Die öffentliche Meinung in Cervantes' Roman 》Don Quijote von der Mancha 《. Magisterarbeit. Mainz: Johannes-Gutenberg-Universität

CICERO, 1980[3]: Atticus-Briefe. Lateinisch und Deutsch. Hg. von H. Kasten. München/Zürich: Artemis

CLARK, TERRY N. ,1969: Gabriel Tarde on Communication and Social Influence. Selected Papers. Chicago/London: The University of Chicago Press

CONRADT, DAVID P, 1978: 》The 1976 Campaign and Election: An Overview. 《 Karl H. Cerny: Germany at the Polls. The Bundestag Election of 1976. Washington, D. C. : American Enterprise Institute for Public Policy Research, S. 29-56

CORPUS IURIS CIVILIS, 1954. Band 2: Codex Justinianus. Hg. von PKrüger. Unv. Nachdruck der Ausgabe Berlin 1877. Berlin: Weidmann

CSIKSZENTMIHALYI, MIHALY, 1992: Public Opinion and the Psychology of Solitude. Vortrag an der Johannes-Gutenberg-Universität am 22. Januar 1992

DARWIN, CHARLES, 1873: The Expression of the Emotions in Man and Animals. London: Murray

DAVISON, W. PHILLIPS, 1958: The Public Opinion Process. In: Public Opinion Quarterly. Vol. 22, S. 91-106

DAVISON, W. PHILLIPS, 1968: 》Public Opinion Introduction. 《 David L. Sills (Hg.): International Encyclopedia of the Social Sciences. New York: The Macmillan Company &. The Free Press, Vol. 13, S. 188-197

DEISENBERG, ANNA MARIA, 1986: Die Schweigespirale - Die Rezeption des Modells im In-und Ausland. Nachwort: Elisabeth Noelle-Neumann. München: Minerva-Saur

DESCARTES, RENÉ, 1641, 1964: Œvres, Band 7: Meditationes de Prima Philosophia. Hg. von Charles Adam/Paul Tannery. Paris: Librairie Philosophique J. Vrin

DICEY, ALBERT V, 1905: Lectures on the Relation Between Law and Public Opinion in England, During the Nineteenth Century. London: Macmillan

DICEY, ALBERT V , 1905, 1962: Law and Public Opinion in England. London: Macmillan

DONSBACH, WOLFGANG/ROBERT L. STEVENSON, 1986: 》 Herausforderungen, Probleme und empirische Evidenzen der ' Theorie der Schweigespirale. 《 Publizistik, Jg. 31, Heft 1-2, S. 7-34

DOUGLAS, MARY, 1986, 1991: How Institutions think. Syracuse, New York: Syracuse University Press. Deutsch: Wie Institutionen denken. Frankfurt am

Main: Suhrkamp

DOVIFAT, EMIL, 1937, 1962[4]: Zeitungslehre. 1. Band. Berlin: Walter de Gruyter & Co. (Sammlung Göschen, Band 1039)

DÜLMEN, RICHARD VAN, 1977: Reformation als Revolution: Soziale Bewegung und religiöser Radikalismus. München: Deutscher Taschenbuch Verlag (dtv-Wissensch. -Reihe 4273)

ECKERT, WERNER, 1985: Zur öffentlichen Meinung bei Machiavelli-Mensch, Masse und die Macht der Meinung. Magisterarbeit. Mainz: Johannes-Gutenberg-Universität

ECKSTEIN, HARRY, 1966: Division and Cohesion in Democracy. A Study of Norway. Princeton, N. J. : Princeton University Press

ERASMUS VON ROTTERDAM, 1516, 1968: Fürstenerziehung. Institutio Principis Christiani. Die Erziehung eines christlichen Fürsten. Einführung. Übersetzung und Bearbeitung von Anton J. Gail. Paderborn: Schöningh

EWEN, WOLFGANG/WOLFGANG HEININGER/SABINE HOLICKI/AXEL HOPBACH/ELMAR SCHLÜTER, 1981/82: Selbstexperiment: Isolations drohung. Seminararbeit. Mainz: Institut für Publizistik der Johannes-Gutenberg-Universität

FESTINGER, LEON, 1957: A Theory of Cognitive Dissonance. Evanston, Illinois: Row, Peterson & Comp.

FIELDS, JAMES M. /HOWARD SCHUMAN, 1976: 》Public beliefs about the beliefs of the public.《 Public Opinion Quarterly. Vol. 40, 5. 427-448

FRAME, DONALD M. , 1965: Montaigne. A Biography. New York: Harcourt, Brace & World

FRENTIU, CARMEN, 1990: 》Die öffentliche Meinung in den Essays〉Upon the Original and Nature of Government〈 (1672) und 〉Of Popular Discontents〈 (1685) von Sir William Temple.《 Seminararbeit. Mainz: Institut für Publizistik der Johannes-Gutenberg-Universität

FREY, SIEGFRIED/H. -P HIRSBRUNNER/J. POOL/W. DAW, 1981: Das Berner System zur Untersuchung nonverbaler Interaktion. Peter Winkler (Hg.): Methoden der Analyse von Face-to-Face-Situationen. Stuttgart: Metzler

FRISCH, MAX, 1958, 1979[6]: 》Offentlichkeit als Partner. 《 Max Frisch: Öffentlichkeit als Partner. Frankfurt/Main: Suhrkamp

FROMM, ERICH, 1979: Sigmund Freuds Psychoanalyse-Größe und Grenzen. Stuttgart: Deutsche Verlagsanstalt

FRUHWALD, WOLFGANG, 1999: Wir bestehen buchstäblich aus Sternenstaub. An der Schwelle zum neuen Jahrtausend. Erfahrungsbeschleunigung auf unüberschaubaren Wissensstrecken. In: Frankfurter Allgemeine Zeitung vom 4. Dezember 1999, Bilder und Zeiten, S. I

FUCHS, DIETER/JÜRGEN GERHARDS/FRIEDHELM NEIDHARD, 1992: Öffentliche Kommunikationsbereitschaft. Ein Test zentraler Bestandteile der'Theorie der Schweigespirale. In: Zeitschrift für Soziologie, 21. Jg, S. 284-295

FUHRMANN, HORST, 1989: Einladung ins Mittelalter. München: C. H. Beck

FUNKHOUSER, G. RAY, 1973:》The Issues of the Sixties: An Exploratory Study in the Dynamics of Public Opinion.《 Public Opinion Quarterly, Vol. 37, S. 62-73

FUNKHOUSER, G. RAY, 2000: 》A World Ethos and the Clash of Civilizations: A Cross-Cultural Comparison of Attitudes《 International Journal of Public Opinion Research, 12. Jg, S. 73-79

GAIL, ANTON J. , 1981[3]: Erasmus von Rotterdam in Selbstzeugnissen und Bilddokumenten. Reinbek: Rowohlt

GALLACHER, S. A. , 1945: 》Vox populi, vox Dei. 《Philological Quarterly Vol. XXIV, January S. 12-19

GANOCHAUD, COLETTE, 1977 - 1978: L'opinion publique chez Jean-Jacques Rousseau. Université de Paris V-René Descartes. Sciences Humaines. Sorbonne, Tomes I + II

GEHLEN, ARNOLD, 1965: Zeit-Bilder. Zur Soziologie und Ästhetik der modernen Malerei: Frankfurt/Bonn: Athenäum

GELDNER, FERDINAND, 1930: 》 Die Staatsauffassung und Fürstenlehre des Erasmus von Rotterdam. 《 Historische Studien, Heft 191, Berlin

GERBER, CHRISTINE, 1975: Der Begriff der öffentlichen Meinung im Werk Rousseaus. Magisterarbeit. Mainz: Johannes-Gutenberg-Universität

GERSDORFF, CARL (ERNST AUGUST) VON, 1846: Über den Begriff und das Wesen der öffentlichen Meinung. Ein Versuch. Jena: Verlag von J. G. Schreiber

GLANVILL, JOSEPH, 1661: The Vanity of Dogmatizing: or Confidence in Opinions. Manifested in a Discourse of the Shortness and Uncertainty of our Knowledge, And its Causes: With some Reflexions on Peripateticism, and An Apology for Philosophy. London: E. C. for Heury Eversden at the Grey-Hound in St. Pauls-ChurchYard

GLYNN, CARROLL J. /JACK M. MCLEOD, 1985: 》Implications of the Spiral of Silence Theory for Communication and Public Opinion Research. 《 Keith R. Sanders/Linda Lee Kaid/Dan Nimmo (Hg.): Political Communication

Yearbook 1984.

Carbondale/Edwardsville: Southern Illinois University Press, S. 43-65

GOETHE, JOHANN WOLFGANG, 1964[2]: Werke, Briefe und Gespräche, Gedenkausgabe, hg. von Ernst Beutler. Band 14: Schriften zur Literatur, Kapitel: Weltliteratur, Homer noch einmal. Zürich/Stuttgart: Artemis

GOFFMAN, ERVING, 1956: 》Embarrassment and Social Organization. 《The American Journal of Sociology, Vol. 62, No. 3, S. 264-271

GOFFMAN, ERVING,1963: Stigma. Notes on the Management of Spoiled Identity. Englewood Cliffs: Prentice-Hall, Inc.

GOFFMAN, ERVING, 1963: Behavior in Public Places. Notes on the Social Organization of Gatherings. New York: The Free Press

GOLLIN,ALBERT E. ,1980: Exploring the Liaison between Polling and the Press. In: Public Opinion Quarterly, Vol. 44, S. 445-461

HABERMAS, JÜRGEN,1962: Strukturwandel der Öffentlichkeit. Untersuchungen zu einer Kategorie der bÜrgerlichen Gesellschaft: Neuwied: Hermann Luchterhand

HALLEMANN, MICHAEL, 1984: Peinlichkeit als Indikator. Theorie der Peinlichkeit-demoskopische Analyse BezÜge zur Publizistikwissenschaft unter besonderer BerÜcksichtigung des Phänomens Öffentlichkeit. Magisterarbeit. Mainz: Johannes-Gutenberg-Universität

HALLEMANN, MICHAEL, 1986: 》Peinlichkeit und öffentliche Meinung. 《Publizistik, 31. Jg. , Heft 3-4, S. 249-261

HA LLEMANN, MI CHAEL, 1989: Peinlichkeit. Ein Ansatz zur Operationalisierung von Isolationsfurcht im sozialpsychologischen Konzept öffentlicher Meinung. Diss. phil. Mainz: Johannes-Gutenberg-Universität

HALLER, WILLIAM, 1965:Tracts on Liberty in the Puritan Revolution 1638-1647, Vol. 1, Commentary. New York: Octagon Books

HALTER, LARS,2001:Titos Sternenritt ins Weltall. In: Die Welt online vom 29. April 2001

HARIG, LUDWIG,1978: 》Rousseau sieht das Weiße im Auge des Königs. Ein litera turhistorischer Rückblick.《Die Welt,Nr. 71,25. März 1978

HAVILAND, JOHN BEARD, 1977: Gossip, Reputation, and Knowledge in Zina cantan. Chicago: University of Chicago Press

HEGEL, GEORG WILHELM FRIEDRICH,1821,1970: Werke in zwanzig Bänden. Band 7: Grundlinien der Philosophie des Rechts. Frankfurt/Main: Suhrkamp. S. 485f. , § 318

HEIDER, FRITZ, 1946: 》Attitudes and Cognitive Organization. 《The Journal of

Psychology. Vol. 21,5. 107-112

HENNIS, WILHELM, 1957: Meinungsforschung und repräsentative Demokratie.
Zur Kritik politischer Umfragen. Tübingen: J. C. B. Mohr (Paul Siebeck)

HENNIS, WILHELM, 1957: 》Der Begriff der öffentlichen Meinung bei Rousseau.
《Archiv für Rechts-und Sozialphilosophie, Band XLIII, S. 111-115

HENTIG, HANS VON, 1954-1955: Die Strafe. Frühformen und
kulturgeschichtliche Zusammenhänge. Berlin/Göttingen/Heidelberg: Springer

HESIOD, 1936: Sämtliche Werke. Deutsch vonThassilo von Scheffer. Wien: Phaidon: 》
Werke und Tage, V.《HOBBES, THOMAS, 1650,1889,1969: The Elements of Law.
Natural and Politic. London: Frank Cass &. Co.

HOFSTATTER, PETER ROBERT, 1949: Die Psychologie der öffentlichen Mei
nung. Wien: Wilhelm Braumüller

HOLCOMBE, A. W. , 1923: The Foundations of the Modem Commonwealth. New
York: Harpers

HOLICKI, SABINE, 1984: Isolationsandrohung-Sozialpsychologische Aspekte eines
publizistikwissenschaftlichen Konzepts. Magister-arbeit. Mainz: Johannes
Gutenberg-Universitaät

HOLTZENDORFF, FRANZ VON, 1879, 1880: Wesen und Werth der öffentlichen
Meinung. München: M. Riegersche Universitäts-Buchhandlung (Gustav Himmer)

HUBBARD, B. A. F/E. S. KARNOFSKY, 1982: Plato's Protagoras. A Socratic
Com mentary. With a foreword by M. F Burnyeat. London: The Trinity Press

HUME, DAVID, 1739/1740, 1896: A Treatise of Human Nature. Reprinted from
the Original Edition inThree Volumes and edited by L. A. Selby-Bigge. Oxford: At
the Clarendon Press-Deutsch 1978: Ein Traktat über die menschliche Natur. Über
setzt von Theodor Lipps, hg. von Reinhard Brandt, Band I and II. Hamburg: Felix
Meiner

HUME, DAVID, 1741/1742, 1963: Essavs Moral, Political, and Literarv. London:
Oxfordtorn University Press

HUME, DAVID, 1751, 1962: Untersucnune über die Prinzipien der Moral.
Ubersetzi, eingeleitet und mit Register versehen von Carl Winckler, Hamburg:
Felix mei ner

HYMAN, HERBERT H. ,1957: 》Toward. Theory of Public Opinion.《Public Opini
on Quarterly. Vol. XXI, No. 1, S. 54-60

IHERING, RUDOLPH VON, 1883: Der Zweck im Recht. 2. Band. Leipzig:
Breitkopf &. Härtel

INTERNATIONAL ENCYCLOPEDIA of Communications 1989: New York: Oxford University Press

INSTITUT FÜR DEMOSKOPIE ALLENSBACH, 1952: Die Stimmung im Bundesgebiet. Oktober 1952. Grafik

JÄCKEL, ANNE, 1988: Ungeschriebene Gesetze im Lichte der sozialpsychologischen Theorie offentlicher Meinung. Magisterarbeit. Mainz: Johannes-Gutenberg-Universität

JAHODA, MARIE, 1969, 1973: 》 Konformitat und Unabhängigkeit-Eine psychologische Analyse. 《Martin Irle/M. v. Cranach/H. Vetter (Hg.): Texte aus der experimentellen Sozialpsychologie (Soziologische Texte, Band 45). Neuwied: Luchterhand, S. 548 – 572-Erstveröffentlichung englisch, 1959: 》 Conformity and Independence. A Psychological Analysis.《 Human Relations 12, S. 99-120

JÜRDAN, E., 1930: Theory of Legislation. Indianapolis: Progress Publishing Company

JONGER, ERNST,1962: Der Waldgang. Frankfurt/Main: Klostermann

KAISER, JOSEPH H., 1975: 》Sozialauffassung. Lebenserfahrung und Sachverstand in der Rechtsfindung.《 Neue Juristische Wochenschrift, Heft 49

KANT, IMMANUEL,1781, 6. rev. Auflage 1923: Kritik der reinen Vernunft. Hg. von Benno Erdmann. Berlin/Leipzig: Walter de Gruyter

KATZ, ELIHU,1981: 》Publicity and Pluralistic Ignorance: Notes on 〉The Sprial of Silence《 Horst Baier/Hans Mathias Kepplinger/Kurt Reumann (Hg.): Öffentliche Meinung und sozialer Wandel. Public Opinion and Social Change. Für Elisabeth Noelle-Neumann. Opladen: Westdeutscher Verlag, S. 28-38

KEPPLINGER, HANS MATHIAS,1975: Realkulturund Medienkultur. Literarische Karrieren in der Bundesrepublik. Freiburg, München: Karl Alber

KEPPLINGER, HANS MATHIAS/HERBERT ROTH, 1978: 》Kommunikation in der Ölkrise des Winters 1973/74.《 Publizistik, Jg. 23, Heft 4, S. 377 – 428. - Englisch 1979: 》Creating a Crisis: German Mass Media and Oil Supply in 1973/74. 《Public Opinion Quarterly,Vol. 43, S. 285-296

KEPPLINGER, HANS MATHIAS/MICHAEL HACHENBERG, 1979: 》 The Challenging Minority. A Study in Social Change.《 Vortrag auf der Jahreskonferenz der International Communication Association in Philadelphia, Mai 1979

KEPPLINGER, HANS MATHIAS,1979: 》Ausgewogen bis zur Selbstaufgabe? Die Fernsehberichterstattung über die Bundestagswahl 1976 als Fallstudie eines kommunikationspolitischen Problems.《 Media Perspektiven, Heft 11, S. 750-755

KEPPLINGER, HANS MATHIAS, 1980: 》 Optische Kommentierung in der

Fernsehberichterstattung über den Bundestagswahlkampf 1976.《Thomas Ellwein
(Hg.): Politikfeld-Analysen 1979. Opladen: Westdeutscher Verlag, S. 163-179

KEPPLINGER, HANS MATHIAS, 1980: 》Kommunikation im Konflikt.
Gesellschaftliche Bedingungen kollektiver Gewalt.《 Mainzer Universitätsgespräche,
Mainz

KEPPLINGER, HANS MATHIAS, 1987: Darstellungseffekte. Experimentelle
Untersuchungen zur Wirkung von Pressefotos und Fernsehfilmen. Freiburg,
München: Karl Alber

KEPPLINGER, HANS MATHIAS, 1988: 》Die Kernenergie in der Presse. Eine
Analyse zum Einfluß subjektiver Faktoren auf die Konstruktion von Realität.
《Kölner Zeitschrift für Soziologie und Sozialpsychologie, 40. Jg. , S. 659-683

KEPPLINGER, HANS MATHIAS, 1989: Künstliche Horizonte. Folgen,
Darstellung und Akzeptanz von Technik in der Bundesrepublik Deutschland.
Frankfurt/Main: Campus Verlag

KEPPLINGER, HANS MATHIAS, 1989: 》 Nonverbale Kommunikation:
Darstellungseffekte.《Fischer Lexikon Publizistik-Massenkommunikation. Hg. von
Elisabeth Noelle-Neumann/Winfried Schulr/Jürgen Wilke. Frankfurt/Main:
Fischer Taschenbuch Verlag, S. 241-255

KLAPP, ORRIN E. , 1954: 》Heroes, Villains, and Fools, as Agents of Social
Control.《American Sociological Review. Vol. 19, No. 1, S. 56-62

KÖNIG,RENÉ,1967: 》Das Recht im Zusammenhang der sozialen Normensysteme.
《Ernst E. Hirsch/Manfred Rehbinder (Hg.): Studien and Materialien zur
Rechtssoziologie. Kölner Zeitschrift für Soziologie und Sozialpsychologie,
Sonderheft 11, S. 36-53

KÜNG, HANS,1993: Projekt Weltethos. München/Zürich

LAMP, ERICH,1988: Offentliche Meinung im Alten Testament. Eine Untersuchung
der sozialpsychologischenWirkungsmechanismen öffentlicher Meinung in Texten
alttestamentlicher Oberlieferung von den Anfängen bis in babylonische Zeit. Diss. phi].
Mainz: Johannes-Gutenberg-Universität

LANDECKER, WERNER S. ,1950: 》Types of Integration and Their Measurement.
《American Journal of Sociology, Vol. 56, 5. 332-340 (nachgedruckt 1955: Paul E.
Lazarsfeld/Morris Rosenberg: The Language of Social Research. A Reader in the
Methodology of Social Research. New York/London: The Free Press/Collier-
Macmillan. S. 19-27)

LAPIERE, RICHARD T. , 1954: A Theory of Social Control. New York/London/
Toronto: McGraw-Hill

LATHAM, RlW MATTHEWS (Hg.), 1970–1983: The Diary of Samuel Pepys. 11 Bände. London, Band I

LAWICK-GOODALL,JANE VAN, 1971:In the Shadow of Man. Boston: Houghton Mifflin-Deutsch 1971:Wilde Schimpansen. Reinbek: Rowohlt

LAZARSFELD, PAUL F./BERNARD BERELSON/HAZEL GAUDET, 1944, 1948,1968: The People's Choice. How the voter makes up his mind in a presidential campaign. New York: Duell, Sloan and Pearce. 3. Aufl. New York, 1968: Columbia University Press. -Deutsch,1969: Wahlen und Wähler. Soziologie des Wahlverhaltens (Soziologische Texte). Neuwied: Luchterhand

LAZARSFELD, PAUL F,1957: 》Public Opinion and the Classical Tradition.《Public Opinion Quarterly, Vol. 21,No. 1,S. 39–53

LE GOFF, JACQUES, 1989: 》Kann denn Lachen Sünde sein? Die mittelalterliche Geschichte einer sozialen Verhaltensweise.《Frankfurter Allgemeine Zeitung, Nr. 102, 3. Mai 1989, S. N3

LEONHARDT, R. W., 1965: 》Der Kampf der Meinungsforscher. Elisabeth Noelle-Neumann: 〉Ich würde mich gar nicht wundern, wenn die SPD gewänne. 〈《Die Zeit, 17. September 1965

LERSCH, PHILIPP, 1951: Gesicht und Seele. Grundlinien einer mimischen Diagnostik. München, Basel: Reinhardt

LEWIN, KURT, 1935–1946. 1948: Resolvine Social Conflicts: Selected Papers on Group Dynamics. Ed. by Gertrud W. Lewin. A Publication of the University of Michigan Research Center for Group Dynamics. New York: Harper

LEWIN, KURT, 1947: 》Group Decision and Social Change.《 Theodore M. Newcomb/Eugene L. Hartley (Hg.): Readings in Social Psychology. New York: Henry Holt and Company, S. 330–344

LIMMER, WOLFGANG, 1976: 》Wem schrei ich um Hilfe?《Der Spiegel, Nr. 41, S. 236–239

LIPPMANN, WALTER, 1922,1954[14]: Public Opinion. New York: The Macmillan Comp. -Taschenbuchausgabe 1965: NewYork: The Free Press-Deutsch 1964: Die öffentliche Meinung. München: Rütten + Leoning

LIPSET, SEYMOUR MARTIN, 1999: Corruption, Culture and the Intellectuals. Unveröffentlichtes Manuskript

LOCKE, JOHN, 1690, 1894: An Essay Concerning Human Understanding. 1671 entworfen. Historisch-kritische Ausgabe. Hg. von Alexander Campbell Fraser. Oxford: At the Clarendon Press.

LOCKE, JOHN, 1690, 1976: Über den menschlichen Verstand. Hamburg: Felix

Meiner (Philosophische Bibliothek, Bd. 75/76), übersetzt von C. Winckler, 3. Auflage, unveränderter Nachdruck in einem Band

LORENZ, KONRAD, 1963, 1964[6]: Das sogenannte Böse. Zur Naturgeschichte der Aggression. Wien: Dr. G. Borotha-Schoeler

LUHMANN, NIKLAS, 1971: Öffentliche Meinung.《Politische Planting. Aufsätze zur Soziologie von Politik und Verwaltung. Opladen: Westdeutscher Verlag, S. 9-34.

Erstveröffentlichung 1970: Politische Vierteljahresschrift, 11. Jg., Heft 1, S. 2-28; wiederabgedruckt 1974 in: Wolfgang R. Langenbucher (Hg.): Zur' Theorie der politischen Kommunikation. München: R. Piper & Co., S. 27-54, 311-317; und 1979 in: Wolfgang R. Langenbucher (Hg.): Politik und Kommunikation. Über die öffentliche Meinungsbildung. München/Zürich: R. Piper & Co., S. 29-61

MACHIAVELLI, NICCOLO, 1514, 1978: Der Fürst. Übersetzt und hg. von Rudolf Zorn. Stuttgart: Alfred Kröner

MACHIAVELLI, NICCOLO, 1950: The Prince and the Discourses. New York: Random House Inc.

MACK, JOHN E., 1999: Passport to the Cosmos: Human Transformation and Alien Encounters. New York: Crown Publishing Group

MCCOMBS, M. E./D. SHAW, 1972: 》The Agenda-Setting Function of Mass Media.《Public Opinion Quarterly, Vol. 36, S. 176-187

MCDOUGALL, WILLIAM, 1920, 1921: The Group Mind. Cambridge: At the University Press

MCLEOD, J. M./L. B. BECKER/J. E. BYRNES, 1974: 》Another Look at the AgendaSetting Function of the Press.《Communication Research 1, S. 131-166

MADISON, JAMES, 1788, 1961: 》The Federalist No. 49, February 2. 1788.《Jacob E. Cooke: The Federalist. Middletown, Conn.: Wesleyan University Press, S. 338-347

MALRAUX, ANDRE, 1971: Les chênes qu'on abat... Paris: Gallimard-Deutsch, 1972: Eichen, die man fällt. Übersetzt von Carlo Schmid. Frankfurt: S. Fscher

MATHES, SABINE, 1989: Die Einschätzung des Meinungsklimas im Konflikt um die Kernenergie durch Personen mit viel und wenig Fernsehnutzung. Magisterarbeit. Mainz Johannes-Gutenberg-Universität

MEAD, GEORGE HERBERT, 1934, 1968: Geist, Identität und Gesellschaft aus der Sicht des Sozialbehaviorismus. Frankfurt/Main: Suhrkamp (Titel der Originalausgabe: Mind, Self, and Society. From the standpoint of a social behaviorist. Chicago: University of Chicago Press 1934)

MEAD, MARGARET, 1937: 》 Public Opinion Mechanisms Among Primitive Peoples.《Public Opinion Quarterly, Vol. 1,July, S. 5-16

MERTON, ROBERT K. ,1949,1968: Social Theory and Social Structure. Toward the Codification of Theory and Research. New York: The Free Press

MILGER, PETER, 1988: Die Kreuzzüge. Krieg im Namen Gottes. München: C. Bertelsmann

MILGRAM, STANLEY, 1961:》Nationality and Conformity.《Scientific American, Vol. 205,S. 45-51

MILL, JOHN STUART, 1859: On Liberty. Deutsch: Über die Freiheit. Aus dem Eng. lischen übersetzt von Bruno Lemke. Stuttgart: Reclam 1974

MOLCHO, SAMY,1983: Körpersprache. München: Mosaik-Verlag

MONTAIGNE, MICHEL DE, 1588,1902: Les Essais. Hg. von Fortunat Strowsky. Bordeaux: F Pech

MONTAIGNE, MICHEL DE: 》Essais.《Œvres complètes. Hg. von Maurice Rat/ Albert 'Thibaut. Paris: Gallimard

MONTAIGNE, MICHEL DE, 1908: Versuche. 1. Buch. Berlin: Wiegandt &. Grieben

MONTAIGNE, MICHEL DE, 1908-1915: Gesammelte Schriften. Hg. von Otto Flake/Wilhelm Weigand, übersetzt von J. J. Bode. Band 1-6. München, Leipzig: G. Müller, München, Berlin: G. Müller

MORENO, JACOB L. ,1934,1953: Who Shall Survive? Foundations of Sociometry, Group Psychotherapy and Sociodrama. Rev &. enl. ed Beacon, N. Y. : Beacon House

MOSCOVICI,SERGE,1991: Silent Majorities and Loud Minorities. Commentary on Noelle-Neumann. In: James A. Anderson (Hg.); Communication Yearbook 14. Newbury Park: Sage, S. 298-308

MRESCHAR, RENATE I. ,1979: 》Schmidt war besser im Bild als Kohl. Universität analysierte Kameraarbeit bei der TV-Berichterstattung vor der Bundestagswahl 76.《Frankfurter Rundschau,Nr. 225,1. November 1979,S. 26

MÜLLER, JOHANNES VON,1777,1819: 》Zuschrift an alle Eidgenossen.《Johannes von Müller: Sämmtliche Werke. Siebenundzwanzigster Theil. (Nachlese kleiner historischer Schriften); Hg. von Johann Georg Müller. Tübingen: J. G. Cotta' sche Buchhandlung, S. 24-50

MURIE,ADOLPH,1944: The wolves of Mount McKinley. Washington: U. S. Nat. Park Serv, Fauna Ser. 5

NAGLER, JOHANNES, 1918, 1970: Die Strafe. Eine juristisch-empirische

Untersuchung. Aalen: Scientia (Neudruck der Ausgabe Leipzig 1918)

NEUMANN, ERICH PETER/ELISABETH NOELLE, 1961: Umfragen über Adenauer. Ein Porträt in Zahlen. Allensbach/Bonn: Verlag für Demoskopie

NIBELUNGENLIED, DAS, 1965: In der Übersetzung von Felix Genzmer. Stuttgart: Reclam

NIEDERMANN, BERND, 1991: Üffentliche Meinung und Herrschaft am Beispiel des erfolgreichen Politikers Kardinal Richelieu. Magisterarbeit, Mainz

NIETZSCHE, FRIEDRICH, 1967 ff. : 》Zur Genealogie der Moral. -Dritte Abhandlung: Was bedeuten asketische Ideale?《, § 12. Friedrich Nietzsche: Werke. Kritische Gesamtausgabe. Hg. von Giorgio Colli/Mazzino Montinari. Berlin/New York: de Gruyter, VI. 2

NOELLE, ELISABETH, 1966: Öffentliche Meinung und Soziale Kontrolle. (Recht und Staat, Heft 329). Tübingen: J. C. B. Mohr (Paul Siebeck)

NOELLE-NEUMANN, ELISABETH, 1972: On the Significance of the Discovery of the News Value of Consonance for Answering the Question on the Effects of Mass Media. In: Abstract Guide. XX th International Congress of Psychology, August 13-19, 1972, Tokyo, Japan. Tokio

NOELLE-NEUMANN, ELISABETH, 1973: 》Return to the Concept of Powerful Mass Media.《Studies of Broadcasting, No. 9, March 1973, S. 67-112

NOELLE-NEUMANN, ELISABETH, 1973: 》 Kumulation, Konsonanz und Öffentlichkeitseffekt. Ein neuer Ansatz zur Analyse der Wirkung der Massenmedien. + Publizistik, 18. Jg. , Heft 1, S. 26-55; wiederabgedruckt 1977, 1979 in: Elisabeth Noelle-Neumann: Öffentlichkeit als Bedrohung. Beiträge zur empirischen Kommunikationsforschung (Alber-Broschur Kommunikation, Band 6). Freiburg, München: Karl Alber, S. 127-168; 1987 in: Maximilian Gottschlich (Hg.): Massenkommunikationsforschung. Theorieentwicklung und Problemperspektiven. Studienführer zur Publizistik-und Kommunikationswissenschaft. Wien: Braumüller, S. 155-181

NOELLE-NEUMANN, ELISABETH, 1974: 》 Die Schweigespirale. LJber die Entstehung der öffentlichen Meinung.《Ernst Forsthoff/Reinhard Hörstel (Hg.): Standorte im Zeitstrom. Festschrift für Arnold Gehlen zum 70. Geburtstag am 29. Januar 1974. Frankfurt/Main: Athenäum, S. 299-330. -Wiederabgedruckt 1977, 1979 in: Elisabeth Noelle-Neumann: Öffentlichkeit als Bedrohung. Beiträge zur empirischen Kommunikationsforschung (Alber-Broschur Kommunikation, Band 6). Freiburg/München: Karl Alber, S. 169-203

NOELLE-NEUMANN, ELISABETH, 1977: 》 Turbulences in the Climate of

Opinion: Methodological Applications of the Spiral of Silence ' TIheory《Public Opinion Quarterly, Vol. 41, S. 143-158

NOELLE-NEUMANN, ELISABETH, 1977: 》Das doppelte Meinungsklima. Der Einfluß des Fernsehens imWahlkampf 1976.《Politische Vierteljahresschrift, 18. Jg. , Heft 2-3, S. 408-451; wiederabgedruckt in: Elisabeth Noelle-Neumann, 1980: Wahlentscheidung in der Fernsehdemokratie. Freiburg, Würzburg: Ploetz, S. 77-115

NOELLE-NEUMANN, ELISABETH, 1978: 》Kampf um die öffentliche Meinung. Eine vergleichende sozialpsychologische Analyse der Bundestagswahlen 1972 und 1976. + Dieter Just, Peter Rohrig (Hg.): Entscheidung ohne Klarheit. Anmerkungen und Materialien zur Bundestagswahl 1976 (Schriftenreihe der Bundeszentrale für politische Bildung, Band 127). Bonn, S. 125 - 167; wiederabgedruckt in: Elisabeth Noelle-Neumann, 1980: Wahlentscheidung in der Fernsehdemokratie. Freiburg, Würzburg: Ploetz, S. 144-190

NOELLE-NEUMANN, ELISABETH, 1979: 》 Die Führungskrise der CDU im Spiegel einer Wahl. Analyse eines dramatischen Meinungsumschwungs. 《Frankfurter Allgemeine Zeitung, Nr. 72,26. März 1979, S. 10

NOELLE-NEUMANN, ELISABETH, 1981: 》Das Bundesverfassungsgericht und die ungeschriebenen Gesetze-Antwort an Ernst Benda.《Die Öffentliche Verwaltung, 35. Jg. , Heft 21, S. 883-888

NOELLE-NEUMANN, ELISABETH, 1985: 》The Spiral of Silence. A Response.《Keith R. Sanders/Lynda Lee Kaid/Dan Nimmo (Hg.): Political Communication Yearbook 1984. Carbondale/Edwardsville: Southern Illinois University Press, S. 66-94

NOELLE-NEUMANN, ELISABETH, 1989: 》 Advances in Spiral of Silence Re. search. + KEIO Communication Review, Vol. 10, S. 3-34

NOELLE-NEUMANN, ELISABETH, 1989: 》Die Theorie der Schweigespirale als Instrument der Medienwirkungsforschung.《Max Kaase/Winfried Schulz (Hg.): Massenkommunikation. Opladen: Westdeutscher Verlag (Sonderheft 30 der Kölner Zeitschrift für Soziologie und Sozialpsychologie)

NOELLE-NEUMANN, ELISABETH, 1991: The Theory of Public Opinion: The Concept of the Spiral of Silence. In: James A. Anderson (Hg.): Communication Yearbook 14. Newbury Park: Sage, S. 256-287

NOELLE-NEUMANN, ELISABETH, 1992: Manifeste und latente Funktion öffentlicher Meinung. In: Publizistik, 37. Jg. , S. 385-388

NOELLE-NEUMANN, ELISABETH, 2000: Das Jahrhundert der Arche Noah. Die Bevölkerung wittert eine bessere Zukunft. In: Frankfurter Allgemeine Zeitung vom

19. Januar 2000, S. 5

NOELLE-NEUMANN, ELISABETH/THOMAS PETERSEN, 2000: Alle, nicht jeder. Einführung in die Methoden der Demoskopie. Berlin/Heidelberg: Springer

NOSANSCHUK,T. A./JACK LIGHTSTONE, 1974: 》Canned Laughter and Public and Private Conformity.《Journal of Personality and Social Psychology, Vol. 29, No. 1,S. 153-156

O'GORMAN, HUBERT/STEPHEN L. GARRY, 1976: 》Pluralistic ignorance-a replication and extension: 《Public Opinion Quarterly. Vol. 40, S. 449-458

ONCKEN, HERMANN, 1914: 》Politik, Geschichtsschreibung und oöffentliche Meinung+ (1904). Historisch-politische Aufsatze and Reden. 1. Band. Munchen/ Berlin: R. Oldenbourg, S. 203-243

OSGOOD, CHARLES E./GEORGE J. SUCI/PERCY H. TANNENBAUM, 1957, 1964[4]: The Measurement of Meaning. Urbana, Ⅲ. : University of Illinois Press

OSTERTAG, MICHAEL, 1986: Nonverbales Verhalten im Fernsehinterview. Entwicklung eines Instruments zur Erfassung und Bewertung nichtsprachlicher Äußerungen von Politikern und Joumalisten. Magisterarbeit. Mainz: Johannes-Gutenberg-Universität PALMER, PAUL A. ,1936,1950: The Concept of Public Opinion in Political Theory. In: Bernard Berelson, Morris Janowitz (Hg.): Reader in Public Opinion and Communication. Glencoe: Free Press, S. 3-13

PASQUIER, ETIENNE,1956: 》Lettres ⅩⅤⅢ.《Choix des lettres sur la littérature, la langue et la traduction. Hg. von Dorothy 'Thickett. Genf: Droz, S. 43-52

PETZOLT, DIETER, 1979: Offentlichkeit als Bewußtseinszustand. Versuch einer Klärung der psychologischen Bedeutung. Magisterarbeit. Mainz: Institut für Publizistik der Johannes-Gutenberg-Universität

PLATO, 1961;Laws. Band 2. Mit einer engl. Übersetzung hg. von R. G. Bury. London: W Heinemann/Cambridge, Mass. : Harvard University Press

PLATON, 1578, o. J. : Ausgabe des Henricus Stephanus. Sämtliche Werke. Heidelberg: Lambert Schneider, Zweiter Band

PLATON, 1969[6]: Gesetze. In der Übersetzung von E. Loewenthal. Platon: Sämtliche Werke. Hg. von E. Loewenthal, Bd. 3, Köln: Olten

PLATON, 1987: Protagoras. Griechisch/Deutsch. Übersetzt und kommentiert von Hans-Wolfgang Krautz. Stuttgart: Reclam

PRIBRAM, KARL, 1979: 》 Sehen, Hören, Lesen-und die Folgen im Kopf. Informationsverarbeitung im Gehirn.《Vortrag auf der gemeinsamen Fachtagung der DEUTSCHEN LESEGESELLSCHAFT E. V, der Stiftung in MEDIAS res und der Deutschen Gesellschaft für Publizistik und Kommunikationswissenschaft 《edienökologie-ein Zukunftsproblem unserer Gesellschaft. Auf derv Weg zum vollverkabelten Analphabeten?《am 27. April 1979 in Mainz

PRISCILLIANUS,1889:Opera. Priscilliani quae supersunt. Maximem partem nuper detexit adiectisque commentariis criticis et indicibus primus edidit. Georgius Schepss. Pragae, Vindobonae: F. Tempsky/Lipsiae: G. Freytag

RABELAIS, FRANÇOIS,1955: Œvres complates: Texte établi et annoté par Jacques Boulenger. Ed. rev et compl. par Lucien Scheler. Paris: Gallimard

RAFFEL, MICHAEL, 1984: 》Der Schöpfer des Begriffes 〉Öffentliche Meinung〈: Michel de Montaigne.《Publizistik, Jg. 29, Heft 1, S. 49-62

RAFFEL,MICHAEL,1985: Michel de Montaigne und die Dimension Öffentlichkeit. Ein Beitrag zur'Theorie der öffentlichen Meinung. Diss. phil. Mainz: lohannes-Gutenberg-Universität

REIWALD, PAUL, 1948³: Vom Geist der Massen. Handbuch der Massenpsychologie. (Band I der Internationalen Bibliothek für Psychologie und Soziologie) Zürich: Pan-Verlag

RENAUDET,AUGUSTIN,1954: Erasme et l'Italie. Genève: Librairie E. Droz

RICHELIEU, ARMAND DU PLESSIS CARDINAL DE, 1688, 1947: Testament Politique. Edition critique publide avec une introduction et des notes par Louis André et une préface de Leon Noel. Paris: Robert Lafont

RICHTER, HORST E., 1976: Flüchten oder Standhalten. Hamburg: RowohltROEGELE, OTTO B., 1979: 《 Massenmedien und Regierbarkeit. 《Wilhelm Hennis/Peter Graf Kielmansegg/Ulrich Matz (Hg.): Regierbarkeit. Studien zu ihrer Problematisierung,Band II. Stuttgart: Klett-Cotta, S. 177-210

ROSS, EDWARD ALSWORTH, 1901,1929,1969: Social Control. A Survey of the Foundations of Order. Mit einer Einführung von Julius Weinberg/Gisela J. Hinkle/ Roscoe C. Hinkle. Cleveland/London: The Press of Case Western Reserve University (Erstveröffentlichung 1901 durch die Macmillan Company)

ROUSSEAU, JEAN-JACQUES, 1744, 1964: 》Depeches de Venise, XCI.《 La Pléiade, Band 3. Paris: Gallimard, S. 1184

ROUSSEAU, JEAN-JACQUES, 1750/55, 1978³: Schriften zur Kulturkritik. Französisch-deutsche Ausgabe. Deutsche Übersetzung von Kurt Weigand. Hamburg: Felix Meiner

ROUSSEAU, JEAN-JACQUES,1761,1859⁴: Julie oder Die neue Héloïse, Band 1-4. Deutsche Übersetzung von C. Julius, Leipzig

ROUSSEAU, JEAN-JACQUES,1762,1959: Staat und Gesellschaft. Contrat Social. Deutsche Obersetzung von Kurt Weigand. München: Goldmann

ROUSSEAU, JEAN-JACQUES,1762,1962: »Du Contrat Social. 《 Du Contrat Social ou Principes du Droit Politique. Paris: Garnier Fréres

ROUSSEAU, JEAN-JACQUES, 1762, 1963: Der Gesellschaftsvertrag. Deutsche Übersetzung von H. Denhardt. Stuttgart: Reclam

ROUSSEAU, JEAN-JACQUES,1792,1962: »Lettre àM. d'Alembert. 《 Du Contrat Social ou Principes du Droit Politique. Paris: Garnier Frères, S. 176

ROUSSEAU, JEAN-JACQUES, 1762, 1967: 》 Lettre à d' Alembert sur les Spectacles. 《Paris: Garnier-Flammariche, S. 154

ROUSSEAU, JEAN-JACQUES, 1762, 1978: Emile oder Über die Erziehung. Deutsche Übersetzung von Eleonore Schommodau. Stuttgart: Reclam

ROUSSEAU, JEAN-JACQUES, 1766 – 1770, o. J. : Bekenntnisse. Deutsche Ubersetzung von Levin Schücking, München

RUSCIANO, FRANK L. , o. J. : 》 Passing Brave 《: Elite Perspectives on the Machiavellian Tradition. A Masters'Thesis,presented to the Department of Political Science of the University of Chicago. Vervielfältigtes Manuskript

RUSCIANO, FRANK L. /ROBERTA FISKE-RUSCIANO,1990:Towards a Nation of》World Opinion《. In: International Journal of Public Opinion Research, Vol. 2, S. 305-322

(SALISBURY, JOHN) The Statesman's Book of John of Salisbury. Being the Fourth, Fifth, and Sixth Books, and Selections from the Seventh and Eighth Books, of the Policratius. Translated into English with an Introduction by John Dickinson (1927). New York: Russel & Russel 1963

SAUERWEIN,J. A. , 1933: The Moulders of Public Opinion. In: Quincy Wright (Hg.) Public Opinion and World Politics. Chicago: University of Chicago Press

SHERIF, MUZAFER, 1936, 1965: The Psychology of Social Norms. New York:Octagon

SILLS, DAVID L. (Hg.); 1968: Encyclopedia of the Social Sciences. New York: Macmillan Co. and Free Press

SMEND, RUDOLF, 1928: Verfassung und Verfassungsrecht. München: Duncker & Humblot

SMEND, RUDOLF, 1956: 》Integrationslehre. 《 Handwörterbuch der Sozialwissens chaften, Band 5. Stuttgart/Tübingen/Göttingen: Gustav Fischer/J. C. B. Mohr (Paul Siebeck)/Vandenhoeck & Ruprecht, S. 299-302

SMITH, BREWSTER M. ,1970: 》Some Psychological Perspectives on the Theory of Public Opinion. 《 Public Opinion Quarterly. Vol. XXXIV , No. 3, S. 454 f.

SNYDERMAN, MARK/STANLEY ROTHMAN, 1988: The IQ Controversy. The

Media and Public Policy. New Brunswick: Transaction Books

SPEIER, HANS, 1950: 》Historical Development of Public Opinion. 《 American Journal of Sociology, Vol. LV, No. 4, January, S. 376-388

SPENCER, HERBERT, 1879,1966: 》The Data of Ethics. 《 The Works of Herbert Spencer. Vol. 9, The Principles of Ethics, Part 1. (Reprint der Ed. 1892) Osnabrück: Otto Zeller, S. 1-303

SWIFT, JONATHAN, 1706, 1965: 》Thoughts on Various Subjects. 《 Prose Works, Vol. 1: A Tale of aTub. Oxford: Basil Blackwell

SCHEFF, THOMAS J. , 1990: Microsociology. Discourse, Emotion, and Social Structure. Chicago: University of Chicago Press

SCHLARB, ARMIN, 1984/85: Die Beziehung zwischen öffentlicher Meinung und symbolischem Interaktionismus. Seminararbeit. Mainz: Institut für Publizistik der Johannes-Gutenberg-Universität

SCHLEGEL, FRIEDRICH,1799: Lucinde. Berlin: Heinrich Frölich

SCHNEBERGER, DIETER, 1985: Die Idee des Zeitgeistes bei Ernst Jünger. Magisterarbeit. Mainz: Johannes-Gutenberg-Universität

SCHÖNE, WALTER,1939: Der Aviso des Jahres 1609. In Faksimiledruck hg. und mit einem Nachwort versehen. Leipzig: Otto Harrossowitz

SCHUBERT ERNST, 1998: Spätmittelalter-die Rahmenbedingungen des Lebens kleiner Leute. In: Gerd Althoff/Hans-Werner Goetz/Ernst Schubert: Menschen im Schatten der Kathedrale. Neuigkeiten aus dem Mittelalter. Darmstadt: Wissenschaftliche Buchgesellschaft, S. 269-350

SCHULMAN, GARY I. , 1968: 》The popularity of viewpoints and resistance to attitude change. 《Journalism Quarterly, Vol. 45, S. 86-90

SCHULZ, WINFRIED, 1976: Die Konstruktion von Realität in den Nachrichtenmedien. Eine Analyse der aktuellen Berichterstattung (Alber-Broschur Kommunikation, Band 4). Freiburg: Karl Alber

SCHWARZ, ERNST (Hg.), 1987: Konfuzius-Gespräche des Meisters Kung. München: Deutscher Taschenbuch Verlag

STAATSLEXIKON Recht, Wirtschaft, Gesellschaft. 1988. Freiburg: Herder

STRELLER, SIEGFRIED, 1978³ : Hutten-Müntzer-Luther. Werke in zwei Bänden. Band 1 Berlin/Weimar: Aufbau-Verlag

STROSS, BRIAN, 1978: 》Gossip in Ethnography. 《 Reviews in Anthropology, S. 181-188

STURM, HERTHA/RUTH VON HAEBLER/REINHARD HELMREICH,1972: Medienspezifische Lerneffekte. Eine empirische Studie zu Wirkungen von Fernsehen und Rundfunk (Schriftenreihe des Internationalen Zentralinstituts für das Jugend- und Bildungsfernsehen, Heft 5). München: TR-Verlagsunion

TAINE, H. ,1877,1916: Les origines de la France contemporaine. III. La Révolution I'Anarchie. Tome 1. Paris: Hachette

TARDE, GABRIEL,1890: Les lois de l'imitation. Paris-Englisch,1903:The Laws of Imitation. New York: Holt

TARDE, GABRIEL, 1898: 》Le public et la foule. La Revue de Paris. 《Band 4

TARDE, GABRIEL,1969: Communication and Social Influence. Chicago/London: The University of Chicago Press

TEMPLE, SIR WILLIAM, 1964: 》An Essay Upon the Original and Nature of Government. 《 (1672) Los Angeles: University of California (The Augustan Reprint Society, Publication Number 109), S. 45-95

T' HART, HARM, 1981: 》People's Perceptions of Public Opinions. 《Paper presented to the International Society of Political Psychology, Mannheim

THUKYDIDES, 1981': Geschichte des Peleponnesischen Krieges. Hg. und übertragen von Georg Peter Landmann. München: Deutscher Taschenbuch Verlag

TISCHER, ANGELIKA, 1979: Der Begriff 》Öffentliche Meinung 《bei Tocqueville. Magisterarbeit. Mainz: Johannes-Gutenberg-UniversitätTOCQUEVILLE, ALEXIS DE, 1835,1959:Über die Demokratie in Amerika. Band1. Deutsche Übersetzung: Hans Zbinden, Stuttgart: Deutsche Verlagsanstalt

TOCQUEVILLE, ALEXIS DE,1840, 1962: Über die Demokratie in Amerika. Band 2. Deutsche Übersetzung: Hans Zbinden, Stuttgart: Deutsche Verlagsan stalt

TOCQUEVILLE, ALEXIS DE, 1840. 1976: Über die Demokratie in Amerika. Mün chen: Deutscher Taschenbuch Verlag,dtv-TB 6063

TOCQUEVILLE, ALEXIS DE, 1856: L'Ancien régime et la révolution. -Deutsch, 1857: Das alte Staatswesen und die Revolution. Leipzig

TOCQUEVILLE, ALEXIS DE, 1935: Autorität und Freiheit. Zürich/ Leipzig: Rascher

TOCQUEVILLE, ALEXIS DE, 1967²: Das Zeitalter der Gleichheit. (Auswahl aus Werken und Briefen) Deutsche Übersetzung: S. Landshut. Köln/Opladen: Westdeutscher Verlag

TÖNNIES, FERDINAND, 1922: Kritik der öffentlichen Meinung. Berlin: Julius Springer

TROTTER, WILFRIED,1916: Instincts of the Herd in Peace and War. London: T Fisher Unwin

TUCHOLSKY, KURT, 1975⁴: Schnipsel. Hg. von Mary Gerold-Tucholsky/Fritz

J. Raddatz, Reinbek: Rowohlt

TURNBULL, COLIN M. , 1961: The Forest People. A Study of the Pygmies of the Congo. New York: Simon and Schuster (A Touchstone Book)

UEXKÜLL, THURE VON, 1963, 1964: Grundfragen der psychosomatischen Medizin. Reinbek: Rowohlt (rde-Band 179/180)

VEBLEN,THORSTEN,1899,1970:'The Theory of the Leisure Class. An Economic Study of Institutions. London: Unwin Books-Deutsch: 1955, 1971:'THeorie der feinen Leute. Köln/Berlin: Kiepenheuer & Witsch

VERBA, SIDNEY, 1970: 》The Impact of the Public on Policy. 《Public Opinion Quarterly, Vol. XXXI V, No. 3, S. 455

WARNER, LUCIEN, 1939: 》The Reliability of Public Opinion Surveys. 《Public Opinion Quarterly, Vol. Ⅲ, No. 3, S. 376-390

W EILAND, JAN SPERNA, u. a. (Hg.), 1988: Erasmus von Rotterdam. Die Aktualität seines Denkens. Hamburg: Wittig

WIESE, LEOPOLD VON, 1924/28, 1955[3]: System der Allgemeinen Soziologie als Lehre von den sozialen Prozessen und den sozialen Gebilden der Menschen (Beziehungslehre). Berlin: Duncker & Humblot

WILSON, FRANCIS G. , 1933: Concepts of Public Opinion. In: The American Political Science Review, Vol. 27, S. 371-391

WILSON, FRANCIS G. ,1939: 》James Bryce on Public Opinion: Fifty Years Later. 《Public Opinion Quarterly, Vol. 3, No. 3, 5. 420-435

YAVETZ, ZVI, 1979: Caesar in der öffentlichen Meinung. (Schriftenreihe des Instituts für Deutsche Geschichte, Universität Tel Aviv. Bd. 3) Düsseldorf: Droste

YOUNG, JAMES T, 1923: The New American Government and its Work. New York: Macmillan

ZIMEN, ERIK, 1978: Der Wolf. Mythos und Verhalten. Wien/München: Meyster

ZIMMERMANN, TASSILO,1988: Das Bewußtsein von Öffentlichkeit bei Homer. Magisterarbeit. Mainz: Johannes-Gutenberg-Universität

ZIPPELIUS, REINHOLD, 1978: 》Verlust der Orientierungsgewißheit? 《Friedrich Kaulbach/Werner Krawietz (Hg.): Recht und Gesellschaft. Festschrift für Helmut Schelsky zum 65. Geburtstag. Berlin: Duncker & Humblot, S. 777-789

ZUUREN, FLORENCE J. VAN, 1983: 》The Experience of Breaking the Rules. 《Paper presented at the 》Symposium on Qualitative Research in Psychology 《in Perugia, Italy, August 1983. Dept. of Psychology, University of Amsterdam. ReveszBericht No. 47